12/19

Sinceramente

CRISTINA
FERNÁNDEZ DE KIRCHNER

Sinceramente

SUDAMERICANA

Primera edición: julio de 2019

© 2019, Cristina Fernández de Kirchner
© 2019, Penguin Random House Grupo Editorial, S.A.
Humberto I 555, Buenos Aires, Argentina
© 2019, Penguin Random House Grupo Editorial USA, LLC.
8950 SW 74th Court, Suite 2010
Miami, FL 33156

Fotografía: © Lourdes López
Diseño de cubierta: Penguin Random House Grupo Editorial / Agustín Ceretti

www.megustaleerenespanol.com

ISBN: 978-1-644730-94-2

Impreso en Estados Unido – *Printed in USA*

Penguin
Random House
Grupo Editorial

Índice

1. Sinceramente 9

2. Después de convertirme en calabaza 19

3. Néstor y yo y nuestros hijos también 73

4. Bien de familia 131

5. Una yegua en el gobierno (2007-2011) 163

6. Los heraldos negros: el dolor y la fuerza (2011-2015) . . 271

7. Cuando Jorge era Bergoglio y después fue Francisco . . 383

8. Obras y pesares 417

9. Un memorándum, una muerte y una causa 461

10. El odio y la mentira. Los nuevos medios
    y los mismos fines 517

Epílogo 577

1

Sinceramente

Ayer terminé el último capítulo de este libro y hoy, 12 de marzo de 2019, empiezo a escribir el primero. Estoy en mi departamento de Buenos Aires, en Juncal y Uruguay, pleno barrio de Recoleta. En el mismo lugar desde donde salí con Néstor rumbo a la quinta presidencial de Olivos un 29 de mayo del 2003. El jueves a la madrugada debo viajar a Cuba. Allí se encuentra mi hija, Florencia. Flor, quien producto de la persecución mediática y judicial feroz a la que fue sometida, empezó hace ya un tiempo a tener severos problemas de salud. El brutal estrés que sufrió devastó su cuerpo y sus emociones… Es que es muy terrible para una joven ser acusada de haber ingresado a una asociación ilícita el 27 de octubre del 2010, justo el día de la muerte de su padre, por una situación que ni ella ni ninguna persona que pierde a un padre elige: en Argentina los hijos se convierten en herederos forzosos de

su padre por la ley, no porque quieren. El 5 de diciembre del
año pasado, Flor fue invitada al festival de cine de La Habana
para la presentación de la película *El Camino de Santiago*, sobre la trágica muerte de Santiago Maldonado. Ella había sido
co-guionista del documental que obtuvo un importante premio en ese festival y decidió hacer una consulta médica allá,
por el prestigio internacional que tiene el sistema de salud
cubano, dada su altísima calidad. Allí le indicaron que debía
realizar un tratamiento y luego, terminado el festival, retornó
al país. En febrero, volvió a viajar a Cuba para realizar un curso intensivo para guionistas de cine en la Escuela Internacional de Cine y Televisión de San Antonio de los Baños. Había
sido aprobada para asistir al Taller de Altos Estudios "Guionistas del Siglo XXI", que tendría lugar entre el 18 de febrero
y el 8 de marzo. Sin embargo, no pudo siquiera iniciarlo porque cuando llegó, luego del vuelo, su estado de salud se había
deteriorado sensiblemente. Por eso, fue nuevamente evaluada
y tratada, y el 7 de marzo le prohibieron viajar en avión ya
que por la patología que padece no puede permanecer sentada
ni de pie por períodos prolongados. Es que por la persecución
política —inédita en tiempos de democracia— que se vive
en la Argentina de Mauricio Macri, los derechos de mi hija
fueron sistemáticamente vulnerados, desde lo judicial, lo mediático y lo político. Como hicieron y siguen haciendo con los
míos… Claro que con una diferencia muy grande: yo fui dos
veces presidenta de este país y he elegido la militancia política
por formación y convicción… Florencia, mi hija, más allá de
sus convicciones, que las tiene y muy profundas, decidió elegir

otra vida: el arte y la militancia feminista. La persecución que han hecho sobre ella y que la ha devastado, sólo es por ser la hija de Néstor y Cristina Kirchner. De ello, entre otras cosas, da cuenta este libro.

Este libro que no es autobiográfico ni tampoco una enumeración de logros personales o políticos, es una mirada y una reflexión retrospectiva para desentrañar algunos hechos y capítulos de la historia reciente y cómo han impactado en la vida de los argentinos y en la mía también. Ha pasado tanto tiempo. Muchos compatriotas ven en mí a esa militante comprometida con los olvidados de siempre, con los "nadies" de los que hablaba Eduardo Galeano. Valoran el empeño que puse como presidenta para que la Argentina crezca sin excluidos. Otros reconocen nuestro compromiso con los derechos humanos, la vigencia del Estado de Derecho y la ampliación de nuevos derechos ciudadanos en materia de igualdad de género. No pocos comparten con nosotros la defensa de lo nacional: la industria, Malvinas, el desarrollo científico y tecnológico. Todos ellos son los que me acompañan y me dan fuerzas. Los que me miran, me abrazan y que muchas veces, casi con desesperación, me piden que siga en pie y que no me detenga. Es que vivir la vida —con tus ideas, con tu historia, con tus sentimientos, con tus necesidades—, para millones de argentinos y argentinas, se ha convertido en un calvario. La catástrofe económica y social provocada por las políticas del gobierno de Cambiemos y Mauricio Macri ha hecho estragos en el cuerpo social de la Argentina. Aunque también sé que hay otros y otras que me odian. No pocos de ellos y ellas hoy también son víctimas y sufren las consecuencias de las políticas antinacionales y antipopulares de Mauricio Macri y, sin embargo, repiten como un mantra que soy "montonera", "grasa", "chorra"... hasta "asesina", pasando por "dictadora" y "puta". En realidad, esas descalificaciones se originaron en otros niveles de la sociedad —muy por encima de los de cualquier ciudadano o ciudadana— y se transmitieron como "sentido común" a través de su difusión mediática. Las corporaciones son el verdadero origen de todo ese ataque, porque sintieron que puse en jaque sus privilegios... Hasta el año 2003, hacían lo que se les cantaba con el país y con la gente. Pero lo cierto es que más allá de los unos y los otros... soy Cristina. Una mujer... con todo lo que implica ser mujer en Argentina. Con una vida en la que se cruzaron éxitos y frustraciones, aciertos y errores, pero que fue honestamente vivida sin declinar convicciones. Sé que lidero las esperanzas de millones de hombres y mujeres que padecen la cotidiana frustración de vivir y ver su país a la deriva. Son los mismos que alguna vez, en los días en los que fui su presidenta, se sintieron parte de un colectivo social que los amparaba y los trasladaba a una vida digna y de una Argentina que, aun con dificultades, estaba en marcha y funcionando. Ese debería ser el mayor peso que cargo porque no es fácil ser la expectativa de quienes tienen sus sueños en crisis. Pero el odio que han sembrado entre nosotros me ha condenado a cargar un peso aún mayor: soportar la persecución, no sólo mía sino de mis hijos también, en medio de un sinfín de ataques y difamaciones como sólo fueron sufridos por líderes populares en otras etapas de la vida nacional... Y saben que no estoy exagerando... Hay registro público e histórico de todo ello y de sus similitudes con lo que hoy nos está pasando.

Cuando empecé a escribir este libro ya había sido sometida a seis procesamientos penales sucesivamente dictados a partir del momento en que dejé de ser presidenta. Desde 1989 fui 2 veces diputada provincial, 5 veces legisladora nacional y 2 veces presidenta de los argentinos electa por el voto popular. En 2016, por primera vez en mi vida, fui citada a declaración indagatoria. Sin embargo, al momento de escribir estas palabras ya llevo 15 indagatorias: 12 pedidas por Claudio Bonadio —el juez de la servilleta—, de las cuales 10 fueron impulsadas por el fiscal Carlos Stornelli... Y algo inédito en la historia judicial argentina y creo que mundial: me obligaron a brindar ocho declaraciones indagatorias en un mismo día, durante la mañana, y además la citación fue justo para el cumpleaños de Néstor. Sin embargo, la más insólita de esas causas es la que me acusa de haber cometido un delito porque, durante uno de los allanamientos arbitrarios e ilegales que Bonadio realizó en mi hogar de El Calafate en busca de bóvedas y millones de dólares, sólo encontró el original de una carta escrita por José de San Martín a Bernardo de O'Higgins en 1835 y el prontuario del ex presidente Hipólito Yrigoyen. Sí... Fueron a buscar dólares y sólo se encontraron con mi pasión por la historia. Pasión que, por otra parte y como veremos a continuación, era conocida hasta en lejanas latitudes. Resulta muy interesante la investigación que publica Néstor Espósito en el diario *Tiempo Argentino* sobre este nuevo disparate de

Bonadio. Allí indica que en realidad el delito por el que me acusa en este caso "ni siquiera figura como autónomo en el Código Penal. Aparece en una ley sancionada en 1961 por el entonces vicepresidente José María Guido, por ausencia del primer mandatario, Arturo Frondizi. La ley en cuestión es la 15.930 que dispuso la creación del Archivo General de la Nación. En su artículo 26 estipula que 'las personas que infringieren la presente ley mediante ocultamiento, destrucción o exportación ilegal de documentos históricos, serán penadas con multa de diez mil a cien mil pesos moneda nacional, si el hecho no configurare delito sancionado con pena mayor'". La nota continúa con la pregunta de rigor: ¿Cuál fue entonces el delito que cometió Cristina? Y brinda la respuesta: "El artículo 19 sostiene que 'los documentos de carácter histórico que estén en poder de particulares deben ser denunciados por sus propietarios al Archivo General de la Nación' y advierte que 'la no observancia de esta disposición implicará ocultamiento'. Pero este artículo se agotó en 1962, pues la mencionada norma estipulaba un año de plazo para hacerlo. La ley también prevé que 'los poseedores de documentos históricos podrán continuar con la tenencia de los mismos, siempre que garanticen su conservación'. La carta de San Martín y el prontuario de Yrigoyen se mantienen en perfecto estado, pese al paso del tiempo". Como puede observarse, Bonadio cada vez más arbitrario, más ilegal… y ridículo. Igualmente, lo de la carta de San Martín es una historia maravillosa: cuando visité Moscú en abril de 2015, luego del almuerzo de trabajo que nos ofreció el presidente de la Federación Rusa, Vladimir

Putin, al retirarnos del mismo, hizo detener el paso de nuestra comitiva y pidió a uno de sus colaboradores, que tenía una caja en sus manos, que se acercara. Y allí, ante mi sorpresa y traductor mediante, me dijo: "Esto es para usted, presidenta". Cuando abrí la caja y pude ver la carta original de San Martín a O'Higgins, casi me muero. Lo miré y le pregunté: "¿Y esto? ¿De dónde lo sacaron?". La respuesta no se hizo esperar y me sorprendió aún más: "La mandamos a comprar para usted en Nueva York". Confieso que si me quería impresionar, lo había logrado y con creces... ¡Una carta original del libertador San Martín al libertador O'Higgins! ¡En la que, además, San Martín se lamenta por la ingratitud que recibieron ambos de los pueblos que liberaron! ¡Mamita! Putin, *chapeau*.

Aunque a esta altura de los acontecimientos, debo reconocer que aún no he batido la marca récord de procesos que armaron contra Juan Domingo Perón... Llegaron a ser 120, según me comentaba un abogado que recién recibido había trabajado en el estudio del abogado del líder exiliado, el doctor Isidoro Ventura Mayoral. Sin embargo, a diferencia del fiscal Carlos Stornelli, que se negó a prestar declaración indagatoria por asociación ilícita, espionaje ilegal y extorsión —entre otros gravísimos delitos— en el marco no sólo de la causa de las fotocopias de los "cuadernos", sino de otras de alto impacto; yo, Cristina Fernández de Kirchner, respondí a cada requerimiento judicial que me hicieron. Nunca obstruí sus arbitrarios procedimientos. Me indagaron todas las veces que quisieron. Me procesaron con argumentos pueriles. Allanaron mis casas y las de mis hijos una y otra vez. Reclamaron mi detención y promovieron mi desafuero. Máximo y Florencia, que la única razón por la cual los persiguen es justamente ser hijos de Néstor y Cristina Kirchner, también se presentaron todas y cada una de las veces que fueron citados por el Partido Judicial. Sí... a esta altura de los hechos, ya es más que claro que el Poder Judicial ha dejado de funcionar como un poder independiente del Estado y se ha convertido en un verdadero partido que interviene en la vida política de la Argentina por fuera de la ley y de la Constitución, en una suerte de novedoso "terrorismo judicial" que ha suplantado el rol que respecto de los opositores han tenido las dictaduras durante la trágica vigencia de lo que se conoció como terrorismo de Estado y doctrina de seguridad nacional. Creyeron que tanto acoso terminaría abatiéndome. Hicieron y siguen haciendo todo lo posible para destruirme, literalmente. Es claro que no me conocían. Han consumado todos sus atropellos y me han insultado y agraviado tanto como han podido. He visto cómo los principales diarios del país maltrataron mi nombre en letras de molde. Los he oído difamarme en las radios articulando versiones tan tremebundas como falsas. Los he visto editar historias tratando de propalar en las pantallas falacias que induzcan el odio sobre mí. Hicieron del "rumor" y la mentira su fortaleza. He visto "arrepentidos mediáticos" que solo fueron parte de operaciones políticas para esmerilar mi imagen y he leído de "arrepentidos judiciales" que sólo brindaron la versión que mis acusadores le reclamaban a cambio de poder seguir en libertad. Con la participación y complicidad de muchos periodistas y comandados por los medios de comunicación hegemónicos, intentaron construir un relato descalificatorio de los años en que debimos gobernar. Engañaron, y así confundieron, a una parte importante de la sociedad ametrallándola con versiones tan descomunales como falsas. Y hoy, que la Argentina, después de estas maniobras mediáticas, está en completo retroceso político, económico, social y cultural, espero que al leer estas páginas los argentinos y las argentinas podamos pensar y discutir nuestros verdaderos problemas desde otro lugar. Para eso sé que hay que elegir un modo distinto, construir una lógica diferente, fuera del odio, lejos de las operaciones de todo tipo, sin mentiras y sin agravios. Estoy absolutamente convencida de que ese es el único camino para volver a tener sueños, una vida mejor y un país que nos cobije y nos proteja a todos y a todas.

Sinceramente, Cristina

2

Después de convertirme en calabaza

Por primera vez desde que Néstor no estaba me levanté sin dolor de estómago. Aquel 10 de diciembre de 2015, amanecí en la casa de mi hija Florencia en el barrio porteño de Monserrat. Siempre me había preguntado cómo sería volver a vivir fuera de la residencia presidencial de Olivos. En verdad, el interrogante era un eufemismo: lo real era cómo sería la vida después de haber sido presidenta, y no de cualquier país, sino de la Argentina. Tener que estar todo el día en guardia sabiendo que siempre hay alguien que está escuchándote, mirándote y no precisamente para cuidarte. Ser mujer, ser presidenta y, además, ser Cristina se convirtió en un objeto de atención y ataques permanentes. Tenía que estar dispuesta no sólo a que trascendiera cualquier cosa que dijera o hiciera —algo normal tratándose de un presidente—, sino que además fuera modificado, tergiversado o directamente inventado. ¡Mi Dios!… Ahora que lo escribo me doy cuenta por qué esa mañana me levanté sin dolor de estómago. Estaba sola. No había mucamas ni cocineros. Tampoco jardineros, mozos, soldados ni empleados. Por primera vez estaba, en el más literal sentido de la palabra, sola. El día anterior, en una Plaza de Mayo desbordada por la multitud que se extendía por las diagonales norte y sur y la Avenida de Mayo, había sido mi despedida como presidenta luego de gobernar ocho años mi país. Fue la primera vez en la historia argentina que un presidente era saludado por su pueblo al finalizar su mandato. Todavía lo sigo sintiendo como algo… ¿mágico? No sé. Único, seguro. Fui la primera presidenta mujer electa de la historia argentina; había sido reelecta —nuestra Constitución permite una sola reelección— con el 54,11% de los votos, el porcentaje más alto en una reelección luego de las que tuvieron Hipólito Yrigoyen y Juan Domingo Perón. Sin embargo, a través de una medida judicial pedida por Cambiemos, me obligaron a adelantar la entrega del poder antes del plazo fijado, violando la Constitución y doscientos años de historia. Antes de empezar a gobernar ya utilizaban el Poder Judicial a su antojo contra la oposición. Sería la marca registrada de Mauricio Macri en el ejercicio del poder y el primer ataque judicial contra mi persona. Debía despedirme de los argentinos antes de las doce de la noche del 9 de diciembre para no convertirme en calabaza, como les dije esa tarde en la Plaza. Era imposible hacer comprender a una prensa desesperada y dispuesta a que mi salida ocurriera en medio de una crisis, que lo que estaban haciendo era inconstitucional. Habían transformado un acto político democrático esencial en una comedia de enredos al conseguir que la jueza María Romilda Servini de Cubría le otorgara a la alianza Cambiemos, que había ganado las elecciones presidenciales en noviembre de 2015, el deseo de echarme del gobierno un día antes. El artículo 91 de la Constitución Nacional lo dice claramente: "El presidente cesa en el poder el mismo día que expira su período de cuatro años, sin que evento alguno que lo haya interrumpido pueda ser motivo de que se le complete más tarde". El texto es más que claro: debía dejar el gobierno el 10 de diciembre y no el 9.

La semana anterior, el presidente electo Mauricio Macri había venido a verme a Olivos para coordinar el traspaso del gobierno. Llegó por la tarde. Lo esperé en el despacho presidencial de la jefatura de gabinete parada en la puerta, de modo tal que cuando ésta se abriera y él ingresara, yo estuviera ahí para extenderle la mano. Sin embargo, tardó un buen rato porque lo primero que hizo, antes de verme, fue ir al baño. Le pregunté a Mariano, mi secretario: "¿Y, dónde está?" "En el baño", me dijo y se encogió de hombros. Cuando me dio la mano sentí que estaba muy tenso, duro. Casi no hablaba y me miraba muy fijamente hasta que me dijo, como si fuera una orden: "Usted tiene que entregarme el poder en la Casa Rosada". "No", le contesté. "Eso hay que hacerlo en el Parlamento", y en seguida le aclaré: "Usted no puede dar el discurso ante la Asamblea Legislativa si aún no es presidente, por eso tengo que ir a la Asamblea, antes de su discurso, entregarle la banda y el bastón presidencial". Y le leí el artículo 93 de la Constitución Nacional: "Al tomar posesión de su cargo el presidente y vicepresidente prestarán juramento, en manos del presidente del Senado y ante el Congreso reunido en Asamblea, respetando sus creencias religiosas, de desempeñar con lealtad y patriotismo el cargo de presidente (o vicepresidente) de la Nación y observar y hacer observar fielmente la Constitución de la Nación Argentina". Me contestó: "No, nunca fue así". Le expliqué que con Néstor Kirchner y Eduardo Duhalde había sido así y que seríamos el único país del mundo donde pasara eso que él quería hacer: que el mandato de un presidente terminara el día previo. No había pasado con Raúl Alfonsín, ni con Carlos Menem, ni con Fernando de la Rúa. Pasó conmigo nada más. Y pasó conmigo porque soy mujer y además una mujer sola. No sé quién lo aconsejó. Durante esa reunión en Olivos, recuerdo que me insistió varias veces que quería que yo fuera a entregarle la banda y el bastón a la Casa Rosada por la tarde. Le contesté que eso no tenía sentido, que a la tarde ya no iba a ser más presidenta. Le quería hacer entender que si él había hablado a la mañana ante la Asamblea Legislativa, ya era él y no yo el presidente. ¿Qué iba a hacer yo llegando a la Casa Rosada portando los atributos presidenciales sin ser presidenta? ¿Los iba a llevar en la cartera? Ridículo. Finalmente, antes de que se fuera de Olivos, habíamos llegado a un acuerdo: iba a entregarle banda y bastón en el Parlamento, ante la Asamblea Legislativa. Para distender un poco, después de la discusión, le pregunté a quién pensaba elegir como presidente provisional del Senado. Me dijo que iba a poner a Juan Carlos Marino, el senador radical por La Pampa. Le aconsejé que le convenía poner a alguien de su propio partido político, como Federico Pinedo. Me pareció que la idea le había gustado y sonriendo, por primera y única vez en la reunión, me dijo: "A usted le cae bien Pinedo". Al salir de Olivos habló con la prensa y dijo que había sido una buena reunión. Sin embargo, sorpresivamente, al otro día por la mañana me llamó por teléfono. Gritaba y me culpaba de querer arruinarle la asunción. Yo no entendía qué había pasado y le dije que no me gritara ni me maltratara. Se puso más violento todavía hasta que finalmente no me quedó más remedio que cortar la comunicación, no sin antes decirle que no estaba dispuesta a aguantar ese maltrato y que ya iban a llamar a sus colaboradores desde la Secretaría General de la Presidencia. Yo estaba en Olivos. Cuando corté, Máximo, que había presenciado en silencio toda la escena, me mira y me dice: "¿Qué le pasa a éste?". Le cuento: "No quiere que vaya al Congreso a la mañana a hacer la transmisión del mando. Quiere que vaya a la tarde a la Rosada". Ese día, durante el almuerzo, llegamos a una conclusión: Macri tenía miedo de que hubiera grupos de militantes nuestros en las bandejas del recinto, una multitud despidiéndome en la Plaza del Congreso y él tener que llegar en el auto para subir la escalinata del Parlamento frente a una plaza colmada. Los posteriores actos públicos del gobierno de Cambiemos, vallados y vacíos de gente o con concurrencia rigurosamente controlada y vigilada, no hicieron más que confirmar aquel análisis. Sin embargo, la certeza irrefutable de lo charlado en aquel almuerzo llegó el 20 de junio de 2018, cuando por primera vez un presidente argentino anuncia que no asistirá al emblemático acto por el día de la bandera en Rosario, a orillas del río Paraná, por miedo a manifestaciones en su contra.

Por esos temores, aquel 10 de diciembre él se perdió algo que es esencial: la simbología de un acto de triunfo político expresado en su máximo grado institucional. Porque ¿qué otra cosa era sino ese traspaso de mando? Quien se asumía como representante y significante de lo nacional, popular y democrático le entregaba el gobierno a quien había llegado en nombre del proyecto neoliberal y empresarial de la Argentina, más allá del marketing electoral cazabobos. Muchas veces, después del balotaje, pensé en esa foto que la historia finalmente no tuvo: yo, frente a la Asamblea Legislativa, entregándole los atributos presidenciales a… ¡Mauricio Macri! Lo pensaba y se me estrujaba el corazón. Es más, ya había imaginado cómo hacerlo: me sacaba la banda y, junto al bastón, los depositaba suavemente sobre el estrado de la presidencia de la Asamblea, lo saludaba y me retiraba. Todo Cambiemos quería esa foto mía entregándole el mando a Macri porque no era cualquier otro presidente. Era Cristina, era la "yegua", la soberbia, la autoritaria, la populista en un acto de rendición. ¿Por qué Macri se perdió esa foto? ¿Pudieron más sus miedos? Este episodio, sin embargo, fue revelador del grado de odio y de una manipulación judicial inédita que despuntaba en Argentina; pero, sobre todo, de lo que Mauricio Macri y quienes lo acompañaban estaban dispuestos a hacer. Había llegado a la Casa Rosada un grupo de empresarios listos para cualquier cosa con tal de lograr sus fines. No sé si, además y de yapa, quisieron provocar un conflicto, por lo menos simbólico, ya que no habían logrado echarnos del poder en medio de una crisis económica y social, como lo intentaron, sin éxito, durante los ocho años de mi mandato. Otra pregunta que todavía me sigo haciendo: ¿por qué ese 10 de diciembre de 2015 Mauricio Macri no juró por la Patria? ¿Por qué no respetó la fórmula que establece la Constitución para la jura presidencial, que exige lealtad y patriotismo para desempeñar el cargo? Porque más allá de que la palabra "Patria" está vinculada a todo lo que somos nosotros, a nuestra simbología, a nuestra manera de comunicarnos y reconocernos —como por ejemplo la frase "la Patria es el otro"—, aun así y a pesar de las distintas posiciones ideológicas o políticas, la Patria es esencialmente una idea que nos define como sociedad y todos los presidentes están obligados constitucionalmente a jurar por ella. Así que no fue un buen signo que en su primer acto institucional, como es la jura presidencial, no cumpliera con la Constitución Nacional. Si bien los medios le "perdonaron" el "error", ese cambio siempre me hizo mucho ruido, al igual que su negativa evidente a hacer la señal de la cruz antes del Amén. Cuando se me viene a la cabeza la imagen de Macri dando manotazos al aire para evitar persignarse, no puedo parar de reírme. ¿Sabrá hacerlo? Raro. Todo muy raro.

Lo cierto es que ese 9 de diciembre del 2015 me despedí de los argentinos y las argentinas en la Plaza de Mayo, un día antes de que terminara mi mandato. Había pasado mis últimos días en el gobierno entre Olivos y la Casa Rosada, como siempre. Normalmente desayunaba y trabajaba durante la mañana en la residencia presidencial —ahora, al contarlo, me doy cuenta de que había dejado de hacer actividad física en los últimos tiempos—, recibía ministros y leía o preparaba algún trabajo. Después del mediodía almorzaba con Carlos Zannini, con quien también comía por la noche, exactamente igual que cuando estaba Néstor. Por la tarde trabajaba en Casa de Gobierno hasta las diez o diez y media de la noche. Todos los días, entre las siete y ocho de la tarde, firmaba los decretos. Es la rutina de un gobernante. No fue distinta la semana previa a que entregara el gobierno. Me sentía tranquila, había dejado la Casa Rosada como había dejado el gobierno.

Reconstruyendo todo... hasta la Rosada

Imposible olvidar aquel día de marzo de 2004 en que a Héctor Espina, director de Parques Nacionales, y a Enrique "Quique" Meyer, entonces secretario de Turismo, se les cayó en la cabeza, literalmente, parte de la mampostería del cielo raso en el preciso instante en que estaban dando una conferencia de prensa en uno de los salones. Sí, como se lee. El grado de deterioro cuando llegamos al gobierno era tal que hasta se nos caían los techos en la cabeza. Más simbólico, sólo la bandera.

En 2003 el deterioro de la Casa Rosada no era sólo político. A lo largo de décadas, la falta de mantenimiento y los agregados de distintos gobiernos la habían arruinado y transformado en un laberinto de oficinas y "oficinitas" construidas mediante tabiques que dividían los espacios originales, albergando a funcionarios de distintos niveles deseosos de contar con un lugar, aunque sea minúsculo, adentro de la Rosada como símbolo de poder. Se habían así implantado, literalmente, divisiones y cerramientos hasta en los antiguos patios interiores haciéndolos desaparecer. Cuando llegamos, el único que subsistía era el tradicional Patio de las Palmeras; los otros se habían convertido en pequeñas madrigueras. Antiguos salones de ingreso sobre la Plaza Colón convertidos en depósitos de trastos viejos. La cocina y el comedor de los empleados eran sucuchos oscuros e insalubres y el propio despacho presidencial, al mediodía, era invadido por un inconfundible e insoportable olor a comida. Las dos escaleras principales, donadas por gobiernos extranjeros, eran oscuras porque después de los bombardeos que sufrieran la Plaza de Mayo y la Casa Rosada en junio de 1955, la autodenominada "Revolución Libertadora" decidió, después de derrocar a Perón, cerrar con hormigón las aberturas por las que a través de los vitraux se filtraba la luz. ¿Habrán tenido miedo de que otros les hicieran lo mismo que ellos habían hecho?

Después de la restauración que emprendimos, empresarios y dirigentes políticos que la conocían de mucho antes admitían lo increíblemente cambiada que estaba. Recuerdo que rescaté obras valiosísimas abandonadas en los depósitos, de grandes pintores como Luis Felipe Noé; y también un tríptico impresionante de Carlos Gorriarena sobre el peronismo. A ambas las colocamos luego en el Museo del Bicentenario. Habíamos encontrado arrumbada y apilada en los depósitos una alegoría increíble sobre Martín Fierro. Era una pintura en siete piezas de Ricardo Carpani, el artista de la resistencia obrera, que desplegamos en el salón que luego bautizaríamos con el nombre del gaucho nacional. En el 2011 conocí a su viuda, Doris Halpin. Nos había prestado otras obras de su esposo que colocamos en una escalera de la Casa Rosada que, a partir de ese momento, llevó su nombre. Cuando ella nos acompañó en el acto de instalación, recordé que la primera vez que vi un Carpani fue en mi juventud. No era un cuadro, sino una ilustración en la tapa del libro *La formación de la conciencia nacional* del intelectual peronista Juan José Hernández Arregui. Fue en esa misma escalera donde sacamos un viejo ascensor para empleados e instalamos uno no sólo mucho más moderno, sino también más grande y totalmente vidriado. Dije en aquella oportunidad que ese gran argentino —Carpani— estaba en una casa de gobierno que tenía también a sus mujeres, a sus científicos, a sus patriotas latinoamericanos, a sus escritores y pensadores y también a sus pintores. Y ahí fue cuando expresé el verdadero significado de la restauración que estábamos llevando a cabo en la Casa Rosada, al señalar que si bien había escaleras que se llamaban Francia e Italia, como agradecimiento de las cosas que esos países nos habían donado en el Centenario de la Revolución de Mayo, en este Bicentenario nosotros habíamos decidido hacernos cargo del patrimonio y de la historia de los argentinos y las argentinas. Queríamos recordar y celebrar todas las cosas extraordinarias que habían hecho nuestros compatriotas. Con esa misma comprensión también habíamos refaccionado y recreado los salones Sur y Norte que flanquean el Salón Blanco, el Patio de las Palmeras, y recuperado los otros dos que bautizamos con los nombres de Malvinas Argentinas y El Aljibe; el despacho presidencial, en el que Néstor había hecho reabrir la ventana sellada con hormigón por el genocida Jorge Rafael Videla por temor a un atentado; y la Capilla. También los salones Eva Perón; de Científicos Argentinos; de Pensadores y Escritores Argentinos; de los Patriotas; de las Mujeres Argentinas; de los Pueblos Originarios; de los Ídolos Populares; de Pintores y Pinturas Argentinas. Fue increíble la transformación que hicimos de la Casa Rosada, devolviéndole su antiguo esplendor. Sí, me sentía tranquila de haber puesto en valor ese patrimonio de todos los argentinos. Sólo nos faltaba arreglar una parte del último piso, y en eso estábamos los últimos meses de gobierno, ya que en la misma planta habíamos terminado la nueva cocina e inaugurado un moderno restaurante para los empleados. Faltaba un salón que debía ser totalmente refaccionado y restaurado. Fue ese el único ambiente que mostró luego el nuevo gobierno para negar los notables cambios que habíamos realizado y mentir sin pudor sobre el verdadero estado en que habían recibido la Casa Rosada.

Debo confesar que, además de los factores históricos y culturales que me movilizaban a restaurar el patrimonio arquitectónico nacional, había un disfrute personal en la tarea. Elegí todos y cada uno de los colores de las paredes, las telas de los cortinados y de los tapizados de los sillones restaurados. Opinaba sobre cada una de las propuestas que me traían las arquitectas y las modificaba o directamente las cambiaba. Me encantaba hacer eso. Y si tenía que quedarme después de haber terminado las audiencias o la firma del despacho, lo hacía. Oscar Parrilli, en ese entonces secretario general de la Presidencia, era mi álter ego en esa tarea. Si tuviera que elegir entre todos los salones restaurados, no sabría con cuál quedarme. Uno podría ser, sin dudas, el de los Científicos Argentinos. Fue el segundo que armé después del de Mujeres Argentinas y lo hice en el lugar en el que Eva Perón trabajaba en Casa Rosada. Por eso rescaté el escritorio que ella utilizaba y lo coloqué en el mismo sitio. Con este salón quería poner en valor el hecho de que nuestro país, Argentina, es el único de Latinoamérica que cuenta con tres premios Nobel en ciencias duras: Bernardo Alberto Houssay, Luis Federico Leloir y César Milstein. Me acuerdo que para su inauguración nos acompañó la viuda y la familia del ingeniero y tecnólogo Juan Sabato, cuyo cuadro también fue colocado en ese lugar. Aunque, pensándolo bien, creo que el de los Pueblos Originarios fue el salón más logrado. Esas inmensas columnas originales de la Casa Rosada, el color terracota que elegimos para las paredes, los cortinados y los tapizados de los sillones en color crudo y, sobre todo, el sistema de sonido y las consolas de computación para interactuar con la historia y costumbres de cada una de las comunidades originarias argentinas, me parecían fantásticos. Me dijeron que después del 2015 lo desarmaron por completo y a los Pueblos Originarios los hicieron desaparecer de la Rosada. ¿Querrán hacer lo mismo con esas comunidades en el país?

Capítulo aparte fue el Museo del Bicentenario y cómo surgió. En el año 2007, cuando ya había sido electa como presidenta pero todavía no había asumido, estaba en el despacho que todavía ocupaba Néstor, mirando por los ventanales que dan a la antigua Plaza Colón. A mi lado estaba Parrilli, que me planteó: "Tenemos que encontrar un lugar, que no puede ser cualquiera, para instalar el Siqueiros. Me hablaron de dos lugares que pueden ser: en unos silos viejos en Puerto Madero o en el viejo edificio del Correo" (donde hoy está el CCK). Oscar se refería a la obra *Ejercicio Plástico* del mítico muralista mexicano David Alfaro Siqueiros, que había sido recuperada para el patrimonio histórico nacional merced a un decreto de Néstor que impidió que se la llevaran al exterior, tal cual estaba planificado. Fue entonces mientras hablaba con Oscar, que vi la Aduana Taylor. En realidad la había visto desde el primer día que llegamos al gobierno pero fue en ese momento que la descubrí como lugar a recrear. La vieja Aduana Taylor, pegada a la Casa Rosada y demolida en 1894 para dar lugar a las obras de Puerto Madero. Estaba abandonada, cuando llovía se llenaba de agua y el colmo: un día, un conductor no del todo sobrio se había caído con su auto adentro. Fue en ese momento el "click" y le digo: "Ahí abajo, Oscar; el Siqueiros tiene que estar en la Aduana Taylor". Y le explico: "¿Sabés qué? Tenemos que conservar las ruinas tal como están pero con un inmenso techo vidriado que garantice el ingreso de luz natural y allí, en un lugar especial, el *Ejercicio Plástico* restaurado". Habíamos conseguido el apoyo del gobierno mexicano y de empresas privadas argentinas y mexicanas que nos ayudarían a financiar todo el proceso que implicaba restaurar tan importante e histórica expresión del arte mexicano. Después, el desarrollo del proyecto de recuperación culminó en lo que se conoció como el Museo del Bicentenario, en el que se daba cuenta de los doscientos años de historia argentina. Lo inauguramos en el año 2011; Néstor no alcanzó a verlo. A partir de ese momento, las recepciones en honor de mandatarios extranjeros las llevamos a cabo ahí. Habíamos convertido las ruinas del siglo diecinueve, abandonadas e inundadas, en un museo que maravillaba a quienes lo conocían y en el cual hasta el actual gobierno siguió ofreciendo las recepciones a funcionarios y mandatarios extranjeros. ¡La imaginación al poder!... Y después dicen que es apenas una frase de Herbert Marcuse.

EL AMOR Y EL ODIO

Aquel atardecer del 9 de diciembre del 2015, desde el helicóptero que me traía de Olivos, pudimos ver una marea humana. Decían que había más de medio millón de personas. Me acompañaban Máximo, su entonces pareja Rocío y mi nieto Néstor Iván. Me llamó la atención ver la cantidad de autos estacionados desordenadamente detrás de la Casa de Gobierno, porque siempre cuando había actos en Plaza de Mayo ese lugar estaba ocupado por filas y filas de colectivos, que normalmente utilizan militantes y organizaciones para sus desplazamientos en las manifestaciones. Cuando ingresé a mi despacho en la Rosada me esperaba Eduardo "Wado" de Pedro, secretario general de la Presidencia, y me dice: "Es increíble la cantidad de gente que llegó sola a la Plaza sin estar encuadrada en ninguna orga". Ahí me cayó la ficha de lo que había visto unos minutos antes desde el helicóptero. Ese día los protagonistas eran los ciudadanos y ciudadanas que llegaron a pie o en sus autos estacionándolos como habían podido, subidos a las veredas sobre el bulevar de Paseo Colón. Iban con sus mochilas de trabajo, solos o con sus parejas y sus hijos, grandes o chicos. Con banderas argentinas y sin ellas, miles de hombres y mujeres de a pie que brotaban, lo recuerdo, por la Avenida de Mayo y por las diagonales. Y los jóvenes... miles y miles de los que habían vuelto a creer o se habían incorporado con nosotros a la política. Fue una Plaza única. Imborrable. Tardarían varias horas en desconcentrarse, como si nunca hubieran querido irse de ahí. No sólo a ellos les hablé en mi último discurso como presidenta. También le hablé a los que habían votado a Mauricio Macri porque les había prometido que no iban a perder nada de lo que ya tenían y que sólo querían cambiar lo que estaba mal. ¿Hay alguien acaso que pueda sustraerse a semejante promesa? Bueno, los resultados del balotaje demuestran que casi la mitad del pueblo argentino no le creyó, pero la mayoría necesaria para ganar en la segunda vuelta sí lo hizo.

Aquel del 9 de diciembre no fue un discurso que hubiera escrito. En realidad, nunca escribí mis discursos y sólo en las extensas exposiciones ante la Asamblea Legislativa del 1 de marzo de cada año, donde debía darme un orden de temas, tenía un apunte para guiarme en la gran cantidad de datos, cifras y números precisos que debía transmitir y que rendían cuenta de todas las acciones de mi administración del Estado.

Sí, en cambio, le escribía los discursos a Néstor: desde aquel que pronunció el 10 de diciembre de 1991 en el viejo cine-teatro Carreras de Río Gallegos al asumir como gobernador de Santa Cruz, conmigo sentada en la primera banca como diputada provincial, hasta el del 25 de mayo del 2003 cuando juró como presidente de los argentinos, y yo, esta vez, lo miraba y escuchaba desde mi banca como senadora nacional. El último fue el que pronunció el 1 de marzo de 2007 frente a su última Asamblea Legislativa como titular del Poder Ejecutivo. Yo también estaba ahí, como siempre, acompañándolo todavía como senadora. ¡Cuánto tiempo, Dios mío! ¡Cuánta vida!

Pero aquel 9 de diciembre de 2015 sólo fue necesario sentir y ver al pueblo en la Plaza de Mayo para decirles que había escuchado el mensaje de plazas como esa, que los escuchaba ese día y que prometía escucharlos siempre. Sin embargo, aquel fue un acto distinto a todos. Había sentido como que flotaba entre la multitud, a diferencia de otros encuentros en esa misma Plaza en la que había hablado más de una vez. El palco que habían armado era muy pequeño y más bajo que en otras oportunidades. Estaba yo sola en una superficie muy reducida que, además, parecía metida entre la gente, o por lo menos así lo sentí yo. Podía mirar las caras y ver los ojos. Siempre tuve la obsesión de hablar mirando a los ojos de los otros. Me parece que ahí se construye un lenguaje diferente. Les dije que si después de los doce años y medio de nuestro gobierno, con todos los medios de comunicación hegemónicos en contra, con las principales corporaciones económicas y financieras nacionales e internacionales en contra; que si después de doce años y medio de persecuciones y hostigamientos permanentes de lo que yo denominé como "partido judicial", golpes destituyentes, corridas cambiarias, difamaciones y calumnias; que si aun así podíamos estar dándole cuentas al pueblo en la Plaza de lo que habíamos hecho, estaba segura de que el nuevo gobierno, que tenía todo eso a favor y no en contra, iba a poder hacer las cosas mucho mejor que nosotros. La verdad es que eso me salió de las tripas. ¡Era tan claro! Las mismas corporaciones económicas, financieras y mediáticas que habían estado total y activamente en contra de nuestro gobierno, incluso convocando y organizando protestas, habían apoyado sin disimulo a Mauricio Macri en el proceso electoral. Les dije que también esperaba que todos los argentinos y argentinas pudieran seguir gozando de las conquistas sociales, del progreso económico, de los logros que tuvieron los trabajadores, los comerciantes, los empresarios, los artistas, los científicos y los intelectuales en una Argentina que dejábamos con el 5,9% de desocupación, una de las más bajas de la historia. Eso lo dije no sólo por considerarlo un logro de nuestro gobierno, sino porque con Néstor sabíamos que el pleno empleo era reaseguro de redistribución progresiva del ingreso nacional. Agregué que, además de que se hicieran muchas más escuelas, más hospitales, más universidades y facultades, que hubiera más estudiantes, más laboratorios, más vacunas, más comercios, más empresas que dieran trabajo a todos los argentinos —fue mi manera de enumerar logros y conquistas sin mencionar cifras de todas y cada una de esas cosas porque hubiera terminado mi discurso a la madrugada, ya convertida en calabaza—; que además de todo eso, les dije que aspiraba a que tuvieran la misma libertad de expresión que se había tenido en los doce años y medio de nuestros gobiernos. Porque, sinceramente, esperaba una Argentina sin censura, sin represión, una Argentina más libre que nunca. Les dije que eso no era una concesión, sino que era un derecho del pueblo a expresarse a favor y en contra de cada gobierno, porque esa es la esencia de la democracia.

Ahora que estoy escribiendo sobre lo que dije aquella tarde y veo lo que la alianza Cambiemos ha hecho censurando y encarcelando a dueños de medios de comunicación opositores, provocando el despido masivo de periodistas y trabajadores de esa actividad —incluidos los de la agencia oficial de noticias Télam— y el ahogamiento financiero y las amenazas judiciales a diarios opositores como *Página 12* y sus dueños; no puedo dejar de pensar en aquellos que, en ese sector clave de la democracia que es la labor periodística, les creyeron con sinceridad y colaboraron para que Mauricio Macri fuera presidente. ¡Qué cosa! ¿No?

Aquella tarde, sostuve que necesitábamos que los poderes del Estado se democratizaran, sirvieran a los ciudadanos y se prolongara el período democrático que acabábamos de vivir, porque desde que se había instalado la Ley Sáenz Peña del sufragio universal, secreto y obligatorio en 1912, nunca había habido un período histórico que, en forma continua y sin interrupciones, hubiera asumido un cuarto gobierno luego de tres gobiernos constitucionales que lo precedieron, más aún cuando esos gobiernos se inscribían en la tradición nacional, popular y democrática. No lo habían podido lograr Yrigoyen ni Perón. ¡Recuerdo todavía el rugido de la Plaza! La palabra que más escuché fue "gracias". Alcancé a ver a muchísimos nenes —iguales a mi nieto Néstor Iván— que subidos a los hombros de sus padres levantaban los brazos como si hubieran querido abrazarme; y a una ola de cuerpos de jóvenes que no paraban de bailar… Pude observar cómo muchos de ellos lloraban. En ese momento creí que aquellas lágrimas eran el producto de la emoción en una mezcla de despedida y de compromiso hacia el futuro. Eso fue lo que pensé. Ahora, después de ver lo que está haciendo Mauricio Macri con nuestro país, me pregunto: ¿esas lágrimas fueron premonitorias o acaso estaban en el inconsciente colectivo sobre lo que vendría? ¡Qué sé yo!… Les dije que nosotros íbamos a entregar el gobierno como correspondía a nuestras convicciones democráticas y que nos hubiera gustado haberlo hecho en el Congreso. Que desde 1989 había sido primero legisladora provincial y, a partir de 1995, legisladora nacional hasta ser electa presidenta. Que por eso me hubiera gustado entregar los atributos del mando ante la Asamblea Legislativa, que es el máximo órgano popular y federal de nuestro país; pero que no podía salir de mi asombro ya que había soportado tantas medidas cautelares durante mi gobierno —como contra la ley de medios— que me costaba, sinceramente, ver en democracia un presidente provisional ungido por una sentencia judicial, luego de que el pueblo argentino había concurrido tres veces a elecciones presidenciales. Les confesé que me había dolido porque ningún argentino se lo merecía. Sin embargo, creí imprescindible enviar al pueblo, en ese momento y en esa plaza maravillosa, un mensaje de serenidad y pedirles que sean maduros. Que esa era nuestra obligación porque nosotros amábamos a la Patria profundamente, creíamos en el pueblo, creíamos en lo que habíamos hecho y teníamos que mantenernos unidos para que todo lo construido no pudiera ser destruido. Fue ahí que surgió lo de la calabaza. Se me ocurrió en ese momento cuando me insistían para que siguiera hablando, que todavía no me fuera; y yo les decía que debía cortar ese encuentro con ellos esa noche, porque a las doce me convertía en calabaza.

La verdad es que fue una buena metáfora que me permitió finalizar diciéndoles que todos teníamos la gran responsabilidad de velar por la Argentina que habíamos construido: con mayores derechos, desendeudada y con 119 nietos recuperados que dejamos como ejemplo al mundo de que no había impunidad y que no era necesario ningún tribunal extranjero que viniera a hacerse cargo ni de nuestra historia ni de nuestras tragedias. Y antes de despedirme, a pesar de esos miles de argentinos y argentinas que exigían que me quedara un tiempo más con ellos, pude sentir que nada terminaba y que todo continuaría bajo otras formas. Les dije que, como yo me sentía en ese momento, debíamos sentirnos orgullosos después de doce años y medio de gobierno, porque al final de ese camino podíamos mirar a los ojos a las Madres y Abuelas de Plaza de Mayo, podíamos mirar a los trabajadores para decirles que nunca los habíamos traicionado. Ahora que lo escribo, me doy cuenta que si bien renuncié a dar cifras cuando enumeraba los logros de gobierno, mencioné el número exacto de los nietos recuperados hasta entonces. Máximo siempre dice que los dos mejores discursos son el primero de Néstor en el 2003 y el último mío del 2015. Que en esos dos discursos está sintetizado todo. Tiene razón.

No tuve tiempo, cuando me fui de la Plaza, de procesar todos los sentimientos intensos que me atravesaron. Eso ocurriría recién con la distancia, como muchas cosas. Tuve que volver a Olivos rápidamente porque debíamos dejar la residencia antes de las cero horas. Carlos Zannini se había sumado. Florencia no estaba porque ya se había instalado en Río Gallegos con su hija, Helena. Antes de irme, saludé a los empleados que esa noche trabajaban en Olivos. Estábamos todos muy emocionados, me abrazaban y se sacaban fotos conmigo. Eran, aproximadamente, las 23.30 cuando nos fuimos de Olivos en auto. En realidad, la Cenicienta no fui yo. Máximo y Wado fueron los últimos en abandonar el chalet presidencial a las 23.55 ¡Qué país, por favor! ¡Irse del gobierno a los tiros o con los jueces! Me dirigí a nuestro departamento de calle Uruguay y Juncal, en pleno corazón de Recoleta. Volvía al mismo lugar del que salimos con Néstor para ir a vivir a Olivos, pero con una terrible diferencia: volvía sola y me acompañaban mis secretarios, Mariano y Diego. Fue entonces cuando el suboficial de la Policía Federal Julio Picón, que todavía integra mi custodia y en ese momento conducía el auto que nos trasladaba, nos dice: "Hay gente en Juncal". "¿Qué gente?", pregunté... Y en lacónico lenguaje policial respondió: "Hostiles". No sabía si ponerme a reír o llorar. Tampoco me hice mucho problema, sólo cambiamos el rumbo... del auto, y me fui a dormir al barrio de Monserrat, a lo de Florencia. Me había quedado con las llaves de su casa. Antes de irme a dormir me enteré de lo que había pasado en la puerta de nuestro departamento. Vecinos y vecinas de Recoleta —que seguramente no habían pasado privaciones durante nuestro gobierno— habían ido a hacerme un escrache cargado de odio. En ese momento pensé que a ninguno de nuestros militantes se le ocurrió ir a la casa de Mauricio Macri a insultarlo. Sin embargo, sus partidarios sí vinieron a hacerlo a la mía. Puede ser que les hubiera molestado, como siempre, la inmensa movilización popular que me despidió en Plaza de Mayo. De cualquier modo, me preguntaba: ¿por qué, en lugar de ir a mi casa a insultarme, no fueron a festejar a la casa de Macri que al otro día asumía como presidente? Tal vez ahí se explica, en parte, la irracionalidad del odio de un sector social en la Argentina y el amor de otros. Como el de los cientos de jóvenes de distintas organizaciones políticas juveniles que, cuando se enteraron de lo que estaba pasando en la puerta de mi departamento, se indignaron por la agresión hacia mi persona y se fueron para ahí. Cuando fueron menos los que insultaban y agredían, sólo en ese momento, apareció la Policía de la Ciudad para poner "orden". Y después algunos se asombran y me critican porque quiero a los jóvenes. Sigo sin saber cuál es la parte que todavía no entienden.

En la casa de Florencia no tenía ninguna de mis cosas. Recuerdo que revolví la ropa de mi hija, tomé uno de sus piyamas y me acosté a dormir. Al otro día me desperté, como dije, sin dolor de estómago. En verdad no era exactamente un dolor de estómago lo que había sentido durante todos esos años, sino una sensación, un peso o algo como cuando se dice "siento una cosa en el estómago" que no alcanza a ser dolor y que en algún momento se parece a la angustia. Porque era muy brutal levantarse todos los días pensando qué cosas iban a hacer contra nuestro gobierno o a inventar sobre mí, con qué nos iban a agredir. Es que no sólo tuve que soportar el peso de lo real: la crisis con las patronales agropecuarias de la 125, la caída de Lehman Brothers y la crisis de las subprime de 2008 —la más grande de la historia junto con la Gran Depresión de 1930—, el acoso de los fondos buitre, tener enfrente una oposición que en el año 2010 nos dejó sin aprobar el presupuesto nacional, haber soportado cinco corridas cambiarias sin tomar la decisión de acudir al Fondo Monetario Internacional (FMI), o los cacerolazos de protesta porque no se entendió la necesidad de regulación cambiaria que la prensa estigmatizó con el nombre de "cepo", sino que además de todo eso padecía el invento permanente sobre mi salud y mis estados de ánimo; la sospecha constante sobre mi honestidad en el uso de los recursos del Estado; las mentiras sobre mis hijos o la infamia de que Néstor no había muerto. Así que sí, el 10 de diciembre de 2015 cuando me desperté en la casa de Florencia, ya no tenía dolor de estómago.

Unas horas después estaba volando al Sur. Tenía que viajar a Río Gallegos para la asunción como gobernadora de Alicia Kirchner, que se llevaría a cabo durante la tarde. Fuimos con Máximo y después acompañamos a Alicia a la residencia de la gobernación. Ella no recordaba que el día que Néstor había asumido como gobernador en 1991, cuando conoció esa misma casona y como le gustan mucho las casas antiguas, dijo que le encantaría vivir ahí alguna vez. Así que... allí estábamos las dos: yo volviendo a un lugar que amaba y ella entrando a la misma casa en la que una vez había deseado vivir. No quiero olvidarme —por esos mecanismos de defensa mental innatos a la condición humana— de lo impactante que fue entrar a esa residencia de Santa Cruz de la cual había salido doce años y medio antes, acompañándolo a Néstor para asumir como presidente, y a la que ahora volvía sin él. Esa casa que amé y aún amo. Todavía recuerdo la última vez que estuve ahí. Ya habíamos embalado nuestras cosas y fui a nuestra habitación, la que habíamos ocupado durante casi doce años. Sólo quedaban un sillón, las mesas de luz y el espejo con el tocador que pertenecían al mobiliario de la residencia. Cuando la vi así, casi vacía, me puse a llorar. Allí era donde Florencia había crecido y Máximo transcurrido toda su escuela secundaria, hasta que se fue a vivir a Buenos Aires para estudiar. La verdad es que en Olivos nunca me sentí como en esa residencia de Río Gallegos, que es mucho más linda que el chalet presidencial. Más grande, más funcional, una casona muy vieja construida hacía muchos años como se hacía en el Sur, con paredes gruesas, habitaciones amplias, un comedor gigante, una sala de música con un gran piano de cola —que Alicia aún conserva—, un cómodo escritorio y un living inmenso; pasillos anchos, y un hermoso quincho. Sí, volvía a un lugar querido. Habíamos entrado con Néstor ahí, cuando Florencia tenía un año y cinco meses y recién empezaba a caminar. Era la primera vez, y hasta ahora la única, en que una bebé vivía en la residencia. Comía en la cocina junto a su niñera y a los empleados que le festejaban todas las gracias y monerías que hacía desde su sillita en la cabecera de la mesa. Con Néstor y Máximo lo hacíamos al lado, en un pequeño comedor diario que aún está, aunque más lindo y mejorado. Sí, me sentí muy bien cuando volví a Santa Cruz. Volvía a esa casa, a ese lugar que sentía como propio. Y de alguna manera, sentía que él estaba conmigo. Habíamos sido muy felices ahí. Si me preguntaran dónde fui más feliz diría, sin dudar, que en las residencias de la gobernación de Santa Cruz, tanto de Río Gallegos como de El Calafate, donde también hay una. Aunque dicen que uno no extraña ni le gustan los lugares sino los recuerdos de los momentos allí vividos. Algo de eso debe haber.

En la residencia de El Calafate pasamos las primeras vacaciones después que Néstor asumiera como gobernador. Era tal el descalabro de la provincia que no podíamos salir de Santa Cruz. En realidad, como poder podíamos, pero no debíamos hacerlo. Ahora que lo escribo me doy cuenta que Néstor tenía un karma: cada vez que le tocó asumir como intendente, gobernador o presidente siempre fue en el marco de crisis económicas, políticas y sociales. En 1991, en la provincia no se podían pagar los sueldos, se adeudaban aguinaldos, más de mil millones en proveedores… En fin, un desastre. Sin embargo, cuando renunció para asumir como presidente, la provincia contaba con un fondo contracíclico de más de 500 millones de dólares, el índice de desocupación más bajo del país, los mejores sueldos de docentes y empleados públicos y una obra pública ejecutada de miles de viviendas sociales, escuelas, modernos hospitales, rutas y dos obras estructurales como el aeropuerto internacional de El Calafate, que permitió disparar el turismo, y el puerto de aguas profundas de Caleta Olivia, para reconvertir la zona norte de Santa Cruz.

VIENTOS DEL SUR

Así que en aquel verano del 2016 me instalé en Santa Cruz. Disfruté estar con mi hija y con mi nieta Helena, que me acompañaron durante enero y febrero. Veía casi todos los días a Néstor Iván y a Máximo que, a partir de marzo, empezó a viajar regularmente a Buenos Aires porque ya era diputado nacional. Repartía mi tiempo entre Río Gallegos y El Calafate. Visitaba con mucha frecuencia a Alicia y lo hacía en la residencia; no en la gobernación porque, aunque solíamos intercambiar ideas sobre los problemas, no quería que a nadie se le cruzara por la cabeza que yo podía tener incidencia en sus decisiones de gobierno. Pobre Alicia, todos los días tenía un frente de tormenta diferente. Sin embargo, lejos estaba de imaginar que en la peor de todas esas tormentas iba a estar yo, en esa misma casa que tanto amaba y que con nosotras, por si todo esto fuera poco, iba a estar mi nieta Helenita. En Santa Cruz me había impuesto cierta disciplina para volver a hacer actividad física. Adelgacé mucho y supongo que mi silencio y lejanía estimularon a los medios a seguir diciendo estupideces. En esta oportunidad del tipo "tiene novio". ¡Mi

Dios! Inventaron romances con viejos amigos, como Jorge "Topo" Devoto. Antes, durante mi segunda presidencia, lo habían hecho con el jefe de mi custodia. Pobre chico, todavía me acuerdo las bromas que todos le hacían al respecto. ¡Qué increíble! ¡Vergüenza ajena! ¿Por qué una mujer siempre tiene que tener un hombre al lado? Es una concepción insoportable y la· prueba de una sociedad machista, misógina y mediocre. Es algo que extraño mucho de Néstor porque era el tipo más compañero y menos machista que conocí en mi vida. No, me corrijo, no era machista en absoluto; aunque las feministas sostengan, no sin algo de razón, que esos hombres no existen.

Sin embargo, el tiempo es el elemento fundamental para no equivocarse en los análisis: esto de los medios de comunicación inventándome amantes o novios no tiene que ver sólo con la misoginia, sino también —y fundamentalmente— con la ideología política. Me di cuenta de eso recién después de dos años de haber dejado el gobierno. Sucede que la figura central de Cambiemos es la gobernadora de la provincia de Buenos Aires, María Eugenia Vidal. Una mujer muy joven, de 45 años y divorciada; que gobierna la provincia más importante del país y a la que no pocos le asignan "aptitud presidencial". Sin embargo, nunca ningún medio o periodista menciona romance ni noviazgo alguno. Todo lo contrario; la presentan como una mujer casi virginal, angelical, una suerte de hada buena. Y ya se sabe, las vírgenes y las hadas no tienen novio y los ángeles ni siquiera sexo. Del otro lado aparezco yo: una mujer de 66 años, viuda y abuela. Por supuesto, los medios publican que tengo amantes, novios, romances y todo lo que se les ocurra. Ahora, yo me pregunto: si lo que inventan sobre mí fuera sólo producto de un planteo machista, ¿por qué no elucubran lo mismo sobre Vidal? Si por su edad y estado civil sería muchísimo más lógico —diría casi biológico— que tuviera relaciones sentimentales. La respuesta es muy sencilla: se construye un estereotipo como sentido común, en el que las peronistas o populistas somos todas "locas y putas" y las liberales son todas "buenas y puras". Es muy claro y muy burdo, pero lamentablemente eficaz. Los que desarrollan este tipo de estrategias de comunicación política pivotean sobre los prejuicios y "las taras" de una sociedad absolutamente mediatizada.

En verdad, ese verano de 2016 fue bastante más sereno que los anteriores, al menos en lo personal. Durante el resto del año leí mucho, me puse al día con películas y series que tenía pendientes. Mi preferida, sin lugar a dudas, *Game of Thrones*. Los dos últimos capítulos de esa temporada —'La batalla de los bastardos' y 'Vientos de invierno'— son de lo mejor que he visto. Sin embargo, Netflix es una suerte de videoteca inagotable y fantástica. Entre mis favoritas de ese año: *Los Mosqueteros*, en una muy buena versión libre de la novela de Alejandro Dumas realizada por la BBC de Londres; *The affair*, con la actuación memorable e imperdible de las dos mujeres protagonistas —Ruth Wilson y Maura Tierney—; *Sense8* de las hermanas Lilly y Lana Wachowski, que sinceramente es imposible de definir pero verla es imprescindible para aquel al que le guste lo diferente y creativo; el documental de Noam Chomsky *Requiem por un sueño americano*, que no necesita presentación ni explicación, y lo mejor de Netflix: *Downton Abbey*, un fresco increíble sobre la aristocracia inglesa rural de principios del siglo XX; la actuación y los diálogos de Maggie Smith, sencillamente magistrales. Y si bien me visitaron varios dirigentes, tanto en Río Gallegos como en El Calafate, no hubo cuestiones relevantes para señalar. Había decidido abstraerme totalmente. Desde muy joven tengo un notable poder de concentración, ya que puedo estar en medio de una reunión o con una radio a todo volumen y sin embargo estudiar o leer sin distraerme ni por un segundo.

Y sí, me abstraje completamente. Hubo una decisión mía de retirarme porque sentía que todo había sido muy vertiginoso, tal vez demasiado intenso. Necesitábamos todos descansar: yo de los argentinos y los argentinos de mí. Porque gobernar este país... ¡Mamita! Y ya que estamos hablando de intensidad, debo admitir que la cuestión de las cadenas nacionales fue todo un tema. Sí, el hecho de que yo hablara por cadena nacional —bastante seguido, es cierto— para comunicar la gestión de gobierno, obras, leyes, medidas, etc., tenía una razón objetiva: si yo no utilizaba esta herramienta, lo que nosotros hacíamos desde el gobierno no aparecía en los medios de comunicación, se invisibilizaba o se tergiversaba —como explicaremos con mayor detalle en el último capítulo de este libro— en lo que ellos mismos llamaron "periodismo de guerra". Y sinceramente... para mí, las cadenas nacionales, desde lo político y hasta en lo personal y físico, implicaban un desgaste que en una situación de normalidad —sin el ataque permanente que sufríamos— no hubiera ocurrido. Tenía que poner mi cara y mi cuerpo, en todas y cada una de las medidas importantes que tomábamos para que fueran mínimamente conocidas por la sociedad. Lo que se dice... un garrón. Si los medios de comunicación hegemónicos hubieran cubierto mi gobierno con un 10% en relación a lo que hacen con el de Mauricio Macri... hubiera sido Gardel y Lepera. Pero no... todo lo contrario. Lo cierto es que no ignoraba la contrapartida de esas cadenas nacionales: desde la señora que quería ver la novela hasta el que llegaba del trabajo y no quería más "lola", o los y las que decían "no quiero que esta señora —o sea yo— nos siga retando por cadena nacional". Y sí... Reconozco que tengo un tono de voz alto y un modo de hablar imperativo. Fui así toda mi vida... Además, como se habrán dado cuenta, me gusta hablar para argumentar... Amo discutir y convencer... y ganar la discusión. Aunque debo decir que también creía que tener una presidenta que hablaba sin leer, de corrido, con un vocabulario muy amplio, con un hilo conductor de principio a fin y sin equivocarse, era motivo de orgullo para los argentinos y las argentinas. Qué sé yo... En el exterior llamaba la atención y eran motivo de admiración, más allá de compartir la línea política de mis discursos, que es otra cosa totalmente diferente. También es cierto que en esos lugares no tenían que escucharme tan seguido que digamos... Pero admito que las cadenas nacionales para muchos eran un plomo. Ahora bien, a la luz de lo que está pasando actualmente, con la economía devastada, donde no sólo no se llega a fin de mes sino que muchos no pueden comer y se producen escenas de gente peleando a las trompadas y empujones en un supermercado para llevarse la última oferta de milanesas o el agolpamiento violento de miles de personas en un lugar donde se necesitan diez empleados para tareas de limpieza... Y después lo escucho "hablar" a Mauricio Macri, que no necesita cadena nacional por la cobertura y el blindaje mediático que tiene... En fin...

Pese a ello, no dejé de seguir todos los acontecimientos que marcaron el comienzo del gobierno de Mauricio Macri. Sí, registré puntualmente todo lo que sucedía: no sólo el inicio de la persecución política contra opositores, cuya primera víctima fue Milagro Sala, sino también la instrumentación de un modelo económico que iba a traer mucho sufrimiento a los argentinos. Era más que claro que se había puesto en marcha un modelo de regresión del ingreso y empobrecimiento generalizado que intentaron maquillar con la mentira de la "pesada herencia". Había tomado la decisión de no tener fueros, no sólo por lo que dije que los argentinos debían descansar de mí y yo de ellos, sino porque no estaba dispuesta, cuando terminé mi mandato, a que dijeran que iba en una lista buscando fueros. Esa fue la única razón por la cual le dije "no" a Daniel Scioli cuando me pidió que encabezara la lista de diputados nacionales por la provincia de Buenos Aires. Lo recuerdo como si fuera hoy: a punto de cerrarse las listas fue una tarde a verme a Olivos. Estábamos los dos solos. Le dije: "No, Daniel. Nos van a atacar diciendo que yo quiero fueros o, peor todavía, que voy a ser tu comisaria política desde la Cámara de Diputados". Hoy, a la distancia, mientras escribo esto y veo los números de aquella elección en primera y segunda vuelta, me pregunto: ¿hubiera ayudado a cubrir la escasa diferencia de votos que tuvimos en el balotaje si iba como diputada? ¿No me habré equivocado al decirle que no a Daniel? ¡Qué sé yo!...

Durante todo el año 2016 los principales medios de comunicación y Mauricio Macri iniciaron una sistemática tarea de definir nuestro gobierno como una "pesada herencia". Con ese argumento se pretendió justificar las políticas decididamente antinacionales, impopulares y regresivas que el gobierno de Cambiemos descargó implacablemente sobre el pueblo argentino. Dijeron que esas políticas eran los "correctivos necesarios" —cuales feos remedios— para una década que, según el establishment económico que el nuevo gobierno representaba, había sido de "despilfarro". Ahora, cuando escribo estas líneas en medio de una catástrofe económica y social, resultado de las políticas aplicadas durante los tres años de gestión de Cambiemos, desde la prensa oficialista y los economistas que apoyaron todas y cada una de las medidas de este gobierno, dicen que el problema es que Macri... "no explicó en qué situación había recibido el país". ¡Es increíble! Sí, durante todo el 2016 estuvieron machacando y picando la cabeza de la gente con ese invento de la "pesada herencia". Hasta editaron informes y no hubo programa de televisión, diario, radio o portal donde no hablaran de eso. Es más, Mauricio Macri le dedicó la totalidad del mensaje ante la Asamblea Legislativa del 1 de marzo del 2016 a este tema y presentó el libelo conocido con el nombre de "El estado del Estado". ¡Por favor, que no nos tomen más el pelo! A veces pienso que sin la complicidad de los medios de comunicación este gobierno no existiría.

Al mismo tiempo que se iniciaba el relato de la "pesada herencia", comenzaba una feroz persecución judicial en contra mía y de mi familia, especialmente contra mis hijos. Se operaba mediática, política y judicialmente sobre muchos dirigentes de nuestro partido para mostrar que había un peronismo que se alejaba de lo que ellos denominaban kirchnerismo. A la distancia entendí que la difusión de datos falsos en los medios hegemónicos oficialistas y la judicialización de ciertas decisiones de gobierno —como el Memorándum de entendimiento con Irán o la necesidad de haber implementado el dólar futuro para administrar la flotación del tipo de cambio— se transformaron en un método de persecución que iba más allá de los estrados judiciales. El nuevo gobierno necesitaba alimentar la caldera de mentiras y de odio como una prolongación de la campaña electoral permanente. La desdichada muerte del fiscal Alberto Nisman fue usada una y otra vez con este objetivo.

Tardaría mucho más tiempo todavía en darme cuenta que todo esto no era sólo contra los "K". Estábamos —y estamos— frente a una campaña de ataque y demonización a escala regional contra las figuras que habíamos liderado los procesos nacionales, populares y democráticos en América del Sur durante la última década y que, con nuestras políticas, habíamos cambiado favorablemente las condiciones de vida de millones de hombres y mujeres. El posterior encarcelamiento de Lula en el 2018 y la orden de detención contra Rafael Correa en el mismo año, son testimonios irrefutables.

A fines de febrero, el juez Claudio Bonadio me citó a indagatoria para el 13 de abril de 2016 en la causa que investigaba la venta de dólar futuro. Una medida que no sólo es potestad exclusiva del Banco Central —ya que no depende del Poder Ejecutivo— sino que, además y fundamentalmente, se trata de una estricta decisión de política económica y, por lo tanto, no es judicializable. Sin embargo, no sólo me citaba a mí sino también al ex ministro de Economía, Axel Kicillof, y a otros funcionarios. Al mismo tiempo aparecían publicaciones en las que se llegó a decir que yo había sido capaz de robar cuadros de la Casa de Gobierno y, con la misma liviandad, agregar que estaba acusada en por lo menos 50 causas —que por supuesto nunca se identificaban, pero cuya cantidad causaba impresión— aunque a continuación, en la bajada de las notas, se admitiera que "sólo 7" de ellas estaban siendo investigadas y en las que, además, "no tenía responsabilidad última". La catarata de acusaciones en general no se referían a los miles de programas y obras realizadas sino a escenarios construidos en torno al patrimonio de mi familia que, como funcionaria, había explicado una y otra vez en todas y cada una de mis declaraciones juradas. Desde 1989 fui diputada provincial, convencional constituyente nacional en 1994, legisladora nacional por Santa Cruz desde 1995, dos veces senadora nacional por la provincia de Santa Cruz, senadora por la provincia de Buenos Aires y electa y reelecta presidenta de la Nación desde 2007. O sea, durante más de veinte años había presentado rigurosamente, como marca la ley, la evolución de mi patrimonio personal y familiar sin objeciones, lo que tornaba aún más increíble e injusta la persecución judicial a mí y a mis hijos. Sobre todo porque todas las denuncias, absolutamente todas, se basan en los bienes y los datos de mis propias declaraciones juradas, que además eran públicas; a diferencia de otros dirigentes políticos, empezando por el propio presidente Macri, a los que les han encontrado fondos y bienes no declarados. Mientras todo esto ocurría, los medios hegemónicos de comunicación bombardeaban a la sociedad con imágenes de dólares contados en una financiera —autorizada por el Banco Central— que se asociaban a la letra "K" para demonizar nuestro apellido. Años más tarde, por la declaración testimonial de Federico Elaskar —dueño de la financiera— brindada durante el juicio oral de la respectiva causa judicial, los argentinos y las argentinas nos enteramos que se había armado una operación mediática entre Canal 13 y el dirigente sindical Luis Barrionuevo para identificar el apellido Kirchner con aquellas imágenes sin que realmente tuvieran nada que ver. Paralelamente, el presidente Mauricio Macri se mostraba "indignado" en los mismos medios por "la corrupción y la impunidad" del gobierno anterior. Se ocultaba de esta manera que el gobierno de Cambiemos comenzaba el proceso de endeudamiento más brutal y vertiginoso del que se tenga memoria —mayor aún que el de la última dictadura militar—, que culminaría con el trágico e increíble regreso del FMI.

Entre febrero y marzo de 2016, mientras se eximía de pagar impuestos a los sectores más ricos de la Argentina y se desmontaban —vía decreto de necesidad y urgencia— los avances en la desmonopolización de los medios establecida en la ley de servicios de comunicación audiovisual, se elaboraba un completo plan de difamación contra nuestro gobierno. En ese momento, en el mundo, había explotado —literalmente— lo que se conoció como Panamá Papers. Una investigación acerca de miles de cuentas y sociedades en guaridas fiscales que escondían dinero negro proveniente de la evasión, la corrupción o el narcotráfico. Un escándalo de dimensiones globales que provocó la dimisión del primer ministro de Islandia, el primer ministro de Paquistán y el ministro de Industria español José Manuel Soria, a quien se lo mencionaba hasta ese momento como posible sucesor de Mariano Rajoy —en ese entonces presidente de España—. Jamás encontraron en los Panamá Papers —ni más tarde en los Paradise Papers— mi nombre, ni el de mis hijos, ni el de ningún miembro de mi gobierno, pero sí el de Mauricio Macri, el de sus amigos, el de sus socios y el de parte de su gabinete. Más tarde, a través del testimonio público de los periodistas alemanes que lideraron aquella investigación, pudimos enterarnos cómo sus colegas argentinos se desesperaban por encontrar un Kirchner en la lista. Desde El Calafate llegué a preguntarme cuánto tiempo tardarían los argentinos en entender que el odio y una gigantesca maquinaria de reproducción de mentiras tenían un único fin: dinamitar doce años y medio de construcción de derechos y de bienestar. Y que para ello, armaron una ficción que incluía bóvedas inexistentes, cuentas en el exterior inexistentes y testaferros inexistentes, en lo que los medios llamaron "la ruta del dinero K". Se llegó incluso al ridículo de enviar a la provincia de Santa Cruz —en medio de un gigantesco operativo de prensa— al inefable fiscal Guillermo

Marijuan, convenientemente "acompañado" por varios canales de televisión, para dirigir un ejército de retroexcavadoras que buscaban un supuesto dinero oculto en el medio de la nada. Perón solía decir que se vuelve de cualquier lugar, menos del ridículo. Lo que sí empezaba a verse claramente era que las políticas económicas del nuevo gobierno afectaban y desordenaban la vida y los bienes de millones de argentinos. Allí comencé a pensar también que el objetivo no era sólo demonizar y terminar con lo que ahora llamaban "populismo" para definir los años de nuestro gobierno desde 2003, sino que en verdad se intentaba, una vez más, el viejo sueño de la elite más rica de la Argentina: el de arrasar y extirpar cualquier vestigio del peronismo.

LLUVIA DE ABRIL

Mi regreso a Buenos Aires estuvo marcado por estos signos. Porque la historia parece volver a repetirse no sólo con el "mismo amor, la misma lluvia" —como dice el tango "Por la vuelta"— sino en sus vicios más oscuros: perseguir dirigentes opositores bajo la acusación de corrupción. La noche del 12 de abril del 2016, cuando llegué desde El Calafate por la citación a indagatoria de Bonadio, llovía torrencialmente. En Aeroparque me aguardaba una multitud de jóvenes. Tuve que traspasar un cordón de seguridad para poder acercarme a la gente que se había autoconvocado y a las agrupaciones que esperaban. Había un cerco policial que no pudo impedir que se acercaran a tomarse fotos conmigo y a saludarme, incluso los empleados del aeropuerto. La verdad es que nunca me habían dejado sola. Esa noche dormí en mi departamento de Recoleta. Preparé junto a mi abogado, Carlos Alberto Beraldi, la presentación judicial que debía hacer en el juzgado de Bonadio por la causa del dólar futuro. El 13 de abril llegué temprano a la audiencia. Me acompañaron Oscar Parilli, Eugenio Zaffaroni y mi abogado. Me emocionó el ascensorista, un hombre mayor, que me dijo: "Por favor, vuelva, que no quiero ser pobre otra vez". En el pasillo del cuarto piso también me esperaban muchos empleados para saludarme con afecto y sacarse fotos. En el juzgado, Bonadio sólo se asomó por una puerta y se quedó parado detrás mío. Todos estaban incómodos: la secretaria y el fiscal, Eduardo Taiano. La funcionaria judicial me leyó la acusación y después tipeó mi declaración. Bonadio me acusaba de liderar una asociación ilícita conformada con mi ex ministro de Economía Axel Kicillof, el ex presidente del Banco Central Alejandro Vanoli y otros funcionarios, "para provocar una pérdida a las arcas del Estado de cerca de 55 mil millones de pesos". Contesté que no había participado de ninguna asociación ilícita, sino que había sido titular del Poder Ejecutivo de un gobierno electo en dos oportunidades por voluntad mayoritaria del pueblo argentino, con el 46 y luego con más del 54 por ciento de los votos. No acepté contestar preguntas. Hacerlo hubiera significado convalidar la arbitrariedad, la ilegalidad y la incompetencia plasmadas en judicializar políticas económicas para perseguir dirigentes opositores. Pedí que apartaran a Bonadio por mutua enemistad manifiesta. Yo ya lo había denunciado ante el Consejo de la Magistratura por su actuación en otras causas. Y por si faltara algo, para evidenciar el grado de ilegalidad y arbitrariedad de la actuación judicial, el primer presidente del Banco Central de la era Macri, Federico Sturzenegger, en diciembre le había consultado a este personaje que detenta el título de juez si era legal que procedieran al pago de esos contratos de dólar futuro que, por supuesto, habían tomado varios miembros del nuevo gobierno. Entre los funcionarios que habían firmado contratos de dólar futuro se encuentran los ahora tristemente célebres y conocidos Mario Quintana —ex CEO de Farmacity— y Luis "Toto" Caputo —ex presidente del BCRA—. Insólitamente, y a los golpes contra el Derecho y el más elemental sentido común, Bonadio autorizó a pagar los contratos de dólar futuro por los cuales acusaba a nuestro gobierno de cometer ilícitos.

Para que se entienda: por un lado Bonadio decía que había delito en la celebración de los contratos del Banco Central, pero por otro autorizaba al mismo banco a pagarlos. ¡Una verdadera locura! Ningún miembro de nuestro gobierno celebró contratos de dólar futuro. Fueron ellos, los macristas: los que durante el 2015 habían hecho contratos de dólar futuro, los que cuando llegaron al gobierno devaluaron, los que ya en funciones pactaron los precios que recibirían por sus propios contratos y los que finalmente los pagaron. Los únicos beneficiados: ellos, los macristas, los de Cambiemos. Los procesados y sometidos a juicio oral: nosotros, los kirchneristas, los peronistas. Es decir que no sólo nos imputaban un supuesto delito que no se había consumado durante nuestro gobierno sino que, además, se admitía que los que sí lo habían consumado cobrando los dólares, luego de devaluar, no habían cometido delito alguno. Un verdadero espejo invertido: eran ellos los que habían contratado dólar futuro pensando que podían ganar las elecciones, fueron ellos los que devaluaron al llegar al gobierno y un domingo 13 de diciembre, en la Casa Rosada —con la contraparte privada—, acordaron el precio de esos contratos para finalmente ellos —siempre ellos— cobrarlos.

Mi abogado presentó un descargo que repasaba la causa que se había iniciado con una denuncia de los diputados de Cambiemos Mario Negri y Federico Pinedo, realizada el 31 de octubre de 2015, unos días después de la primera vuelta de las elecciones presidenciales. En ese preciso momento, Bonadio, con timing absolutamente electoral, no sólo instruyó la causa a velocidad desconocida para el Poder Judicial argentino, sino que el 20 de noviembre, apenas dos días antes del balotaje que definiría el nuevo presidente del país, allanó el Banco Central con el propósito de iniciar una corrida bancaria para forzarme a una devaluación. No lo lograron, pero después presionaron para hacer renunciar al entonces presidente del Banco Central, Alejandro Vanoli. A partir del 10 de diciembre de 2015, el nuevo gobierno, cuyos integrantes habían comprado dólar futuro, llevó adelante una devaluación de la moneda que no sólo produjo efectos devastadores en la economía argentina y en el bolsillo del pueblo sino que, además, los benefició a ellos directamente. Todo lo sucedido habla, claramente, de una complicidad del Poder Judicial nunca antes vista —algunos dicen que ni siquiera en dictadura— persiguiendo personas inocentes y amparando el latrocinio. Cuando escribo estas líneas sobre dólar futuro, la Argentina asiste al más formidable saqueo en materia de endeudamiento y fuga de capitales: primero Lebacs, Letes, Botes... ahora Lelics; devaluación, corridas cambiarias, préstamos del FMI, etc. ¿Alguien juzgará todo esto?

Cuando salí de aquella audiencia del 13 de abril de 2016, quise trasmitirles a los miles de compatriotas que me esperaban afuera, bajo la lluvia, lo que había ocurrido. Volví a encontrarme allí con el mismo amor y la misma pasión popular que sentí el día de mi despedida en Plaza de Mayo. Esa multitud entrañable, de hombres y mujeres, de niños, jóvenes y viejos empapados bajo la lluvia, anticipaba un otoño inclemente pero no sólo por el clima. Comprendí que tenía que tranquilizarlos porque ellos, como yo, también se habían sentido agredidos en sus convicciones. Como si hubieran sido parte, más que del sueño de construir una vida mejor, de una asociación ilícita. Porque los esfuerzos por unir la palabra kirchnerista a "delincuente" habían sido —y seguirían siendo— muy persistentes. ¡Cuánta infamia! Por eso les dije que se quedaran tranquilos, que me podían citar a Comodoro Py veinte veces más, que incluso podían apresarme, pero lo que no iban a poder lograr era que dejara de decir lo que pienso. Porque no se trataba además de un ataque personal. Claramente, la persecución era por nuestras políticas y por lo que yo simbolizaba. Había habido un presidente —Fernando de la Rúa— que se fue tranquilo a su casa después de tener 30 muertos en la Plaza de Mayo con megacanje, blindaje y sobornos en el Senado incluidos. Recordé que el primer presidente perseguido de la era democrática fue Hipólito Yrigoyen, a quien después de derrocarlo, en 1930, le imputaron hechos de corrupción a granel. Me tuve que morder la lengua para no contar que en esa oportunidad una multitud enardecida por los diarios de aquella época había asaltado el departamento del viejo líder radical, en la calle Brasil, buscando plata en los colchones donde, por supuesto, no encontraron absolutamente nada. Pobre Yrigoyen. Lo habían tenido preso en la isla Martín García y el día que lo liberaron asumió el gobierno el general Agustín P. Justo: comenzaba la tristemente célebre Década Infame, cuando se vendió una vez más la Argentina al mejor postor, siendo su principal y más emblemático ministro Federico Pinedo, bisabuelo del presidente provisional más breve de la historia —apenas doce horas— y actual senador nacional de Cambiemos.

Es que en Argentina todo hace juego con todo. Hipólito Yrigoyen había encarnado el movimiento nacional, popular y democrático. Representaba los intereses de los desposeídos, de la pequeña clase media que recién surgía y de los pequeños productores. Lo derrocaron por lo que representaba. Y es que los dirigentes en definitiva no somos los que cambiamos la historia, los que lo hacen son siempre los pueblos y son algunos o algunas los que, en un momento dado, se hacen cargo de esos cambios para llevarlos adelante como bandera. Juan Domingo y Eva Perón también construyeron historia con los derechos adquiridos, con la transformación social, y también fueron perseguidos. Eva odiada, Perón obligado al exilio y todo el gobierno peronista acusado de corrupción.

En el escrito que presenté ese día ante Bonadio expresé mi convicción de que el plan económico del nuevo gobierno era un plan de ajuste y miseria generalizada que requería una vez más de la difamación y la calumnia para ser aceptado, mansamente, por los argentinos bajo el mismo pretexto de que los dirigentes que defendieron y defienden los intereses nacionales y populares son corruptos sin remedio. O peor aún, una asociación ilícita por la cual el gobierno de Mauricio Macri, con la colaboración imprescindible del Poder Judicial, intentaba plantar una causa penal que me privase de la libertad. Recordé entonces que todos los golpes militares, tanto el de 1930 como el de 1955 o el de 1976, fueron convalidados por el Poder Judicial. Ahora que escribo recordando mi discurso de aquel día frente a Comodoro Py, pienso que es cierto que la historia se repite. Aquella famosa acordada de la Corte Suprema de 1930 que convalidó el derrocamiento de Hipólito Yrigoyen y que se conoció como la doctrina de los gobiernos de facto, habilitando todos los posteriores golpes de Estado, tuvo el dictamen del entonces procurador general de la Nación, Horacio Rodríguez Larreta, bisabuelo del actual jefe de Gobierno de la Ciudad de Buenos Aires por Cambiemos. Lo dicho anteriormente: hasta los personajes se repiten. La dictadura más sangrienta de nuestra historia —dije en ese mismo escrito— siguió idéntico camino respecto del gobierno constitucional que habían derrocado y también contra dirigentes que ni siquiera formaban parte de ese gobierno y que incluso eran fuertes opositores a él. De esa manera, impidiendo las elecciones nacionales presidenciales que ya habían sido convocadas para noviembre de 1976, truncaron el proceso democrático para iniciar una larga noche no sólo por la represión al pueblo, sino también para quebrar a la Argentina industrial, donde la participación de los trabajadores en el PBI era de casi el 50% y el endeudamiento externo era sumamente bajo y no implicaba condicionamiento alguno a la soberanía nacional. El 21 de octubre de 1977 la dictadura había creado la Comisión Nacional de Responsabilidad Patrimonial (Conarepa) que incautó no sólo propiedades y bienes correspondientes a los funcionarios del gobierno derrocado, sino también de empresarios, dirigentes políticos y sindicales, todos ellos detenidos exclusivamente por motivos políticos, pero bajo la pátina, siempre conveniente y mediática, de la lucha contra la corrupción. Allí también habían contado con la participación del Poder Judicial, que avaló la barbarie del poder militar. Un ejemplo paradigmático había sido el caso de Papel Prensa: todos los bienes del empresario David Graiver habían pasado a ser administrados por esa comisión bajo la mirada complaciente de los jueces de aquellos años. Por eso, como presidenta, y por el valor histórico de los expedientes, registros, actuaciones y toda esa documentación infausta de la Conarepa, decidí su traslado al Archivo Nacional de la Memoria, como ejemplo de un pasado que no queríamos repetir. Recordé, en aquel discurso de Comodoro Py, cuál era el hilo conductor de cada uno de esos procesos supuestamente moralizadores. El que sacó a Yrigoyen por corrupto, el que fue contra Perón y contra Eva, y luego el del 24 de marzo. ¿Eran moralizadores? No. Venían por los derechos y las conquistas logrados por millones de argentinos que habían mejorado su vida, impulsados por el movimiento nacional y popular que se había encarnado en distintas épocas, bajo distintas formas y con distintos nombres. Por eso yo era un obstáculo. ¿Cuántas veces se los dije como presidenta? ¿Cuántas, Dios mío?

Sin embargo, una vez más la historia se repitió y el pasado volvió a atrapar a los argentinos: endeudamiento, devaluación, despidos, persecuciones políticas, tarifazos en servicios públicos esenciales e indispensables, estampidas imparables de precios, comercios cerrados, industrias en crisis, censura y cercenamiento a la libertad de expresión, son sólo algunas de las calamidades que el nuevo gobierno ya había empezado a provocar. Esta verdadera tragedia se convirtió en comedia cuando los rostros de quienes se quieren presentar ante los argentinos como cruzados contra la corrupción son los mismos que durante los 80 y los 90 formaron parte de la "Patria Contratista" y su apellido estuvo indisolublemente ligado a escándalos y negociados con el Estado. Sí, los Macri. Los que ubicaron gerentes y directivos de sus empresas en puestos claves del gobierno, pasando por el contrabando de autos con sociedades offshore llevado a cabo por el actual presidente, quien fuera absuelto por la "mayoría automática" de la Corte Suprema menemista —causal de juicio político a miembros de aquel tribunal— o la estatización de la deuda de sus empresas, entre otros hechos de corrupción. Por eso, más allá de la efectividad de la estrategia de marketing electoral que tuvieron disociando a Mauricio del apellido Macri, lo cierto es que, como dijera Kirchner con prematura inteligencia, no se olviden que Mauricio… es Macri.

No debería habernos llamado la atención, entonces, cuando ilustraron la primera plana de todos los medios de comunicación internacionales, junto a otros dirigentes y mandatarios —los que sí renunciaron en forma inmediata— con cuentas y sociedades en guaridas fiscales que les fueran descubiertas y de las que nunca le contaron a los argentinos. Como dijimos antes, el Consorcio Internacional de Periodistas de Investigación (ICIJ) presentó el caso Panamá Papers en su página web bajo el significativo título de "Gigante fuga de registros financieros offshore expone la matriz mundial de la delincuencia y corrupción". Sí, así como se lee: matriz mundial de la delincuencia y corrupción que incluye al presidente Mauricio Macri y su familia, entre otros. En Argentina el gobierno y los medios hegemónicos lo minimizaron y trataron de invisibilizarlo, con el remanido recurso de denuncias y despliegue de mediáticas acciones judiciales sobre los opositores políticos y, a diferencia de lo que había sucedido en el resto del mundo, ninguno de los miembros del gobierno de Cambiemos involucrados en este escándalo internacional renunció. Esta metodología de distracción no sólo es claramente visible en nuestro país, sino que se replica a escala regional como una matriz diseñada por expertos de otras latitudes. La causa por la cual fui a declarar a Comodoro Py y otras que se agigantaban por los medios de comunicación concentrados eran un ejemplo lamentable de lo que venía diciendo, a punto tal que a los propios medios extranjeros que denunciaron a escala global el escándalo de Panamá Papers les llamaba la atención el tratamiento que recibía el presidente Mauricio Macri, implicado en el caso, y lo comparaban con el tratamiento que habría recibido yo de haber estado involucrada. El diario alemán *Süddeutsche Zeitung* —periódico que dio a conocer a nivel global los Panamá Papers— sostuvo que de haber sido la ex presidenta Cristina Fernandez de Kirchner la involucrada, todos habrían pedido su renuncia inmediatamente. No lo digo yo, lo publicó en letra de molde un prestigioso diario alemán. ¿Se imaginan por un instante si durante mi gobierno, en el que se la pasaron buscando la "ruta del dinero K" y sólo encontraron la ruta del dinero M, hubieran encontrado cuentas y sociedades offshore a nombre mío, o a nombre de nuestro ministro de Economía o de un intendente de una gran ciudad, o a nombre de mi hermana o de mi madre o de mis hijos? Eso demostraba que los "discursos moralizantes" tenían un solo objetivo: ir por los derechos adquiridos y por el bienestar que los argentinos habían ganado en los doce años y medio de nuestro gobierno, en los cuales habíamos generado millones de puestos de trabajo. La contracara era este presente con miles de despidos en el sector público y privado, persecución ideológica, empleados públicos que cambiaban sus perfiles en las redes sociales porque tenían miedo a perder su trabajo cuando nunca lo habían tenido durante mi gestión en la que cualquiera me insultaba o agraviaba. Y estaba muy bien que no tuvieran miedo, porque esa es una de las ventajas de vivir en una verdadera democracia.

Bajo la lluvia pude contarles también que, cuando venía en el avión de Aerolíneas Argentinas, se había acercado una señora para saludarme y contarme que a su padre en el PAMI no le querían poner una prótesis. Eso era lo que ya estaba pasando en la Argentina: un gobierno que no cuidaba ni se ocupaba de los argentinos ni de las argentinas. También les dije que en esos meses había guardado un responsable y democrático silencio, precisamente por respeto a la voluntad popular, pero que la voluntad popular no la tenía que respetar únicamente la oposición sino también el gobierno que había ganado prometiendo que no iba a devaluar, que no iba a echar a la gente de sus trabajos, que no iba a haber tarifazos y que no iba a haber ajustes.

Desde esa tribuna improvisada percibí el enojo de muchos compatriotas contra el 51% que votó al gobierno de Macri. Les pedí que no se enojaran ni con su amigo, ni con su vecino, ni con su pariente porque eso nos dividía y no nos servía, que creía que teníamos que trabajar unidos, que entendieran que no todos podían defenderse de los medios hegemónicos de comunicación que les habían picado la cabeza durante años con mentiras, infamias y barbaridades. Que para mirar al futuro había que construir un gran frente ciudadano, donde no se le pregunte a nadie por quién votó, ni en qué sindicato está, ni en qué partido, sino si le está yendo mejor o peor que antes, porque el punto de unidad precisamente era la batalla por los derechos perdidos o por la felicidad perdida y porque nuestro lema "la Patria es el otro" había pasado a ser "la Patria es del otro".

Aquella convocatoria amplia a la conformación de un frente ciudadano era tal vez premonitoria de la creación de

Unidad Ciudadana como espacio político ese 20 de junio de 2017 en el estadio de Arsenal en Sarandí. A esa altura del discurso había evidencia, y muy sonora, de que gran parte de la multitud no sólo estaba molesta con el 51% que había votado a Macri, sino que estaba muy, pero muy enojada con los legisladores que habían integrado nuestras listas y a los pocos días de asumir como diputados decidieron irse de nuestro bloque. Es que no sólo habían hecho perder al peronismo la mayoría legislativa en la Cámara de Diputados, sino algo que es infinitamente más grave: habían votado leyes propuestas por el gobierno de Cambiemos en contra de los intereses del país y del pueblo. El enojo estaba particularmente dirigido hacia un diputado que desde agosto de 2009 y hasta el 10 de diciembre del 2015 había sido, nada más ni nada menos, que el director general de la ANSES, uno de los cargos más relevantes por presupuesto y competencia de la administración pública nacional. Me gritaban: "¿Y con los traidores qué se hace?". Y pedían que el legislador devolviera la banca. Mientras tanto, desde el fondo empezó a crecer un cántico con insultos hacia el diputado, que me decidió a intervenir para serenar y distender: "Así no van a convencer a nadie", les dije. Tenía razón, aunque ellos también. No en los insultos, eso nunca sirve. Sí en estar enojados. El caso de este legislador era muy particular. No era un dirigente como otros, que tuviera historia ni militancia propia en nuestro partido o en las fuerzas aliadas, que hubiera desempeñado una función o cargo electivo con anterioridad por mérito propio. Tampoco era conocido. Su lugar en la política, su notoriedad, el alto cargo que ocupó en nuestro gobierno y su presencia en la lista de diputados nacionales del 2015 se debieron, pura y exclusivamente, a decisiones que yo había tomado. No tengo dudas que esa fue la razón del enojo.

Cuando promediaba el final de mis palabras frente al edificio de Comodoro Py, ya había dejado de llover y, a pesar de la espera, la multitud seguía compacta. Pude percibir claramente una enorme cuota de angustia, de dolor, de incertidumbre. Les prometí que iba a seguir batallando para que la gente volviera a ser feliz, para que vuelva a sentir que la libertad no es un sueño imposible, que no quería ver a una dirigente social como Milagro Sala encarcelada, sin que se supiera a ciencia cierta de qué se la acusaba, por qué se la juzgaba, porque eso atentaba contra los derechos y garantías en una democracia. Les pedí que no se preocuparan por mí, que había renunciado voluntariamente a tener fueros porque no los necesitaba, tenía los del pueblo. Que necesitábamos recuperar la libertad, luchar contra la estigmatización de los opositores, porque teníamos que volver a soñar y a poder realizarnos en libertad. Libertad para volver a crecer y a trabajar, para sentir que el gobierno los cuidaba y no los maltrataba. Porque las argentinas y los argentinos debían ser cuidados, merecían ser cuidados. Les repetí que no se preocuparan por mí, porque yo no les tuve ni les tendría miedo, había sido honrada con el voto popular y como había respetado esa voluntad, también exigía al gobierno electo que respetara y honrara esa voluntad porque a eso se habían obligado, prometiendo que todos los días los argentinos iban a vivir un poco mejor e iban a ser más felices. Se les prometió que nadie iba a perder lo que ya tenía. Sentí que los miles que me acompañaban esa mañana hubieran querido prolongar ese momento de reencuentro, de afecto. Les agradecí y les dije que aun cuando estuviera nublado, el sol siempre saldría otra vez. Y esa mañana en Comodoro Py, cuando terminé de hablar, no sólo la lluvia había cesado sino que, además, un tibio sol asomó entre las nubes e iluminó esa multitud conmovedora. ¿Había sido sólo un discurso o la descripción anticipatoria de lo que ya algunos empezábamos a ver? Siempre sostuve que ser dirigente no es tener o ejercer un cargo, por más alto que este sea, sino la capacidad de poder ver y anticipar lo que vendrá. Aunque debo reconocer que no siempre es posible anticipar la violencia política planificada, como la que me tocaría vivir con mi familia apenas un año después.

El ataque

En abril del 2017 Florencia viajó con su hija a Río Gallegos para estar unos días conmigo en Santa Cruz. Alicia quería ver a la nena y me dijo que fuera a comer con ella. A eso de las nueve de la noche, por el portón principal de la residencia, ingresé en el auto de mi custodia con Helenita y América, su niñera. Florencia se había quedado en nuestra casa de la ría, a unas seis o siete cuadras de allí. Había decidido encontrarse con amigas de la infancia. El auto se detuvo en el patio interior y la custodia aguardó estacionada afuera, como siempre. Alicia me estaba esperando y nos sentamos a la mesa para cenar. No habían transcurrido ni siquiera veinte minutos de nuestra llegada, cuando aparecieron en forma absolutamente sincronizada y organizada numerosos grupos de violentos "manifestantes" con pancartas, palos, bombos, algunos encapuchados, y comenzaron a golpear el portón con gran agresividad. Insultaban y se notaba que sabían que yo estaba adentro. También golpeaban las rejas que rodean la casa y habían sido colocadas durante la gestión de Daniel Peralta como gobernador. Me avisaron que, ni bien ingresé a la residencia, dirigentes sindicales y políticos de la oposición provincial habían comenzado a incitar a la violencia por las redes sociales. Luego me enteraría que uno de ellos posteaba: "Hay que quemar toda la residencia con Cristina adentro". Alicia, que ya había sufrido otro ataque en el mismo lugar cuando era visitada por sus hijas, su yerno y su único nieto, se asustó mucho por la presencia de Helena. Es que en aquella oportunidad —también con mucha violencia— habían intentado quemar el portón de ingreso que está ubicado al lado del nicho de gas. Esa vez tuvieron que disimular lo que sucedía para que el nene no se asustara. Sin embargo, en esta ocasión, mi presencia actuó como un incentivo inesperado que agudizó exponencialmente el grado de violencia desplegado. No sólo para continuar intentando forzar la renuncia de Alicia, cosa que el entonces diputado nacional de Cambiemos Eduardo Costa —después de perder las elecciones como gobernador— venía fomentando insistentemente, sino que además se llevaban el premio mayor: la "yegua" estaba adentro.

Nunca había sufrido un grado de violencia como el que desataron durante esa madrugada militantes y dirigentes de la oposición en Santa Cruz. Intentaron asaltar la vieja casa de Gregores —con ese nombre se conoce el histórico lugar—. La lluvia permanente de piedras contra techos y ventanas se prolongó durante horas rompiendo cristales. Adentro de la residencia solamente éramos cinco mujeres y una bebé: Alicia, las dos empleadas, América, Helenita y yo. En ese momento mi nieta tenía poco más de año y medio; la misma edad que su madre cuando, en 1991, llegó con nosotros, siendo también una bebé, a esa residencia. Aproximadamente a las dos de la mañana intentaron derribar la puerta principal de acceso directo al interior de la casa, que está entre el escritorio y el living. Tuvimos que armar una barricada utilizando sillones y mesas de la casa. Fernando Basanta, ministro de Gobierno, dirigía desde su despacho el operativo de la policía de la provincia que siempre fue disuasivo y no de enfrentamiento con los manifestantes, que tuvieron durante horas totalmente rodeada la casa. Debo decir que su temple y nervios fueron los que impidieron un desastre. Recién a las cinco de la mañana los manifestantes fueron dispersados después de horas de terror. Habíamos encerrado a Helenita y a la niñera en el viejo cuarto donde dormía Florencia cuando era pequeña. En los grandes medios hegemónicos nacionales el hecho se quiso pintar como una "pueblada" contra Alicia y Cristina, o sea, contra los "K". TN, la señal de cable del Grupo Clarín, y un movilero de apellido Malnatti, que "casualmente" estaba en Río Gallegos —a más de dos mil kilómetros de la Capital Federal—, habían transmitido "en vivo y en directo", durante toda la noche y la madrugada, "las escenas" bélicas que, no tengo dudas, habían sido prolijamente programadas con anterioridad.

Recién al otro día, cuando subí a YouTube el video que demostraba los destrozos y roturas de cristales, ventanas y puertas, las piedras y el estado en que quedó el lugar, se pudo ver claramente lo que había pasado y no tuvieron más remedio que dar cuenta de la inocultable realidad. Después de más de doce horas de iniciado el feroz ataque sobre la residencia de la gobernación de Santa Cruz, donde se encontraba la gobernadora de esa provincia y una ex presidenta de la Nación, Mauricio Macri publicó un tuit repudiando los hechos. Siempre me pregunto, a la luz de aquellos terribles y violentos acontecimientos: ¿qué hubiera pasado si lo mismo hubiera sucedido durante mi presidencia y la casa atacada hubiese sido la de un gobernador de la oposición y con un ex presidente de su fuerza política adentro? ¿Qué hubieran dicho los medios y los dirigentes de otros partidos? Son preguntas cuyas respuestas anidan en el pasado y, sobre todo, en el presente de un país —el nuestro— donde cualquier persona que se manifiesta en la calle contra las políticas de hambre y miseria del gobierno de Mauricio Macri es considerado prácticamente un golpista, a partir del recurrente intento del Ministerio de Seguridad en recrear la doctrina del "enemigo interno". Desgraciadamente, nada nuevo bajo el sol y, como un espejo invertido, la Argentina volvió a cambiar presente y futuro por el peor de los pasados.

3

Néstor y yo y nuestros hijos también

Néstor me lo dijo: "Te van a perseguir a vos y a tus hijos". No fue altisonante. Estaba serio y cuando le pregunté: "¿Por qué decís eso?", enseguida cambió de conversación. Fue en El Calafate. Lo que no puedo recordar es si fue durante la última semana que estuvimos juntos y que me había resfriado muy fuerte, o en el viaje anterior. Sí recuerdo perfectamente lo del resfrío, porque ese lunes 25 de octubre del 2010 había vuelto enferma de Río Negro, de visitar el centro tecnológico de Pilcaniyeu. Tenía dolor de garganta y anginas, y no me quedó más remedio que cancelar mi visita programada para inaugurar la fábrica de BGH, en Tierra del Fuego. No me sentía nada bien y cuando se lo dije a Néstor, me dijo: "¡Ah, bueno! Ahora lo único que falta es que te mueras y nos dejes a Cobos de presidente". "¡Mirá querido, a Cobos lo pusiste vos...! Así que a mí no me jodas", le contesté enojada. Me miró y se rió. En nuestros códigos de discusión esa era su manera de darme la razón. Aún no sabíamos lo que nos iba a pasar. No puedo dejar de pensar en aquel momento en que, de alguna manera, supo que ya no nos iba a poder proteger más. Él no se vio en esa fotografía de persecución, sencillamente porque no debía sentirse bien y no sólo no lo decía, sino que, además, lo ocultaba. No le encuentro ninguna otra explicación. Siempre quiso transmitir sensación de fuerza, de voluntad e invulnerabilidad. Era su manera de ser. Cuando años más tarde le conté a Máximo el augurio de Néstor, me miró y me dijo: "¿Y vos qué creías? ¿Que lo de las AFJP, las retenciones, YPF, paritarias libres y los juicios de lesa humanidad eran gratis? ¡Ay, Cristina...!". Máximo no me dice mamá, a diferencia de Florencia que sólo usa mi nombre cuando me llama la atención porque está enojada o no está de acuerdo con algo. Es curioso. Sólo alguien que tuviera la intención de transformarnos en monstruos podría suponer que el amor que nos teníamos con Néstor era porque yo tenía una dependencia emocional y política de él. ¿Es un método de destrucción política planificada, o simplemente lo que los psicólogos llaman proyección de las vivencias o miserias de aquellos que las dicen o las escriben? Jamás se me ocurriría decir que el amor es una "enfermedad" o un simple cálculo de conveniencia. Nos cuidábamos como se cuidan mutuamente los que se quieren de verdad; siento que mi vida comenzó verdaderamente cuando empecé a salir con él. Fue en la primavera de 1974: si bien nos conocíamos de la facultad, empezamos a vernos casi todos los días cuando Néstor se fue a vivir con Omar Busqueta, el novio de mi amiga Ofelia "Pipa" Cédola, y yo estaba preparando con él la materia Derechos Reales. Los cuatro estábamos estudiando Derecho en la Universidad de La Plata. Néstor parecía un personaje salido del Mayo Francés y me hacía acordar a Daniel Cohn-Bendit con su pelo largo, lacio, anteojos cuadrados y grandes de marco negro, flaquísimo, y una campera color verde oliva que lo hacía parecer —comentario venenoso de mi padre— un guerrillero que bajaba del monte. Mi padre, Eduardo Fernández, era un radical balbinista que decía que Raúl Alfonsín era "zurdo" —siempre detesté esa expresión— y Néstor, la verdad... no le gustaba nada. No sólo por peronista, sino porque nunca comprendió nuestro vínculo. Ahora que lo pienso a la distancia creo que fue imposible para mi padre, con su visión del mundo y de la vida, entender los códigos de los jóvenes que se encontraban en aquellos años —los 60 y los 70— en medio del vendaval. El Mayo Francés, la Revolución Cubana, el peronismo y las dictaduras, Woodstock y el movimiento hippie, la pastilla anticonceptiva y la minifalda, Vietnam, Angela Davis y las Panteras Negras, el asesinato de los Kennedy y de Martin Luther King o el fin del sueño americano. ¡Mi Dios!... El mundo volaba por los aires. En cambio mi madre, Ofelia Wilhelm, que entonces era empleada de la Dirección General de Rentas y secretaria general de su gremio, la Asociación de Empleados de Renta e Inmobiliarios (AERI), siempre entendió mi relación con Néstor. Una vez, cuando le preguntaron en un programa de televisión por qué una chica como yo, en ese momento considerada muy atractiva, tenía un novio como Néstor, que no era buen mozo, ella contestó:

"Porque encontró con quien hablar". ¡Tomá mate con choco-late! Y tenía razón, porque hablábamos todo el tiempo y de todo, salvo de fútbol. Nunca me gustó. De eso siempre habla-ba con mi mamá, fanática de Gimnasia y Esgrima de La Plata, o con mi hermana. Pero además... ¿Quién en aquellos años se ponía de novio porque alguien era lindo o feo? Nadie. Mi madre entendió. Mi padre, en cambio, cuando a los tres meses de haber conocido a Néstor le dije que me iba a casar con él, me salió con otra típica reflexión suya. Lo recuerdo como si fuera hoy. Íbamos en el auto, él manejaba y yo sentada al lado. Cuando se lo conté, me miró y me dijo: "Mirá que el matri-monio no es como uno de esos vestidos que tenés colgados en el placard, que cuando te dejó de gustar no te lo ponés más o lo regalás". ¡Qué tipo!... Como dice el refrán: de paso cañazo. Siempre había criticado a mi mamá y a nuestra —a su juicio— excesiva afición a la ropa. Era inútil explicarle. Nunca enten-dió, tampoco, lo de Néstor conmigo. Salvo en el ámbito de la militancia política, en otras esferas, laborales o sociales, me aburría como una ostra. Y calculo que mi mamá se dio cuenta de eso antes que yo, porque si tengo que decir qué es lo que más extraño de Néstor aún hoy es no tener una persona con quien hablar y discutir a fondo. Sé que puede sonar mal, o tal vez injusto, pero es la verdad: lo que podía sentir y tener de esas conversaciones con él, nunca más lo volví a encontrar con nadie. Además de haber sido mi pareja y el padre de mis hijos, Néstor fue mi mejor amigo.

La verdad es que no sólo mi padre había sido poco recep-tivo a la idea de nuestro casamiento. Cuando le dijimos a los padres de Néstor, que vivían en Río Gallegos, tampoco estuvieron de acuerdo. Néstor me había pedido que fuera yo la que les escribiera sobre lo que habíamos decidido, ya que él se carteaba con sus padres semanalmente. La respuesta epistolar no fue la que Néstor esperaba: que era una barbaridad, que no nos íbamos a recibir nunca, que recién nos conocíamos, que si nos casábamos no pensaban venir, y bla bla bla… ¡Para qué! Les contestó con una carta furibunda: que se olvidaran de él, que igual se casaba y qué sé yo cuántas cosas más… El final es conocido. Los temores de nuestros padres eran infundados: ni vestido que se cambia porque pasó de moda, ni estudiantes que abandonan su carrera. Estuvimos casados con Néstor 35 años y él, que había llegado a estudiar a La Plata en 1968, el 3 de julio de 1976, al año y dos meses después de haberse casado conmigo, se recibió de abogado. Yo lo haría recién en 1979. Nunca me voy a olvidar cuando rendimos Derecho Civil V: Familia y sucesiones. Estudiábamos juntos, pero a Néstor, a diferencia mía que era capaz de no levantarme de la silla durante horas, lo aburría estudiar; entonces, cada una hora quería parar para escuchar el noticiero de Radio Rivadavia o levantarse a preparar mate. Un pesado. La noche anterior a rendir estábamos terminando de preparar la materia, ya eran como las 11 de la noche y él se quería ir a dormir. Nos faltaba el último punto de una bolilla: Fuero de atracción, en Sucesiones. No lo olvido más. "Néstor, hay que estudiar esto, porque si te toca y no lo sabés te bochan". "No, yo estoy cansado, me voy a dormir", dijo. Le insistí: "¡En serio! Mirá que si te toca esto… es fundamental". Me contestó riéndose:

"Si me llega a tocar te mato", y se fue a dormir. Yo me quedé estudiando fuero de atracción. Al otro día fuimos a rendir, él pasó antes que yo, sacó las dos bolillas y una de ellas era la que tenía como último punto... ¡fuero de atracción! Contestó todo menos eso y lo bocharon. ¡Para qué!... Se enojó tanto que volvió solo a casa en City Bell y no me esperó a que rindiera. Saqué un siete, es decir, aprobé. Cuando llegué estaba callado y no me hablaba, hasta que no aguantó más y me preguntó cómo me había ido. Cuando le dije que había aprobado se puso contento.

Ahora que escribo, recuerdo que en esa cátedra de Derecho Civil V, el profesor titular adjunto era el doctor Antonio Bautista Bettini, el padre de Carlos, nuestro embajador en España durante toda nuestra gestión. El profesor Bettini, que era un enamorado del Derecho, el ajedrez y las rosas, es un desaparecido de la última dictadura militar, igual que su yerno, el oficial de la Armada Jorge Devoto, y la ex mujer de Carlos, Edith Mercedes Peirano. Nuestro noviazgo duró solo seis meses, nos casamos durante el mes de mayo del 75, un día antes del cumpleaños de mi mamá. Siempre me gustó el mes de mayo. Fue lo que se dice un casamiento de época; de la nuestra, claro. Matrimonio sólo por civil. Yo vestida de azul —ahora que lo pienso, el mismo y exacto azul que nos identificó siempre durante nuestras campañas políticas— y él de traje marrón con chaleco, el primero que tuvo después del de la comunión, que se lo habían comprado los padres cuando llegaron a La Plata. En la red circula una vieja filmación casera que hizo mi suegro de la reunión posterior al civil. Ni siquiera había fotógrafo. La

única concesión que habíamos hecho era una invitación tradicional, con un sobre en cuya solapa decía "Enlace Fernán-
dez-Kirchner" y en su interior una tarjeta en la que nuestros
padres invitaban textualmente a "el casamiento de sus hijos
Cristina Elisabet y Néstor Carlos que se efectuará privadamen-
te en la ciudad de La Plata (Buenos Aires) el día 9 del corriente
mes. La Plata (Buenos Aires), Mayo de 1975".

A los pocos días, en junio de ese mismo año, ocurrió lo que
luego la historia bautizó como el "Rodrigazo", en referencia
a Celestino Rodrigo, ministro de Economía de Isabel Perón.
Me quedó muy grabada la crisis del 75 con tarifazos y la primera corrida inflacionaria, junto a una brutal devaluación en
una sociedad que no estaba bancarizada, ni tampoco estaba
tan atenta al dólar. La conmoción económica agravaba, además, nuestra vida en La Plata, donde la inseguridad era total;
la organización terrorista de ultraderecha Triple A asesinaba a
destajo. No era el genocidio que se desató a partir de la dictadura de 1976, que secuestraba y desaparecía... El método era
de violencia política paraestatal: patrullar las calles en La Plata,
bajarse de un auto con ametralladoras y matar a sangre fría a
militantes y dirigentes opositores. Levantaban gente y a las
horas aparecían muertos al borde de algún camino. Recuerdo
en particular las muertes de Carlos "el Ruso" Ivanovich y de
Roberto "Tatú" Basile, junto a la negrita Mirta Mabel Aguilar. Todavía no nos habíamos casado. En la templada noche
del 13 de marzo, íbamos caminando con Néstor para mi casa.
A la altura de las calles 7 y 38, habíamos parado a comprarnos
un helado en una tradicional heladería platense que se llamaba

Roma. Como la noche estaba muy linda, caminamos unas cuadras y luego tomamos un taxi. Al otro día, nos enterábamos que una hora después que pasáramos nosotros, en la misma calle entre 36 y 37, habían bajado de un auto y ametrallado a Ivanovich, quien en sus orígenes había militado en la FURN —Federación Universitaria de la Revolución Nacional—, igual que Néstor. Cuando nos avisaron, no lo podíamos creer: solo una hora antes habíamos pasado por ahí caminando. No habían transcurrido aún cuarenta y ocho horas cuando parados frente al kiosco de diarios y revistas para comprar *La Gaceta*, en la esquina del Ministerio de Economía de 7 y 45, Néstor tomó un ejemplar del diario. Se puso pálido, casi blanco, y empezó a decir, casi a los gritos: "¡Hijos de puta, lo mataron al Tatú! ¡Lo mataron al Tatú!". Alcancé a levantar la vista y vi que el kiosquero nos miraba fijamente. Lo agarré de un brazo y le dije: "¡Vamos Néstor, que llegamos tarde!". Pagué el diario y prácticamente lo arrastré. Néstor quería mucho a Tatú, que estaba en pareja con la negra Aguilar. Los habían seguido y secuestrado cuando salieron del velatorio del Ruso y los cuerpos aparecieron acribillados a balazos en un descampado, cerca de Punta Lara. ¡Mi Dios!… Por eso me quedó tan grabado ese momento de la crisis que se había desatado con el "Rodrigazo".

Sin embargo, tal vez lo que más influyó de aquella época sobre mi gestión, en términos políticos, fue el enfrentamiento del gobierno con la CGT por las paritarias en aquella crisis del 75. Isabel Martínez gobernaba con José López Rega —a quien los militantes habían bautizado como "el brujo" por su afición al esoterismo— y con Celestino Rodrigo; también estaba Ricardo Zinn, como segundo de Rodrigo, un ajustador feroz. Pretendían que luego del tarifazo y una devaluación del 160%, que había pulverizado el poder adquisitivo de los salarios, las paritarias tuvieran el techo que fijaba el gobierno. La CGT no aceptó y en una dramática reunión en la quinta presidencial de Olivos —así por lo menos me pareció durante su transmisión por televisión—, el sindicalista Adalberto Wimer, junto a todo el Consejo Directivo de la CGT que se encontraba presente, se paró y mirándola a Isabel que estaba sentada entre López Rega y Rodrigo, le dijo: "Señora, la CGT no acepta ese aumento". En el país había una tensión enorme: Perón había muerto el 1 de julio del 74; las organizaciones Montoneros y el Ejército Revolucionario del Pueblo (ERP) habían sido declaradas ilegales y las acciones armadas de la guerrilla eran cada vez más audaces y desafiantes. Era un momento de crisis tremendo, a tal punto que la CGT finalmente llamó a una huelga general que exigió y logró la renuncia de Rodrigo y López Rega, nada menos que el 17 de octubre de 1975, una fecha fundacional en la historia del peronismo. Cuando recuerdo esos hechos reflexiono sobre la importancia de que un gobierno popular cuente siempre con el apoyo de los trabajadores. Tampoco deja de ser una paradoja digna de mayor análisis el hecho que, finalmente, al "brujo" López Rega lo terminó echando lo que se había anatematizado como la "burocracia sindical".

Mis reflexiones sobre los momentos de tensión en la historia argentina tuvieron que ver directamente con el curso de nuestras vidas. Durante la dictadura tuve mucho miedo, miedo a la desaparición o a la tortura cuando vivíamos en La Plata, donde habían desaparecido y asesinado a muchos compañeros de militancia. Con Néstor habíamos decidido pasar las fiestas de diciembre del 75 en Río Gallegos con sus padres. Justo la noche en que viajábamos, el brigadier de la Fuerza Aérea Orlando Capellini había intentado un golpe contra el gobierno de Isabel Perón. Recuerdo que llegamos a un Aeroparque desierto y tuvimos que esperar durante horas para embarcar en el vuelo que nos llevaría a Santa Cruz. En aquella Navidad, la televisión, todavía en blanco y negro, daba cuenta del intento de copamiento de un cuartel del ejército en Monte Chingolo, en la localidad de Lanús, por parte del ERP. Cuando volvimos de Santa Cruz, mamá nos contó que Norma, la hija del Tano Finochiaro, había formado parte de ese intento de copamiento, en el que había perdido la vida. El Tano Finochiaro, el enfermero que toda la vida había aplicado a nuestra familia las inyecciones que nos recetaban cuando estábamos enfermos. Lo recuerdo como si lo estuviera viendo: llegaba en moto con su campera de cuero negra, era pelado y lo que le quedaba de cabello era blanco. Su dialecto ítaloargentino era un cocoliche, una mezcla inefable. Me contaron que nunca pudo recuperarse. En la madrugada del 6 de enero de 1976, en Río Gallegos, nos detuvo la policía provincial por orden del Ejército, junto a una pareja de amigos, Oscar "Cacho" Vázquez y su esposa Mabel Velásquez. La orden de detención era para Cacho, que había sido delegado de la Regional VII de la Juventud Peronista (JP), y para todo aquel que lo acompañara. Estuvimos presos diecisiete días. A Cacho lo llevaron a la Unidad Carcelaria Nro. 15, la misma en la que habían estado detenidos, y se habían fugado en 1957, John William Cooke, Jorge Antonio, Héctor J. Cámpora y Guillermo Patricio Kelly. Néstor quedó en la Seccional Primera de policía, ubicada en la entonces avenida Roca —hoy Presidente Kirchner— de Río Gallegos, y a nosotras dos nos llevaron a la Seccional Tercera de mujeres, a una cuadra de la que, luego de muchos años, sería nuestra casa de la calle Monte Aymond. Todos y todas incomunicados. Mabel, que no era peronista y le criticaba su militancia a Cacho, lloraba todo el día. Pobre Mabel, no entendía por qué estaba presa… o sí, porque finalmente lo mandó a freír churros y se separó. Estábamos a disposición del área de seguridad militar que tenía un número que no recuerdo y en la misma comisaría había otras tres mujeres presas a las que les habían dicho que éramos subversivas y que no podían hablar con nosotras. Una de ellas era una mujer mayor que había matado o intentado matar a su amante; la otra, la esposa de un policía a quien le había puesto talio —veneno para ratas— en el mate; y una adolescente que no sé qué problema había tenido con su padrastro. Lo cierto es que después de unos días, cuando se enteraron de que me faltaban pocas materias para recibirme de abogada, esas mujeres se acercaron por la mirilla de mi celda a preguntarme sobre su situación: mi ya conocida —y muy criticada por los opositores— locuacidad hizo el resto. Ya tenía con quien hablar. Alicia me llevaba comida por la mañana y la noche. Y María Ostoic, la madre de Néstor, me hacía llegar todos los días chocolate y fruta, hasta que consiguió —por la amistad de mi suegro con alguien del gobierno provincial— visitarme en mi celda donde estaba incomunicada. Lo recuerdo a la distancia, con mucha ternura. Cuando me vio en el camastro en el que dormía, con unas frazadas viejas y raídas, me dijo, llorando: "¡No tenés sábanas!". "¡Ay María, qué me importan las sábanas! Hablen para que nos saquen de acá." Fue entonces cuando la decisión del interventor de Santa Cruz, Orlando Parolin —el gobernador constitucional Jorge Cepernic había sido destituido y la provincia intervenida poco tiempo después de la muerte de Perón—, puso en crisis nuestra detención al exigirle al jefe del área militar, coronel Jorge Caloni, que nos liberara o nos pusiera a disposición del Poder Ejecutivo Nacional, porque él no quería tener presos políticos en su provincia. El hecho de que Caloni estuviera casado con una descendiente de los Aristizábal, una arraigada familia santacruceña, muy amiga de los tíos de Néstor, debió pesar porque finalmente fuimos liberados. Recuerdo que nos reencontramos con Néstor en la puerta de la vieja casa familiar de la calle 25 de Mayo. Nos abrazamos muy fuerte y le dije: "Tenemos que irnos del país, esto va a ser una masacre, nos van a pasar por arriba con una Caterpillar". Él quiso tranquilizarme y me dijo: "No… no va a ser para tanto, va a ser como todos los golpes, los primeros dos o tres meses habrá que cuidarse y después todos se aflojan". Esa era la teoría de Carlos "Kuto" Moreno, un viejo compañero de La Plata. Lamentablemente, la historia se encargó de darme la razón.

MUJER MIRANDO AL SUR

Néstor se recibió el 3 de julio de 1976 y el 27 de ese mismo mes nos fuimos a Santa Cruz. Ya estaba embarazada de Máximo. Vivíamos en la casa de sus padres: la familia Kirchner-Ostoic. Si alguien alguna vez me preguntara si había conocido un matrimonio que pudiera ser tomado como ejemplo, no dudaría un instante: Néstor padre y María. El papá de Néstor pertenecía a una familia muy arraigada entre los NyC, código de identificación de los "Nacidos y Criados" en Santa Cruz. María había nacido en Punta Arenas; sus padres habían emigrado de Croacia como tantos otros. La colonia de inmigrantes de ese país es muy numerosa en el sur de Chile: la ciudad amurallada de Dubrovnik, en las costas del Adriático, de donde habían venido Mateo Ostoic y Antonia Dragnic, era siempre mencionada como un destino turístico a cumplir algún día. Con mi suegra siempre tuve una relación espectacular. Me llevaba mejor que con mi mamá. María era una mujer extraordinariamente buena, solidaria, cooperativa, eficiente, pero era muy católica y extremadamente conservadora y tradicionalista. Detestaba la política. Sin embargo, nunca discutí con ella. Siempre la acepté como era: pesaban más todos los otros valores y nunca me importó su aversión a la política. Néstor adoraba a su padre y peleaba a su madre. Mi suegro era ateo y, al igual que todos los Kirchner, muy peronista. Le fascinaba el mundo científico en cualquier disciplina y estaba suscripto a la revista *Muy interesante* que leía con verdadera fruición. Llegó a tener tres trabajos para mantener la familia y que María no tuviera que salir a trabajar. Era conmovedor el amor que él le profesaba y, pese a ser tan distintos, eran una pareja de película. Todos los días daban una vuelta en su auto por las calles del pueblo —así llamaba mi suegro a Río Gallegos— y si estaban los nietos los llevaban a tomar un helado o a mirar pasar el tren de Yacimientos Carboníferos Fiscales (YCF) —que venía de Río Turbio con su carga de carbón al puerto—, especialmente a Máximo que tenía fascinación por la vieja locomotora. Cuando María le prestaba demasiada atención a sus nietos Natalia y Romina —hijas de Alicia— y a nuestro hijo, que siempre estaban en la casa de la abuela, él se enojaba porque se sentía dejado de lado. ¡Increíble!... Aunque ahora que lo pienso bien, Néstor se ponía igual cuando llegaban a Olivos mi mamá y mi hermana, Gisele; ella, que es muy observadora, se había dado cuenta. ¡Qué cosa! María era el ama de casa perfecta, no sólo cocinaba y muy bien, sino que además cosía la ropa de sus hijos, tejía sus sweaters, gorros y guantes. ¿El ejemplo perfecto del patriarcado? Humm... No todo es lo que parece, y los Kirchner-Ostoic no fueron una excepción. Alicia era la hermana mayor de Néstor y terminó su secundario a los 16 años con el mejor promedio de la Patagonia y una beca para estudiar en el Norte —esa expresión, "el Norte", significa Buenos Aires para los patagónicos—. María puso el grito en el cielo: se oponía tenazmente a que Alicia se fuera. Recién despuntaba la década de los 60 y en Santa Cruz "las chicas de familia" no iban a estudiar lejos; terminaban el secundario como maestras o bachilleres y se quedaban para casarse. Sin embargo, Alicia obtuvo no sólo el apoyo sino algo más importante: la autorización de su padre para ir a La Plata. En Argentina, la patria potestad todavía no era compartida y la ejercía el hombre y, así, Alicia Margarita Antonia Kirchner, con el nombre de sus dos abuelas y por el ejercicio del patriarcado, pudo estudiar. Es mentira que de noche todos los gatos son pardos. Todavía en alguna reunión familiar es posible escuchar la anécdota que se transmitía como una tradición oral: Alicia haciendo su valija en la casa mientras su madre protestaba y le negaba el saludo cuando partió al aeropuerto acompañada solo por su padre. Néstor, que recién cursaba la escuela secundaria, había apoyado fervientemente a su hermana en aquella cruzada feminista. Unos años más tarde él también emprendería el viaje a mi ciudad natal.

Néstor estuvo becado, durante sus estudios universitarios, por el gobierno de Santa Cruz. La beca implicaba que tenía que rendir una cantidad de materias por año y cuando se recibía debía volver a la provincia a trabajar durante dos años como empleado en el sector público. Cuando regresamos en 1976, se presentó ante la autoridad que le había otorgado la beca para obtener el trabajo, pero el gobierno militar en la provincia lo rechazó. No teníamos casa ni salario, así que no nos quedó más remedio que ir a vivir con mis suegros. El padre de Néstor le compraba hasta los diarios y los cigarrillos. Yo había dejado de fumar por mi embarazo, pero comía todo el día. Llegué a engordar más de treinta kilos… Era lo mismo darme la vuelta que saltarme. La única foto en la que aparecía redonda como una pelota, y es literal, con un vestido azul de florcitas liberty y que mi suegra atesoraba, pude capturarla y romperla. Fue la única vez que María se enojó conmigo. En cambio Néstor, durante el embarazo, se enojaba mucho al verme comer sin parar y le reprochaba a sus padres que me estaban engordando como si fuera un pavo navideño y que eso no era bueno ni sano. Tenía razón. Me había invadido una obsesión por los bombones Marroc de Felfort: comía más de diez por día. Ahora que estoy escribiendo esto recién reparo en que Máximo, cada vez que entra a mi oficina en el Instituto Patria, se come uno de los Marroc que hay siempre sobre mi escritorio junto a las almendras. Lo cierto es que un tío de Néstor estuvo a punto de conseguirle un empleo como cuentacorrentista en el Lloyds —más conocido en Argentina como Banco Londres— porque conocía al gerente de la sucursal de Río Gallegos ya que ambos eran miembros del Rotary Club. Se entrevistó con él. El hombre estaba fascinado porque imaginaba lo bueno que sería tener a un abogado como cuentacorrentista. Pero a los dos días fue a ver al tío y le dijo: "¡Pero éste estaba en la JP!", así que Néstor se quedó sin trabajo y muy deprimido. Fue entonces que decidimos abrir el estudio jurídico y de a poco empezamos a tener clientes muy importantes de Santa Cruz, que eran amigos de su padre. Entre los primeros, Cayetano Drisaldi, concesionario de Citroën y agente oficial de YPF en Santa Cruz. También los dueños de la concesionaria Dodge-Chrysler: Pablo Sancho y Victoriano Manzanares; este último además fue nuestro primer contador y padre de Víctor Alejandro Manzanares, que años después no sólo fue síndico del banco de Santa Cruz sino también, cuando su padre se retiró, nuestro contador. Fue a partir de ese momento que comenzamos a crecer económicamente.

Desde que nos conocimos con Néstor nunca más nos separamos, siempre estábamos juntos. Cuando estudiábamos en la facultad para recibirnos de abogados; también en el Ministerio de Economía de la provincia de Buenos Aires, donde yo trabajaba desde 1972 y mi mamá le había conseguido un trabajo cuando decidimos casarnos. Allí compartíamos la misma oficina. Y en el estudio jurídico que abrimos en Río Gallegos. Siempre nos recuerdo cenando y almorzando juntos. Entre 1977 y 1982, trabajamos muy intensamente como abogados. Nuestro bufete devino en el más importante de Santa Cruz. En 1981, un hecho familiar nos golpeó duramente, sobre todo a Néstor. Su padre había enfermado de cáncer de colon unos años antes. A fines de 1980, Néstor me pidió que fuera a Buenos Aires a comprar un departamento para que su padre no tuviera que pedir prestado a ningún pariente alojamiento en la Capital Federal. Es que el tratamiento exigía cada vez más su presencia en la ciudad. Recuerdo que en noviembre de aquel año firmé la escritura de nuestro primer inmueble a estrenar en Buenos Aires, en Barrio Norte, sobre la calle Juncal. Todavía lo conservamos. No tenía teléfono, el anuncio del edificio detallaba que contaban con un expediente en la vieja compañía telefónica Entel. Terminamos comprando uno. Néstor decía, con razón, que su padre enfermo tenía que estar comunicado. Nunca lo usó. El 1 de febrero de 1981 Néstor Carlos Kirchner padre falleció en la clínica Medisur de Río Gallegos a los 63 años de edad. Acompañé a

Néstor hasta el lugar donde le mostraron el cuerpo sin vida de su padre y lo abracé con fuerza cuando lloró su orfandad. Estaba devastado. Nunca olvidó a su padre, lo añoró hasta sus últimos días y se lamentaba de que no hubiera podido verlo ni siquiera en el comienzo de su carrera política como intendente de Río Gallegos. Cuando lo recordaba se le llenaban los ojos de lágrimas y cada 1 de febrero iba al cementerio de Río Gallegos. Tampoco olvidé a Néstor padre; era el que más me había insistido —mejor dicho, exigido— para que diera esas tres materias que me faltaban para recibirme de abogada cuando nos fuimos de La Plata en julio del 76. Yo no había querido quedarme a rendirlas. Estaba aterrorizada con lo que estaba pasando; quería irme lo más rápido posible porque el clima en la ciudad era irrespirable. Los militantes caían como moscas fumigadas con el veneno del terror estatal y no volvían a aparecer. A los veinticuatro días de que Néstor rindiera su última materia, habíamos embalado nuestros muebles y partido rumbo al Sur. Yo ya me había recibido de procuradora y me faltaban tres materias para el título de abogada: Filosofía del Derecho, Sociología e Internacional Privado. La verdad, me importaba un comino el título. El de Néstor lo fueron a retirar dos compañeros: el Kuto Moreno y el Flaco Negri. A partir de que llegamos a la casa de su familia en Río Gallegos, su padre me empezó a martillar la cabeza con que tenía que rendir esas tres materias, que era una barbaridad que faltándome tan poco no lo hiciera. No quería ni sentir hablar de la facultad y menos de ir a rendir: estaba tildada con ese tema. Sin embargo, Néstor padre no paró hasta que en 1979 rendí mi última materia, Internacional Privado, y aprobé con ocho. Me había ido a La Plata durante un mes a prepararla. Máximo tenía dos años y como yo estudiaba con atril y leyendo en voz alta, más de una vez lo encontré haciendo lo mismo con el libro al revés. Cuando me recibí, mamá repitió la ceremonia familiar: después de que cada una de nosotras rendía una materia y aprobaba —en ese momento mi hermana ya estaba cursando tercer año de Medicina— compraba sánguches triples y masas finas de la tradicional confitería París de La Plata. ¡Qué rico comíamos! ¡Me encantaba! Lo cierto es que le debo a mi suegro el haberme recibido. ¿Cómo olvidarlo?

En noviembre del 81, con Néstor y otros compañeros fundamos el Ateneo Teniente General Juan Domingo Perón. Habíamos decidido pasar de las reuniones y charlas en diferentes casas, que comenzamos a realizar en 1980, a acciones más concretas y la figura de ateneo era la coartada para intentar sortear la prohibición de hacer política, impuesta por la dictadura desde 1976. Para ello utilizamos una de nuestras propiedades, una esquina sobre la avenida Gregores de Río Gallegos, porque a esa altura teníamos numerosos inmuebles que habíamos adquirido con lo que ganábamos como abogados. Lejos estábamos de suponer que al año siguiente entraríamos en guerra con el Reino Unido por la soberanía de nuestras islas Malvinas y que, con la caída de Puerto Argentino, el 14 de junio de 1982, se iba a producir el fin de la veda política.

Después de la dictadura

Néstor fue electo intendente cinco años después. No fue un intendente más. Se involucraba en forma absoluta en cada problema y era intendente las 24 horas. A la noche, salíamos de nuestra casa en Río Gallegos a recorrer la ciudad porque siempre quería ver cómo estaba todo. Si detectaba lámparas del alumbrado público quemadas o basura acumulada en algún lado, lo llamaba inmediatamente a Tito Lascano, el secretario de Obras Públicas que lo acompañó durante toda su gestión. Yo misma salía con Máximo, que entonces era un nene de diez años, a ver cómo funcionaba el tránsito de la primera rotonda que tuvo Río Gallegos y que nosotros orgullosamente habíamos proyectado y construido. Todavía está en la intersección entre la ruta 3 y San Martín. Con Néstor estábamos muy enchufados con los problemas de la gestión todo el tiempo; sin embargo, yo podía desconectarme. Él nunca pudo. La intendencia de Río Gallegos, su ciudad natal, fue su primer cargo electivo. Había recibido el municipio en muy malas condiciones: muchas deudas, una obra de cloacas que la gestión anterior no había podido terminar y la ciudad atravesada por zanjas abiertas donde se habían caído gente y autos. ¡Qué cosa! Siempre sopa… A cada lugar y cargo que llegamos, siempre estaba todo destruido. Para colmo, el sindicato de los municipales estaba manejado por opositores y a los pocos días de asumir decretaron una huelga por tiempo indeterminado: exigían un aumento de salarios impagable. Néstor les explicaba que no había plata en el municipio y los municipales contestaban: "Ah claro, él dice eso porque es funcionario y gana mucha plata". Le reprochaban el sueldo de intendente que, obviamente, era más alto que el de los empleados. ¿Qué hizo Néstor entonces, además de enojarse? Renunció al sueldo. Sí, tal como se lee. Firmó un decreto que le permitiera trabajar ad honorem, y así lo hizo durante los cuatro años de gestión. Le siguieron haciendo los aportes previsionales para que no los perdiera, pero él no cobró ni un peso durante toda su gestión como intendente. Ese gesto nunca fue reconocido. La primera esposa de Julio de Vido, Silvia, era psicóloga. Analizó lo que Néstor había hecho y también por qué su actitud no fue valorada. Su diagnóstico tenía lógica: era una decisión totalmente desestructurante pero que sólo podía ser tomada por alguien que tenía plata y no necesitaba de un salario para vivir. Ella tenía razón, yo también trabajaba todo el día ad honorem en la municipalidad junto a Néstor. Sí, efectivamente no había dudas: podíamos hacerlo por nuestro trabajo como abogados. Eso de no cobrar sueldo sólo lo puede hacer alguien que no depende de un salario y de esa manera, si eso fuera un ejemplo, el ejercicio de la función pública y de la política sólo quedaría reservado a gente con mucho dinero. Moraleja: Néstor, durante sus cuatro años como intendente de Río Gallegos, nunca cobró un peso y nadie lo valoró. Siempre lo recordó como una enorme estupidez.

En 1989 fui electa diputada provincial de Santa Cruz. En 1990, luego de muchos años de pensar que no tendríamos más hijos, nació Florencia. La llegada de la nena, que era un sol, además de rejuvenecernos, creo que nos completó absolutamente. Fue muy gracioso: nos enteramos del sexo el mismo día que nació porque se había dado vuelta y no se la podía ver. Durante todo el embarazo, Néstor había asegurado que era un varón. Él quería otro varón, pero Florencia terminó siendo su favorita. Era insoportable con la nena. En 1991, la llegada de Néstor a la gobernación en Santa Cruz coincidió con una etapa de nuestras vidas en que fuimos muy, pero muy felices. Dicen que las mujeres entre los 40 y los 50 viven su mejor momento. Tal vez, no sé... Pero para mí fue así. En 1995 Néstor fue reelecto gobernador con el 66,5% de los votos, el porcentaje más alto en toda la historia de la provincia para el cargo de gobernador. Lo cierto es que durante toda la década del 90 vivimos en la residencia de la Gobernación de Santa Cruz. Era una vida más tranquila. ¿O más normal? Florencia iba al colegio María Auxiliadora que, más que al lado, está pegado a la residencia: saltaba el cerquito y se metía en la escuela. Máximo iba al Nacional, sobre la ría a cinco cuadras de la casa. Él y sus amigos preferían entrar y salir de la residencia por la ventana de su habitación, que daba directamente sobre la calle Piedra Buena. Rara vez utilizaban la puerta de ingreso del patio interior. En invierno, Máximo llegaba al colegio con el pelo congelado porque salía con la cabeza mojada después de bañarse y caminando en el trayecto se le escarchaba. En el secundario, ser hijo nuestro, lejos de facilitarle la vida, se la complicó. Cuando Néstor llegó a la Gobernación por primera vez, en diciembre de 1991, las cosas no estaban nada bien y debido a la caótica situación financiera y económica —la provincia estaba literalmente quebrada y con una administración pública súper poblada— y ante la imposibilidad de pagar los sueldos, tuvo que optar entre echar gente o descontar un porcentaje de los salarios. En la reunión de gabinete donde lo decidió, había algunos que proponían eliminar empleos públicos —para que los números cerraran había que cesantear a cinco mil personas aproximadamente— y me acuerdo como si fuera hoy que Néstor dijo: "Me corto una mano antes de firmar para echar gente; no me pienso bancar andar por la calle y que un pibe me pare y me diga, 'Usted dejó sin trabajo a mi papá', ni loco..." El 2 de enero del 92 decretó la imposibilidad de pago y estableció un descuento de entre el 10% y el 15% sobre los salarios. Mamita... ¡La que se armó!... Yo era diputada provincial y junto a los ocho diputados que tenía el Frente para la Victoria santacruceño, llegábamos al mágico número de 9 sobre un total de 24, que permitió sostener la medida. Lo cierto es que a los dos años, en 1993, Néstor no sólo había enderezado las finanzas de la provincia, sino que además devolvió todos y cada uno de los descuentos más los intereses que fijaba la justicia a cada uno de los empleados y jubilados. Había funcionado como una suerte de plazo fijo forzoso. La gente estaba contenta, nadie se había quedado sin trabajo y cobraron un montón de plata junta. Pero el pobre Máximo tuvo que aguantar —literalmente— muchas presiones en el colegio. En 1992 cursaba tercer año y el profesor de Instrucción Cívica, pese a que en las pruebas había sacado siete y ocho, en la nota final de la libreta le puso un cuatro. Me indigné y fui al colegio. Pedí hablar con el docente y le pregunté cuál era la razón. Me contestó: "Lo reprobamos en conducta". Yo iba con la libreta en la mano: "Perdón, yo acá veo un casillero que dice Instrucción Cívica, y otro que dice conducta, si tuvo problemas de conducta lo tienen que calificar en el casillero correspondiente. Es más —le dije y ahí me embalé—, si hizo algo tan malo póngale amonestaciones o expúlselo, pero en su materia lo tiene que evaluar y calificar por lo que sabe". Me miraba y no sabía qué decirme… Continué: "Si usted nos tiene bronca a mi marido y a mí, vaya a tirarnos piedras a la casa de gobierno, pero no se la agarre con el chico". Estaba furiosa. No fue la única vez. En 1994, los sueldos docentes de Santa Cruz ya eran de los más altos del país y se cobraban en tiempo y forma. Máximo cursaba quinto año y en el primer trimestre había sacado diez en las dos pruebas de matemáticas. Sin embargo, la profesora le puso cuatro en la libreta por ¡no haber terminado los trabajos prácticos y la carpeta! Otra vez. Allá fui de nuevo a protestar. Tampoco sabía qué contestarme. ¡Qué cosa, Dios mío, eso de desquitarse con los chicos! Máximo era muy bueno en matemáticas; su abuela María lo adiestró desde chiquito. Era muy gracioso, estaba jugando en su casa —ella lo cuidaba siempre mientras yo trabajaba— y de repente, cuando pasaba y lo veía jugando lo interpelaba: "Máximo: ¿4 x 4?; ¿5 x 8?; ¿7 x 6?". Así todo el tiempo. Lo cierto es que la profesora, el siguiente trimestre, le ofreció ir a las olimpíadas de matemáticas. Máximo le dijo que no. Igual a su padre.

En realidad, cuando escucho hablar de los hijos del poder en referencia a Máximo y Florencia, no sé si reírme o ponerme a llorar. Nunca lo disfrutaron. Al contrario, siempre lo sufrieron y desde chiquitos: a Florencia la tuve que sacar de un colegio bilingüe privado en Gallegos por la manera en que la maltrataban algunas nenas de su curso, que incluso venían a la residencia a jugar o a tomar el té. La envidia suele ser algo muy feo y fuerte. En el colegio público primario, ya durante la democracia, tuve que ir a hablar con el profesor de Educación Física de Máximo —un militar del Regimiento 24— que le había puesto insuficiente. Cuando le pregunté cuál era la razón de esa calificación, me contestó que era porque no sabía hacer la vertical. ¡Para qué... creo que me puse verde! "Escúcheme —le dije—, su padre y yo somos abogados y muy buenos y ninguno de los dos supimos nunca hacer la vertical, pero si usted le pregunta al chico quién es el presidente del país lo sabe, porque vive en una casa donde leemos los diarios y no tenemos tiempo de andar practicando la vertical". Se dio cuenta... que me había dado cuenta. Al mes siguiente, vino con la calificación de suficiente. En serio, si algo no les cabe a Máximo y a Florencia es que hayan sido hijos del poder. De cualquier manera, nuestra vida en Río Gallegos fue infinitamente más linda si se compara con la que tuvimos en la residencia de Olivos, que naturalmente te aísla, aunque no quieras.

El primer año en la Gobernación, por la grave situación que atravesaba Santa Cruz, no pudimos tomarnos vacaciones, pero ya en el verano del 93 pudimos retomarlas durante el mes de enero. Recuerdo que en aquella oportunidad decidimos no alquilar una casaquinta con pileta en City Bell o Gonnet, como veníamos haciendo todos los años. La más linda en la que habíamos estado fue la del verano de 1988-1989. Yo había decidido dejar de fumar y el 31 de diciembre de 1988 a las 12 de la noche apagué mi último cigarrillo. Fumaba más de dos atados por día; Néstor cuatro, y recién dejó de hacerlo seis años más tarde. Esa vez, la quinta tenía una pileta inmensa en medio de un gran parque; la casa era lindísima y muy bien decorada. Alicia vino con las chicas. Fue aquel enero del 89 cuando el país siguió por televisión, como si fuera una novela, el intento de copamiento del cuartel de La Tablada. Ese 23 de enero mirábamos absortos las imágenes en la pantalla. Fue también el verano de los cortes de luz programados de seis horas, que nos impedían comprar más carne o más helado del que consumíamos en el momento porque no lo podíamos conservar. Unos meses más tarde se desató la hiperinflación que terminó con la entrega anticipada del poder por parte de Raúl Alfonsín. La costumbre de alquilar una quinta para pasar las vacaciones de enero era una manera —durante los primeros años después de irnos de La Plata— de volver a estar con mi familia, pero durante el 92 alguien me había hablado de lo lindo que era Cariló y decidimos que en esa temporada íbamos a buscar allí una casa con pileta. La encontré: era blanca de aberturas azules, estilo mediterráneo, llena de desniveles, con pileta y un parque de bosque de pinos increíble. Era de una pintora. Yo había ido con los chicos en avión y más tarde debía llegar Néstor en nuestro auto desde Santa Cruz —siempre lo hacíamos así— para tener vehículo durante las vacaciones. Ni bien llegué, advertí que no había alumbrado y que a la noche era todo muy oscuro, como una boca de lobo. Mmmm... pensé. "Esto a Néstor no le va a gustar nada".

Dicho y hecho, no sólo no le gustó, sino que llegó de madrugada y como había llovido terminó encajado con el auto en la avenida Divisadero. Apenas entró, lo primero que me dijo fue: "¿Dónde me trajiste?". Traté de contarle que el lugar era divino, agreste, naturaleza pura… No hubo caso. Para colmo al otro día, cuando fuimos al centro comercial, leyó un cartel que habían puesto en la vidriera de un negocio que decía "No al asfalto". Quise explicarle que era una campaña de los vecinos de Cariló contra la decisión del intendente Blas Altieri de Pinamar —Cariló depende de ese municipio— que quería pavimentar la avenida principal en la que él se había encajado y ahí estalló: "Pero ¿dónde vinimos? ¿Estos están todos enfermos? No quieren asfalto y cuando llueve te encajás en todas las calles porque además no se ve nada. Con toda la plata que gastamos…". Lo que no sabíamos era que todavía faltaba algo más: siempre tuvimos la costumbre, cuando estábamos en Buenos Aires, de comprar todos los diarios —a Santa Cruz los pocos diarios que llegaban eran *Clarín*, *La Nación* y *Página 12* y lo hacían después del mediodía—, así que a la mañana íbamos al centro comercial. Néstor, con sus diarios a cuestas —*Clarín*, *La Nación*, *Página 12*, *Crónica*, *Ámbito Financiero*, *La Prensa* y *El Día* de La Plata— y todas las revistas que encontraba, se iba a una confitería y esperaba que yo volviera de hacer las compras, tomando un café. Por supuesto, me producía y arreglaba como si fuera a una fiesta: sombrero, anteojos de sol, pareo, etcétera, etcétera… Él iba de remera, zapatillas, medias, short de baño y llevaba una gorrita con la visera para atrás. Uno de esos días estaba sentado en la mesa con la pila de diarios y revistas y se acercó una señora muy paqueta que le dijo: "¿Me da *La Nación*, por favor?". Yo justo venía entrando y Néstor le dijo: "No señora, no puedo, son de la patroncita que ahí viene". Cuando me di cuenta lo que había pasado, no podía parar de reírme. Nunca me divertí tanto como cuando estaba con él. Esas son las cosas que no he vuelto a vivir con nadie. Máximo, que en ese momento tenía quince años, tampoco tuvo éxito en Cariló. Se había traído de Santa Cruz su equipo de sonido y un día que estaba escuchando música a todo volumen en el jardín, al lado de la pileta, una vecina que pasaba caminando se paró frente a la casa y le dijo, de muy mal modo, que bajara el volumen, que ese no era el estilo del lugar. Listo, Cariló, *game over*.

Al verano siguiente alquilamos en Pinamar una casa increíble junto al Golf. Destino turístico que volvimos a repetir hasta el verano del 97. Esa fue nuestra última temporada en Pinamar y también la última del reportero gráfico José Luis Cabezas. Habíamos alquilado una casa muy linda con pileta —a esta altura bueno es aclarar que no íbamos nunca a la playa—. Carlos Zannini y su mujer, Patricia Alzúa, a la que le dicen "la Vasca", habían pasado a visitarnos camino a Punta del Este, donde siempre pasaron sus vacaciones, hasta que Néstor llegó a la Presidencia. Estuvieron un solo día y recuerdo que Patricia perdió un aro de oro en la pileta, que encontró el parquero cuando la desagotó por limpieza, como cada fin de semana. El 25 de enero de 1997 regresamos de las vacaciones antes de finalizar el contrato de alquiler, como siempre, ya que si bien alquilábamos las casas hasta el 31 de enero, nunca completamos el mes. Diez días antes, Néstor ya empezaba a dar vueltas: que estaba aburrido, que tenía que hacer cosas, que ya estaba bien. Insoportable. No había caso, no se podía desconectar. Así que la última semana de cada enero entregábamos anticipadamente la casa que habíamos alquilado y aquel verano del 97 no fue la excepción. Cuando llegamos a Santa Cruz por la tarde, nos enteramos que había aparecido en Pinamar durante la madrugada del 25 de enero el cadáver calcinado del fotógrafo Cabezas de la revista *Noticias*, que el verano anterior, durante un reportaje que me hizo esa publicación —había asumido como senadora nacional en diciembre del 95—, nos había tomado las fotos a los cuatro juntos: Néstor, Máximo, Florencia y yo sentados en el parque de la casa del Golf. Una foto lindísima, que todavía conservo en un hermoso portarretrato de alpaca. La familia ya estaba aburrida de hacer lo mismo en todas las vacaciones y aquel desgraciado suceso fue nuestro caput para Pinamar.

UN PINGÜINO EN NUEVA YORK

En julio de ese año, en las vacaciones de invierno conocimos Nueva York. Para Néstor fue amor a primera vista. Se enamoró de Nueva York. Le gustó todo, las calles, sus edificios, el movimiento y el ruido permanentes, el tráfico, lo cosmopolita, lo diverso, esa gente tan distinta entre sí que no se cansaba de mirar; el Central Park, el Metropolitan y su capítulo egipcio; los restaurantes. Decía que la ciudad tenía vida y energía. Le gustaba recorrerla: a la mañana temprano iba al gimnasio del hotel y después de almorzar en el Bice —su restaurant preferido en la calle 54 entre Madison y la 5ta.— se lanzaba a caminar. Recorría desde la 5ta. avenida al Soho o al Central Park, lugar que cuando fue presidente eligió para caminar y correr por las mañanas, para desgracia de los agentes del servicio secreto, que de traje y corbata corrían detrás de él. En ese primer viaje nos alojamos en una suite divina del Plaza Hotel, sobre la 5ta. avenida. Años atrás, los Trump habían comprado el mítico hotel e Ivana —entonces esposa de Donald— lo había redecorado. Cuando nosotros llegamos ya se habían divorciado pero el dorado todavía sobrevivía. Era muy impresionante: la habitación de la suite era gigante, igual que el vestidor, con una cama con baldaquino y un baño inmenso desde el cual se podía ver la 5ta. avenida. El estar tenía un hogar con piedras que simulaban brasas. Al principio me encantó, pero a los pocos días lo empecé a sentir un poco impersonal y demasiado dorado, aunque debo reconocer que el brunch —esa costumbre americana de juntar desayuno y almuerzo los domingos— que ofrecían en el Plaza era insuperable. Nunca volví a ver nada igual. La segunda vez que fuimos, elegimos el hotel Península, también sobre la 5ta. avenida. Sin embargo, nunca pude convencerlo de ir a Nueva York en diciembre. Néstor detestaba la nieve, la había sufrido desde muy chico cuando vivir en Río Gallegos no tenía nada que ver con las comodidades de hoy. La vida era muy dura y le había quedado una aversión muy fuerte por las consecuencias posteriores a las nevadas. Por eso, en las vacaciones de verano decidimos ir a Disney World, que también le gustaba muchísimo y disfrutaba viéndola a Florencia fascinada con los personajes y las princesas de Disney. ¿Quién iba a suponer que nuestra hija terminaría siendo una militante feminista? Para mi gusto, un tanto talibana, pero al mismo tiempo una esperanza, ya que demuestra que los procesos culturales pueden ser revertidos. Lo cierto es que a los pingüinos Kirchner, que los medios de comunicación hegemónicos trataron de presentar como dirigentes populistas antinorteamericanos, nos encantaba pasar nuestras vacaciones en Estados Unidos. Un país de la hostia, como decíamos. Nunca confundimos las cosas pese a los estereotipos que se venden por ahí y no pocos compran. Siempre teníamos la misma rutina: íbamos a Orlando, al hotel Floridian, divino, adentro del parque. Hay una imagen de Máximo en el libro *La presidenta* de Sandra Russo, en la que se lo ve con la camiseta de Racing, anteojos negros y tomando un daiquiri en la pileta de ese hotel, foto que todavía me reprocha por las cargadas que le hacen. En esa pileta, Néstor se metía a jugar y chapotear con Florencia. Parecía un chico cuando jugaba con la nena. En cambio, nunca me gustó la manera de jugar con Máximo... A lo bruto. Detestaba los manotazos que se propinaban y más me molestaba la justificación: "Los hombres pelean así". El Floridian tenía un gimnasio espectacular y Néstor, que era un tipo muy metódico, siempre hacía actividad física por la mañana temprano. Nosotros lo esperábamos y cuando volvía ya estábamos vestidos y listos para ir a los parques. Las últimas vacaciones en familia fueron las de 2001 en Nueva York.

Había intentado en ese invierno cambiar de rutina y programé un viaje a Italia. Cuando lo tuve todo listo, se lo mostré a Néstor. Estaba fascinada, por fin iba a conocer Italia: comenzaba en la mítica Sicilia, por la que habían pasado los fenicios, los griegos, los romanos y los turcos, una maravilla. Después subíamos para visitar Herculano y Pompeya, Positano, Nápoles y la villa de Augusto, llegábamos a Roma y ahí cerca la villa de Adriano para después subir a Florencia, Venecia y finalmente Milán, desde donde retornaríamos a la Argentina. Los hoteles eran pequeños pero divinos, tipo boutique, estilo europeo. Cuando terminé de contarle cómo iba a ser todo, me miró y me dijo: "¿Vos en qué país vivís? ¿Se está cayendo todo a pedazos y a vos se te ocurre irte dieciocho días a Italia?". La situación del gobierno de la primera Alianza encabezada por Fernando de la Rúa era mala. Néstor definió: "Mejor vamos a Nueva York que está más cerca y casi no hay diferencia horaria". "Pero Néstor… Es lo mismo… Son solo cuatro días más que las dos semanas que vos decís, y lo de la distancia y lo del horario es ridículo, es Italia, no China, hay aviones y celulares", protesté. Fue inútil, intenté argumentar que en Santa Cruz estaba todo bien y tranquilo —lo cual era rigurosamente cierto— pero no hubo caso, terminamos en Nueva York. A fines de julio estábamos alojados, otra vez, en el hotel Península en la 55 y 5ta. avenida, cuando Néstor recibió la llamada de Ramón Puerta, entonces diputado nacional por Misiones. La liga federal de gobernadores requería su presencia en Buenos Aires. Viajó inmediatamente pero antes de irse me dijo: "Vos quedate con los chicos. ¿Para qué vas a viajar? Disfrutá". Por supuesto le hice caso y nos quedamos hasta los primeros días de agosto de aquel 2001. Al mes siguiente, el 11 de septiembre, las Torres Gemelas fueron destruidas en un atentado brutal. Fue la última vez que Máximo salió del país y que nosotros visitamos Nueva York como turistas. En 2003 volvimos al mismo hotel Península, pero esta vez con Néstor presidente y yo primera ciudadana, para asistir a la asamblea anual de Naciones Unidas en donde, por primera vez, habló en representación de la Argentina. Luego, a partir del 2008, la que viajó todos los años a Nueva York como presidenta fui yo. Fueron esas las únicas ocasiones en que Néstor me acompañó en los viajes al exterior. Sí, definitivamente fue Nueva York su destino turístico preferido.

SIN PROTOCOLO Y SIN JEFES

Cuando tomábamos vacaciones no viajábamos como el resto de muchos gobernadores, que lo hacían avisando a los consulados o embajadas del país para que los fueran a buscar o les facilitaran trámites. Hasta que Néstor fue presidente siempre viajábamos como turistas y no como funcionarios. Néstor —yo también— detestaba lo protocolar, igual que las grandes reuniones sociales, esas donde la gente se reúne, más que para hablar, para mostrarse o aparecer en las revistas del corazón, o en las secciones especiales de algún diario. Por suerte, a los dos nos gustaba más compartir una reunión con amigos hablando de política o con la familia. Siempre me gustaron las reuniones familiares. En Santa Cruz, solíamos compartir muchos asados en la casa de Alicia —Néstor nunca supo hacerlos—, o los domingos en la residencia cuando él fue elegido gobernador, ya que su madre había ido a vivir con nosotros. A partir del 2003, todos los domingos almorzábamos con la familia en Olivos. Mi hermana y mi mamá llegaban de La Plata. Natalia, la hija de Alicia, y su marido Patricio que todavía vivían en Buenos Aires —después se fueron a vivir a El Calafate— también venían. Alicia, su otra hija Romina y María, mi suegra, si estaban en Buenos Aires nunca faltaban, lo mismo que Máximo cuando viajaba a la Capital. Nos encantaba estar todos juntos comiendo y hablando, disfrutábamos mucho, de todo: de la charla, de las peleas que Néstor armaba, de las cosas que le decía a su madre. Fue así durante los doce años y medio, aunque claro, después del 27 de octubre del 2010 nunca más fue lo mismo. Es curioso que con todas las cosas que han dicho y escrito nunca trascendieran esas cálidas reuniones familiares. Tal vez, la difusión de lo que realmente acontecía en Olivos no era apropiada para los que planificaban y ejecutaban la destrucción personal y familiar de los Kirchner. Néstor siempre fue muy familiero. Siempre sentí una enorme protección de su parte. Me había convencido que a su lado no me podía pasar nada. Y no era solamente yo. Mucha gente sentía lo mismo, como que él podía solucionar todos sus problemas, hasta los personales. En Santa Cruz, cuando era gobernador, esa relación era casi de persona a persona. Más de una vez atendió audiencias donde le venían a contar los problemas de un divorcio o una pelea familiar. Increíble.

Sólo en dos oportunidades sentí que el rol se había invertido y era yo la que tenía que protegerlo. Una ocurrió en La Plata en 1976: estábamos trabajando en la oficina del Ministerio de Economía y nos llamó mi mamá pidiéndonos que por favor vayamos urgente para su casa. Cuando llegamos, estaba mi papá con una cara que no podía ser. Mi abuela Amparo —su madre—, que vivía enfrente de nuestra casa en City Bell, le había avisado que habían ido a "buscarnos a casa en varios autos" —eufemismo que ya en plena dictadura significaba secuestro y desaparición—. Mi padre desesperado me miró a mí sola y me dijo: "Te saco del país". Hacía unos días en Las Flores, provincia de Buenos Aires, habían detenido y estaba desaparecido Carlos "Chiche" Labolita, que había vivido con nosotros en City Bell, junto a su mujer Gladys D'Alessandro, hasta después del golpe militar. No me voy a olvidar nunca de aquella reunión con mi padre. Estábamos en la cocina de la casa y repetía desesperado: "Te saco del país, te saco del país", ignorándolo a Néstor, que al lado mío miraba la escena sin decir una palabra. Estaba más que claro que él no figuraba en los planes de salvataje de mi padre. En ese momento sí lo vi absolutamente desprotegido y sin embargo no le dijo no, ella no se va. Se quedó callado, en la tensión brutal que le daba sentir que él no podía protegerme y que en todo caso mi padre sí podía hacerlo. Obviamente no me fui al exilio, y durante unos días nos fuimos a vivir a la casa del Gallego Rubianes, un amigo de Néstor que tenía un departamento seguro sobre diagonal 80, a cuadra y media de la estación de trenes. Después averiguamos que en realidad "la patota" había caído a una casa que estaba a media cuadra, en la que sabíamos que vivían integrantes de Montoneros, y que ellos habían salido a decir en el barrio —para disimular— que nos buscaban a nosotros. El prejuicio contra Néstor por parte de mi padre y abuela hizo el resto. ¡Qué barbaridad todo!... La segunda vez ocurrió durante la Semana Santa, en abril de 2004, cuando Néstor ya era presidente: él estaba muy afectado por el asesinato de Axel Blumberg y por las movilizaciones que siguieron después, encabezadas por el padre del joven, el "ingeniero" —después se supo que usurpaba título— Juan Carlos Blumberg, que exigía "mano dura" del Estado. Habíamos decidido pasar el feriado largo en Santa Cruz. Néstor viajó primero a Río Gallegos, acompañado por Máximo, quien luego me contó que su padre se había descompuesto en nuestra casa y tuvo que atenderlo cuando comenzó a vomitar. Yo había viajado más tarde, directamente a El Calafate donde habíamos convenido encontrarnos. Y así fue que, sentada en el living, lo vi venir trastabillando desde nuestra habitación hasta caer desmayado arriba de un sillón grande. Lo internamos en el hospital de El Calafate, que entonces no era el ultramoderno de hoy, sino el de la antigua villa, mucho más pequeño. La situación era difícil porque en ese momento había una pelea por las tarifas y la empresa Camuzzi Gas del Sur había cortado el servicio en todo el pueblo, a pesar de que había muchísima gente por Semana Santa y que además estaba el presidente de la República con su familia —en realidad creo que lo habían hecho precisamente por eso—. Recuerdo que integrantes de la custodia donaron sangre y que estábamos todos muertos de frío. Tuvimos que llevar una garrafa para que pudieran hacerse algunos análisis del laboratorio que requerían calor. A las cinco de la mañana me fui a dormir un rato. Me acosté vestida por el frío y para poder volver rápido al hospital. Néstor había perdido mucha sangre. Había tenido una hemorragia interna y estaba pálido —blanco, amarillento— sentado en una habitación chiquita. Se lo veía muy mal, deteriorado. Nunca lo volví a ver tan débil físicamente, ni siquiera cuando tuvo, más adelante, la obstrucción de carótidas. Yo le había preguntado al médico qué era más conveniente, si llevarlo a Buenos Aires o a Río Gallegos. Me dijo que a Gallegos, porque era más cerca. Pregunté si allí teníamos la tecnología suficiente. La respuesta no se demoró: sí la teníamos. Recién habíamos dejado la gobernación y el nuevo y ultramoderno hospital de Río Gallegos que habíamos construido seguía funcionando a la perfección. Le dije: "Te vamos a llevar a Gallegos", y él no discutió. En otro momento hubiese dicho qué hacer, pero esa vez sólo dijo, con apenas un hilo de voz: "No dejes que me vean así". Él detestaba que lo vieran débil. Lo entendí. "No te preocupes, nadie te va a ver así. Sólo sobre mi cadáver", lo tranquilicé y cumplí. Organizamos un operativo tremendo. Primero, en la salida de El Calafate y después, en la llegada a Río Gallegos en donde, pese a que había fotógrafos y cámaras de televisión, no pudieron capturar una sola imagen suya en ese estado. El dispositivo organizado había funcionado a la perfección. Ya en el hospital de Río Gallegos le hicieron análisis cada media hora y los médicos dijeron: "A las tres de la tarde hacemos el último, si vuelve a dar negativo tiene que entrar al quirófano". Néstor no se quería operar. Hablé con Máximo: "Hay que operarlo, tenemos que decírselo como si fuera una orden". Ya junto a su cama, casi le ordené: "Hablé con el doctor y con Máximo. Hay que operarte". No me contestó. La hemorragia había ocurrido porque se automedicaba, además del gran estrés por gobernar la Argentina post 2001 y el detonante de la muerte del joven Axel y de una manifestación de casi cien mil personas pidiendo más represión y mano dura cuando veníamos de una violencia estatal tan trágica en nuestra historia. La cuestión es que le dije que lo íbamos a operar y él me contestó: "¿Me vas a mandar a cuchillo vos?". "¡Ay! ¡Néstor, por favor! Yo no, el médico", le dije casi llorando. Después le expliqué que aún faltaba un análisis, pero que no podíamos seguir así porque estaba perdiendo mucha sangre y estaba cada vez más débil. "No me van a operar, me voy a curar solo", insistió. Yo estaba muy angustiada pero cuando le hicieron el último análisis la hemorragia había parado. No sé si fue su fuerza de voluntad o qué. Nunca me voy a olvidar de la forma en que me dijo: "Yo me voy a curar". No estaba enojado, me lo dijo tranquilo, pero con una enorme certeza, casi una convicción. Esas fueron las únicas dos veces —en La Plata en 1976 y esa Semana Santa de 2004— que lo vi débil, desprotegido y que era yo la que lo protegía y no al revés. Aquella vez durante la dictadura y la otra, cuando estaba enfermo. Dos situaciones límite.

La protección de Néstor sobre mí en La Plata, en Río Gallegos o en Olivos no era una pose ni una imagen. Su protección era total. Y no era pegajoso, nunca me gustaron los pegajosos. Era amor. Me amaba absolutamente. Yo también trataba de protegerlo, sobre todo que cuidara su salud, que no hiciera cosas que lo pudieran afectar, pero él no se preocupaba por eso. Era un hombre que admiraba la inteligencia de la mujer. La necesidad de protección no sólo se explicaba a partir del afecto, sino también del orgullo por tenerme como compañera, como esposa. Sí, él estaba orgulloso de mí. Alberto Fernández me contaba cuando Néstor le interrumpía la agenda como jefe de Gabinete para hacerlo escuchar en su despacho de la Rosada mis discursos en la campaña presidencial en 2007. O Mario Ishii, el intendente de José C. Paz, cuando iba a visitarlo a Olivos y lo sentaba a escuchar alguna de mis cadenas nacionales como presidenta. U Oscar Parrilli cuando me contó que al visitar nuestra casa de Río Gallegos —que más tarde vendimos—, Néstor lo arrastró hasta el último piso para mostrarle mi inmensa y adorada biblioteca. "Vení Oscar, vamos arriba así te muestro la biblioteca de Cristina", fueron sus palabras en aquella oportunidad.

Por supuesto que discutíamos mucho y apasionadamente. Alberto y Oscar presenciaron algunas discusiones memorables. Néstor y yo éramos duros e incisivos y cada uno quería ganar, pero cuando uno vencía, el otro respetaba. Alberto, quien más presenció esas escenas, siempre repetía una frase riéndose: "Se enfrentan dos titanes". Con Néstor discutíamos por todas las cosas cotidianas por las que discuten las parejas, pero los mayores debates se daban por la política. Una de ellas fue cuando Eduardo Duhalde, designado presidente en 2002, le ofreció a Néstor la jefatura de Gabinete. Alberto estaba de acuerdo y lo estaba convenciendo. Argumentaba que eso le iba a servir como vidriera para mostrarse. En ese tiempo yo era mucho más conocida que él. Mis enfrentamientos en el Senado con los menemistas, mi posterior expulsión del bloque y mi intervención en el debate de hielos continentales me habían hecho muy conocida. Alberto decía que ese cargo le iba a permitir a Néstor desplegar su capacidad de gestión y ser conocido. Yo no estaba de acuerdo y, al contrario, le decía que nunca iba a ser su gestión y por lo tanto no iba a tener nada que mostrar. Cuando vi que podía llegar a perder la discusión, le dije: "Si vos aceptás ser jefe de Gabinete, olvidate de mí. Me voy". Estábamos en nuestro departamento de la calle Uruguay en Buenos Aires y Néstor tenía que ir a la Casa Rosada para contestar si aceptaba o no el ofrecimiento. Le repetí: "Te lo juro que si decís que sí, cuando volvés no me encontrás acá". No le dije me voy a divorciar, pero sí "me voy", porque yo sabía que había dos cosas que él no aguantaba: que yo no le hablara y no verme. Él resistía, pero cuando estaba cinco o seis horas sin hablarle o sin verlo a propósito, se desesperaba. Cuando llegaba de afuera lo primero que preguntaba era: "¿Y Cristina?". Si había empleados era: "¿Y la doctora?". O "¿Dónde está tu madre?", si solo estaban Máximo o Florencia. Lo cierto es que a las dos horas de haber partido a la reunión con Duhalde, me llamó por teléfono. "Mirá, no tuve más remedio que aceptar", me dijo. No le respondí, y como estuve muda por unos segundos enseguida me dijo: "Mentira, gorrrrrda, es una broma". Debe haber pensado que había tirado el teléfono o que me había ido. Finalmente, no aceptó. Los últimos tiempos había adquirido esa costumbre horrible que yo detestaba de decirme gorda, arrastrando la "r". Sabía que me molestaba y siempre se reía. Qué mañoso...

La otra discusión fuerte que tuvimos también estuvo vinculada a la alianza electoral con Duhalde para enfrentar a Carlos Menem en las elecciones presidenciales en 2003. Yo no quería; insistía en que era una losa que no íbamos a poder levantar. Sin embargo, Néstor estaba convencido de que era una alianza necesaria. Trabajaba en todos los frentes para convencerme, también en el familiar. Muchos años después Máximo me contó que un día, en Río Gallegos, su padre lo había invitado a dar una vuelta: "Acompañame a ver unas obras", le pidió. Cuando se subieron al auto, con Néstor al volante, le preguntó: "¿Vos creés que los milicos tienen que ir presos por todo lo que hicieron?". Máximo le contestó que sí, que obvio, y entonces le hizo otra pregunta: "¿Vos creés que este país necesita terminar con el tema de la deuda externa crónica y tener otra política económica, que genere trabajo?". Máximo le volvió a contestar que sí, que claro, y Néstor le dijo: "Bueno, entonces ayudame a convencer a tu vieja porque tenemos que cerrar con Duhalde. Si no, no ganamos". Esa vez tuvo razón él y me convenció. Finalmente, un domingo al mediodía, en una Buenos Aires desierta, fuimos a desayunar con Alberto y Néstor a una confitería en la esquina de Santa Fe y Paraná: "Está bien, no estoy muy de acuerdo, no me gusta... pero esto no es cuestión de gustos", acepté.

Si me preguntaran qué fue lo que más amé de Néstor, contestaría que todo. Era un personaje. Al Teatro Colón, por ejemplo, Néstor decidió no ir jamás. Cuando en marzo de 2006 nos visitó la reina Beatriz de Holanda, acompañada por su hijo Guillermo de Orange y su esposa, la argentina Máxima Zorreguieta, nosotros le ofrecimos una recepción en los salones de la Cancillería, frente a la plaza San Martín. Todavía no teníamos el Museo del Bicentenario, que él no llegó a ver inaugurado. Nos explicaron que luego, como retribución, la reina ofrecía una fiesta al presidente y a su gobierno y que para eso había decidido alquilar el Teatro Colón. Pero el presidente... no fue al Colón. Y tuve que ir yo. No pude convencer a Néstor. Literalmente le rogué: "Néstor, te pido por favor, tenés que ir". Él me retrucaba: "Al Colón no voy a ir, no se los voy a pisar". Le supliqué: "Néstor, tenés que entender que es una equivocación. El Colón es una de las salas líricas más importantes del mundo y es nuestra. ¿Por qué no vas a ir?". Me contestó: "No pienso ir ni loco al teatro de la oligarquía argentina, no se los voy a pisar, no les voy a dar el gusto". Él tenía esas cosas, decía: "¿Por qué tenemos que ir a lo que ellos han levantado como templo propio?". A él no le gustaba la ópera ni el ballet, se aburría como un hongo. A mí me encantaban y con el tema del Colón lo quise convencer; ensayé de todo: enojarme, gritar, patalear. No hubo caso y la única cosa que se me ocurrió, para que el desastre no fuera total, fue ir yo. Me acompañaron Alberto Fernández y Patricia Alzúa, la esposa de Zannini, el que, por solidaridad con Néstor, tampoco fue. Esa noche cenaron los dos solos en Olivos. Así éramos. Néstor daba mucha importancia a las cosas simbólicas, era muy susceptible. Yo no tanto, pero a él cualquier cosa podía ofenderlo o molestarlo. Era tremendamente quisquilloso, tal vez porque a los hombres hay ciertos símbolos que los definen. Para él, ir al Colón era como una ofensa a la autoridad popular; era como someterse a un territorio que en la historia argentina había sido identitario de la elite; como subordinarse a un poder ante el que siempre se había rebelado. Una de sus características fue que nunca aceptó jefes. Sólo lo hizo en su etapa juvenil, durante su militancia orgánica en la FURN primero y en la Juventud Universitaria Peronista —JUP— después. Creo que fue la primera y única vez que aceptó jefaturas políticas porque nunca más lo hizo. En esta actitud debe haber influido lo que pasó en los setenta. Néstor fue muy crítico de lo ocurrido en aquellos años. Amigos adorados por él —que comulgaron con la militarización de la política— fueron asesinados o desaparecieron. Durante mucho tiempo, por las noches gritaba dormido. Era evidente que tenía pesadillas que sólo terminaron recién cuando fuimos a vivir a la residencia de la gobernación, en 1991. En su mesa de luz, que está exactamente igual que el 27 de octubre de 2010, hay un libro de Felipe Pigna y el tercer tomo de *La voluntad* de Eduardo Anguita y Martín Caparrós. Cuando nos enojábamos éramos terribles los dos. Nunca me puse a pensar qué era lo que más amaba de él. Lo quería así como era. Algunas cosas me irritaban. A él le gustaba hacer bromas, pero no que se las hicieran. Pero en verdad, me gustaba todo. Extraño todo. Extraño no tener a nadie con quien hablar, que no podamos discutir las cosas, que no podamos viajar. Extraño ir a comer con él fuera de casa; lo hacíamos regularmente. A él le encantaba, disfrutaba mucho estar conmigo, comer juntos, hablar. Extraño eso: el estar juntos. Siempre nos esperamos. Durante mucho tiempo me tocó esperarlo a él, cuando volvía de la gobernación o de la Rosada, porque obviamente la tarea de legislar ni de cerca se le parece a la de un gobernador o la de un presidente. Las únicas veces que le tocó esperarme fue cuando era presidenta. Cuando Néstor era gobernador y yo legisladora nacional me iba los lunes a última hora y volvía a Santa Cruz los jueves en el primer vuelo, dejaba mis cosas en la residencia, me cruzaba a casa de gobierno y me instalaba de nuevo en la oficina que siempre tuve al lado de su despacho. El amor es eso, tener ganas de estar con el otro. Para escucharlo, para hablar o para lo que sea. A mí me encantaba estar con él y a él conmigo. Siempre me decía: "De lo único que nunca me aburrí fue de vos".

EL ESPEJO INVERTIDO

Cuando pienso en lo que tienen que soportar mis hijos, no puedo dejar de recordar las palabras de Néstor. Efectivamente vinieron por mí y por ellos. El odio se construye para manipular, pero pivotea sobre sentimientos y resentimientos de sociedades cada vez más mediatizadas. Sobre la envidia, sobre las frustraciones y sobre los fracasos de muchos seres humanos que necesitan odiar al otro, al que ellos creen diferente por su ideología, por el color de su piel o peor aún: porque alguien los convenció de que ese otro u otros son los responsables de las cosas que les pasaron o de las que no pueden tener. Dijeron, por ejemplo, que Máximo se rateaba del jardín. Primero me pareció una tontería. ¿Qué chico de cuatro o cinco años se va a ratear del jardín de infantes? Ridículo... Sobre todo en el caso de Máximo, ya que vivíamos exactamente enfrente de la escuela y yo lo miraba desde el living de casa o la ventana de la cocina cada vez que cruzaba la puerta de ingreso del jardín. Sin embargo, luego comprendí que detrás de los personajes que recitan esas cosas, hay otros, más inteligentes, que las piensan, planifican e inventan: un muy efectivo dispositivo del odio —como un arma o un artefacto— que se pone en marcha y se usa para difamar y destruir no sólo a quien se considera enemigo político sino también a su familia. Para ello se utilizan distintos sujetos y formatos, desde el "periodista" que publica las mentiras bajo la forma de "noticia", artículo o libro, hasta el del ignoto "escritor" cuyas únicas publicaciones sólo tienen que ver con el ataque a una determinada persona o sector, pasando por el dirigente político reporteado o devenido en escritor, aunque en la vida real no maneje un léxico de más de mil palabras. Después de la publicación del formato que se haya elegido —libro, noticia, denuncia, etc.— quedan habilitados como verdaderos sicarios mediáticos para ser paseados por todos los programas de televisión; desde los que pretenden ser de carácter político o "interés general" hasta esos tan "encantadores" de la tarde, donde se mezclan recetas para saber cocinar y para "saber votar".

Recuerdo bien que en septiembre de 2005, cuando se comenzaron a organizar los primeros núcleos de jóvenes que más tarde formaron la agrupación juvenil que bautizaron "La Cámpora", apareció la primera tapa de la revista *Noticias* contra Máximo. Increíblemente lo presentaban como "el misterioso hijo del presidente". Por supuesto, no es comprensible que un hijo sea misterioso, pero se construía la idea —sentido común— de que él era una especie de monje negro que asesoraba a su padre en las sombras. Se publicaron fotos en las portadas, donde se veía a nuestro "misterioso hijo", pero a poco de andar se demostró que el hombre que aparecía en la tapa de la revista... ¡no era Máximo!, sino un tal Marcelo Martínez Casas, un abogado de 32 años que había vivido en los EE.UU. hasta mediados de 2002 y que desde 2004 era gerente de asuntos legales de Canal 9. Unos años después, inventaron que Máximo era dueño de una "chacrita" de dos millones y medio de dólares en Zárate. A partir de 2012, después de la nacionalización de YPF, las difamaciones sobre él se intensificaron. *Clarín* juzgó que yo había mal usado el avión presidencial Tango 01 para buscar a mi hijo en Río Gallegos. A Máximo se le había agravado una infección en la rodilla derecha que ponía en riesgo su pierna y necesitaba un tratamiento urgente que no podía realizarse allí, según recomendación del médico presidencial, Luis Buonomo. Se decía que había sido un capricho de él para no atenderse en Santa Cruz, y se explotaba el desconocimiento de la sociedad respecto a que el avión presidencial, según la ley, incluye el traslado de los familiares directos del presidente de ser necesario. La nota sugería que no había necesidad, pero la realidad fue que Máximo debió ser internado de urgencia en el hospital Austral, donde fue intervenido quirúrgicamente el lunes 11 de junio de ese año, evitándose que se produjera un cuadro de septicemia generalizada. Sin embargo, en esos días se desató una campaña a través de las redes que los periodistas comentaban en los sets de televisión, afirmando que era drogadicto y se había inyectado en la rodilla. Un mes después, el diputado macrista Pablo Tonelli dijo que Máximo era un "drogadicto medio tonto". Pobre Máximo, que los únicos dos vicios que tenía eran la Coca-Cola y el cigarrillo. Pudo dejar la gaseosa a partir del 2015 y adelgazó en forma notable, pero lamentablemente sigue fumando como un escuerzo. Me acuerdo que varias veces, como legisladora, quise presentar un proyecto de ley decretando la obligatoriedad del análisis antidroga —rinoscopia— para todos los integrantes de los tres poderes del Estado —funcionarios, legisladores y jueces—, harta de escuchar hablar sobre la lucha contra el narcotráfico a personajes que hasta las piedras saben que son adictos. No lo hice porque Néstor era muy crítico sobre ese tipo de propuestas. Decía que eran proyectos "fachos", aunque hoy yo no dudaría un instante en votarlo con las dos manos, se enoje quien se enoje. Años después, siendo Mauricio Macri presidente, su joven hermana fue internada por su adicción a las drogas en una clínica sin que ninguno de nuestros militantes o dirigentes pronunciara palabra alguna —como corresponde— frente a una circunstancia tan desgraciada para cualquier familia. Los medios de comunicación guardaron el mismo prudente y humano silencio. Lo que sí llama la atención —y debiera llamar más aún a la reflexión—

es la doble vara de esos medios de comunicación. ¿Cuáles serían los titulares y las tapas de diarios y revistas en el caso de que una situación similar hubiera sido sufrida por mi familia siendo yo presidenta? Todos y todas conocen la respuesta. La semana en que Máximo habló por primera vez en público en un acto de La Cámpora —en la cancha de Argentinos Juniors— TN, el canal de noticias del Grupo Clarín, envió un equipo a Río Gallegos para "demostrar" que no era un joven dirigente político sino —textual de la transmisión emitida— un "vago y un lumpen vinculado a negocios oscuros". En el 2015, cuando se inició el último año de mi mandato, el monopolio mediático recrudeció su campaña de difamación contra nuestro hijo. La obsesión por el dinero supuestamente mal habido o escondido —una práctica que los conocidos escándalos de Panamá Papers revelan como propia de quienes nos acusan o nos difaman, en un perfecto espejo invertido— se reflejó en la falsa denuncia realizada en marzo de ese año. Daniel Santoro, el "periodista estrella" del Grupo Clarín, lo acusó de ser cotitular, junto con la ex ministra de Defensa Nilda Garré, de una cuenta de millones de dólares depositados en el banco Felton de Delaware —guarida fiscal— en Estados Unidos, y en el Morval Bank & Trust de las islas Caimán. Es más, dijeron que Garré también tenía dos cuentas en el banco Tejarat de... ¡Irán! *Clarín* reproducía así una información triangulada con la revista brasileña *Veja*, uno de los medios que realizó una pertinaz campaña del mismo tenor contra Luiz Inácio "Lula" Da Silva y Dilma Rousseff. Recién dos años después se verificó que todo era falso. El Departamento de Justicia de los Estados Unidos había demorado, convenientemente, más de 24 meses en informar a nuestro país que nunca habían existido esas cuentas a nombre ni de Máximo Kirchner, ni de Nilda Garré. *Clarín* jamás se rectificó y su "periodista estrella", menos.

A Florencia no le fue mejor. Imposible olvidar el ensañamiento que tuvieron con mi hija, exactamente igual al tamaño de las mentiras que dijeron y escribieron en letra de molde. La editorial Perfil en el 2008 publicó que le habíamos comprado un Mini Cooper, pero no cualquier Mini Cooper: según *Perfil*, había sido "confeccionado 100% de acuerdo a los exclusivos gustos de Florencia, quien con la nueva adquisición se suma a la lista de celebrities locales que pasea orgullosa en este pequeño pero glamoroso vehículo. Jesica Cirio, Luciana Salazar y Rocío Guirao Díaz, entre ellas"... Sí, así tal como se lee lo difundieron y, sin que se les cayera la cara de vergüenza por la falsedad, en la misma nota agregaban más mentiras: "Flor, que tiene solo 17 años y todavía no sacó registro, usa el flamante modelo de 39 mil dólares para pasearse con sus amigas por las callecitas de la Quinta de Olivos. Por ahora, sacarlo a las calles de Buenos Aires es solo un sueño que tendrá que esperar". Lo único cierto de todo eso era la edad y que no tenía registro. Hoy, con 28 años, vive en el barrio de Monserrat y sigue sin tener registro ni auto, porque nunca aprendió a manejar. Me acuerdo que cuando lo leí, dije: "¡Pero qué estupidez! Si Florencia no sabe manejar...", Máximo me dijo: "¡Ay, Cristina!... Qué les importa. El tema es hacerle creer a la señora que está en la peluquería, leyendo la revista, que Florencia tiene un auto importado que vale miles de dólares para andar adentro de Olivos, mientras otros tienen que andar a pata. ¿No te das cuenta? La quieren hacer aparecer como una tilinga frívola y de yapa justifican que no tienen foto. Es todo muy obvio, Cristina". Máximo, que dejó de decirme mamá hace años, después me contó que Carlos Sancho, ex gobernador de Santa Cruz, le había preguntado de qué color era el Mini Cooper de Florencia. "Carlos, ¡no seas idiota! Florencia no tiene ningún auto". "Bueno che, no te enojes, después de todo ella puede tener un Mini Cooper". Carlos Sancho tenía razón, aunque Máximo desistió de explicarle el fin que perseguía la "noticia" inventada. Ahora a ese tipo de operaciones les dicen *fake news* y es más fácil desmentirlas en las redes. La revista *Noticias* llamaba a Florencia "la más joven del clan"; hasta inventaron que usó el avión presidencial para ir a festejar el cumpleaños de una amiga en Río Gallegos y que alquilaba o era dueña, ya ni me acuerdo, de un lujoso piso en Park Avenue, la avenida más cara de la gran manzana, cuando estudió en la New York Film Academy. Hasta publicaron fotos del interior del departamento, que por cierto era muy lindo, pero cuyo verdadero propietario, un ex ejecutivo argentino del JP Morgan, salió a desmentir. Lo cierto es que Florencia, durante sus estudios en Nueva York, vivió en un edificio de estudiantes sobre la 3ra. avenida y luego en un pequeño departamento de dos ambientes cerca de Times Square. Cuando fuimos a vivir a Olivos, mi hija tenía apenas doce años, pero el juez Julián Ercolini, en una causa absolutamente armada a gusto y pedido del gobierno

de Cambiemos, consideró que ella formaba parte de una asociación ilícita. Sí, tal como se lee: nuestra familia es, para el
Partido Judicial, una asociación ilícita formada por mí y mis
dos hijos, y —por supuesto, como no podía ser de otra forma— yo soy su jefa. Cuando le estaban tomando declaración
indagatoria en el juzgado a cargo de Ercolini y le leyeron
el auto de procesamiento firmado por el juez que dice que
nuestra hija había entrado a la supuesta asociación ilícita el
27 de octubre de 2010, Florencia interrumpió y preguntó:
"Perdón. ¿Qué dicen que estaba haciendo el 27 de octubre
de 2010? Porque ese día murió mi papá y yo estaba en los
Estados Unidos". Fue entonces que se miraron y se pusieron
todos muy nerviosos. Se dieron cuenta que habían hecho algo
más que escribir una barbaridad jurídica, habían firmado una
aberración humana: Florencia no sólo no estaba en Argentina
cuando falleció su padre, sino que ese 27 de octubre de 2010,
por imperio del Código Civil argentino, no se había transformado en integrante de ninguna asociación ilícita sino en
la heredera forzosa de Néstor Carlos Kirchner. Sin embargo,
de acuerdo al auto de procesamiento firmado por un juez de
la Nación, Florencia Kirchner ingresó a la "mafia", como si
fuera una suerte de Ágata Galiffi, la hija de Juan Galiffi, capo
de la mafia rosarina entre 1920 y 1930, el "Al Capone de
Rosario". El plan de destrucción de Florencia necesitaba, primero, crear el estereotipo de una adolescente frívola y tilinga,
cuya vida transcurría entre autos importados y departamentos
en Park Avenue, y después, el de una sofisticada delincuente.
La realidad de una joven que estudiaba cine, había tenido una

hija soltera y había abrazado con pasión la causa feminista, no les servía para nada… Al contrario. Sí, Néstor tuvo razón cuando nos auguró persecución a mí y a nuestros hijos.

Lo que él nunca pudo imaginar fue que sobre nosotros, como pareja, se desataría una campaña de aniquilación a alta escala. Eso nunca habría entrado en su cabeza ni en su fantasía más elaborada, y por eso esperaron a que no estuviera para iniciar el ataque. Con él en vida, no hubieran podido. Desde una ex funcionaria que afirmaba haber sido su amante hasta las barbaridades escritas por una integrante de la Coalición Cívica de Elisa Carrió, esposa del candidato a gobernador de Santa Cruz por Cambiemos e hija de un comerciante ex presidente de la Cámara de Comercio de Santa Cruz que había tenido amistad con Néstor y tuvo que abandonar la ciudad después de "empapelarla" con cheques sin fondos. Ella dijo que con Néstor nos maltratábamos y que éramos un matrimonio de ficción. Dios mío… ¡De ficción!… ¡Justamente ella! Es un secreto a voces para toda la ciudad de Río Gallegos que sirve de "pantalla" para su marido y padre de sus hijos. ¡Dios mío, cuánto cinismo! En este intento de destrucción de nuestro matrimonio, el monopolio *Clarín* llegó a relatar en letra de molde que durante un viaje en el avión de la provincia Néstor me pegaba en la cabeza con… ¡un diario enrollado! Eso sí que es proyección pura: pegarle a Cristina en la cabeza y con un ejemplar de *Clarín*. Ni Freud lo hubiera hecho mejor. Juro que no me enojé, al contrario, me reí hasta no poder más y creo que hasta hice un posteo en las redes al respecto. No faltó tampoco la denuncia de pareja homicida: en diciembre de 2014, cuando comenzó con fuerza la campaña electoral del macrismo, un abogado se presentó en Comodoro Py pidiendo que me investigaran por el presunto asesinato del hombre que había sido mi compañero. Aseguraba que había sido asesinado de un tiro y que el motivo eran "los celos y el odio". Sí, hasta eso hicieron. Y algunas cosas muy... demasiado planificadas.

El 5 de mayo de 2013, cuatro días antes de nuestro 38 aniversario de casamiento y cuatro meses antes de las elecciones parlamentarias, en un programa de televisión del Grupo Clarín y en horario prime time, Miriam Quiroga, una ex funcionaria, decía haber sido, durante años, la amante de Néstor Kirchner. Y eso no era todo. Por esa supuesta cercanía ella decía haber visto bolsos llenos de dinero que salían de la casa de gobierno con destino desconocido... ¡Bingo! Ese lunes, Carlos Zannini me dijo durante el almuerzo: "Te pido por favor, Cristina, que bajo ningún punto de vista vayas a creer la inmundicia que pasaron anoche en la televisión, porque te puedo asegurar que es mentira, es una basura". Estaba indignado. Repetía que no se podía creer ese nivel de difamación. "Carlos, no te hagas problema, es imposible que crea eso. Primero, porque me hubiera dado cuenta de una situación así. Es imposible que una mujer no se dé cuenta que durante diez años la han engañado, salvo que te hagas la idiota, cosa que suele suceder". Y riéndome, agregué para contribuir a mi bien ganada fama de soberbia: "Y segundo... Mirá si teniéndome a mí va a buscar a otra". La pasearon por todos los canales de televisión y creo que hasta "escribió" un libro. Las cosas que se dijeron... Finalmente se descubrió que todo era mentira: falsa la amante y falsos los bolsos que Quiroga decía haber visto. Un ex policía que fue pareja de ella confesó que en realidad Quiroga quería promocionar un libro que había escrito, para que se vendiera mucho porque necesitaba la plata. Todo había sido por plata. Me acuerdo que en aquellos días me escribió una señora encantadora, viuda también, que me decía que yo tenía que hacerle un juicio a esa mujer para cuidar la memoria de mi marido porque eso era una infamia. Que ella también había hecho un juicio de esa naturaleza por su marido y lo había ganado. Me emocionó mucho.

De todas formas, pienso en la certeza que siempre tuvieron Florencia y Máximo, nuestros hijos, en el amor de sus padres. Para Florencia su padre era un ídolo y él había trabajado a destajo, de sol a sol, para eso. Una vez Máximo me dijo: "¿Sabés por qué hay gente que tiene tanto odio hacia ustedes? Porque eran una pareja que estuvieron 35 años juntos, con una vida familiar hermosa y que, cuando llegaron al poder, no se separaron ni se alejaron, al contrario. Y eso genera mucha envidia porque es algo fuera de lo común. ¿Sabés qué pasa, Cristina? Los que arman todo esto saben de la envidia y el resentimiento. Y trabajan sobre eso. ¿Por qué ella puede tener todo? Es joven, agradable, atractiva, se viste bien, tiene plata, él la quiere, son una pareja que funciona y, arriba, hay millones de argentinos que los quieren". Tiene razón. Para algunos y... algunas, es demasiado. No fuimos la única pareja en la historia que sufrió la difamación; también decían que Perón no la había querido a Evita... que la había utilizado para su propia propaganda. O peor aún, que deseaba que Evita siguiera enferma para que no insistiera con ser vicepresidenta, o que no la visitaba durante su enfermedad. Dijeron todas estas cosas con la misma saña con la que aseguraron que no había velado a Néstor, que el cajón estaba vacío. Como un espejo invertido donde se destruye a los enemigos políticos y al mismo tiempo se proyectan las propias vidas y miserias, para a partir de allí construir imágenes de ficción. ¿De qué otra forma puede entenderse el ataque sobre nuestro único matrimonio para ambos —35 años— y sobre nuestros dos únicos hijos, que siempre estuvieron junto a nosotros y con los que formamos una familia en serio que no tenía la necesidad de exhibirse para demostrar nada? ¿Cómo no contraponerlo al intento del marketing político de la alianza Cambiemos, con la ayuda imprescindible de los medios hegemónicos, de construir la imagen de "familia perfecta" de Mauricio Macri y su actual esposa, pese a que para ambos es el tercer matrimonio oficial, sin contabilizar otras apariciones en revistas del corazón? ¿Cómo no compararlo con la única aparición en el rol de hija —ocultando al resto— de la pequeña y adorable Antonia en la huerta "familiar" de Olivos cultivada por... el INTA, cual la familia Ingalls, o cuidando conejos en la versión argentina de la familia Kennedy?

Aun así, prefiero recordar los momentos en que Néstor y yo éramos pareja en estado familiar y de ideas, que para nosotros fue la combinación perfecta —aunque ya se sabe que para las relaciones humanas las fórmulas no existen—, como el que vivimos el día anterior a su primer discurso como presidente ante la Asamblea Legislativa el 25 de mayo de 2003.

Como siempre, yo tenía que escribirlo. Estábamos en nuestro departamento de Uruguay y Juncal con Carlos Zannini, quien se había sumado en la tarea de redactar las intervenciones de Néstor: él preparaba la estructura y luego yo la trabajaba y le daba la forma definitiva. Néstor confiaba mucho en nosotros. Aquel 24 de mayo llegó a casa a eso de las siete de la tarde y le entregamos contentos el discurso para que lo leyera y nos comentara qué le parecía. "Esta porquería no la leo. Es una porquería", nos dijo. Con Zannini nos miramos, no sin cierta desesperación. Faltaban dieciséis horas para que hablara —contando la noche— y nos acababa de revolear el discurso que tenía que leer. "Bueno Néstor, ¡decime qué querés decir! ¡Marcame los ejes y me siento a escribir de vuelta, pero decime por favor, porque si no, es imposible!" Me había puesto muy nerviosa. Yo estaba sentada en el mismo comedor diario en el que todavía desayuno cuando estoy en Buenos Aires y ahí, sobre la mesa, mientras él parado me tiraba algunas líneas, empecé y terminé de escribir el discurso que pronunció al otro día. Me salió de un tirón y se lo di para leer. Le encantó. Recuerdo cada palabra de ese juramento político a un pueblo escéptico y devastado por la crisis. El concepto de "proponer un sueño" fue uno de los ejes que me había tirado. Decía que teníamos que reafirmar nuestra identidad como pueblo y como Nación, en la construcción de la verdad y la justicia para volver a tener una Argentina con todos y para todos. Lo de nuestros patriotas fundadores fue mío, pero lo de nuestros abuelos inmigrantes fue de él, la figura de los pioneros fundadores de Santa Cruz había estado presente en todos sus discursos como gobernador. La invocación de una Argentina unida y normal había sido una constante en su campaña. Recuerdo que hasta hicimos un afiche con la frase "un país normal". El agregado de que además de un país serio fuera, sobre todo, un país más justo, era el imperativo de aquel momento histórico. Sin embargo, para mí, la mejor parte del discurso —la que definió su gobierno— fue: "formo parte de una generación diezmada, castigada con dolorosas ausencias; me sumé a las luchas políticas creyendo en valores y convicciones a las que no pienso dejar en la puerta de entrada de la Casa Rosada". Aquel 25 de mayo y los festejos del Bicentenario que compartí con Néstor en 2010 fueron momentos de mucha felicidad política. Creo que para él también.

Desde que no está, a mí me falta algo en la política, en el análisis. Me falta su mirada sobre las cosas y sobre la gente. Él era un tipo que conocía profundamente la idiosincrasia de los argentinos. Tenía un olfato especial para lo popular, porque él era profundamente popular: usar mocasines y lapicera Bic no era una impostura. Siempre fue así. Nunca se vistió ni actuó como el estereotipo de abogado. Cuando ejercíamos la profesión, yo veía que los demás colegas eran tan distintos… En ese sentido, yo siempre fui más clasemediera que él. Néstor era un tipo sin ningún tipo de apego a la moda o a los bienes y costumbres que dieran estatus. Le gustaba lo popular de corazón. En Río Gallegos, cuando era gobernador solía comer en un taller mecánico de la calle Mitre, al lado de la primera casa propia en la que vivimos los tres con Máximo. Todos los sábados al mediodía, después de haber tomado un café —en la misma mesa y con los amigos de siempre— en la confitería del hotel Santa Cruz, iba religiosamente al galpón de Francisco "Batata" Mansilla y ahí se quedaba comiendo asado hasta las tres o tres y media, para volver a la residencia a dormir su irrenunciable siesta. Siempre hizo lo que quiso. Vivió como pensó. Hay una canción de Silvio Rodríguez, "El necio", que aún hoy me parece que habla de él: "Yo no sé lo que es el destino; caminando fui lo que fui; allá Dios, que será divino; yo me muero como viví…".

4
Bien de familia

"Néstor, haceme el favor, sacá la plata del banco y mandala afuera, estos tipos van a hacer lo mismo que con el Plan Bonex". Se lo dije durante todo el año 2001 y especialmente en los últimos meses de la presidencia de Fernando de la Rúa con Cavallo como ministro de Economía. Monocordemente le recordaba el tema: "Nos van a agarrar, como con el Bonex, se van a quedar con la plata de los plazos fijos". Me refería a lo sucedido en 1989, cuando durante el gobierno de Carlos Menem, su ministro de Economía Erman González lanzó el Plan Bonex, que consistía en el canje compulsivo de los depósitos a plazo fijo por títulos públicos, o sea por bonos de deuda. Habían incautado los fondos de los ahorristas y a cambio les daban papeles. En verdad, creo que fue un plan de Domingo Cavallo para licuar los depósitos, como antesala imprescindible de la Ley de Convertibilidad, que estableció que un peso valía un dólar y que Erman González sólo puso la cara. Fue así que a fines del 89 todos nuestros depósitos de dinero en plazos fijos —que no eran pocos— pasaron a ser solo papeles que se conocieron con el nombre de Bonex 89. Ese plan se anunció el 28 de diciembre —día de los inocentes— y recuerdo que la fiesta de ese Año Nuevo fue un desastre: habían cerrado todos los negocios y no conseguías ni comida. Aquel verano habíamos alquilado una quinta en City Bell a partir del 1 de enero, como todos los años, y estábamos en la casa de mi mamá en La Plata para pasar las fiestas. Esa noche, discutimos mucho con Néstor. Nosotros ya habíamos visto y hablado sobre el curso de colisión en que venía la economía y el pronóstico no era nada bueno. En criollo, "la veíamos venir". Pero claro, una cosa es pensar que va a haber problemas en la economía y otra que el Estado se quede con tu plata. Esa noche se me ocurrió ensayar un discurso económico de comprensión de la situación y le dije a Néstor: "La verdad que tienen razón, no pueden hacer otra cosa, no pueden devolver toda esa plata con intereses, porque no la tienen". ¡Para qué se lo habré dicho! Me contestó: "¿Pero vos qué tenés en la cabeza? ¡Te acaban de manotear toda la guita y encima les das la razón!". "Pero no se trata de dar la razón —le dije—. Se trata de entender qué es lo que pasó económicamente, más allá de nosotros". E intenté explicarle que las exorbitantes tasas de interés que se pagaban por los plazos fijos hacían imposible la devolución de esos fondos. Fue inútil, estaba muy enojado y no insistí... después de todo tenía razón, se habían quedado con nuestra plata. A los pocos días pudimos cambiar los certificados de depósitos por los títulos de deuda conocidos como Bonex 89 que, finalmente, terminaron siendo para nosotros un muy buen negocio, al no tener la necesidad de desprendernos de ellos, ya que a su vencimiento los cobramos y con una muy buena diferencia de dinero, por los intereses. Es más, en los años 90 fuimos incluidos en el programa "de grandes contribuyentes" de la entonces Dirección General Impositiva (DGI) —posteriormente denominada AFIP— al tener un alto nivel de ingresos por la actividad de nuestro estudio jurídico. Desde el comienzo de ese programa y al inicio de los 90, estábamos muy monitoreados como grandes contribuyentes.

Lo cierto es que, doce años después de haber sufrido la incautación de nuestros ahorros en 1989, nos volvió a pasar lo mismo con el famoso "corralito", mote popular que se le dio a la nueva incautación de ahorros de los argentinos, durante el gobierno de la Alianza con De la Rúa presidente y Cavallo ministro de Economía. Como señalé al principio de este capítulo, durante todo el año 2001 le insistí mucho a Néstor para que sacara nuestros ahorros al exterior. Yo era diputada nacional, veía y escuchaba lo que estaba pasando todos los días en el Parlamento, lo que se publicaba y lo que no. Me acuerdo el día que el oficialismo propuso la sanción de la ley de intangibilidad de los depósitos bancarios. Fue en agosto del 2001. El objetivo declamado en los discursos era: "Garantizar y dar confianza" a quienes tenían depósitos a plazo fijo en pesos o en moneda extranjera, de que el Estado "en ningún caso" podría alterar las condiciones pactadas y al declarar la intangibilidad de los depósitos, agregaba que "estaba prohibido canjearlos por títulos de la deuda pública nacional". No me olvido más... Yo estaba sentada en mi banca y pensé "¡Zas! Otra vez sopa, estos nos meten otro Plan Bonex"; y se lo comenté a mi compañera de banca, la diputada mendocina Ana María Mosso, que era economista, menemista y muy crítica de lo que estaba haciendo el gobierno de la Alianza en materia económica. Me acuerdo que pidió la palabra y pulverizó el proyecto desde lo económico y desde la lógica, diciendo que era absolutamente innecesario y que, al contrario de lo que decía perseguir, no hacía más que instalar dudas. Cuando después de esa sesión volví a Santa Cruz, le dije otra vez: "Néstor, ¿vos no te das cuenta que si sacan una ley así es que no piensan devolver la plata? Haceme el favor, sacá la plata afuera, está bien que cuides la plata de la provincia, ¡pero también cuidá la nuestra! Nadie nos puede criticar porque los fondos de la provincia también están en el exterior". Me refería a los cuantiosos fondos de Santa Cruz que estaban depositados en el exterior y que llegaron a ser más de 500 millones de dólares.

En 1993, la provincia de Santa Cruz, al igual que Neuquén, Mendoza, Chubut, Río Negro, Tierra del Fuego, Formosa y La Pampa, cobró los millonarios juicios en concepto de regalías petroleras mal liquidadas durante la presidencia de Alfonsín, quien había firmado un decreto para congelarlas. En realidad, como pago de esos juicios, las provincias recibieron bonos hidrocarburíferos que se utilizaron para comprar acciones de la YPF privatizada en la que Santa Cruz llegó a tener casi el 4 por ciento, porque Néstor siguió comprando

—a cuenta y orden de la provincia— más acciones en la Bolsa de Nueva York. Estaba obsesionado por llegar al cinco por ciento de participación accionaria de YPF, porque eso le daba a Santa Cruz la posibilidad de tener un director propio. Las provincias petroleras estaban representadas por dos directores y teníamos que turnarnos. Néstor quería que su provincia tuviera uno propio y de hecho fue la que más acciones tuvo, hasta que debió venderlas cuando se decidió la desnacionalización. Desnacionalización que se produce en 1998, cuando el ministro de Economía de Menem, Roque Fernández, vendió las acciones del Estado Nacional en YPF a la empresa española Repsol, entregando también la acción de oro. Todas las provincias —Santa Cruz entre ellas— se vieron obligadas a vender sus acciones para no perder patrimonio. Cada una de las acciones se vendió a poco más de 44 dólares cuando las habíamos comprado a 19. A la semana de que Repsol se hiciera cargo, la acción se desplomó a 39 pesos. ¿Qué hizo Néstor con esa plata que cobró la provincia? Lo que no hizo con la suya: protegerla. Así que a fines del 2001, los fondos de las regalías petroleras de Santa Cruz —"la plata de la provincia", como la llamaron los que decían que nos habíamos quedado con ella— estaban a buen resguardo en bancos de inversión estadounidenses, hasta que en el 2001 se produjo el default y Néstor decidió, por temor a un embargo de los tribunales de Nueva York, transferirlos a la banca suiza. Adolfo Rodríguez Saá, entonces gobernador de San Luis, tenía más de 800 millones de pesos de su provincia depositados en el Banco Nación, que quedaron atrapados por el corralito. Néstor había expatriado los fondos y salvado las finanzas de la provincia. El 1 de agosto de 2005, Néstor anunció junto con el entonces gobernador de Santa Cruz, Sergio Acevedo, la repatriación de los fondos a una cuenta custodia en el Banco de Santa Cruz. Prometió que en un año todo el dinero estaría en Argentina, cosa que efectivamente ocurrió: el Tribunal de Cuentas de Santa Cruz ratificó y certificó que la provincia tenía, al 31 de diciembre de 2006, fondos extraordinarios por 520 millones de dólares. A esa altura era la única provincia argentina, de todas las que cobraron, que conservaba, intactos, aquellos millonarios recursos en dólares obtenidos en los juicios por regalías hidrocarburíferas mal liquidadas. A las otras provincias, como por ejemplo Neuquén y Mendoza, que habían cobrado mayores sumas que Santa Cruz, ya no les quedaba un solo dólar. Sin embargo, se denunciaba y se acusaba a quienes habíamos conservado el patrimonio provincial. ¿El mundo al revés? No, al revés, sólo la Argentina. Y Kirchner también, que a fines del 2001 y pese a lo que nos había pasado con el Plan Bonex en el 89, me decía: "No. Vos estás loca, si hacen eso se incendia el país, además mirá la tasa que nos están pagando"... Y me mostraba los certificados de los plazos fijos. Estaban pagando unas tasas altísimas, monstruosas. Recuerdo, como si fuera hoy, esa discusión en el comedor diario de la residencia de la gobernación en Río Gallegos donde siempre almorzábamos y cenábamos y que todavía hoy conserva Alicia. Le dije una vez más: "¿No te das cuenta que esas tasas son impagables? ¡Acordate lo del Bonex!". Me contestó otra vez que estaba loca: "Se incendia el país si pasa lo que vos decís".

Y, finalmente, se incendió. Yo tenía razón. Estalló la convertibilidad y Cavallo impuso "el corralito", es decir la incautación de los ahorros de los argentinos. Lo dicho: ¡otra vez
sopa!... como en 1989 con el Plan Bonex. Durante una semana entera, estuve diciéndole: "¡Te lo dije! Pero claro, vos sos el
que sabe todo... El que sabe de economía". Estaba mortificado
como pocas veces lo vi. Tiempo después y a través de un mecanismo legal, con acciones y títulos de deudas que cotizaban
en Nueva York, pudimos girar finalmente al exterior nuestros ahorros. Recuerdo que el presidente del Deutsche Bank
en Argentina vino personalmente a nuestro departamento de
Juncal y Uruguay, en Recoleta, para que firmáramos la documentación. Una vez que la situación económica se normalizó,
repatriamos nuestros ahorros y en el año 2003 Néstor presentaba su primera declaración jurada como presidente y en ella,
en el rubro 4.6 de "Depósitos y Dinero en Efectivo", en la co-
lumna correspondiente a tipo de cuenta, depósitos a plazo fijo
en dólares americanos, figuraba la suma de... US$ 4.387.674.
Repito: en el 2003, Néstor ya declaraba tenencia de depósitos
en efectivo por más de 4 millones de dólares. Sin embargo, se
cansaron de decir que Néstor y yo habíamos llegado pobres al
gobierno, pero nos fuimos ricos. No es así. Nunca llegamos
pobres a ningún cargo en la función pública. Y menos a la
Presidencia de la Nación. Como ya conté en el capítulo anterior, cuando llegamos a Santa Cruz, luego de que Néstor se
recibiera de abogado en 1976, no teníamos dónde vivir ni qué
comer. Nada. Vivíamos en la casa de mis suegros y el padre
de Néstor le compraba hasta los diarios y los cigarrillos. Pero

durante el 77 abrimos nuestro propio estudio jurídico, que se convirtió al poco tiempo en el más importante de la provincia e invertíamos el dinero ganado en plazos fijos y en la compra de propiedades inmuebles para alquilar. Toda la construcción de nuestro patrimonio fue sobre esos dos pilares y se puede seguir su evolución año tras año en todas y cada una de nuestras declaraciones juradas de bienes, tanto las que hicimos desde siempre, ante la DGI primero y la AFIP después, como también las presentadas por mí, en carácter de senadora nacional, a partir de 1995 y las de Néstor, como presidente, a partir de 2003. Es decir, más de veinte años presentando declaraciones juradas como funcionarios públicos. Más aún: el 18 de mayo de 2003, siete días antes que Kirchner asumiera como presidente de la Nación, el diario *La Nación*, claro y declarado opositor a nuestro gobierno, publicó un revelador artículo. En él señalaban que Néstor, cuando asumió como intendente de Río Gallegos en diciembre de 1987, tenía más de 23 propiedades a su nombre y que habíamos tenido mucho éxito como abogados. En ese artículo describían que teníamos dinero; una buena posición que habíamos logrado con el estudio jurídico, que era el que más trabajaba en Santa Cruz (sic) y que éramos una familia con fortuna. Resulta más que interesante transcribir lo central de ese artículo: "Kirchner ya sabía que se dedicaría a la política con la esperanza de llegar algún día a gobernador. Pero, además de la barrera infranqueable del Proceso, el futuro presidente tenía la convicción de que lo mejor para lanzarse a la arena partidaria sería lograr cierta independencia económica. Allí, él y Cristina pusieron en marcha el Estudio Jurídico Kirchner. Poco a poco, en una ciudad pequeña donde las relaciones familiares y el trato personal son capitales, fueron ganando clientes hasta convertirse en el bufete de abogados *más exitoso* (el destacado me pertenece) de la provincia. En 1978 se suma a la sociedad de marido y mujer Domingo Ortiz de Zárate, quien los acompañará hasta 1983. En el estudio él, como encargado del gerenciamiento, era la cara visible del estudio mientras que Cristina (que se recibió en 1979) y su socio se dedicaban a la parte jurídica (...) Desde el punto de vista material, ya tenía una pequeña fortuna personal que se reflejaba en propiedades (la pareja hoy tiene 24 propiedades, 23 de las cuales habían sido adquiridas antes de su ingreso en la política, en 1983)". De esta nota quiero destacar muy especialmente el término empleado por *La Nación* para referirse a nuestro estudio jurídico: "...el bufete de abogados más exitoso de la provincia". Como se verá, el término de "abogada exitosa" no fue una originalidad mía en la Universidad de Harvard, en la conferencia que di allí en el 2012 y que los medios de comunicación hegemónicos y la oposición se ocuparon de ridiculizar. Así son de contradictorios y manipuladores. Habían reconocido que teníamos plata desde antes de que Néstor fuera presidente, pero después necesitaban convencer a los argentinos que los que habíamos llevado adelante las políticas de desendeudamiento y crecimiento de la economía con inclusión social "se habían robado todo". No es que cambiaron de opinión, es algo mucho peor: decidieron manipular la opinión pública. No era la primera vez, ni tampoco sería la última.

El 27 de diciembre del 2013 *La Nación* —otra vez— publicaba una nota sobre nuestro patrimonio bajo el título: "Una fortuna que creció gracias a la célebre circular 1050". En esta oportunidad el diario de Mitre vuelve a reconocer como en el 2003 que éramos una familia de fortuna, pero que nuestra prosperidad se debía a que nuestras propiedades eran producto de los remates producidos por la tristemente célebre circular 1050, emitida por Cavallo en enero de 1980, cuando era presidente del Banco Central, durante la gestión de Martínez de Hoz como ministro de Economía de Videla. Esa circular produjo que la gente que había tomado préstamos que se indexaban por la tasa de interés vigente en el mercado, que crecía aceleradamente, no los pudiera pagar y entonces les remataban sus propiedades. Las deudas contraídas para comprar los inmuebles superaban varias veces el valor de las propiedades. Dijeron que nuestras propiedades eran producto de los remates producidos por la crisis de la 1050. ¡Increíble! Para los medios de comunicación o éramos pobres o éramos millonarios usureros. Ninguna de las dos cosas. Por una razón muy sencilla: cuando se compra una propiedad en un remate el nombre del que compra en ese remate debe figurar en la escritura. No hay ninguna posibilidad de que eso sea así en nuestro caso. Nosotros comprábamos directamente a propietarios en operaciones de compraventa absolutamente normales y regulares.

A partir del año 2008, se intentó por todos los medios vincular nuestra fortuna personal a la corrupción, buscando un origen espurio o un crecimiento sospechoso de nuestro patrimonio. Coincidió con el comienzo de mi primera presidencia y, también, con el conflicto de las retenciones móviles que desataron las patronales rurales. Esos ataques recrudecieron —sobre todo después de que Néstor ya no estaba— con cada medida de mi gobierno que distribuía ingresos a favor de los sectores populares, o que intentaba limitar monopolios mediáticos o que impulsaba una política autónoma y soberana de la Argentina —respecto a la reestructuración de la deuda externa en batalla con los fondos buitre—, o también en sus alianzas internacionales. Hubo tres juicios por acusaciones de enriquecimiento ilícito: uno que se tramitó en el juzgado de Julián Ercolini en 2008, en el cual fui sobreseída; otro, en el juzgado de Norberto Oyarbide, en el cual se realizaron pericias con intervención del cuerpo de peritos de la Corte Suprema de Justicia de la Nación, y en el que también fui sobreseída; y el tercero en el juzgado de Rodolfo Canicoba Corral que concluyó en 2012, también con un sobreseimiento. Se entiende, ¿no? Siendo presidenta se hicieron tres juicios en mi contra por enriquecimiento ilícito, originados siempre en denuncias de la oposición, y todos finalizaron con sobreseimientos. Pero fue a partir de la llegada de Cambiemos y Mauricio Macri al gobierno que directamente se comenzaron a inventar causas en mi contra que aún se mantienen abiertas mientras escribo este libro: la referida al Memorándum de entendimiento con Irán; la decisión del Banco Central de la República Argentina de llevar adelante como medida, estrictamente de su competencia, la compra de dólar futuro para desactivar la última corrida cambiaria, previa a las elecciones presidenciales de 2015; la causa referida a supuestos ilícitos en la realización de la obra pública de Vialidad Nacional en la provincia de Santa Cruz, durante mis gobiernos; las referidas al patrimonio familiar por el alquiler de nuestras propiedades en El Calafate y Puerto Madero: Hotesur S.A. y Los Sauces S.A.; y la causa por las fotocopias de los cuadernos —que nunca aparecieron– del chofer Oscar Centeno.

LA APUESTA POR EL CALAFATE

Cuando Néstor asumió como gobernador de Santa Cruz en 1991, la situación era calamitosa y fue recién durante su segundo mandato a partir de 1995 —cuando habíamos logrado ordenar las finanzas de la provincia— que comenzamos a imaginar cómo transformar en destino turístico al hermoso pueblo de El Calafate, parada obligada para visitar el glaciar Perito Moreno considerado por muchos "la octava maravilla" del mundo. En realidad fui yo la que me enamoré de El Calafate, pero no fue un amor a primera vista. Mi pasión por el lugar empezó en el verano de 1992. Antes había tenido dos visitas electorales muy fugaces: las campañas de afiliación en el 82 y la de diputada provincial en el 89. No me había impactado para nada. Pero fue con Florencia, que todavía no había cumplido dos años, cuando llegamos en enero del 92 a la residencia que la gobernación de la provincia tiene en aquella localidad. El 3 de febrero de 1997 compré nuestro primer terreno en El Calafate —donde construimos nuestra casa— pagando $ 10,50 el metro cuadrado, el mismo precio que pagaron mis vecinos: conocido radical uno y antikirch-nerista declarado y confeso el otro.

El crecimiento exponencial que El Calafate ha experimen-tado se dio por dos hechos. El primero fue la construcción del aeropuerto internacional íntegramente con fondos propios de la provincia y cuya inauguración se realizó en el año 2000, marcando su despegue, literalmente, como destino turístico. Habíamos mandado a hacer una gran encuesta y una cosa que nos decían los turistas extranjeros, en forma recurrente, era que tardaban más en llegar de Buenos Aires a El Calafate que de Alemania a Buenos Aires. Al no haber aeropuerto en la ciudad, los turistas tenían que ir a Río Gallegos y de ahí hacer 300 kilómetros por tierra. El otro gran salto ocurrió cuando le dimos publicidad internacional, a partir del año 2003. Néstor ya era presidente, y en octubre de ese año invitamos a Lula da Silva a recorrer el glaciar Perito Moreno y en noviembre a los reyes de España, Sofía y Juan Carlos de Borbón. Las fotos con ellos recorrieron el mundo, lo cual ayudó a darle el segundo gran impulso al lugar como punto turístico internacional. La impactante naturaleza hizo el resto.

En el año 2004, decidimos construir, en el terreno de atrás de nuestra vivienda, una casa de huéspedes de estilo patagóni-co, con seis habitaciones. La casa quedó tan linda que Néstor se entusiasmó y me propuso construir otras dos casas y un club house para alquilar. Es decir, alquilar inmuebles, lo que siempre habíamos hecho. Así nació el hotel Los Sauces - Casa Patagónica. Lo alquilamos por diez años al empresario Juan Carlos Relats, dueño de los hoteles Panamericano de Buenos

Aires y Bariloche, y de otro hotel del que no recuerdo su nombre, en Corrientes... entre otras empresas. Relats, además, era concesionario de peajes en el litoral, empresario de la construcción, propietario de campos en el Norte argentino y transformó a Los Sauces - Casa Patagónica en un hotel de categoría internacional "luxury" en Santa Cruz. Allí estuvieron alojados, entre otros, el rey Gustavo Adolfo de Suecia, el famoso empresario norteamericano Paul Getty y hasta el actor George Clooney. Simultáneamente y para acompañar nuestra decisión de instalarnos más adelante de forma definitiva en El Calafate, ya transformada en una gran villa turística, decidimos formar Los Sauces S.A., cuya función era la de administrar los bienes propios de nuestra familia.

Sin embargo, en el año 2007 tuvieron lugar en la ciudad de Río Gallegos graves hechos que conmovieron a nuestra familia y aceleraron nuestra decisión de apostar a invertir en El Calafate. En aquel año, absolutamente electoral, en el que se elegía nuevo presidente, se desataron en Santa Cruz, con epicentro en su ciudad capital, episodios de mucha violencia, no sólo verbal sino también física en las calles, que fueron llevados adelante por algunos gremios docentes y municipales y que fueron exacerbados, hasta el hartazgo, por los grandes medios de comunicación nacionales. La hermana de Néstor, doctorada en servicio social y una de las profesionales más reconocidas en esa área en nuestro país, era la ministra de Desarrollo Social de la Nación. Un domingo en Río Gallegos, fue a almorzar a un conocido restaurante en el centro de la ciudad con sus dos hijas y su yerno, y sucedió algo muy parecido a lo que hicieron los mismos dirigentes y militantes opositores —diez años más viejos— en abril del 2017, cuando intentaron ingresar por la fuerza a la residencia de la gobernación, momento en el que nos encontrábamos, Alicia como gobernadora y yo como abuela, con mi nieta Helena, y que relaté en el capítulo dos. La diferencia fue que en el 2007 "tuvieron éxito" y golpearon e insultaron, salvajemente, a una ministra de la Nación, a sus hijas y a su yerno, a la salida de un restaurante, además de tirarles huevos y harina. Un accionar decadente y vergonzoso. Sin embargo, los medios de comunicación hegemónicos opositores, lejos de condenar esa actitud, la justificaban y se deleitaban transmitiendo las imágenes y escribiendo sus crónicas. ¿Alguien imagina lo que dirían esos mismos medios de comunicación que hoy sostienen y blindan al gobierno si esto le ocurriera a la actual ministra de Desarrollo Social, Carolina Stanley, y sus hijos? Cuando sucedió lo de Alicia en Río Gallegos, Néstor y yo estábamos en Olivos y cuando vimos las imágenes, no lo podíamos creer. Nos dolió muchísimo. Fue en ese momento que Néstor se enojó, y mucho, tanto que tomó la decisión de vender todas nuestras propiedades en Río Gallegos, incluida nuestra hermosa casa de Maipú y 25 de Mayo, que había decorado con tanto cariño y de la que siempre extrañaría mi biblioteca en el altillo. Néstor había decidido no volver a vivir allí nunca más. Una pequeña digresión en retrospectiva: nunca digas nunca. Néstor volvió a Río Gallegos en octubre del 2010, con un acto en el Polideportivo Boxing Club, junto a todos los gobernadores peronistas. Además, me había convencido de volver a tener casa en Río Gallegos, y había comprado una en la ría, un lugar que siempre me había gustado. Me llevó y la conocí el viernes 22 de octubre. Esa noche, por primera y última vez, dormimos en la casa de Mascarello 441 y al otro día nos fuimos a El Calafate.

Lo cierto es que la decisión de vender todo trajo aparejado un problema en la valuación de nuestro patrimonio. Todos esos inmuebles estaban registrados en nuestra declaración jurada a valores fiscales, como marca la ley. Entonces, claro, al vender esa gran cantidad de propiedades, no a valores fiscales sino a su valor de mercado, se produjo un crecimiento cercano al 140 por ciento de un año a otro. Obviamente que el patrimonio seguía siendo el mismo; lo que había crecido era su cotización por su venta en el mercado, ya que el valor fiscal es siempre muchísimo menor que el valor de mercado. Esta brecha real, pero legal, fue sobre la que se montaron las denuncias de nuestros opositores políticos por supuesto enriquecimiento ilícito. Cuando se hizo la pericia sobre esta cuestión, en 2009, de la cual participaron incluso los peritos de la Corte Suprema de Justicia —porque se hizo con el máximo cuerpo de peritos de la Nación—, se determinó que no había habido ningún enriquecimiento ilícito. Esa causa, que había recaído en el juzgado de Norberto Oyarbide, fue sobreseída. Lo cierto es que fuimos investigados, nosotros y nuestros bienes, sometidos a pericia y sobreseídos y, sin embargo, pareciera que el principio de cosa juzgada no es aplicable para la familia Kirchner.

Nada de lo que ocurrió respecto de las denuncias posteriores sobre nuestro patrimonio está desligado del enfrentamiento político que se abrió entre mi gobierno y las patronales agropecuarias y los pools agroexportadores que estalló en marzo de 2008. Es más, todas las denuncias patrimoniales, las agresiones personales o los cuestionamientos sostenidos en los medios de comunicación hegemónicos —*Clarín* y *La Nación*, entre otros— tuvieron que ver con el inicio de un profundo debate sobre el modelo económico que impulsábamos, un modelo de producción, trabajo, participación del Estado en la distribución de la riqueza, desendeudamiento externo... En definitiva, que cuestionaba a quienes se quedaban con la renta extraordinaria y eran renuentes al pago de impuestos. La furia contra nuestro gobierno se trató siempre de esto. Estoy segura que no se trataba, ni se trata, de ética. Y ahora, a la luz de lo que está pasando con el gobierno de Cambiemos y su catástrofe económica y social, en el fondo creo que hay también una mezcla de estupidez, prejuicios y carga ideológica, porque productores, supermercadistas, industriales, comerciantes, profesionales, científicos, obreros, nunca ganaron tanta plata como con nuestras gestiones de gobierno. Es más, la restauración conservadora que entonces fue capaz de movilizar a productores agropecuarios quemando pastizales, derramando leche, cortando durante cuatro meses rutas, bautizándome como "yegua" e insultándome como "puta", judicializó a partir de allí todos los conflictos políticos. ¿De qué se me acusa entonces? En 2009 los diputados Horacio Piamonte, Adrián Pérez, Juan Carlos Morán y Carlos Comi, de la Coalición Cívica liderada por Elisa Carrió —que era entonces una de las principales defensoras de la resistencia de las patronales agropecuarias—, nos denunciaron ante el juzgado federal de

Julián Ercolini, acusándonos de negocios incompatibles con Juan Carlos Relats —empresario que tenía contratos con el Estado, muchos años antes de nuestra llegada al gobierno—, quien nos alquilara el hotel Los Sauces. En 2011 Ercolini nos sobreseyó. No solamente eso, sino que nunca nos citó, ni siquiera a prestar declaración indagatoria. Hizo el análisis de la documentación y nos sobreseyó a nosotros y a Juan Carlos Relats que, en ese momento, aún estaba vivo. El pago de los alquileres de Los Sauces en 2007 y 2008 constaba en nuestras declaraciones juradas. Es más, el juez Ercolini determinó que el alquiler del hotel no era desmedido porque la constructora de Relats había realizado modificaciones edilicias que justificaban el aumento. Y algo más, también importante: en 2011 Ercolini dijo en la sentencia que no existía reglamentación o ley que impidiera a los funcionarios públicos alquilar sus bienes e investigó si Néstor y yo habíamos beneficiado a Relats por el decreto 902/08, por el cual se establecía una disminución en la cláusula de indexación de un contrato de explotación de la ruta 11 que Relats tenía adjudicada. Ercolini consideró entonces que ese decreto era legal, que había sido dictado con el aval de todos los organismos técnicos y financieros competentes y por ello sentenció que no había motivaciones legales para acusarnos por presuntas negociaciones incompatibles con nuestros cargos.

Sin embargo en 2016, el recién asumido gobierno de Mauricio Macri tenía la necesidad de montar el fantasma de la "pesada herencia" para demonizar y, sobre todo, eliminar las conquistas sociales, siendo esto último el verdadero objetivo. Decidieron, entonces, considerar a nuestro gobierno como una "asociación ilícita". Sí, tal como se lee: un gobierno electo por el 54 por ciento de los votos convertido, en su totalidad, en una asociación ilícita. ¿Qué hicieron? Recurrieron al "juez" Bonadio e inventaron una causa y reflotaron otra: Los Sauces y Hotesur —también iniciada por Bonadio, durante mi gestión como presidenta—, respectivamente. Ambas causas eran por alquileres de inmuebles a empresarios que tenían contratos con el Estado: Lázaro Báez y Cristóbal López, este último dueño del Grupo Indalo, controlante de varias empresas de medios de comunicación, competidores directos del Grupo Clarín, entre ellos el canal de noticias C5N y la emisora Radio 10. Una observación: estos alquileres no tienen nada de diferente con los que por ejemplo Eduardo Costa —actual senador nacional, ex diputado nacional y tres veces candidato a gobernador en la provincia de Santa Cruz— había celebrado con la Agencia Vial del Ministerio del Interior, durante nuestra gestión y sin cuestionamiento judicial alguno, con el agregado de que era un opositor a nuestro gobierno al que acusaba de ser una dictadura... que sin embargo le alquilaba sus propiedades. Tal cual se lee. ¡Increíble! Las dos causas —Los Sauces y Hotesur—, por alquileres a precio de mercado de inmuebles de nuestra propiedad, a empresarios que, entre sus muchas actividades, también tenían contratos con el Estado, fueron derivadas al juzgado federal N° 10, a cargo de Julián Ercolini. Sí, el mismo juez que en el año 2011 nos había sobreseído en el caso del alquiler del hotel Los Sauces - Casa Patagónica, junto al empresario Juan Carlos Relats.

En aquella oportunidad, con sólidos fundamentos y sin tener la necesidad de citarnos a indagatoria, nos había sobreseído. Cabe señalar que, de todos los contratos de alquiler de todas nuestras propiedades, el más prolongado y redituable en términos económicos fue sin duda aquel contrato. Sin embargo, en las causas de los alquileres de Los Sauces y Hotesur, que son exactamente lo mismo, Ercolini, en el año 2016, hizo exactamente lo contrario. Ahora, no sólo dice que hay delito, sino que va más allá y afirma que, además, hay asociación ilícita. No conforme con ello, incluye como integrantes de "la banda delictiva" a mis hijos, Máximo y Florencia, cuya "participación en los hechos" está dada por su carácter de herederos forzosos en la sucesión de su padre. Estoy segura que alguien, algún día, deberá responder penal y patrimonialmente por tanta persecución, discriminación y violación de todas las garantías y derechos constitucionales.

Bóvedas, Seychelles y Panamá Papers

Cuando en abril de 2013 presenté el proyecto de Reforma Judicial, se prendieron todas las luces de alarma en el tablero de la alianza que ya se configuraba entre el poder mediático, económico y judicial. A partir de entonces, una vez más, recrudecieron los ataques contra mí y mi familia. En mayo de 2013, el diario *Clarín* —propiedad de Héctor Magnetto— tituló: "Especulaciones sobre una bóveda en la casa de El Calafate". Señalaban que un ex vicegobernador de Néstor "reclamaba" que se allanara nuestra casa en El Calafate, en el marco de la causa a la que bautizaron "la ruta del dinero K" y en la cual el juez federal Sebastián Casanello dictó la "falta de mérito" de mi persona, en noviembre de 2018. Este ex vicegobernador llegó a relatar que yo le había mostrado unas bóvedas donde supuestamente guardaríamos "el dinero robado". Es más, llegó a asegurar —sin tener miedo al ridículo— que comenzó a "sospechar" cuando le comentaron que Néstor "había comprado las cajas de seguridad del desguace del Banco Hipotecario Nacional de Río Gallegos". Un día más tarde, llegó gente del programa *PPT* de Canal 13 del Grupo Clarín a El Calafate y su conductor, el inefable Jorge Lanata, mostró en televisión una bóveda de... ¡utilería! para "graficar" lo que supuestamente habíamos armado en nuestra casa, para guardar allí, de acuerdo a su afiebrada construcción, "la plata robada". Una construcción de "la verdad" también de utilería. Mirándolo en retrospectiva y a la luz de las nuevas técnicas de comunicación y de generación del sentido común, el objetivo era fijar en la retina de sus televidentes esa imagen, aunque fuera falsa, tal como se comprobó, años más tarde, en el allanamiento —que no fue de utilería— ordenado por Bonadio en nuestra casa de El Calafate. Quince días después de aquel programa de bóvedas de utilería, el diario *La Nación* —aliado de *Clarín* en agronegocios— sostuvo que el avión en el que viajé de regreso de la visita oficial que hice a Vietnam en enero de 2013 había hecho una escala en las islas Seychelles y que "me había hospedado dos noches" para "firmar papeles" vinculados a una supuesta sociedad de Néstor con el empresario Lázaro Báez, llamada Aldyne, creada por el estudio panameño Mossack Fonseca. Sí, tal como se lee, el mismo estudio panameño que más tarde figuró como el cerebro de la creación de la mayoría de las empresas denunciadas por el Consorcio Internacional de Periodistas de Investigación, que descubrió los Panamá Papers en donde no estaba ni Cristina, ni Néstor ni sus hijos, sino el presidente Macri, su familia y varios de los miembros de su gobierno que evadieron millones de dólares en impuestos de los argentinos... y las argentinas. Por supuesto, Canal 13, del Grupo Clarín, no podía ser menos y envió a su animador a las islas para mostrar "los lujos y las maravillas de Seychelles", donde supuestamente yo había pernoctado. Lo cierto es que esa fue una escala técnica... ¡de tan solo trece horas y que había sido publicada en el Boletín Oficial! Sí... La escala en Seychelles estaba incluida en el decreto presidencial del 10 de enero de 2013 sobre mi visita a Vietnam, en donde constaban los detalles del viaje, de la comitiva y de las paradas, tanto en Victoria como en la República de Seychelles. Eso fue así porque no se trataba de una simple escala de carga de combustible, sino que la parada era obligatoria para cumplimentar el tiempo mínimo de descanso para los pilotos —las trece horas mencionadas—. Todo ridículo, como señaló el entonces secretario general de la Presidencia, Oscar Parrilli: "¿Se puede creer que la Argentina tiene una presidenta que emite un decreto para avisar que va a trasladar dinero a un paraíso fiscal así declarado por la AFIP?". Y yo agrego otra pregunta, en tiempos de transferencias bancarias electrónicas: ¿Alguien necesita viajar a algún lado para transferir dinero? Por favor...

Creo que, en el fondo, las *fake news*, por más disparatadas que sean, operan sobre un público indefenso que cree lo que lee en los diarios y dice la televisión, así como también sobre los prejuicios y preconceptos que existen en toda sociedad. Lo cierto es que nunca estuve dos días en Seychelles, ni tengo ninguna cuenta en los Panamá Papers —Macri sí y otros de Cambiemos también— y que el que sí tuvo suerte fue el presentador del Grupo Clarín, que visitó una hermosa playa durante dos días pagado por el multimedio. La verdad es que ni cuentas en el exterior, ni en las islas Seychelles, ni en los Panamá Papers. Tampoco bóvedas en nuestras casas, ni dinero enterrado en la Patagonia. Nuestro único dinero estaba, como siempre, en un banco nacional, aquí en nuestro país, en el microcentro porteño, en el Banco Galicia. Tampoco estaba a nombre de testaferros, sino de Florencia Kirchner, heredera forzosa de su padre Néstor Kirchner. Cuando finalicé mi gestión como presidenta el 9 de diciembre del 2015, el dólar estaba a 9,72 pesos; una semana después, el 16 de diciembre, el gobierno de Cambiemos decide la primera medida monetaria (una devaluación del 37,6 por ciento) y la divisa norteamericana se va a 13,25 pesos. Sin embargo, dicha medida fue presentada por el entonces ministro de Economía Alfonso Prat-Gay, como "el día de la nueva independencia argentina", al "liberarlos" del "cepo" y reconocer el "derecho humano" de que cada argentino y cada argentina puedan comprar 5 millones de dólares. Además habían decidido no sólo pagarle a los fondos buitre, sino que "celebraron" un acuerdo mucho peor que el que los usureros internacionales nos habían ofrecido a nosotros. El 29 de febrero del 2016, año bisiesto, decidieron una nueva devaluación y llevaron el dólar a 15,80 pesos, totalizando desde diciembre del 2015 a febrero del 2016 una devaluación del 62 por ciento de la moneda. A esa altura, tomé la decisión de que todos los plazos fijos que teníamos de varios millones de pesos, todos en el Banco Galicia y cuya trazabilidad estaba perfectamente determinada no sólo en el banco sino también en todas las declaraciones juradas ante la oficina anticorrupción, ante la AFIP y en el expediente de la sucesión —en la que inclusive se había abonado la tasa de justicia por esos mismos plazos fijos—, fueran convertidos a dólares en efectivo y depositados en el mismo Banco Galicia, en cajas de seguridad. Había tomado esa decisión en base a las propias experiencias relatadas en este capítulo y con la certeza absoluta de que el gobierno de Cambiemos iba a repetir la vieja historia. No me equivoqué.

En aquel momento —2016— los certificados a plazo fijo estaban todos en pesos, porque cuando en el año 2012 nuestro gobierno dispuso la regulación en materia de compra de divisas, bautizada por la oposición y la prensa como "cepo cambiario", teníamos entre los plazos fijos uno de más de 3 millones y medio de dólares, tal cual fuera publicado oportunamente por un medio de comunicación opositor. En aquel momento decidí deshacer la posición en moneda extranjera y pasar a un plazo fijo en pesos, con la certeza de la coherencia entre lo que se dice y lo que se hace. Me acuerdo un comentario de Máximo en ese momento: "Si estuviera papá te mata". En síntesis: al año 2012 teníamos más de 3 millones y medio de dólares en plazo fijo en moneda extranjera y también importantes plazos fijos en pesos, con trazabilidad bancaria, impositiva y judicial, que siguieron generando intereses hasta el momento en que decidimos su conversión definitiva a dólares en efectivo, en el 2016. En esa oportunidad, el contador Manzanares viajó a Buenos Aires para hacer aquella operación dentro del mismo Banco Galicia. Para que se entienda: los plazos fijos en pesos estaban, como siempre durante todos aquellos años, en el Banco Galicia, que fue el que nos vendió los dólares en efectivo que se colocaron en las cajas de seguridad… ¿De qué banco?… Galicia. El dinero nunca salió del banco, hay una línea de continuidad sin ningún tipo de fisuras. ¿Por qué las cajas de seguridad estaban a nombre de Florencia, mi hija? Muy simple: porque tanto Máximo como yo estábamos viviendo en Río Gallegos y la única persona que vivía en Buenos Aires para hacer ese trámite, que es personal, era Florencia.

Nunca pensé que la infamia y la maldad pudieran ensañarse con mi hija como lo hicieron. Bonadio —el sicario judicial— que en múltiples allanamientos había secuestrado todo tipo de documentación, entre la que estaba la de los plazos fijos convertidos a dólares, se la entregó ilegalmente a la diputada Margarita Stolbizer, quien hizo una denuncia contra mi hija, como si el dinero en las cajas de seguridad fuera ilegal. A raíz de ello hicimos una presentación judicial por el delito de falsa denuncia y los jueces y fiscales de Comodoro Py rechazaron abrir una investigación sobre este tema. No sólo eso: la falta de conocimiento y comprensión de Stolbizer en el análisis de la documentación secuestrada, donde las sumas estaban primero en pesos en los plazos fijos y luego en dólares en efectivo, la llevó a sumar erróneamente ambas cifras y denunciar el doble de las sumas de dinero que estaban en las cajas de seguridad. La foto de Florencia fue editada al lado de la de las cajas de seguridad con los dólares, que había sido filtrada a la prensa por el Ministerio de Seguridad, a cargo de Patricia Bullrich —el diario *La Nación* indicó que la fuente de esas fotos era el ministerio mencionado—. Ello motivó que presentáramos una querella contra la ministra, que recayó en el juzgado federal de Ariel Lijo quien, pese a nuestra insistencia, en los últimos dos años no tomó ninguna medida.

Sin embargo el objetivo había sido logrado y mi hija, la hija de Néstor Kirchner, que cuando asumió como presidente en 2003 ya había declarado más de 4 millones de dólares en certificados a plazo fijo, que el diario *La Nación* nos había reconocido como una familia de fortuna, producto de un "exitoso estudio jurídico", tal cual lo definieron en letra de molde... Nuestra hija que era, junto a su hermano, heredera forzosa de todos los bienes de su padre, fue estigmatizada como si hubiera cometido un delito. No tengo ninguna duda... Hay premeditación y planificación para la difamación, que pivotean sobre una obsesión: la estigmatización de los dirigentes populares. Si se mira la historia de casi todas las dirigencias populares, se puede encontrar el mismo mecanismo de manipulación y falsificación de los datos. Un caso paradigmático en la historia argentina ocurrió con las denuncias sobre las supuestas fabulosas cuentas que Evita y Perón habrían tenido en Suiza. La historia puede manipularse, pero no esconderse; se demostró que a Perón, en su exilio, tanto en Centroamérica como después en Madrid, lo mantuvieron gobiernos o empresarios amigos, como Jorge Antonio. Imposible no recordar que cuando se produjo el macabro robo de las manos de Perón en el Cementerio de Chacarita en junio del 87, no fui la única que escuchó decir que habían cometido esa barbarie porque él tenía puesto un anillo donde se hallaba oculto el número de una cuenta en Suiza. Si esta teoría demencial fuera cierta, ¿su viuda, Isabel Perón, le hubiera dejado el anillo cuando lo sepultó? La verdad, cuando uno escribe algunas cosas que escucha, se puede observar la dimensión de la difamación sin límites. El otro día, me contaron que en una obra de teatro sobre Evita el autor describía al personaje de la madre de Eva como una mujer obsesionada, que le rogaba a su hija, en su lecho de muerte, que por favor le dijera cuál era el número de la cuenta en Suiza, donde supuestamente tenían las joyas y la fortuna que se habrían robado ella y Perón. Si, así como se lee. ¡Dios mío, cuánta perversidad!

En esta línea de distorsión de la realidad, los medios hegemónicos, ahora oficialistas en la era Macri, instalaron un latiguillo que muchos repiten sin ton ni son, como loros ebrios: "Se robaron un PBI", dicen de nuestro gobierno. Ahora bien, ¿qué quiere decir "se robaron un PBI"? Primera pregunta: ¿qué PBI? ¿El que había cuando llegó Néstor Kirchner a la presidencia en 2003, que eran 100 mil millones de dólares, o los más de 500 mil millones de dólares que dejé yo cuando terminé mis dos períodos presidenciales? ¿O el PBI de Macri, que a fines del 2018 ya lo ha reducido a 376 mil millones de dólares? Quienes repiten este latiguillo pueden ser de clase baja, media o alta, pero la mayoría no sabe lo que es un PBI. ¿Alguien podría tener dimensión de lo que son 500 mil millones de dólares todos juntos? La verdad es que, promediando el 2018, los datos que hay, comprobados, es que una similar y enorme cantidad de dinero pertenecería a varias decenas de miles de argentinos, quienes además en su mayoría los tendrían depositados en cuentas offshore. Jorge Gaggero, especialista en temas tributarios, señaló que en el mundo de las empresas offshore habría unos 500 mil millones en manos de residentes y empresas argentinas. Y que sólo el 5 por ciento de esa enorme masa de dinero provendría de la corrupción política. Otro periodista, Tomás Lukin, autor del libro *Argenpapers* junto con Santiago O'Donnell, señaló: "Estimaciones construidas por el equipo de investigación sobre fuga de capitales, que funcionaba en el Centro de Economía y Finanzas para el Desarrollo de la Argentina (Cefid-Ar), detallan que el stock fugado del país asciende hasta los 500 mil millones de dólares, alrededor del 80 por ciento del PBI". También consignó que los datos surgidos del Instituto Nacional de Estadística y Censos (INDEC) expresan que a comienzos de 2017 existían 240.067 millones de dólares de argentinos en el exterior que, según explicó, "sería el cálculo más conservador". Lukin señaló que, durante los meses que se revisaron los datos encontrados en los Panamá Papers, "fue posible identificar estructuras y operaciones offshore vinculadas con más de 60 grandes empresarios argentinos de todos los sectores económicos. Incluso las reiteradas presencias del Presidente argentino, su familia y sus allegados en el mundo offshore nos revelan casos de 'corrupción gubernamental'. La proliferación de estructuras offshore vinculadas con el mundo Macri dan cuenta, ante todo, del comportamiento coherente y sistemático del que fuera uno de los principales grupos económicos de la Argentina durante décadas". Es decir, el nuevo gobierno y sus voceros se cansaron de buscar todo el tiempo cómo nos habíamos "robado un PBI" o "la ruta del dinero K", pero sólo encontraron "la ruta del dinero M". Otra vez el espejo invertido y la proyección: hablan de mafia porque ellos *son* la mafia. Entonces, ¿por qué se repite hasta el cansancio la mentira de que nos robamos un PBI? Porque cuanto más brutal es la mentira, más funciona. No es nueva esta manipulación. Esta técnica fue aplicada obsesivamente para la instalación despiadada del nazismo en Alemania, por recordar un régimen en el que esa gigantesca manipulación terminó en una de las mayores tragedias de la humanidad. El ministro de Propaganda de Hitler, Joseph Goebbels, sostenía que cuanto más grande es y más se repite una mentira, más posibilidades tiene de calar. Dijeron como una cantilena "se robaron todo" para invalidar lo que hicimos: satélites, universidades, escuelas, viviendas, Pro.Cre.Ar, Prog.R.Es.Ar., Asignación Universal por Hijo, inclusión jubilatoria, reestructuración de la deuda, etc., etc., etc. Es más, afirmaban que los programas para los sectores vulnerables, como la AUH, eran para que siguieran siendo pobres, y así nosotros "podíamos seguir robando", o sea les dimos plata para… ¡que siguieran siendo pobres! Así de absurda, pero efectiva, es la construcción comunicacional.

Y por último se apuntaba, y se apunta aún, a que aquellos argentinos que durante nuestra gestión consiguieron trabajo, profesionales que crecieron, pequeños y medianos empresarios que prosperaron por la actividad económica y el consumo crecientes, sintieran que sus impuestos los utilizábamos para dárselos a "los vagos", a "los choriplaneros", a "la gente que no quiere trabajar", cerrándose así el círculo perfecto del darwinismo social, sin advertir que allí radica la destrucción de la economía, del país y del bienestar de la mayoría de sus habitantes. Se estigmatizaban así políticas públicas activas en materia de desarrollo social y económico.

Debo decir que también grandes e importantísimos empresarios, que ganaron fortunas durante nuestra gestión producto del crecimiento de la economía, de la política de pleno empleo y del consumo popular, también cayeron en la trampa del discurso mediático, como puede verse al cotejar los balances de sus empresas durante nuestras gestiones y ahora durante la gestión del macrismo. Cuando Axel Kicillof ahora habla con empresarios, utiliza una frase fantástica que grafica la situación: "Resulta que cuando nosotros en el gobierno aplicábamos políticas que según ustedes estaban equivocadas, ganaban plata; y ahora que Macri y Cambiemos están aplicando las políticas que ustedes nos pedían, porque decían que eran las correctas, se están fundiendo todos". Y digo yo: ¿no será que las recetas de "libre mercado" que propagandizan las economías ultradesarrolladas y "compraron" nuestros empresarios son solo *for export*? Finalmente, ¡cuánta mentira! Ríos de tinta, docenas de horas de televisión por día, de shows mediáticos que movilizaron a jueces, fiscales y fuerzas de seguridad en busca de bóvedas, cajas fuertes y cajas bancarias ubicadas en Santa Cruz, en Nevada, en Seychelles, en todos y cada uno de los posibles reductos donde supuestamente se guardaban miles de millones de dólares y euros de la mediática "corrupción K", y en verdad escondían la estafa y corrupción de los perseguidores. Es que el verdadero objetivo nunca es la verdad. La operación evidente y explícita consistió, siempre, en hacer daño, en atacar la memoria de quien no podía defenderse, de Néstor Kirchner, y de lo que más amó: no sólo a su familia, sino a la realización del sueño que prometió —y yo juré continuar— de tener un país más justo y libre en el que valiera la pena vivir.

5

Una yegua en el gobierno (2007-2011)

"¿Viste la tapa de *Noticias*?" El que me pregunta es Miguel Núñez, vocero presidencial, que entra a mi despacho con el rostro demudado. Lo recuerdo como si fuera hoy. Era julio del 2007, ya se sabía que iba a ser candidata a presidenta y en ese momento tenía una oficina en la Casa Rosada, atrás de la de Oscar Parrilli, secretario general de la Presidencia. "No, Miguel, no la vi, ¿qué dice?" "Que sos bipolar", me respondió, nervioso. "Quedate tranquilo que no soy bipolar; la que sí es bipolar es mi hermana. Pero no te hagas problema que los bipolares son muy inteligentes. Fijate que Newton y Einstein también lo eran", lo tranquilicé y le nombré un montón de personas que también eran bipolares. "Mi hermana, que es bipolar, es completamente brillante e intuitiva; son personas muy sensibles", le dije y continué con lo que estaba haciendo en mi oficina. No era la primera vez que, ante una decisión trascendente de Néstor o mía, los medios se anticipaban a demonizarnos, o al menos a intentar neutralizarnos. La tapa de la revista *Noticias* a la que se refería Miguel Núñez se anticipaba a estigmatizar mi posible candidatura a presidenta con el título "El enigma Cristina, trastorno bipolar y nuevo gobierno", sobre la imagen de un primer plano de mis ojos vidriosos. Antes, en noviembre de 2006, ya habían puesto en duda mi salud mental con otra tapa: "Cristina Kirchner: ¿Está bajo tratamiento psiquiátrico?".

Las tapas de la revista *Noticias* condensaron, a partir de 2006, los agravios más violentos y misóginos contra mí. Y en todos los casos comentaban medidas de gobierno que estaban decididos a combatir. No era casualidad, eran ataques planificados y sistematizados. Algunos ejemplos: el 7 de septiembre de 2012, ya en mi segundo mandato, *Noticias* tituló en la tapa "El goce de Cristina" acompañado de una horrible caricatura deforme mía, en trance de un orgasmo, con lo que supuestamente graficaban mi "desmedido deseo de poder". Verdaderamente escatológico. "Cada día se muestra más desenfrenada, más sensual y hasta con guiños procaces", decía en forma textual, refiriéndose a la... ¡Presidenta de la Nación! Claro, esta tapa se publicó seis días antes de la convocatoria a un cacerolazo contra la decisión de regular la venta de divisas, que el poder mediático bautizó como "cepo al dólar". Cuatro días antes de las elecciones del 27 de octubre de 2015, uno de sus periodistas estrella "confirma y detalla mi bipolaridad". Titularon: "Diagnóstico final". Querían echarme a mí o a nuestros candidatos de la competencia electoral como fuera.

Era su manera de impulsar la candidatura de Mauricio Macri. O, en todo caso, que mi despedida del gobierno ocurriera en medio de una crisis, o que mi gestión fuera recordada como la de una "loca", es decir: una "bipolar grave".

Muchas veces pienso que todos los agravios de la revista *Noticias* de la editorial Perfil, y cuyo dueño es Jorge Fontevecchia, tal vez se corresponden no sólo a determinaciones políticas, sino a profundas cuestiones personales del propio Fontevecchia, quien muchas veces me pidió un reportaje al que nunca accedí. La verdad es que con las cosas que publicaron fueron peores que Héctor Magnetto, de *Clarín*, porque atacaban directamente mi condición de mujer. La tapa de *Noticias* sobre el orgasmo no fue una tapa política, al igual que cuando me presentaron como una mujer fatal con látigo y botas negras. Hay, en esas imágenes de caricaturas "femeninas" de la revista de Fontevecchia, lo que los psicólogos llamarían fantasías proyectivas. Una pequeña digresión: recuerdo que cuando internaron por primera vez a mi hermana bipolar, entre las cosas que ella decía desvariando y que motivaron su internación, fue que Néstor iba a ser presidente. Creo que fue en el año 1993, diez años antes de que eso efectivamente sucediera. Recuerdo que ese día le dije a Máximo: "Tu tía está loca, dice que tu padre va a ser presidente". Máximo recuerda muy bien ese momento porque yo había viajado a Buenos Aires para acompañar a mi mamá y todavía me carga cuando hablamos del tema: "Al final la internaron a la pobre Gisele por decir lo que ustedes no veían. Deberían pedirle perdón". Aunque ahora puedo contarlo tranquila, ese fue un momento muy terrible para mí. Mi hermana es una persona muy inteligente, brillante. Cuando estudiaba Medicina era muy aplicada y tenía notas excelentes. La tapa de *Noticias* en la que me diagnosticaban "bipolaridad" me dolió, no por lo que decían de mí, que era una mentira, sino por todo lo que implicaba esa enfermedad en mi historia familiar. Además, ser bipolar no me parecía un insulto o una agresión. Los bipolares no son locos. Ese fue el comienzo, como dije antes, porque una vez que asumí como presidenta siguieron con las mentiras y las agresiones. Me llamaron loca, histérica, orgásmica, desesperada por el poder. Mientras escribo, pienso con dolor que a pesar de haber sido la primera mujer electa presidenta de la historia, no se alzó ninguna voz feminista para condenar el ataque por mi condición de mujer. Ojo, no digo para defender el gobierno, ni las políticas, ni a ninguna persona en particular, sino al género que era agredido como tal.

Durante todo mi gobierno también dijeron que Néstor me manejaba, que era mi doble comando. Después, cuando pasó lo de Néstor, dijeron que era Máximo; después, La Cámpora; después, Zannini. Qué increíble, ¿no? Pareciera que detrás de una mujer siempre tiene que haber un hombre dirigiendo. El capítulo de atribuirme romances imposibles también lo adjudicaba a la misoginia y al machismo. Tardaría un tiempo para comprender que, además, había una inmensa carga ideológica, tal como lo expliqué en el capítulo dos. Es que cuando yo era presidenta, no había otra dirigente política mujer que ocupara un cargo de tan altos niveles de responsabilidad. Pensaba que simplemente era el machismo y el preconcepto de que toda mujer tiene que tener siempre un hombre al lado. Fue la llegada al gobierno de la provincia de Buenos Aires de María Eugenia Vidal, una mujer joven de 45 años y divorciada, convertida por los medios en la "gobernadora virginal" del universo macrista, lo que me hizo advertir que estaba equivocada. El tratamiento edulcorado que le dispensan los medios de comunicación es una muestra evidente. Lo cierto es que para los opositores fui "la yegua" por lo que representaba y por las políticas que llevaba adelante, más allá de que también hubo un componente de odio por mi condición de mujer. Recuerdo que una vez una señora me escribió en el Facebook: "Cristina, por qué no prueba un día dejarse crecer las canas, salir un poco despeinada, engordar un poco, salir en chancletas, no pintarse tanto. Creo que haciendo eso le va a ir mejor". Me acuerdo que me reí mucho cuando leí el comentario. Puede ser que haya tenido razón, pero si hacía lo que me recomendaba, seguro me iban a criticar por "sucia y por desprolija". La condición de mujer siempre fue un agravante. Así como en un homicidio la condición de familiar es un agravante, en un proceso nacional, popular y democrático, la condición de mujer es sumamente agravante. Casi tanto como sus ideas. Es un acto de rebeldía que las mujeres accedan a posiciones de poder, cuestionando la forma en que funciona ese poder. Es rebelarse contra lo establecido, porque el poder no es cosa de mujeres, es cosa de hombres. Una mujer puede ser una estrella de cine, eso está permitido. Ahí no importa ser *prima donna*, no hace daño porque es un lugar que pareciera estar permitido para las mujeres. El problema es cuando querés ser *prima donna* en el mundo de los hombres, en el mundo del poder y, además, para cambiar las cosas. Ahí te disparan a matar. Y más aún si se pretende ser *prima donna* de un proceso nacional, popular y democrático, donde la inclusión social y la defensa de lo nacional son los ejes. En ese caso te crucifican como literalmente lo hizo la revista *Noticias* en una de sus tapas en abril de 2014, cuyo título era "Vía crisis" y donde me dibujaron crucificada. O te queman en la hoguera como a Juana de Arco. Esto es así, y lo puedo asegurar porque lo viví y lo vivo. Hay un plus de violencia hacia la mujer si se es razonablemente atractiva, bien vestida, amada por su marido. Esta trilogía se convierte en algo intolerable, sobre todo para un sector social de alto poder adquisitivo. Y si además es inteligente, sabe hablar sin leer, les recomienda con el dedo lo que tienen que hacer, es abogada y usa las mismas marcas de ropas, carteras o zapatos —que para algunas es el único atributo por el que se pueden distinguir del resto—, entonces sí, definitivamente, no lo pueden soportar.

Se ha generado un sentido común desde los sectores dominantes, aceptado por amplios segmentos de la sociedad, que un terrateniente como Martínez de Hoz tenga poder y plata. Pero no es lógico que alguien que cree en la igualdad y en la inclusión social tenga poder o tenga plata. Ni que hablar si además es la hija de un colectivero. Si hasta dijeron que no era abogada y me denunciaron por usurpación de título durante la campaña a la presidencia en el 2007. Cómo se reía Néstor con ese tema del título. Él y Zannini me cargaban. La verdad que parecía un chiste, pero recuerdo que se tramitaron dos expedientes judiciales en Comodoro Py. ¡Increíble! Todavía debe haber alguno, o alguna, que sigue diciendo que no soy abogada. Cuánto mediocre suelto.

Sinceramente, creo que se mezclan muchos sentimientos, prejuicios y carencias en la gente sobre los cuales los estrategas de la comunicación política, que tienen estudiadas todas las miserias y todas las virtudes humanas, pivotean y operan. Se basan en diferentes cuestiones, usando la psicopolítica para manipular a las personas. Es cierto que es algo que viene desde el fondo de la historia. Es el caso de Caín y Abel y los siete pecados capitales. Después hay variantes: están Bruto traicionando al César y Judas traicionando a Jesús. Pero antes de estas traiciones, lo que anida en estos ejemplos es el pecado de la envidia. El homicidio, el odio, la violencia, el incesto, nada es nuevo. Hay variantes, agregados. Le podemos sumar la maravilla de las redes, la tecnología que sirve para que los contenidos se viralicen, pero... ¿sobre qué pivotean estos medios? Pivotean, siempre, sobre los ocho o nueve sentimientos más profundos de la condición humana desde el fondo de la antigüedad hasta acá, con mayor o menor grado de tecnología. ¿Cuáles son los sentimientos que inspiran las tragedias de Shakespeare desde Lady Macbeth a Otelo; la locura justiciera en Hamlet; o en el amor trágico de Romeo y Julieta? Son las pasiones de la condición humana, las pasiones que se expresaron en la Antígona de Sófocles. Todo está escrito en la Biblia, en el teatro griego y en el Evangelio. Electra, Edipo, Medea cuando mata a sus hijos, o en el buitre que come eternamente el hígado de Prometeo encadenado a la montaña por revelar el secreto del fuego a los mortales.

Han variado las formas de comunicar y de armar la comunicación sobre las pasiones más primarias de la condición humana, sin embargo siempre aparece una mujer que tiene la culpa de todo. Desde el mito de Adán y Eva, cuando la serpiente la impulsó a comer la manzana y ambos fueron expulsados por Dios del paraíso. Eva es la culpable del pecado original. Una mujer tenía que ser la culpable. Y el mito nunca se detuvo... También fue el destino de Eva Perón. Creo que no hay ninguna mujer peronista que no trate de evocar a Evita, es imposible. Como cuando era chica, la imagen de Evita me sigue fascinando y emocionando. Perón nunca me emocionó, con él no se me caía una sola lágrima. Lo que siempre me impresionó de él, y mucho, fue su razonamiento, la construcción de su pensamiento y su forma de hablar y de comunicar política. En ese sentido, creo que Perón fue un genio. Hoy lo vuelvo a ratificar cuando leo el *Modelo argentino* que presentó aquel 1 de mayo de 1974, en su tercera presidencia, poco antes de morir. ¡Hay que ver lo que decía Perón del déficit fiscal y de los planes de ajuste! O de impulsar el consumo de los sectores más vulnerables. En cambio, cuando la veo a Evita me dan ganas de llorar. Me conmueve profundamente. A Perón me da ganas de leerlo, de entenderlo. En cambio, nunca leí *La razón de mi vida* completa, ni tampoco pienso hacerlo ahora. A Evita me encanta verla y escucharla. Esa podría ser la síntesis, porque ahora, mientras escribo, pienso que Evita es imagen y construcción simbólica. Perón era y es construcción intelectual.

Pienso también en otras mujeres como Juana Azurduy, coronela del Alto Perú, que dejó todo en las guerras de la Independencia, la muerte de sus hijos y su marido a manos de los realistas y que nuestro gobierno le reconoció el grado de generala. Siempre la admiré por su entrega en la lucha independentista y por eso decidimos poner su estatua atrás de la Casa Rosada, bien cerca de la sede de nuestro gobierno. Hace un tiempo Macri decidió trasladar el monumento, y debo decir que el nuevo lugar que eligieron para Juana me gustó mucho más que el que yo había elegido. Ella se levanta a las puertas del Centro Cultural Kirchner. No sólo la van a ver muchos más, sino que con el marco del CCK atrás y ella adelante como dirigiéndose a la Casa de Gobierno aporta una nueva construcción metafórica y simbólica. Con su espada levantada señala la sede del poder. Otras mujeres de la historia también me llaman mucho la atención. Una de ellas es Cleopatra, a pesar de que ha tenido muy mala prensa. Era una intelectual impresionante, miembro de la dinastía ptolemaica que construyó la biblioteca de Alejandría y hablaba muchísimos idiomas. Estaba muy lejos de la versión hollywoodense de Elizabeth Taylor, que sólo quería conquistar, cama mediante, a los grandes líderes de Roma. Si Cleopatra sedujo a Julio César y a Marco Antonio, lo hizo desde otro lugar, no tengo dudas. Resulta absurdo, en épocas donde los hombres contaban con mujeres esclavas, pensar a Cleopatra sólo desde lo físico. Por eso será que le puse a mi perrita caniche Cleopatra, a la que terminé llamando cariñosamente Cleo. Perdón por la digresión, pero Cleo fue nuestra entrañable mascota. Aún conservo su foto en portarretratos.

Volviendo a las críticas que recibí por mí condición de mujer, durante el conflicto con las patronales agropecuarias por la resolución 125 sobre las retenciones a la soja, me adjudicaron el apodo de "yegua". Los sojeros me hacían reír mucho por su extremo machismo y gorilismo. Sin embargo, lo que definitivamente sí me da pena es el odio de una mujer de clase media o clase baja. Los insultos de la clase alta no me afectan, hasta me divierten. Cuando Hugo Biolcati, siendo titular de la Sociedad Rural Argentina, fue a cacerolear a la residencia de Olivos, me pareció correcto que se mostrara tal cual es. Sus insultos me divertían, porque siempre eran los mismos: yegua, puta, montonera, chorra. Me cuesta más entender racionalmente los agravios de la clase media aspiracional. Elisa Carrió es el perfecto ejemplo: quiere parecer lo que no es, pertenecer donde no pertenece. Me recuerda a las costumbres de algunas clases acomodadas provincianas, que no llegaban a ser aristocracia en la época de los Luises, y que ansiaban conocer Versalles o soñaban con vivir allí, pero no podían. Ella me da esa impresión. Y es una pena que, justo ahora que concretó su aspiración y forma parte del gobierno que siempre vivió en Versalles, la crisis que provocaron está destruyendo al resto y las llamas se acercan al palacio. Para colmo, ella no vive en Versalles, solo la invitan, pero ni siquiera a dormir. La dejan ir a comer o a tomar el té, pero después se tiene que ir. Ella nunca fue miembro de la clase alta, que funge como pseudo aristocracia en la Argentina rastacuero de Jauretche, aunque siempre quiso serlo. Está claro que Biolcati, con ese apellido de recién bajado del barco, tampoco forma parte de ninguna aristocracia... en fin, Jauretche los explicó a todos ellos mucho mejor que yo. Pero retomando la recomendación de la señora de Facebook... estoy segura que si no me vistiera como me visto, si no me peinara como me peino, si no me pintara como me pinto —como una puerta desde los quince años—, no me hubieran odiado tanto. Sí, ya sé, la pregunta es: ¿y si sabés todo eso, por qué no le hacés caso a la recomendación? Simple, porque no sería yo. No pienso disfrazarme de lo que no soy ni nunca fui. Para eso están otros y otras. Nunca concebí la política como una carrera. Recuerdo que yo no quería ser candidata en 2007. Con Néstor conversábamos siempre sobre la posibilidad de que yo lo sucediera a él en la presidencia. Inicialmente me resistía. Pero aún hoy sigo sin estar segura de que haya sido lo correcto, aunque también pienso qué hubiera pasado si lo hubiéramos perdido a él siendo presidente: una catástrofe. ¡Se habrían frustrado tantas cosas que hicimos después! No lo sé y creo, además, que es contrafáctico preguntárselo hoy.

Lo cierto es que para mi candidatura no sólo influyó que ya había comenzado a circular, sino que también pensábamos en la necesidad de asegurar la continuidad en el tiempo de un proceso político virtuoso de transformación del país. Porque Néstor sostenía que se necesitaban por lo menos veinte años para poder construir una nueva Argentina. Recuerdo cuando me dijo: "Puedo ir yo de vuelta y después vos". "Ni loca", le contesté. Porque si yo era candidata luego de dos mandatos consecutivos de Néstor, seguramente iban a decir: "Pone a su mujer porque él no puede ser reelecto". El día que Néstor y Alberto me propusieron como candidata para octubre de 2007 lo primero que les dije fue: "Ustedes están locos". Había habido un acto previo en Comodoro Rivadavia, donde Néstor anticipó que el próximo candidato sería "pingüino o pingüina", a partir de lo cual ya no se pudo detener mi postulación. Creo que Néstor pensaba en la alternancia, pero la verdad es que yo quería que nos fuéramos en 2011. Había quedado muy marcada por el enfrentamiento con las patronales rurales en marzo de 2008, y digo patronales rurales y no "el campo" porque construyeron esa imagen bucólica del campo, de la vaquita y el gauchito, pero se trataba de los grandes pools y monopolios agroexportadores. La batalla había sido con ellos. La verdad que había quedado muy marcada por esa experiencia y también por el conflicto docente en Santa Cruz. Máximo tampoco quería que continuáramos compitiendo por la presidencia más allá de 2011. El CEO de *Clarín*, Héctor Magnetto, intentó convencer a Néstor de que yo no fuera candidata. Insistía que debía ser él. No fue el único. También Víktor Klima, presidente de Volkswagen Argentina, que tenía una buena relación conmigo. En el fondo, no les gustaba la idea de que a la presidencia llegara una mujer. Había, y hay, una misoginia muy fuerte que se agrava exponencialmente cuando además de ser mujer no formás parte del neoliberalismo. Aunque hoy, mirándolo bien y ante el resultado catastrófico del gobierno del hombre Macri, muchos machirulos deberían replantearse algunos preconceptos. Finalmente, mi candidatura se confirmó el 1 de julio de 2007. El primero que la anunció en un acto fue el gobernador de Chaco, Roy Abelardo Nikisch. Aún no era oficial, ni habíamos discutido con nuestros aliados de la Concertación, ni siquiera con el radical mendocino Julio Cobos. Néstor lo había elegido para que integrara la fórmula como vicepresidente. Yo no estaba completamente de acuerdo, pero él me explicaba que con un candidato a vicepresidente peronista hubiera habido fuertes discusiones internas. Creía, además, que la mejor manera de que nadie quisiera destituirme era que el vice fuera radical, porque los peronistas iban a preferir que estuviera yo a tener que bancarse a un radical como presidente. Sí, así como se lee. Tanto Néstor como Alberto decían que la única manera de preservarme era que no hubiera otro peronista en la fórmula. Algo de razón tendrían. El peronismo tradicional, su vieja guardia, estaba muy alborotado por la llegada de Kirchner a la presidencia. Haciendo una evaluación histórica y mirando hacia atrás, la verdad es que nosotros tuvimos que ir a una alianza con los radicales para sacar casi el 46 por ciento de los votos, después de cuatro años de que gobernara Néstor y sacara al país de la fenomenal crisis del 2001, la más importante de la que se tenga memoria. Tendríamos que haber obtenido el 60 por ciento de los votos. Creo que si Néstor hubiera sido el candidato, habría llegado a más porcentaje también. En una sociedad como la argentina, con un amplio segmento de antiperonistas y de misóginos, no podían aceptar primero que fuera mujer y segundo, que fuera la esposa del presidente.

El 28 de octubre de 2007 la fórmula que encabecé junto al ingeniero Cobos se impuso por el 45,28 por ciento de los votos con casi 23 puntos de diferencia sobre la fórmula que entró en segundo término, encabezada por Elisa Carrió. Me transformé así, por decisión popular, en la primera mujer electa como presidenta de la historia argentina. Sin embargo, ese mismo domingo de la votación, el país amaneció con *Clarín* titulando en tapa y en modo catástrofe que había posibilidad de balotaje... en fin. Asumí el 10 de diciembre ante la Asamblea Legislativa del Congreso y allí fijé los lineamientos básicos de nuestra gestión. Vale la pena recordar que, en mi discurso ante la Asamblea, remarqué lo diferente de ese momento de la historia frente al que le había tocado a Néstor cuando asumió en 2003, con más desocupados que votos. Había cerrado dos mandatos constitucionales inconclusos por la trágica crisis del 2001 —el iniciado el 10 de diciembre de 1999 y luego el 2 de enero de 2002—. Pudo sacar el país adelante porque, tanto él como yo, creíamos en los proyectos políticos y en las construcciones colectivas; en una articulación política, social y económica diferente. Recordé las largas madrugadas en que el Parlamento estaba obligado a sancionar el ajuste permanente porque lo pedía el FMI. De la política del ajuste permanente, que había caracterizado la década del 90, habíamos pasado a la que aplaudía el default... de la "hazaña" del ajuste a la "hazaña" de no pagar... ¡qué cosa la Argentina! Les dije entonces a los legisladores que habíamos recorrido un largo camino para volver a tener esperanzas, porque Néstor, como presidente, situó nuevamente a la política como el instrumento válido para mejorar la calidad de vida de los ciudadanos y para torcer un destino que parecía maldito. Que había sido en su presidencia cuando, por primera vez, se comenzó un proceso inédito de desendeudamiento del país al renegociar la deuda externa en default y cancelar nuestras deudas con el FMI, para tener nuestro propio modelo económico de acumulación con autonomía razonable, en un mundo globalizado. Sostuve también que al haber renovado completamente la Corte Suprema de Justicia de la Nación, contribuimos a mejorar no sólo la autoridad del Poder Legislativo y del Poder Ejecutivo, sino también la del Poder Judicial. Anticipé, sin embargo, que debíamos avanzar en una reforma judicial, necesaria para que los argentinos volvieran a sentir a la justicia como un valor reparador y equilibrador, imprescindible en la reconstrucción de la seguridad para todos los ciudadanos y batallar contra la impunidad. Y que eso se lograba con la concurrencia de los tres poderes del Estado, tal como se habían unido para decretar la anulación de las leyes de Obediencia Debida, Punto Final e indultos, aportando a la construcción del sistema democrático. En ese sentido, dije que esperaba ver concluidos, en los cuatro años de mi mandato, los juicios por lesa humanidad que tardaron treinta años en ser iniciados, para castigar a los responsables, garantizando todos los derechos que otros argentinos no tuvieron durante el mayor genocidio de nuestra historia. Que era una deuda que teníamos con los familiares de las víctimas, con las Abuelas y Madres de Plaza de Mayo y todos los sobrevivientes. Pero que también se lo debíamos a nuestras fuerzas armadas, para que ellas pudieran separar la paja del trigo y que, con vistas al Bicentenario, los argentinos pudieran vivir unidos y en paz y que en esta tarea debíamos estar todos y no sólo las instituciones del Estado, sino toda la sociedad. Siempre creí que para cambiar un país no hace falta sólo un buen gobierno, sino que es necesaria también una buena sociedad, donde cada uno de los ciudadanos y ciudadanas sepa que cuando toma decisiones está construyendo o delineando la sociedad en la que quiere vivir. No sólo los dirigentes deben hacerse cargo de sus decisiones o de sus errores, las sociedades también. Como dirigentes propusimos un nuevo modelo económico de matriz diversificada, de acumulación con inclusión social que ponía en marcha algo clave para los tiempos que venían; un modelo que, en el empleo, en la producción, en la industria, en la exportación, en el campo, reconocía la fuerza motriz que ha permitido que millones de argentinos vuelvan a recuperar no sólo el trabajo, sino además las esperanzas y las ilusiones de que una vida mejor es posible. Sostuve y sostengo que debíamos superar ese karma histórico que siempre hubo entre todos los argentinos, de que si el modelo a seguir era la industria o era el campo. Que estábamos demostrando que podíamos generar un modelo de acumulación del campo y de la industria. Y que me encantaría vivir en un país donde los mayores ingresos los produjera la industria. Porque entonces significaría que Argentina es un país con alto desarrollo industrial y tecnológico, similar al de las grandes economías, donde la industria siempre ha subsidiado al campo. Pero que ese no era el modelo de acumulación económica que se había adoptado en reiteradas oportunidades —y con violencia— tanto durante el siglo 19 como el 20. De lo que se trataba, entonces, era de consensuar para profundizar un verdadero modelo de desarrollo y crecimiento económico con inclusión social. Claro que había roles importantes que cumplir, y que no se restringían al mero acuerdo de precios y salarios. El acuerdo del que hablé era, y es, el acuerdo de las grandes metas, de los grandes objetivos, cuantificables, verificables, que luego necesitaban de mucha inversión e innovación tecnológica. Pero que eso llevaba tiempo. Porque se trataba de sentar las bases de acumulación para evitar que cada cuatro años los argentinos cambiáramos el modelo económico, porque nadie puede vivir cambiando todo cada cuatro años. Debía haber acuerdos estratégicos, justamente para impedir el péndulo con el que se terminaba frustrando todo. Así que no se trataba de meros acuerdos sectoriales, porque yo no había llegado a ser presidenta para convertirme en gendarme de la rentabilidad de los empresarios ni en parte de las internas sindicales o políticas.

Hoy, cuando escribo estas líneas, aquel 10 de diciembre de 2007 me parece tan lejano y sin embargo tan necesario volver a recordar aquellas tareas inconclusas que anticipé como los rasgos centrales de mi gestión y también sus puntos críticos. Miré, autocríticamente, la necesidad de mejorar la educación pública para defenderla y consolidarla porque tanto Néstor como yo somos hijos de la escuela y de la universidad pública y gratuita. Reafirmé que nos íbamos a integrar al mundo, pero que nuestra casa era América Latina y que el Mercosur era nuestro espacio para salir justamente a ese mundo y transformar económica y socialmente a nuestros pueblos. Agradecí, y mucho, la solidaridad latinoamericana, en nuestro reclamo irrenunciable e indeclinable a la soberanía sobre las islas Malvinas y hablando de la multilateralidad necesaria en las relaciones internacionales, como aporte a una mayor equidad en el concierto de naciones. En fin, es bueno recordar aquel momento porque una vez más convoqué a todos los argentinos a construir el futuro y lo hice desde mis convicciones porque ni Néstor ni yo éramos marcianos sino miembros de una generación que creyó en ideas y convicciones y que ni aun ante el fracaso y la muerte habíamos perdido las ilusiones y las fuerzas para intentar cambiar el mundo, aunque a esa altura, claro, estábamos un poco más modestos: nos conformábamos con poder cambiar nuestra casa, nuestro país. Ahora que lo escribo me doy cuenta que cerré aquel discurso hablando de mi condición de mujer, porque sabía que tal vez los cambios propuestos me costarían más por eso, porque se podía ser obrera, profesional o empresaria, pero estaba absolutamente convencida que todo nos costaba más por ser mujeres. Pedí a Dios que me iluminara para equivocarme lo menos posible, pero estaba tranquila porque me sentía con fuerzas para poder hacerlo guiándome con el ejemplo de mujeres que se atrevieron a lo que nadie se atrevía, las Madres y Abuelas de Plaza de Mayo. Y dije que lo iba a hacer como hice todas las cosas de mi vida: con mis convicciones, con mis ideas y, por sobre todas las cosas, con mi inmenso y eterno compromiso con la Patria. Los acontecimientos posteriores me demostraron que mi prevención sobre el costo de gobernar siendo mujer y con ideas firmes respecto a la necesidad de un modelo económico inclusivo socialmente era correcta.

Tres meses después de mi asunción, en marzo de 2008, ocurrió la disputa con las patronales agropecuarias; y en septiembre, la quiebra del banco estadounidense Lehman

Brothers, configurándose una crisis mundial de una magnitud superior a la de 1930. Unos días antes de que eso sucediera había tomado la decisión de entrar en negociaciones para pagarle al Club de París, al que se le debían 9.690 millones de dólares. La idea era que, de la misma manera que habíamos cancelado la deuda con el Fondo Monetario Internacional, debíamos hacerlo con el Club de París. La deuda con aquel organismo databa del año 1957. Firmé entonces un decreto que quedó en el manual de las buenas intenciones, ya que a los veinte días de anunciarlo en el Salón Blanco de la Casa Rosada, el mundo se cayó, literalmente, con la quiebra del gigante norteamericano. Finalmente reestructuramos la deuda con el Club de París en 2014. Sin embargo, creo que la decisión de atacarme mediáticamente fue anterior al conflicto con las patronales rurales. Creo que tuvo que ver con el intento de frustrar el modelo económico y los insultos fueron feroces, alcanzando grados de agresión nunca vistos, sobre todo en mi segundo mandato. Así se leyó en los carteles desplegados en la famosa manifestación del 8 de noviembre de 2012 (8N), que se había impulsado desde los medios de comunicación, luego de la regulación en la compra de dólares con la que tuvimos que hacer frente a una de las tantas corridas cambiarias y a la retención de la liquidación de exportaciones por parte de las patronales y corporaciones agropecuarias. Se podía leer, por ejemplo, "Cristina K. Montonera / Revanchista / Resentida / Mentirosa / Atea y Grasa"; "Fuera Kretina"; "Andate Konchuda"; "Muerte a los K y a Moreno"; "En el cielo las estrellas/en el campo las espinas/en la TV argentina, la conchuda de Cristina"; "Me voy a Narnia, prefiero que me gobierne un león y no una yegua"; "Los abusos te los haremos comer, yegua, loca. ¡Estás muerta! Te vas a ir con Néstor"; "Néstor volvé, te olvidaste de Cristina" o el cántico "Se va a acabar, se va a acabar, la dictadura de los K". Increíble el nivel de agresión y de agravio. Nunca se volvió a ver una cosa igual. Además, cuando uno ve lo que está pasando hoy en la Argentina, ¿hablar de dictadura en nuestra gestión? ¡Cuando fueron períodos de libertad y derechos ciudadanos pocas veces vistos en nuestra historia! Dan ganas de ponerse a llorar. ¿Por qué la autocrítica se le demanda solamente a los dirigentes?

Siempre que pienso por qué me demonizaron y me demonizan las corporaciones mediáticas —expresión cultural de los grandes grupos económicos y financieros nacionales y transnacionales—, llego a la conclusión de que fue y es por las políticas que llevé adelante en mis gobiernos; por mi relación con los sindicatos y sus trabajadores —aunque muchos de ellos no se dieran cuenta y hasta algunos de sus dirigentes me combatieran—, con los jóvenes, con los científicos, con los universitarios, con las minorías LGBT. En fin... Lo dicho. La autocrítica no solamente debe ser exigida a los dirigentes políticos, que por cierto todos estamos obligados a hacer, pero lo que acabo de escribir sucedió y sucede en Argentina. Nadie con honestidad intelectual lo puede negar.

La nueva agenda

Quiero hablar de las políticas de nuestros gobiernos que tanto odio generaron en algunos de los sectores de poder del país. Una de ellas, central, fue la política de derechos humanos impulsada tanto por Néstor como por mí. Recuerdo el pliego de condiciones con que el establishment, a través del diario *La Nación* y su director general, José Claudio Escribano, intentó condicionar nuestro primer gobierno. El 15 de mayo de 2003, en la casa de Alberto Fernández, Escribano le pidió a Néstor que no promoviera la inconstitucionalidad de las leyes de impunidad de Obediencia Debida y Punto Final y que se alineara internacionalmente, de manera definida e incondicional, con los Estados Unidos. No participé de esa reunión, pero sí sé que Escribano criticó, y mucho, el discurso que Néstor había leído luego de que Menem renunciara a competir en el balotaje. Lo había escrito yo y fue la única vez que Néstor no sólo no le había cambiado ni una coma, sino que le encantó ni bien lo leyó. Escribano criticó con furia el tenor de ese discurso, porque desde las páginas de *La Nación* pidió "echar a quien lo había escrito". Me reí mucho porque no sé si él lo dijo sabiendo que era yo quien lo había redactado o tal vez pensó que se lo había escrito Carlos Zannini. Sin embargo, no fue solamente José Claudio Escribano el que buscó condicionar nuestra política de derechos humanos. Recuerdo que el entonces jefe del Ejército, general Ricardo Brinzoni, se entrevistó con Néstor cuando aún era candidato en la guarnición militar de Comandante Luis Piedra Buena, en la provincia de Santa Cruz. Brinzoni estaba reuniéndose con todos los candidatos a presidente, justamente para saber qué harían con las leyes de Obediencia Debida y Punto Final. No sé exactamente qué le dijo Néstor, pero sí que se refirió a la necesidad de saber la verdad de lo que había ocurrido. Lo cierto es que la defensa sin claudicaciones que los organismos de derechos humanos habían mantenido viva se reforzó con nuestra llegada al gobierno. Estoy convencida que, por el nivel de presiones, cualquier otro candidato no hubiera impedido que se declarara la constitucionalidad de las leyes de impunidad. Esta certeza no le quita ni un milímetro al mérito histórico e incuestionable de los organismos de DDHH y tampoco nos quita un milímetro de mérito a que en política los resultados son los que valen. Recién el 20 de agosto de 2003 aprobamos —yo era senadora– la ley de imprescriptibilidad de los crímenes de lesa humanidad y el día después se aprobó la ley de nulidad de las leyes de Obediencia Debida y Punto Final. Más tarde, la Corte Suprema dictaminó la constitucionalidad de la norma que terminó con la impunidad. Habían pasado 27 años del inicio de aquellos crímenes.

Uno de los gestos más distintivos que realizó Néstor fue el de reconocerse como hijo de las Madres y Abuelas de Plaza de Mayo. Lo hizo el 25 de septiembre de 2003, en su primer discurso como presidente ante la asamblea anual de Naciones Unidas. Me conmueve recordarlo, no sólo porque fue muy emotivo sino porque también, tratándose de Néstor, era una autodescripción. Dijo: "La defensa de los Derechos Humanos ocupa un lugar central en la nueva agenda de la República

Argentina. Somos hijos de las Madres y Abuelas de Plaza de Mayo". Él tenía razón. Eran la nueva agenda. Me causa gracia cuando algunos afirman que instalamos la cuestión de los derechos humanos por conveniencia, como si hubiera sido un tema que en la Argentina de aquellos años diera rédito político. Al contrario, las dirigencias partidarias más relevantes miraban para otro lado frente a las leyes de la impunidad, y los únicos que batallaban ese tema eran los organismos de derechos humanos. En Uruguay, en el año 1989 se convocó a un referéndum para que la ciudadanía decidiera si se derogaba o no la ley de amnistía sancionada tres años antes, que dejaba impune las graves violaciones a los derechos humanos que habían tenido lugar durante la última dictadura militar. Sin embargo, y pese a ser un país con una sociedad de tradición democrática, el resultado fue negativo. Veinte años después, en 2009, se convocó a un plebiscito con el mismo y exacto fin, derogar la ley de amnistía, con el mismo y exacto resultado: nunca se pudo juzgar a los responsables por las violaciones a los derechos humanos. Así que nadie hable de rédito electoral. No, de ninguna manera. Si con algo Néstor nunca buscó rédito político era con ese tema. Le salía de las tripas.

Pero esas palabras en Naciones Unidas reconociéndose hijo de Madres y Abuelas que marcaron un hito provocaron, sin embargo, un gran enojo de la madre de Néstor. Una hecatombe familiar. Con María Ostoic siempre tuve una relación espectacular. Dije muchas veces que me llevaba mejor con mi suegra que con mi mamá. María, como ya señalé en el capítulo tres, era una mujer extraordinariamente buena,

solidaria, cooperativa, eficiente, muy católica, pero extremadamente conservadora y tradicionalista, lo cual chocaba mucho con nosotros, sobre todo con su hijo. Durante el otoño
y el invierno ella vivía en Buenos Aires, en la casa de Alicia,
y en primavera y en verano se iba a vivir al Sur. Lo cierto es
que aquella declaración de Néstor en Nueva York le había
caído horrible a María. Lo recuerdo muy bien, fue durante
un almuerzo un fin de semana, porque los domingos siempre
almorzábamos con ellas. También se sumaban a esa mesa en
Olivos mi mamá, Máximo y mis sobrinas, las hijas de Alicia,
si estaban en Buenos Aires. Recuerdo que en un momento
dado alguien elogió en la mesa el discurso que Néstor había
dado en Naciones Unidas y creo que fue Alicia la que, di-
vertida, miró a su madre y le dijo "a ella no le gustó nada".
"¿Por qué, María?", pregunté yo... ¡Para qué!... "¡No tiene
por qué decir eso, yo soy la madre!". Intentamos explicarle:
"¡Pero María! ¡Lo dijo en un sentido figurado! ¡Una metáfora!", agregué yo, para suavizar. Nada, ella insistía y volvía a
decir que no, no y no. Estaba totalmente empacada con ese
tema. No le había gustado para nada. Estaba de acuerdo con
las políticas de derechos humanos, obviamente, pero no era
una entusiasta muy grande de las cuestiones políticas, como
buena conservadora y tradicionalista. No rechazaba tanto el
peronismo, porque vivió toda la vida con mi suegro que era
ultraperonista como toda su familia. Sí, pese a los enojos de
María, los Kirchner eran peronistas.

Quienes criticaron con insidia nuestra política de DDHH
(tildándola de "curro") mienten o niegan la historia. Néstor

tenía una decisión muy firme de hacer lo que hizo si llegaba al gobierno. Y rechazó de plano las presiones de Brinzoni y de un sector del peronismo. Fue José "Pepe" Pampuro, luego ministro de Defensa, quien le avisó a Néstor antes de asumir que la Corte Suprema con mayoría automática menemista tenía preparado un fallo declarando constitucionales las leyes de impunidad. No tengo dudas que lo más simbólico y conmovedor, respecto de la relación de Néstor con los DDHH, ocurrió el 24 de marzo de 2004, en dos momentos diferentes: el más simbólico, por la mañana temprano, en Campo de Mayo, cuando le ordenó al entonces comandante y jefe del Ejército, Roberto Bendini, que bajara el cuadro de los genocidas Videla y Bignone, que habían sido directores del Colegio Militar y estaban colgados junto a los de otros militares en la galería donde se recuerda a quienes dirigieron la institución. El más conmovedor fue al mediodía, cuando se recuperó la Escuela de Mecánica de la Armada, la ESMA, para destinarla posteriormente a Museo de la Memoria. Para confirmar que la cuestión de los derechos humanos no buscaba rédito político, basta recordar que para aquel acto Oscar Parrilli había invitado a todos los gobernadores. Decidieron no asistir. Ese día, en un acto multitudinario, Néstor pidió perdón a todos los argentinos por los crímenes cometidos por el Estado. Aún recuerdo aquel discurso en donde parecía hablarse a sí mismo y a los que ya no estaban: "Queridas Abuelas, Madres, Hijos: cuando recién veía las manos, cuando cantaban el himno, veía los brazos de mis compañeros, de la generación que creyó y que sigue creyendo en los que quedamos que este país se puede cambiar.

Fueron muchas ilusiones, sueños, creímos en serio que se podía construir una Patria diferente y también cuando escuchaba a H.I.J.O.S. recién vimos la claudicación a la vuelta de la esquina. Es difícil, porque muchos especulan, porque muchos están agazapados y muchos esperan que todo fracase para que vuelva la oscuridad sobre la Argentina y está en ustedes que nunca más la oscuridad y el oscurantismo vuelvan a reinar en la Patria. Las cosas hay que llamarlas por su nombre y acá, si ustedes me permiten, ya no como compañero y hermano de tantos compañeros y hermanos que compartimos aquel tiempo, sino como Presidente de la Nación Argentina vengo a pedir perdón de parte del Estado nacional por la vergüenza de haber callado durante veinte años de democracia por tantas atrocidades. Hablemos claro: no es rencor ni odio lo que nos guía y me guía, es justicia y lucha contra la impunidad. A los que hicieron este hecho tenebroso y macabro de tantos campos de concentración, como fue la ESMA, tienen un solo nombre: son asesinos repudiados por el pueblo argentino. Por eso Abuelas, Madres, hijos de detenidos desaparecidos, compañeros y compañeras que no están, pero sé que están en cada mano que se levanta aquí y en tantos lugares de la Argentina, esto no puede ser un tira y afloje entre quién peleó más o peleó menos o algunos que hoy quieren volver a la superficie después de estar agachados durante años, que no fueron capaces de reivindicar lo que tenían que reivindicar. Yo no vengo en nombre de ningún partido, vengo como compañero y también como Presidente de la Nación Argentina y de todos los argentinos". Néstor estaba muy emocionado. Recuerdo que lo criticaron por no haber reconocido el impulso a los Juicios a las Juntas militares realizados durante el gobierno de Alfonsín. "Te dije que lo tenías que escribir", le remarqué ese mismo día por la tarde. Él, en ese momento, no me contestó nada, pero después reconoció públicamente lo realizado por Alfonsín. En los días previos a aquel acto, yo estaba segura que Néstor se iba a conmover muchísimo. Lo sabía y se lo había dicho: "Por qué no escribís el discurso, te vas a poner nervioso, te vas a emocionar"... Pero él no quiso, no hubo forma de convencerlo y finalmente sucedió lo que le había anticipado. Si se mira la filmación de ese día, se lo puede ver muy nervioso, casi posesionado, con sus manos apretando fuerte el atril, transpirado y agitado. Muy turbado. Para él fue algo muy fuerte. Como ya conté, durante muchos años tuvo pesadillas persecutorias de los años de la dictadura. No era fácil para nadie volver a visitar aquellos años de terror y dolor, y menos para él.

Recuerdo que cuando estaba sentada en la banca para tratar la anulación de las leyes de Obediencia Debida y Punto Final, me acordé del diputado socialista Alfredo Bravo, encarcelado y torturado durante la dictadura por Camps y Etchecolatz. Alfredo había muerto el 26 de mayo de 2003, el día después de que Néstor asumiera como presidente. Y pensé que era una lástima que no hubiera podido ver, por apenas unos meses, la declaración de inconstitucionalidad de las leyes de impunidad. La primera vez que me senté en una banca para tratar la anulación de las leyes de Obediencia Debida y Punto Final fue en 1998. Ese año, Alfredo Bravo, que integraba el Frepaso junto con Juan Pablo Cafiero y otros, había presentado un proyecto de ley declarando la anulación de las leyes de Obediencia Debida y Punto Final, y me acuerdo que convocaron a una sesión especial en la Cámara de Diputados. Solo fuimos una veintena de diputados y no se pudo reunir quórum. Los peronistas de Santa Cruz estábamos todos. Después de aquella sesión frustrada, Alfredo me comentó con mucha amargura —teníamos una excelente relación— que cuando presentó el proyecto contra las leyes de la impunidad fue duramente increpado por Graciela Fernández Meijide, entonces estrella fulgurante en el firmamento de la política argentina, después de ganarle las elecciones parlamentarias de 1997 a Chiche Duhalde, en la provincia de Buenos Aires, encabezando la lista de la Alianza. Me contó que estaba muy fastidiada y que se lo reprochó duramente diciéndole: "Con ese proyecto lo único que vas a hacer es perjudicar mi candidatura a presidenta". Graciela Fernández Meijide, cuyo hijo aún continúa desaparecido, se había transformado en una gran candidata política a partir de su actuación como dirigente de derechos humanos. Cuando me tocó sentarme por segunda vez para tratar la anulación de las leyes de impunidad tuvimos éxito, Néstor ya era presidente, y fue uno de los momentos más importantes que viví como legisladora. Recuerdo esa sesión, en la que dije que felicitaba a las organizaciones de DDHH, fundamentalmente a las Madres y a las Abuelas, porque si yo hubiera sido una madre a la que le desaparecieron el hijo y supiera que lo habían torturado y tirado al mar, no sé si hubiera sido tan buena como ellas, que siempre pidieron justicia con los mejores modos. Reivindiqué su ejemplo y ratifiqué que era muy difícil ponerse en el lugar de una madre que había perdido a su hijo en esas circunstancias trágicas. Creo que fue un punto de inflexión en la historia argentina.

Sin embargo, nada fue comparable con la emoción y el alto voltaje político que tuvieron la recuperación de la ESMA y el pedido de perdón de Néstor en nombre del Estado. Pueden pasar muchísimos años, pero jamás voy a olvidar ese día. Hacía un calor infernal, se derretía la tierra y me había vestido de blanco y con ropa liviana para estar más fresca. Como dije, le había pedido varias veces a Néstor que por favor escribiera el discurso y que lo leyera. Me volvió a decir que no, una y otra vez. Para ese día en la ex ESMA, no quiso que nadie lo ayudara. Ahora que lo veo con la perspectiva del tiempo y de la historia, creo que quiso dejarse llevar por sus sentimientos. Me acuerdo que ese día hablaron en el escenario miembros de H.I.J.O.S. Así conocí a Juan Cabandié. Recuerdo que cuando cantamos el himno, vi que se levantaron todas las manos con los dedos en V y me recordó a épocas anteriores, tuve la sensación de que me desvanecía, sentí que me estaba por desmayar; hacía muchísimo calor y además estaba muy nerviosa. Fue muy fuerte. Si bien ya conocía la ex ESMA porque la había recorrido un tiempo antes, junto a un grupo de sobrevivientes, ese día fue completamente distinto. Como ya conté, él pronunció ese discurso con muchísima emoción, estaba como desencajado. Néstor era una persona que se emocionaba mucho, pero todo lo que tuviera que ver con esa etapa de la historia, con la generación del 70, que le recordaba a sus compañeros, a momentos de su juventud, lo afectaba terriblemente. Por eso le había insistido tanto que leyera su discurso, y creo que también por esa misma razón él no lo quiso hacer. Había tomado la decisión de no leer y decir lo que sintiera. Y así fue nomás, dijo lo que sintió. Hablaron tres hijos recuperados ese día; pero el que más me impresionó fue Juan Cabandié, que había nacido en cautiverio en ese lugar. Ese mismo 24 de marzo, después del acto, almorzamos en Olivos y cuando terminamos de comer le dije a Máximo, que todavía no había hecho la visita: "¿No querés ir a conocer la ex ESMA?". Y como dijo que sí, fuimos esa misma tarde. Para mí, esa vez fue la visita más dura. Cuando llegamos, uno de mis secretarios, que me había acompañado en la otra oportunidad, no quiso entrar. Dijo: "No, yo ahí no entro más". Esa tarde éramos cuatro o cinco, íbamos caminando por las calles internas, en silencio; todo me pareció tenebroso porque la primera vez que fui había entrado con algunos sobrevivientes y mucha gente; hablaban todos y contaban sus historias… Estaba Víctor Basterra, si mal no recuerdo; también Nilda "Munú" Actis Goretta… Y como era un grupo muy pero muy grande con ruido y voces, no me impresionó tanto, quizá la novedad de ver por primera vez el lugar y los sobrevivientes, no sé… Pero la segunda vez, ya conociendo el lugar y la historia, los espacios donde había sucedido todo y al ser nosotros tan pocos y callados, el silencio se tornó insoportable. Me angustié mucho. El sol se filtraba por las hojas de los árboles dejando algunos lugares oscuros, en las sombras, y cuando entré por segunda vez a aquel lugar siniestro, sentí que se me venía encima todo lo que había pasado. Fue horrible. Sentí un frío en el cuerpo que no había sentido la vez anterior, ni volví a sentir la tercera vez que fui, cuando inauguramos el museo. En total debo haber ido cinco veces a la ex ESMA, pero ninguna fue como esa tarde del 24 de marzo de 2004. A lo mejor, también había quedado muy impactada con el acto y el discurso de Néstor de esa misma mañana; o tal vez me afectó tanto porque estaba con mi hijo que había nacido en 1977, cuando ese lugar funcionaba a pleno. Máximo estaba en silencio, no decía nada; miraba, escuchaba mientras le iba explicando todo lo que me habían contado los sobrevivientes en mi primera visita. En un momento le dije: "Mirá, acá nació el chico que habló hoy a la mañana"; ese "chico" al que me refería era Cabandié. Para mí todavía no era Juan. Máximo me preguntó cuál de todos y le dije: "El que habló último, el de pelo cortito y ojitos claros. Acá nació", y le expliqué: "En este mismo cuartito, al que en su momento le decían 'la maternidad'". Fue muy fuerte.

Luego fui el 24 de marzo de 2010 a inaugurar el Centro Cultural Haroldo Conti; el 10 de junio de 2014 cuando fui a inaugurar el Museo de Malvinas y el 19 de mayo de 2015 a inaugurar el Museo de la Memoria. El museo quedó muy logrado y sobrio, lo cual era una tarea difícil porque había que remodelarlo sin alterar el clima, ni nada de lo que había sucedido en ese lugar. Otra visita a la ex ESMA que también recuerdo con detalle es la del 21 de septiembre de 2005, cuando fui con Danielle Gouze, la esposa del ex presidente de Francia François Mitterrand. Ese día también estaba Adolfo Pérez Esquivel, premio Nobel de la Paz, de quien ella era amiga. Con Danielle había estado en París tiempo atrás, porque también era muy amiga del enorme pianista Miguel Ángel Estrella. Es más, fue gracias a su lucha que consiguió que lo liberaran cuando fue detenido en Paraguay. En fin, recuerdo que la conocí en París, fuimos con Miguel Ángel a su casa en Saint Germain Des Pres. Vivía sola, en una casa muy parisina, y ella misma me hizo el café. Hacía mucho frío en aquel invierno francés. Recorrimos juntas el sitio que todavía no estaba restaurado ni acondicionado como Museo de la Memoria, y recuerdo que cuando salimos del casino de oficiales, inmediatamente nos topamos con las rejas, y detrás de ellas la enorme avenida Del Libertador repleta de autos y a sus costados, de edificios altísimos. Entonces yo, que le había contado todas las atrocidades que se habían cometido dentro de la ESMA, me quedé callada y ella, con sus ojos claros —eran casi transparentes—, levantó su cabeza y preguntó: "¿Esos edificios estaban acá cuando esto funcionaba como un centro clandestino?". "Sí, claro", le contesté. "Ah…", respondió y permaneció en silencio. Ninguna de las dos dijo más nada. No hacía falta. ¿Los vecinos de la ESMA no lo habían visto? ¿A veinte cuadras de la cancha de River y nadie sabía nada? ¿Cómo nadie supo? ¿Cómo mirando desde el balcón o de alguna ventana ninguno vio alguna vez sacar a personas con los ojos vendados? A lo mejor no, o a lo mejor sí. No lo sé. Puedo entenderlo de alguien que, por ejemplo, viviera en otro lugar. ¿Pero ahí? Todo estaba frente a sus ojos. El silencio de esa parte de la sociedad parecía inexplicable. En otra ocasión fui a la ex ESMA también con el juez español Baltasar

Garzón. Transitamos sensaciones similares y nos volvieron a surgir las mismas preguntas. Sí, sin lugar a dudas la política en materia de derechos humanos fue parte de la nueva agenda fundacional, al igual que la incorporación de la ciencia y la tecnología como política de Estado.

Como dije en mi discurso de asunción, aquel lejano 10 de diciembre de 2007, uno de los objetivos fundamentales de nuestro proyecto era modificar el modelo económico del país y para eso era necesario continuar el camino iniciado por Néstor con la renegociación del pago de la deuda —para de una vez por todas liberarnos de esa ancla financiera estructural, que no nos dejaba salir a flote—, y al mismo tiempo, desarrollar la producción industrial, de la mano de la ciencia y la tecnología. Fue así que, incluso antes de asumir, tomé la decisión de crear el Ministerio de Ciencia, Tecnología e Innovación productiva (MinCyT), que fue aprobado por el Congreso mediante la Ley de Ministerios 26.338, el 6 de diciembre de 2007. La creación de ese ministerio se vinculaba con algo muy mío: siempre sostuve que el primer paso para modificar la matriz económica era consolidar el mercado interno, para en un segundo momento generar el círculo virtuoso con la ciencia y la tecnología. Con tecnología e innovación, convertíamos al país en una plataforma de exportación de mucho valor agregado; por eso impulsamos el desarrollo de la nanotecnología; de los satélites ARSAT 1 y 2 en conjunto con el INVAP —el 22 de julio de 2010 se firmó entre ambas empresas el convenio para crear el Centro de Ensayos de Alta Tecnología S.A.—; el Programa Raíces para repatriar científicos argentinos que habían emigrado por falta de oportunidades en nuestro país —habiendo retornado para el 2014 más de mil—; la enorme inversión en energía nuclear que logramos coronar con la inauguración de la Central Néstor Kirchner - Atucha II, que alcanzó su funcionamiento al 100 por ciento el 18 de febrero de 2015, durante mi segundo mandato. En síntesis: todo lo que se está destruyendo desde que Mauricio Macri asumiera como presidente, provocando un retroceso muy grande y que se agudizó en septiembre de 2018, con la degradación del Ministerio de Ciencia y Tecnología a Secretaría bajo la órbita del Ministerio de Educación. Parece una obsesión, la de cortar las autopistas hacia el futuro. De todas formas, para poder desplegar ese modelo económico fue necesario, primero, que Néstor pusiera en orden, de una vez por todas, la situación de Argentina con el FMI y con el pago de la deuda externa, para ser verdaderamente soberanos como país en la decisión de nuestro rumbo económico.

CIENCIA Y TECNOLOGÍA DESPUÉS DE NÉSTOR Y LA DEUDA

El 3 de marzo de 2005, logramos la salida del default, luego de la obtención de un 76,07 por ciento de adhesión a la reestructuración de la deuda. Se pagaron 27.057 millones de dólares. Estas cifras, que ya parecen remotas, fueron el resultado de un arduo proceso de negociación de Néstor y de su determinación por poner a la Argentina de pie. Durante esa negociación, el ministro de Economía y Producción todavía era Roberto Lavagna, pero la verdad es que quien la llevó operativamente adelante fue Guillermo Nielsen, el secretario de Finanzas del Ministerio. En septiembre de 2003 Nielsen y Lavagna viajaron a Dubai, a la Asamblea Anual del FMI. Fueron también a hacer la oferta a los acreedores. Antes de eso, hubo una reunión en Olivos en donde Lavagna, con todo su equipo, debía explicarle a Néstor en qué iba a consistir efectivamente esa oferta. Fue un domingo. Era necesario que Néstor les autorizara la oferta que tenían pensado hacer. Ese día, no me olvido más, vinieron Lavagna, Nielsen, Sebastián Pallá —que luego de dejar nuestro gobierno fue titular de la Cámara que agrupaba a las administradoras de fondos de pensión (AFJP)— y otros integrantes del equipo económico. Fuimos a la reunión Néstor, Zannini, Alberto y yo. Llegué última de los cuatro y a propósito me había puesto una boina roja. Como diciendo… "Llega el soviet", porque ellos tenían esa idea de nosotros: pensaban que éramos todos una manga de tarados que no entendíamos nada. Se había montado una pantalla para proyectar un power point en la sala de reuniones más grande de la Jefatura de Gabinete, en donde se reúnen los ministros, y Lavagna y Nielsen explicaban todo. Néstor escuchó toda la presentación muy atentamente y cuando terminaron dijo: "No, Roberto… tenemos que hacer una oferta menor, porque no vamos a poder pagar eso". No me acuerdo la cifra, pero dijo que la oferta tenía que ser otra, con mayor quita. Cuando Nielsen escuchó a Néstor dijo: "Yo no voy, no puedo ir con eso porque me van a sacar a las patadas". La respuesta de Kirchner fue inolvidable: "Mirá, Nielsen, es mejor que te saquen a vos solo a las patadas de allá y no que nos saquen a todos a las patadas de acá". Y para dar por terminada la cuestión agregó: "Es lo único que podemos pagar, de otra forma no podemos". Ese día se fueron un poco disgustados.

Néstor y Lavagna habían elaborado un perfil de los acreedores para tener tácticas diferenciadas. La primera era definir si eran argentinos o extranjeros. La otra clasificación hablaba de tres grupos, de acuerdo al monto que poseían y también a su intransigencia para aceptar o no el canje. Los más intransigentes eran los fondos buitre, aquellos que habían comprado a precio vil los bonos en default. La segunda categoría eran los ahorristas individuales y la tercera, los inversores institucionales. Tanto Néstor como Lavagna tenían algo muy claro: sabían que los buitres eran usureros, que no aceptarían el canje y que se dedicarían a sabotearlo. No sólo el nivel de quita fue un problema. Previamente, la operación de la reestructuración había entrado en crisis cuando el banco que originalmente había contactado Lavagna, el BNR Bacovia, decide retirarse un poco antes de que la Argentina realizara la oferta. Fue un verdadero mazazo. Roberto pensó que la reestructuración había fracasado, estaba muy mal, y fue a ver a Néstor para presentarle la renuncia. Parecía un fracaso irremontable. Pero Kirchner, con una enorme grandeza —y creo que también inteligencia—, que no sé si otros hubieran tenido, no le aceptó la renuncia. "Roberto, vamos a conseguir otro banco y vamos a hacer el canje igual". Lo apoyó muy fuertemente, pese a que estaba abrumado y quería irse. Kirchner, con la fuerza y el optimismo que siempre tuvo, aun en los peores momentos, dijo: "Vamos a salir".

Y salimos. Se consiguió un acuerdo con el Bank of New York Mellon (BoNY) pero Lavagna seguía dudando del éxito de la operación, en razón de que la quita propuesta era muy grande, inédita en la historia de las finanzas globales. Le decía: "No vamos a llegar a lograr una aceptación del 66 por ciento, no vamos a llegar"; porque el número mágico de aceptación era el 66. ¿Por qué? Porque normalmente en todos los países del mundo la ley de quiebras establece que para que sea aceptado el acuerdo ofrecido por el deudor, tienen que participar al menos un 66 por ciento de los acreedores. Es una cifra que se repite casi en todas las legislaciones del mundo. Bueno, finalmente lo logramos: estuvimos diez puntos arriba con el 76,07 por ciento de aceptación. Fue un éxito y durante mi primera gestión en junio del 2010, hicimos la segunda reestructuración, logrando una adhesión de casi el 93 por ciento de los acreedores. Sólo los fondos buitre, con un 7 por ciento, no aceptaron ingresar a ninguno de los dos canjes. Para la segunda reestructuración de la deuda, Lavagna ya no era ministro. Renunció a pedido de Néstor el 29 de noviembre de 2005. Néstor estuvo a punto de pedirle la renuncia en plena campaña electoral de ese año para las elecciones de medio término. Yo era candidata a senadora por la provincia de Buenos Aires y recuerdo que ya existía el enfrentamiento, especialmente con Eduardo Duhalde, quien había sido presidente provisional de la Argentina y referente político de Lavagna. Néstor nunca quiso pelearse con Duhalde. La negociación de las listas de legisladores de la provincia de Buenos Aires estaba a cargo de Alberto Fernández y habíamos llegado a un consenso: el duhaldismo pedía siete lugares en la lista de diputados y Néstor había dicho que sí. Al otro día de cerrado el acuerdo dijeron que no, que ahora querían ocho. Cuando a Néstor le transmitieron esa situación, se dio cuenta que no querían acordar y entonces decidió no darles ningún lugar en las listas. En realidad creo que el único que no quería pelear era Néstor. Me acuerdo que el negociador de ellos era José María Díaz Bancalari, que siempre acompañó y fue candidato a senador junto con Hilda "Chiche" Duhalde, pero que además siempre tuvo muy buena relación con nosotros. Sin embargo, y ya en plena campaña electoral, Lavagna decidió ir al programa de Mirtha Legrand y cuando ella entre plato y plato le preguntó: "¿A quién apoya usted?", Roberto contestó: "Yo no apoyo a nadie, la economía no va a elecciones". Él, que era ministro de Economía de nuestro gobierno, en plena disputa electoral con Duhalde, dijo que no apoyaba a ninguna de las dos candidatas... que las dos éramos bárbaras. Algo insólito; parecía casi una provocación; no lo podíamos entender y Néstor quería que se fuera. Recuerdo que lo frené para que no le pidiera la renuncia, porque estaba decidido a hacerlo en ese momento. Sentía que había desafiado públicamente su autoridad. De refilón también me tocaba a mí. Era el ministro de Economía de la gestión y yo era la esposa del presidente, candidata a senadora por la provincia de Buenos Aires. Le pedí a Néstor por favor, casi llorando, que no echara a Lavagna, porque era destruirme a mí en medio de la campaña electoral. ¿Cómo íbamos a aparecer? ¡Echaron al ministro de Economía porque no defendió la candidatura de Cristina! Ese era el titular más generoso que nos iban a propinar. Bueno, lo cierto es que Néstor entró en razones después de un fin de semana borrascoso. Pero no dejó de tomarlo como un acto de deslealtad a su gobierno.

La tregua duró poco. Ganamos las elecciones a fines de octubre por amplio margen, y casi un mes después Néstor llevó adelante la decisión que había tomado aquel día. Un lunes, llegó Lavagna con sus carpetas de trabajo a reunirse con Néstor y mientras sacaba sus papeles, Kirchner le pidió la renuncia. Guardó los papeles y se fue. Con Roberto también teníamos una diferencia importante con el tema de las tarifas; parecía un lobista de las empresas de servicios públicos. Y no era el único... Duhalde también tenía la misma posición. Pero las tarifas eran todo un tema; pedían que fueran más altas, cosa a la que Néstor se oponía rotundamente porque sostenía que una de las claves del modelo económico eran tarifas que mejoraran indirectamente el salario y fueran un diferencial que impulsara el crecimiento y desarrollo del comercio y la industria, especialmente de las PyMES. Lo cierto es que en aquella oportunidad con Lavagna se combinaron esos dos elementos: la presión por el aumento de las tarifas y su posición durante la campaña electoral. ¿Cómo se puede formar parte de un gobierno pero no apoyar a sus candidatos en la contienda electoral, cuando además éramos los que teníamos que aprobar el presupuesto, mientras los otros nos estaban poniendo palos en la rueda? Fue algo increíble. Fue un comentario en un contexto complicado donde decían miles de cosas en contra de nuestro gobierno... Nos atacaron mucho con el tema de los derechos humanos.

Duhalde se había convertido en un cruzado de ese tema contra nosotros, además de criticar también el asunto de las tarifas. Hasta Daniel Scioli, que era vicepresidente y terminó siendo nuestro candidato a presidente en 2015, cuestionaba esos temas. ¿Alguien imagina que, por ejemplo, cuando hubo elecciones en la provincia de Buenos Aires entre nosotros y María Eugenia Vidal, el ministro de Economía de Macri o su jefe de Gabinete, Marcos Peña Braun, hubiera dicho: "La verdad es que son dos buenos candidatos, para mí es lo mismo que gane Cristina o que gane Bullrich"? No, no es así la cosa. ¿Qué hubieran dicho? Lo menos... que estaban locos. A nosotros todo el mundo podía decirnos y hacernos las cosas que no se le admiten a nadie, pero si lo hacían contra nosotros estaba bien, eran "signos de democracia".

Este es el tema y creo que tiene que ver con que al peronismo se le exigen cosas y se le imponen parámetros que a los demás gobiernos y partidos no se les exige nunca. Es como cuando dicen que el peronismo es golpista. ¿El peronismo golpista? A ver... cuando pasó lo de Alfonsín en 1989, ya había ganado las elecciones Menem, o sea, no era que Alfonsín se tuvo que ir. Sólo se anticipó unos meses el traspaso de mando por la crisis de la hiperinflación. En el 2001, fue Alfonsín, junto al entonces presidente del bloque de senadores de la UCR, Juan Carlos Maestro, los que le pidieron la renuncia a De la Rúa. En todo caso, si había un peronismo golpista es porque se había asociado con el radicalismo. Así que ese discurso no es válido. La verdad es que esa falta de rigurosidad histórica, con respecto a lo que realmente sucedió, me molesta mucho. Lo mismo cuando se habla de un "peronismo del centro". ¿Qué es eso? Eso demuestra poquísimo rigor histórico, además de doctrinario. Perón se cansó de hablar de la tercera posición. Dijo mil veces y escribió hasta el cansancio que el peronismo no es de izquierda ni de derecha, ni del medio, ni de nada. El peronismo es otra cosa. Algunos hablan de que el peronismo es pendular y puede servir a unos y a otros, según las distintas etapas históricas. El problema no es el péndulo, sino que algunos dirigentes están aferrados a él, y entonces van de un lado para el otro sin importar cuál sea el proyecto. Recuerdo en Santa Cruz a un dirigente peronista de una localidad del interior que decía: "Yo soy oficialista, si el gobierno cambia no es mi problema". El sentido del humor ante todo.

Lo cierto es que pese a que Lavagna ya no formaba parte del gobierno, cuando el 15 de diciembre de 2005 Néstor anunció la cancelación total de la deuda con el FMI por 9.500 millones de dólares, Roberto lo llamó por teléfono. Lo felicitó y le dijo que era una decisión extraordinaria e histórica. La verdad... estuvo muy bien. Trece años después, el gobierno de Macri tiró por la borda el enorme esfuerzo que hicimos los argentinos durante una década —la de nuestros gobiernos— para lograr el crecimiento sin endeudarnos con el mundo, a pesar de la hostilidad de los fondos buitre a los que el gobierno de Cambiemos, ni bien asumió, les pagó más de lo que nos habían pedido a nosotros con el publicitado argumento que de esa manera la Argentina iba a conseguir más y mejor financiamiento. Sin embargo, a los dos años y medio de haber pagado más y sin chistar a los buitres... ¡termina en el FMI por falta de financiamiento internacional!... ¡Increíble!... A fines de 2018 el porcentaje de deuda externa alcanzaba el 98 por ciento del PBI. Nosotros soportamos no tener acceso a los mercados de capitales y superamos cinco corridas cambiarias. Sin embargo, cuando terminamos nuestro gobierno, la deuda exigible en moneda extranjera representaba tan sólo el 13 por ciento del PBI. Éramos uno de los países menos endeudados del mundo. Justamente la primera corrida cambiaria comenzó con la crisis financiera internacional, casi en paralelo con el inicio de mi primera presidencia.

A LOS 9 MESES, DE PARTO... CON LA MAYOR CRISIS GLOBAL

La de 2008, con la quiebra del banco Lehman Brothers y las hipotecas subprime, fue la mayor crisis global desde 1930. A eso respondimos con la estatización de las AFJP. No salimos corriendo a pedir dinero a tasas usurarias, ni préstamos al FMI. El 15 de septiembre de 2008, Lehman Brothers presentó su declaración formal de quiebra tras el éxodo de la mayoría de sus clientes, pérdidas drásticas en el mercado de valores y la devaluación de sus activos por las principales agencias de calificación de riesgos. El mundo... EL MUNDO —así, con mayúsculas— se vino literalmente abajo. Por eso, después de todo lo que nos hicieron, de todo lo que dijeron de nuestro gobierno, que tengamos que escuchar o leer que "los problemas" del gobierno de Macri y Cambiemos son producto de la crisis externa es una falta de respeto a la inteligencia y a la memoria de los argentinos y las argentinas. El gobierno de Macri es una catástrofe económica y una tragedia social, provocadas por las propias políticas programadas y ejecutadas desde el 10 de diciembre del 2015. Nosotros sí que podemos decir que nos tocó enfrentar una crisis externa en serio. Asumí mi primera presidencia y a los nueve meses el mundo entero se cayó junto a Lehman Brothers, provocando una debacle en la economía global sólo comparable con la Gran Depresión del 30. En el año 2009, el impacto fue brutal. Sin embargo, las políticas contracíclicas desplegadas por nuestra gestión evitaron el sufrimiento de la gente. "Lo que pasa es que vos no le hiciste sentir la crisis a nadie", me reprocharon años más tarde no pocos compañeros y compañeras. "¿Perdón?" Eso es lo que tiene que hacer un gobernante responsable con el país y la sociedad que le toca gobernar. Considero que es similar a la relación de los padres con los hijos. Si sabés que viene el frío, no vas a mandar a tus hijos descalzos y desabrigados arriba de la nieve. Yo siento que tengo que cuidarlos. Quien es presidente de un país es responsable de la vida de los hombres y mujeres que están adentro. Por eso tomamos todas las medidas contracíclicas que consideramos necesarias y recuperamos la administración de los recursos de los trabajadores que se habían privatizado en los 90 y estaban en manos de las AFJP. Sabíamos que el mundo que venía era muy complicado; sin embargo, sorteamos la crisis y no sólo eso, sino que también pagamos deuda externa contraída por gobiernos anteriores. Fuimos el único país —hay una medición de todos los países del mundo entre 2008 y 2015— que tuvo endeudamiento negativo en ese período.

Entonces... ¿Cómo es el tema? Convencieron a los argentinos que comprar dólares era un derecho humano y entonces nos insultaban porque no los dejábamos comprar todos los dólares que querían. Sin embargo, llegamos a escuchar al Gobierno, a través de Aranguren, diciendo que el acceso a la energía —es decir, el agua, el gas, la electricidad— no es un derecho humano. Qué paradoja, ¿no? Además, me pregunto... ahora en el gobierno de Macri, ¿cuántos argentinos y argentinas pueden ahorrar dólares? ¿Qué trabajador puede comprar dólares hoy en día? Creo que esto es parte del envenenamiento, parte de la mentira. No hace mucho, en medio de la crisis cambiaria autoinfligida por Cambiemos, escuché a Samuel "Chiche" Gelblung diciendo en su programa de televisión: "Pero si en el 2008 hubo una crisis... acá no pasó nada, no hubo corrida, no hubo devaluación". Y tiene razón, acá no se sintió la crisis. Nos ocupamos y nos esforzamos mucho para que eso fuera así. Sin embargo, esa tarea verdaderamente titánica no solamente no fue valorada sino, peor aún, fue ocultada por los grandes medios de comunicación. ¿Qué tendrían que haber informado los medios de comunicación? Que en el medio de una crisis tremenda, donde se estaba cayendo el mundo, en nuestro país se adoptaban políticas para contrarrestarla. Sin embargo, no sólo no dijeron nada; sino que invisibilizaron la catástrofe que estaba viviendo el mundo. Por si faltara algo, parecía que la culpa de todo la tenía yo por haber intentado establecer retenciones móviles a la soja. Con el gobierno de Macri es exactamente al revés: la crisis la provocaron los funcionarios de Cambiemos, pero culpan al pueblo de consumir más, o a "la crisis exterior" o al "mundo", sin olvidar increíbles metáforas climáticas como "la tormenta". Lo cierto es que a nosotros en 2008 se nos cayó el mundo encima. El comercio… todo.

Recuerdo que con Lula Da Silva, el presidente de Brasil, hablábamos acerca de esto y estuvimos de acuerdo en la necesidad de salir a convencer a la gente de que siguiera consumiendo. Habíamos advertido que por la crisis se iba a retraer el consumo ante el temor de la gente, natural y normal, a perder su trabajo por la difícil situación económica. Nuestro desafío era hacerles entender que si dejaban de consumir, finalmente, en una suerte de profecía autocumplida, iban a terminar efectivamente perdiendo el trabajo. Me acuerdo que aquí comenzamos a lanzar planes de facilidades de pago para comprar desde lavarropas, autos y heladeras hasta bicicletas. Y la pregunta surge inevitablemente: ¿qué es el déficit como medida contracíclica en una economía en recesión? Es cuando el Estado inyecta plata en la economía porque el mercado no lo hace. No es que existe un déficit por mala administración o por demasiado gasto. ¡No! Al menos no con nosotros durante nuestra gestión. Es porque se atraviesa una etapa de recesión y el Estado tiene que salir a sustituir la falta de inversión del mercado, que por la crisis no destina dinero a la actividad económica. Más aún en una economía como la argentina, en la cual la demanda agregada representa más del 70 por ciento de la actividad. Teníamos que salir a garantizar eso en medio de la más fenomenal crisis económica global. ¿Qué es lo que está pasando en estos años de Macri? Hay una guerra comercial, una pelea para ver quién coloca en los mercados sus excedentes de producción: es la gran pelea que hay en el mundo. No hay crisis... hay disputa, que es otra cosa. ¿Cuál es la parte que todavía no entienden? En 2018, Donald Trump puja por irse de la Organización Mundial del Comercio (OMC), pero nosotros queremos entrar a la Organización para la Cooperación y el Desarrollo Económicos (OCDE) y abrimos el mercado interno a la indiscriminada importación de productos. Todo al revés.

En medio del estallido de la crisis mundial, en marzo de 2008, también estalló el conflicto por la resolución 125 con las patronales agropecuarias. Consistía en aplicar retenciones móviles a las exportaciones de soja, acompañando la variación del precio internacional de ese *commodity*. No era algo que protegía solo al Estado nacional que cobraba el tributo, sino también a los productores ante una caída del valor de los granos. Pero no se entendió así. Martín Lousteau, que era nuestro ministro de Economía en ese momento, un tiempo antes durante una reunión con Alberto Fernández y conmigo nos había comentado que había fuertes rumores sobre una burbuja financiera —que, después nos enteramos, derivó en la crisis de las subprime y Lehman Brothers— y teníamos que prepararnos para lo que pudiera pasar con medidas contracíclicas. Primero nos habló de las tarifas y me dijo que los que vivían en Puerto Madero o Recoleta debían pagar más. Yo le dije: "No, yo no estoy de acuerdo con eso. ¿Por qué van a pagar más?". Una cosa es el impuesto: si yo vivo en Recoleta o en Puerto Madero es correcto que deba pagar mucho más en concepto de impuesto inmobiliario o impuesto a los bienes personales, porque son los tributos que gravan la exteriorización de la riqueza. Pero la tarifa o el precio que se paga por un servicio público es otra cosa. Le dije que no estaba de acuerdo porque, con ese criterio, al que va a cargar nafta con un Mercedes Benz se la tienen que cobrar un precio y al que va con un Fiat 600 se la deberían dar gratis. Ridículo. En consecuencia, no estuve de acuerdo con ajustar las tarifas bajo ese concepto. Poco después vino Lousteau con Gastón Rossi, su asesor, a explicarnos el tema de las retenciones móviles que se basaban en el criterio de la renta extraordinaria. No me pareció mal, porque es un criterio que comparto. Me acuerdo como si fuera hoy de aquella reunión. Estábamos los tres: Alberto Fernández, Lousteau y yo. El jefe de Gabinete le pregunta: "¿Estás seguro que no habrá problemas con eso?". Y Lousteau, muy seguro de lo que decía, contestó: "No, a ellos la soja no les interesa". Increíble, ¿no? Juro por la vida de mis tres nietos y mis dos hijos, que es lo que más quiero en el mundo, que dijo eso. Y agregó que a las patronales agropecuarias solo les importaban las retenciones al trigo y al maíz. Y que, además, la medida propuesta eran retenciones móviles a la soja… y nada más. Esta es la verdadera historia… es la génesis exacta de las retenciones móviles, de cómo comenzó y de cómo terminó.

Los cuatro meses del conflicto fueron fatales, absolutamente destituyentes. Pero también absolutamente fundantes para definir el perfil de nuestros gobiernos, las adhesiones y las críticas. La verdad que sí, sentí mucha angustia durante todo el conflicto. Miedo no, porque la sensación del miedo es la de la dictadura; el miedo a perder la vida brutalmente. No hay un miedo más grande y, de hecho, no lo volví a sentir nunca más. Pero angustias y cosas así, siempre. Me ponía muy mal verlo mal a Néstor. Recuerdo un día que nos hicieron un cacerolazo; cuando el titular de la Sociedad Rural Argentina, Hugo Biolcati, fue a batir su cacerola a la puerta de Olivos. A Néstor, ese día, lo vi descentrado... mal, muy mal. Igual que el día del voto negativo de Cobos. Creo que, hasta último momento, pensó que el vicepresidente que él había elegido para acompañarme en la fórmula no votaría en contra de su propio gobierno como finalmente lo hizo. Yo le había dicho: "Me voy a dormir. No voy a perder tiempo, va a votar en contra. Olvidate". Nos llamaban cada dos minutos desde el Congreso. Los votos a favor de las patronales agropecuarias, de algunos senadores y senadoras, aún hoy me siguen resultando inexplicables, y esa noche me fui a dormir antes que Néstor. Me desperté a las cinco de la mañana, me di cuenta que él no estaba en la cama y bajé al comedor. Alberto Fernández ya se había ido hacía rato y Néstor estaba con un par de compañeros, muy angustiado. Cobos ya había dado su voto "no positivo", volteando la ley de retenciones móviles de nuestro gobierno y pese a que la presidenta era yo, al que se lo veía destruido era a él. Y sí, Néstor y yo éramos distintos, pero complementarios. Lo vi muy mal y, para colmo, ese mismo día murió a la madrugada, antes de la votación en el Senado, uno de sus mejores amigos y testigo de nuestro casamiento, Oscar "Cacho" Vázquez, aquel con el que junto a su mujer nos habían metido presos en Río Gallegos en enero del 76. Cacho había muerto en Buenos Aires, en la clínica Bazterrica. Nos avisaron al mediodía y cuando Néstor se enteró, lloró desconsoladamente como nunca lo había visto llorar. Me pareció que ese día lloraba por todos: por Cacho, por nosotros, por el país, por él, por la historia... qué sé yo.

Respecto de los debates acalorados que se dieron durante esos cuatro meses hasta la noche del 17 de julio de 2008, interpelé a las patronales agropecuarias cuando dije que la soja era un yuyo. Es cierto, tal vez lo dije despectivamente y me interpretaron mal. Siempre me pregunto esas cosas. O cuando hablé de los piquetes de la abundancia. Creo que sí, los interpelé, porque cuando lo dije les molestó muchísimo. Habíamos visto en la Argentina los piquetes por primera vez en Cutral Có, Neuquén, durante los años 90, con la privatización de YPF. La gente había salido a las rutas porque no tenía trabajo, porque no le alcanzaba para comer. Eran los piquetes del hambre, de la escasez y de la desesperación. Una digresión: en aquellos piquetes neuquinos emergió la figura de Ramón Rioseco, quien luego fuera intendente de Cutral Có y en el 2019 candidato a gobernador por nuestra fuerza. Qué cosa la historia, ¿no? En cambio, los piquetes del campo eran porque habíamos querido desde el Estado participar de su renta extraordinaria, como dijo Federico Pinedo con precisión genética. Es en ese sentido que yo los interpelaba al decir "piquetes de la abundancia". Como cuando dije "La Patria es el otro". Siempre me gustó interpelar, desafiar a pensar, a debatir. No creo en las sociedades de la unanimidad, me daría mucho miedo vivir en una sociedad en la que todos piensen igual. Además creo que sería bastante aburrido.

Ahora bien, por la batalla política que se dio en torno a las retenciones, hubo numerosos sectores provenientes de distintas vertientes políticas que se nos unieron. Pero también un sector de la sociedad, más específicamente de la clase media y media-baja, que se identificó con las patronales agropecuarias, popularizadas como "el campo" por los medios de comunicación, especialmente por *Clarín* y *La Nación*, que se constituyeron en brutales opositores. No fue un odio específico a mí. Creo que es al revés; más jauretchiano, una clase media que dice: "Todos somos el campo", "Yo soy el campo, soy ese señor con el sombrero, con la 4 x 4, la ropa de Cardón, yo soy eso", aunque no tenga tierra ni en una maceta. Así empieza esa identificación aspiracional del rastacuero, como decía Arturo Jauretche. Esa idea se empezó a instalar con fuerza desde ese conflicto. La construcción del "monstruo del populismo", o de "la yegua" o de la "chorra", comenzó a partir de que las patronales rurales se negaron a pagar las retenciones, porque para ellos es como que les estuviesen robando lo que les pertenece por derecho propio. Ellos creen que el país y la Nación son suyos. Han luchado años para inculcarle a los argentinos que el Estado y la política son sus enemigos. Sin embargo... ¿cómo se compadece todo esto con que esta misma clase media defienda la escuela y la universidad pública? Me parece que hay una disociación, como una especie de esquizofrenia. Esto viene desde el fondo de la historia. ¿Sarmiento versus

Mitre, tal vez? Lo que está en el medio es la disputa política por el sentido común.

Por eso, mientras escribo, creo que el gobierno de Macri expresa a un 30 por ciento duro, o tal vez menos, que son antiperonistas. Son los que están en contra de los derechos humanos y de que los ricos paguen impuestos o la soja retenciones. Ese porcentaje que tiene prejuicios por ignorancia, desinformación y contrainformación y despotrica contra la política y contra un Estado que administre la distribución de la riqueza de todos los argentinos. Ese grupo que durante la crisis por las retenciones me gritaba "yegua" o "puta", y que fue clave en el triunfo de Macri en 2015, también es racista, tiene tirria a los "negros". El gobernador de Formosa, Gildo Insfrán, me contó que la primera vez que se reunió con el ministro de Transporte de Macri, Guillermo Dietrich, cuando se dieron la mano Dietrich le dijo como comentario inicial: "Ah, pero usted tiene los ojos celestes". "Sí, soy peronista, tengo los ojos celestes y también hablo en guaraní", le contestó Gildo, con ese tonito formoseño que me encanta. Estaba indignado. Pero la verdad es que ese prejuicio, como dije, viene del fondo de la historia: la piel oscura como lo amenazante, lo que llega a robarnos. Lo que nunca pude entender es en qué se sienten amenazados. Cuando ves el Palacio San Martín o el Círculo Militar o las residencias de los embajadores de EE.UU., Francia o Brasil, magníficos y emblemáticos palacios donde vivían las familias del patriciado local, tan enfrentadas con el peronismo, siempre me pregunto: ¿qué sintieron cuando vieron a los "negros", a los "cabecitas negras" en la Plaza de

Mayo exigir la libertad de Perón? La verdad, yo no hubiera tenido miedo si estuviera ahí adentro, con todo ese dinero y todo ese poder. ¿Cómo van a tener miedo? ¿Qué es lo que les hace sentir miedo? Tiene que haber alguna explicación. Tal vez es el temor a perder lo que tienen, pero... ¿por qué lo van a perder si el peronismo nunca tuvo un planteo socialista o marxista? ¿Cuál es el tema? ¿No tenerlo todo? ¿Que los "negros" empiecen a ocupar lugares suyos o vayan a los mismos lugares? ¿Es desprecio? Sinceramente, me parece que es muy poco para enojarse tanto, para sentir tanto odio.

Aún hoy recuerdo cómo intenté explicarle a los argentinos por qué era necesario aplicar retenciones móviles a la soja y cómo interpelé a aquellos que se oponían, mientras *Clarín* titulaba que la pelea era "por la caja", reduciendo el conflicto a la "voracidad del Estado" contra los "pobres productores agropecuarios". En realidad, la verdadera caja a la que se refería *Clarín* era la de Telecom, la empresa de telecomunicaciones italiana que debía desinvertir por posición monopólica y asociarse con un inversor nacional. *Clarín* exigía exclusividad en la compra del paquete accionario de Telecom y ofrecía, a cambio de ello, que el conflicto del campo desaparecería, literalmente, de la pantalla; como Néstor lo contó en aquella memorable e imperdible entrevista en la Televisión Pública el 24 de enero de 2010. Aquel 25 de mayo de 2008, en mi discurso desde la Casa Rosada, intenté explicarles cuál era el sentido de tomar esas decisiones. Les recordé la importante transformación que había tenido nuestro país desde 2003, recordé las imágenes de los miles de argentinos que entre

2001 y 2003 hacían piquetes, cortaban calles y rutas porque les faltaba trabajo o los reclamos de la clase media, cuando furibundos golpeaban las puertas de los bancos que se habían quedado con sus ahorros. Los definí como los rostros de la miseria y la tragedia de los argentinos y como contracara definí a las movilizaciones impulsadas por la resistencia de las patronales agropecuarias como los "piquetes de la abundancia", los piquetes de los sectores de mayor rentabilidad. Dije entonces que la Argentina había cambiado muchísimo; que se había transformado de aquella tragedia de comienzo de siglo al paso de comedia de las protestas agrarias. Les expliqué que teníamos que decidir qué país queríamos: si volver al país de unos pocos o a un país con mayor equidad y mayor distribución del ingreso. Porque las retenciones no eran medidas fiscales, sino profundas medidas redistributivas del ingreso. Les dije que escuchaba y leía muchas veces a periodistas encarar el tema de las retenciones solo como un ajuste fiscal pero... ¿qué es la distribución del ingreso de la que todos hablan y todos prometen? ¿Cómo se hace la distribución del ingreso si no es, precisamente, sobre aquellos sectores que tienen rentas extraordinarias? ¿A quién le vamos a pedir? ¿A los países fronterizos? ¿A quién? La distribución del ingreso: algo que siempre se declama y que siempre se promete, pero que muy pocas veces se cumple. ¿Por qué? Sencillo: porque hay que tocar intereses de sectores que son muy poderosos.

Por eso los llamaba a la reflexión. Por eso les decía que no podía someterme a ninguna extorsión, que era la presidenta de todos y que tenía que gobernar para que los argentinos y las argentinas siguiéramos teniendo costos, también argentinos, en materia de alimentos. Hoy, en la Argentina del gobierno de Mauricio Macri, donde los precios de los alimentos de primera necesidad —harina, pan, fideos, aceite, carne, galletitas— se han ido por las nubes, recuerdo aquellos discursos míos y de otros funcionarios de nuestro gobierno explicándoles que estábamos cuidando la mesa de los argentinos... ¡Dios mío, cuánto tiempo!... Y siempre tropezando con la misma piedra.

Finalmente, les pedí un esfuerzo de tolerancia a todos los argentinos, porque en las pujas distributivas siempre se generan enfrentamientos con sectores que reaccionan con violencia. Una violencia que había visto mucho más en los sectores de alto poder adquisitivo que en aquellos que no tenían trabajo... una constante en la historia argentina. La respuesta de los grandes medios, *Clarín* y *La Nación* —con intereses directos en el campo a través de Expoagro—, fue la de siempre: confundir sobre la verdadera naturaleza del conflicto al presentar la razonabilidad que significa que los sectores con rentas extraordinarias sean los que más contribuyan para lograr una distribución más justa y equitativa del ingreso nacional como un simple "conflicto por plata"... "Por dos mil millones de dólares", decían. Como si pagar retenciones por la renta extraordinaria fuera una especie de robo. Es que así lo sintieron históricamente y así lo expresaron con los piquetes, los cortes de ruta, la quema de pastizales, la obsesión por esconder la cosecha en silo-bolsas, el derrame obsceno de miles de litros de leche en la ruta. Formas de protesta muy violentas que entrañaban una verdadera resistencia a que el Estado cumpliera su papel.

Desde distintos grupos intelectuales y políticos se entendió como el comienzo de una ofensiva destituyente. Desde el diario *La Nación*, uno de sus principales columnistas pronunció la palabra "mágica" para resumir ese intento redistribucionista de nuestro gobierno: se trataba otra vez del "populismo".

De la violencia de las protestas en aquellos días por parte de las patronales agropecuarias, que provocaron desabastecimiento, cortes de rutas compulsivos, inmensas pérdidas económicas y hasta de vidas, me queda la tranquilidad de la no represión por parte de nuestro gobierno y una diferencia abismal con el de Mauricio Macri: cuando estoy sentada en mi banca de senadora puedo ver a Alfredo de Angeli ocupando también una banca en el Senado. Alfredo de Angeli, senador por la alianza Cambiemos. El mismo que durante cuatro meses cortó las rutas de todo el país en mi primera presidencia. En cambio, Santiago Maldonado, un joven tatuador que en solidaridad con los mapuches un día, no meses… un día, cortó una ruta lejana y solitaria de la Patagonia, no sólo nunca será senador, sino que tampoco ya nunca será hijo, ni hermano, ni padre, ni nada…

La presidenta

A pesar de todo, mientras esta convulsión se prolongaba hasta la noche del voto no positivo de Cobos, nuestro gobierno impulsó leyes que extendían o generaban nuevos derechos. Suscribimos la Convención Internacional sobre los Derechos de las Personas con Discapacidad; el tratado constitutivo de Unasur —el 23 de mayo de 2008—; el mismo día del voto negativo del vicepresidente anuncié el proyecto de ley para la estatización de Aerolíneas Argentinas, que finalmente fue aprobado en el Senado el 3 de septiembre de ese año. Y algo muy importante, que tuvo efectos extraordinarios: el 8 de agosto de ese año, presentamos el Plan Fines, un programa para la finalización de estudios primarios y secundarios que consistía en el apoyo a adultos y jóvenes y por el cual hubo más de medio millón de egresados hasta el fin de mi mandato. El impacto del Fines ha sido maravilloso. Recuerdo todavía, con mucha emoción, cuando a trabajadores y trabajadoras de la Quinta de Olivos les entregaron sus títulos. Me acuerdo de Olga, que trabajaba en el taller de costura, y de Ernesto, que lo hacía en la sección de economato de la quinta y que amaba a Vito, el pug de mi hija Florencia, tanto que cuando se fue de Olivos se lo terminó regalando.

Quiero detenerme en el extraordinario momento de unidad y esperanza que significó la constitución de Unasur. Me sentí muy respetada intelectualmente por todos mis colegas latinoamericanos, fueran de izquierda o de derecha. Me tocó mediar en discusiones muy fuertes entre Álvaro Uribe (Colombia) y Rafael Correa (Ecuador) por el conflicto fronterizo entre ambos países, y entre Evo Morales (Bolivia), Nicolás Maduro (Venezuela) y Sebastián Piñera (Chile). Dilma Rousseff suele recordar risueñamente las discusiones picantes, los contrapuntos entre Nicolás y Evo versus Piñera, a quien le encanta discutir por todo. Era capaz de discutir horas sobre cuestiones que a mí me parecían absolutamente menores, pero siempre lo hacía con mucho respeto y, sobre todo, con un gran sentido del humor. Sebastián Piñera es de derecha, pero muy simpático... después de todo, nadie es perfecto. El vínculo con Cuba, con Fidel Castro, fue más estrecho conmigo que con Néstor. La relación entre ellos estuvo atravesada por el episodio de Hilda Molina, la médica cubana disidente. Se había discutido mucho en torno al tema. Fidel había sido invitado a la asunción de Néstor en 2003 y en aquella oportunidad tuvo lugar su memorable charla en las escalinatas de la Facultad de Derecho ante una multitud que lo escuchó durante horas en absoluto silencio. Luego, en el año 2006, volvió para asistir a la Cumbre del Mercosur en Córdoba y su visita coincidió con el reclamo de la familia de Molina, que vivía en la Argentina, para que Cuba la dejara viajar y permanecer en nuestro país. Néstor le pidió por carta a Fidel, a través de la Cancillería, que la autorizara a viajar, porque se había comenzado a armar un gran lobby por ella, para presionarnos a nosotros. Finalmente, en 2009 Hilda Molina viajó a la Argentina, se reunió con su familia y continúa viviendo en nuestro país hasta hoy. Así que la relación de Néstor con Fidel y Raúl Castro fue menos frecuente que la que tuve yo después y que se consolidó en mis visitas a La Habana en 2009 y 2014.

Con Hugo Chávez fue todo muy caribeño. Él sabía que a Néstor no le gustaban sus discursos kilométricos —que a mí me encantaban y divertían—, y entonces le prometía "hablar poco". A Néstor le pasaba con sus discursos lo mismo que con Fidel. En general no le gustaban demasiado los discursos extensos. Bueno, tampoco toleraba las largas sesiones parlamentarias, se fastidiaba mucho. Durante la Asamblea Constituyente en Santa Fe, en 1994, me decía: "Pero si estamos todos de acuerdo, ¿por qué no votamos y nos vamos?". Él no podía entender que si estaban todos de acuerdo cada uno quisiera dar un discurso. Claro, él solamente concebía la discusión parlamentaria cuando había diferencias, cuando había uno que decía blanco y otro que decía negro. Bueno, ahí sí, discutamos y votemos. Kirchner era un tipo de acción y Chávez siempre tuvo una gran empatía con nosotros dos… Se portó como un gran amigo cuando Néstor partió; me acompañó con sus hijas y sus nietos al Sur. Cuando lo vi las últimas veces, le pedí que cuidara su salud… estaba siempre con algún resfrío. Se ve que le habían bajado las defensas. Sí, fue un buen amigo. Hugo siempre fue solidario con la Argentina, aunque se mandó una macana grande cuando colocamos deuda en Venezuela y, en vez de retener los títulos, los vendió inmediatamente provocando una caída de nuestros bonos en el mercado internacional. Casi lo mato. Un desastre, un descuido. Pero por lo demás, siempre contamos con ellos.

Lo cierto es que el intercambio económico en el Mercosur pasó de 4.100 millones de dólares en 1990 a 60.600 millones de dólares en 2011. Sí, la verdad que debió ser siempre mucho mayor, pero lo cierto es que creció. Por su parte, Unasur fue una construcción política exitosa, que de haber continuado en el tiempo podría haberse extendido al comercio que mayormente se siguió desarrollando con criterios y por los canales que históricamente habían tenido los países antes de que llegaran los gobiernos populares. Se incrementó más durante nuestros gobiernos, pero no fue un replanteo de decir "bueno, vamos a hacer un mercado común, somos 400 y pico de millones de personas". Por mi parte, en el Mercosur, intenté con Brasil una mayor y más inteligente integración en el sector automotriz, por ejemplo. Uno de los principales problemas que nosotros tenemos es que todas las autopartistas son argentinas o brasileñas. Mientras que las terminales son extranjeras al Mercosur —no hay ninguna ni brasileña ni argentina—, con lo cual nosotros podríamos haber articulado entre ambos países una política común para exigir a las terminales, por ejemplo, que los contratos con las autopartistas fueran acuerdos de más larga duración, con plazos y montos que permitiera contar con un flujo de dinero para desarrollar innovación y tecnología. ¿Por qué las economías más desarrolladas han trasladado a los países periféricos el armado de los autos? Porque hoy la riqueza está en el valor tecnológico de determinadas autopartes. Es mejor hacer GPS o computadoras para los autos que armarlos. Hay mayor valor agregado, mano de obra más calificada y por ende más y mejores salarios. Por eso Austria ya no hace autos, sino que ha relocalizado esa producción en otros países periféricos de la comunidad, pero sin embargo sí producen las autopartes más sofisticadas y de mayor valor agregado. Eso es lo que yo le decía a Lula primero y a Dilma después: necesitamos contratos de larga duración y mayor flujo de fondos en las autopartistas, para que lo puedan destinar a investigación, desarrollo y complementariedad. Se lo propuse varias veces, nunca lo pudimos hacer. El de las automotrices es sólo un ejemplo. Si nosotros hubiéramos articulado una alianza más fuerte económicamente, hubiera sido más difícil que destruyeran lo logrado.

Sin embargo, en el campo de lo político y la defensa de la democracia, Unasur tuvo logros que marcaron auténticos hitos en la historia de la diplomacia regional, como la declaración del Palacio de La Moneda, en Chile, para impedir la secesión de la región de la media luna en Bolivia, cuando en Santa Cruz de la Sierra querían desconocer el gobierno de Evo Morales. O cuando impedimos en la reunión de Buenos Aires un intento de golpe contra Rafael Correa de Ecuador. O el Acuerdo de Santa Marta entre Venezuela y Colombia, que evitó un enfrentamiento entre ambos países y que tuvo a Néstor como artífice en su debut como primer secretario general de la Unasur. Creo que fue una construcción valiosa de nuestra parte pese a que algunos dicen "Uh, no pudieron" o "Cómo no hicieron más cosas para que no pudieran tirarlas abajo", la misma crítica que algunos hacen en relación a nuestras políticas internas. Creo que, a pesar de derrotas coyunturales, generamos políticas que son irreversibles. La AUH, por ejemplo. ¿Qué gobierno se va a animar a sacarla? Podrán bajarle el poder adquisitivo, pero ¿quién puede decir hoy en la Argentina que va a eliminar la AUH o que "vamos a dejar sin jubilación" a los millones que se incorporaron al sistema previsional por la moratoria jubilatoria? Lo que no quita, por cierto, que el gobierno de Macri lo vaya a intentar por el acuerdo firmado con el FMI. Luego de las marchas contra el 2 x 1 de cómputo de penas en el caso de los delitos de lesa humanidad, tampoco podrán violar lo construido en el terreno de los derechos humanos. Después de todo, la historia y la sociedad dirán qué cosas son inamovibles. Sería una simplificación absurda y sobre todo ahistórica pensar que la defensa de los derechos sólo es responsabilidad dirigencial.

Sin embargo, en medio de las dificultades de aquel 2008, avanzamos en medidas que fortalecían la recuperación nacional. La lluviosa tarde del 21 de julio, en el Salón Blanco de la Casa de Gobierno, anuncié formalmente el comienzo del proceso de reestatización de Aerolíneas Argentinas. Ese día firmamos el acta acuerdo de transferencia al Estado Nacional, que se volvía a hacer cargo de una empresa destruida, literalmente, dieciocho años después de que fuera privatizada. Durante mi discurso recordé la primera vez que volé en un avión: tenía exactamente 22 años, fue en Aerolíneas Argentinas y dije que había sido porque un hombre, al que había conocido en la Universidad de La Plata, quería llevarme a conocer a sus padres, que vivían en Río Gallegos. También conté que verdaderamente me hubiera gustado que ese acto no tuviera lugar, y que quienes habían adquirido la empresa hubieran podido llevar adelante una gestión exitosa. Pero lo cierto es que no sólo fue la situación económico-financiera de la empresa privatizada lo que nos había obligado a tomar esa decisión para garantizar el servicio, la comunicación y la conectividad del interior de nuestro país. El hecho puntual y decisivo era que en realidad el Estado nacional se estaba haciendo cargo del pago de sueldos de los empleados de Aerolíneas Argentinas y del combustible de sus aviones, en el marco de lo que era la inminente quiebra de la compañía y su secuela inevitable: el despido de miles de trabajadores y trabajadoras altamente calificados. Sí, el Estado estaba pagando los sueldos y el combustible de una empresa aérea que se había privatizado hacía dieciocho años y no había otra salida que retomar el control y la administración de la misma. En aquella oportunidad en el Salón Blanco y ante los mismos trabajadores y sus dirigentes sindicales, sostuve que la ola privatizadora que sacudió a toda América Latina a partir del Consenso de Washington, más allá de estar fundamentada en intereses económicos que alentaron esas políticas y doctrinas, también tenía un gran componente de aprobación de muchísimos ciudadanos que apoyaban esos discursos, sobre todo en materia de servicios públicos. Esos argumentos, dije, penetraban en la sociedad porque, sin lugar a dudas, encontraban anclajes importantes en las malas experiencias personales de la ciudadanía y que por lo tanto era imprescindible prestar el servicio con eficiencia y calidad. Esa era la única garantía para que los cantos de sirena no penetraran nuevamente. Subrayé que Aerolíneas Argentinas era una empresa concursada, paso previo a la quiebra, pero que el Estado iba a disponer de importantes sumas para ponerla en valor nuevamente. Durante el último tiempo de nuestro gobierno duplicamos la cantidad de turistas en la Argentina: de 2 millones habíamos pasado a más de 4 millones; 7,7 por ciento del PBI en ese momento era producto del turismo en sus diversas actividades. Fue clave para nosotros tener una aerolínea de bandera y un servicio aerotransportable, no solamente hacia el exterior, sino también en nuestros vuelos de cabotaje para no perder todo lo que habíamos ganado como destino turístico. Así, al año 2014, Aerolíneas Argentinas había aumentado un 378 por ciento su flota, pasando de 26 a 71 aviones operativos. Federalizamos las rutas al unir provincias sin pasar por la ciudad de Buenos Aires, con la creación de los corredores Federal Norte, Federal Sur y Petrolero; duplicando la cantidad de vuelos, de 24.632 a 49.819 en el 2014 y reduciendo el déficit en aproximadamente un 50 por ciento. Finalmente, el 3 de septiembre de ese mismo año, el proyecto fue aprobado en el Senado y Aerolíneas Argentinas ingresaba nuevamente al patrimonio nacional.

Más allá de la evidente trascendencia de esta decisión de gobierno, sin lugar a dudas la medida más importante que tomé en mi primer mandato fue la de llevar adelante la recuperación de las AFJP. Y fue una de las que más resistencia generó en los medios hegemónicos y grupos empresarios. Esa historia comenzó un fin de semana o un feriado, porque recuerdo que estaba en Olivos. Recibí un llamado de Sergio Massa, que en ese entonces ya había dejado la ANSES y era mi jefe de Gabinete. Sergio tenía un tic: cuando se ponía nervioso hablaba y se reía al mismo tiempo. Cuando ese día me llamó por teléfono, se reía y me decía: "Acá estoy con Boudou, que se ha vuelto loco... ¿Podemos ir a verla, presidenta?". Y me repetía: "Está con una idea muy loca". Cuando llegaron los hice pasar a mi despacho, se sentaron en el escritorio frente a mí y Boudou me dijo: "Bueno, presidenta, el mundo no va a volver a ser nunca más lo que fue, por eso tenemos que recuperar las AFJP" —en ese momento ya se había desatado la crisis de Lehman Brothers—. Sorprendida, le dije: "¿Cómo que hay que recuperar las AFJP?". "Sí, recuperar el sistema de reparto, recuperar la administración de los fondos porque estamos haciendo un pésimo negocio para el Estado, casi ridículo, y un gran negocio para ellos", me contestó. "El Estado está pagando la mayor cantidad de jubilaciones, las AFJP se quedan con la crema del negocio y sus ejecutivos cobran cifras millonarias en concepto de comisiones". Después me explicó todo su plan detalladamente. Cuando terminó lo llamé a Néstor. Él sabía que iban a venir y también estaba en Jefatura de Gabinete. Cuando apareció en mi despacho le dije: "Amado te va a explicar algo, escuchalo un cachito por favor". No me voy a olvidar nunca: Néstor agarró un sillón de estilo colonial que había en un desnivel ahí cerca y se sentó en el medio entre Boudou y Massa. Boudou volvió a explicar todo por segunda vez, mientras Néstor lo escuchaba en silencio. Cuando terminó de dar los detalles, lo miré y le pregunté: "¿Qué opinás?". Sin decir palabra, le dio la mano a Boudou y después mirándome dijo: "Estoy totalmente de acuerdo". Así fue. Eso fue la recuperación de las AFJP. Mientras sucedía toda esa escena, Massa no paraba de reírse, estaba sumamente nervioso y después lo noté como si estuviera arrepentido, igual que un chico que hace una travesura y después se asusta. Por lo menos eso fue lo que me pareció en ese momento. Pero lo que es seguro es que él fue parte determinante; fue él quien llevó a Boudou ese día a Olivos para que nos contara el proyecto de las AFJP. Vuelvo a afirmar que fue la medida más importante de mi primer gobierno, tan importante como la recuperación de YPF en el segundo. Lo fueron en todo sentido: simbólico, económico y político.

Normalmente existen políticas que tienen un gran carácter simbólico pero quizás no tienen un gran impacto económico, o al contrario, medidas de gran impacto económico pero que no son significativas simbólicamente. Es muy difícil reunir en una sola política aspectos tan fuertes simbólicos, políticos y económicos. Creo que tanto la estatización de las AFJP como la estatización de YPF tuvieron los tres componentes. Así como en el gobierno de Néstor sus tres grandes medidas fueron la reestructuración de la deuda, el pago al FMI y la recuperación de la ex ESMA —que en términos simbólicos fue increíble—, mis dos medidas más importantes fueron en el primer mandato la recuperación de las AFJP y en el segundo la recuperación de YPF. En tercer lugar, también incluiría la Asignación Universal por Hijo (AUH), mediante el decreto que firmé el 29 de octubre de 2009, pero no podríamos haber pensado en esa política si no hubiésemos recuperado las AFJP. Fue consecuencia directa de esa decisión. Sin los recursos recuperados de las AFJP, la AUH no existiría en la Argentina.

El 21 de octubre de 2008 anuncié la finalización del sistema de AFJP y el comienzo del Sistema Integrado Previsional Argentino (SIPA). Llevamos adelante el acto en una carpa que instalamos en la ANSES. Pedí disculpas a los presentes, por el poco espacio que había, porque hacer el acto allí había sido mi idea, ya que estábamos decidiendo sobre el patrimonio de los jubilados y de los trabajadores, y eso tenía que suceder ahí mismo, en la ANSES. Luego me dediqué a explicar el complejo momento internacional en el que se adoptaba esa decisión, que definitivamente era de carácter estructural. El neoliberalismo había cometido enormes destrozos y nuevamente el Estado aparecía para hacerse cargo de las cosas. Dije que en ese momento los principales Estados del mundo estaban adoptando políticas de protección para los bancos, pero que sin embargo nuestro caso era diferente: nuestro Estado estaba protegiendo a sus jubilados y a sus trabajadores, y por ende a la actividad económica. En ese marco internacional, lo que estábamos haciendo era tomar una decisión estratégica. Expliqué que en nuestro país a partir de 1994 existían sistemas sofisticados en el mercado de la capitalización que permitían que aquellos que mayor capacidad de ahorro tenían, porque tenían mayores ingresos, no pagaran por ejemplo a la AFIP el impuesto a las ganancias y lo capitalizaran en una renta vitalicia aparte de la obligatoria del Sistema de Capitalización y que, de esta manera, hacían un doble despojo, porque también le sacaban fondos a la AFIP permitiendo un mecanismo de elusión. En definitiva, era un sistema que evidentemente constituía un saqueo y además una clausura al objetivo primordial de cualquier sistema previsional en el mundo: el de ser la base de solidaridad, que presuponga esencialmente la asociatividad de los trabajadores para poder hacer frente a la vejez y a los derechos de la pensión en un futuro.

Luego, me detuve a explicar algo que había escuchado decir mucho durante esos días y que marcaba lo sesgado del enfoque que querían imponer en la opinión pública los principales medios de comunicación sobre esta medida tan trascendental. Repetían, monocordemente, que el objetivo del Gobierno era "hacerse de una caja". Exactamente el mismo argumento que utilizaron para estigmatizar las retenciones móviles. Dije que nuestro gobierno nunca tomó ninguna decisión pensando en "hacerse de caja". Que tanto cuando intervinimos en Aerolíneas como cuando tomamos la decisión, por incumplimiento de contrato, de hacernos cargo de Aguas Argentinas —la principal proveedora de agua y desagües cloacales de toda Capital Federal y toda la región metropolitana del conurbano— no pensamos nunca en hacernos de caja. Al contrario, pensamos en los sectores más vulnerables de la sociedad, que son los que necesitaban esos servicios. Afirmé que cuando decidimos incorporar en la jubilación inclusiva a más de un millón y medio de argentinos —que habían quedado afuera de la protección previsional— tampoco pensamos en la caja, como tampoco lo hicimos cuando, luego de años de congelamiento o descuento, aumentamos trece veces los haberes de los jubilados y los pensionados. Expliqué que tampoco habíamos pensado en la caja cuando por primera vez, y para no quedar sujetos a la mano del presidente o presidenta de turno, consagramos legislativamente la movilidad jubilatoria a través del Parlamento argentino. Sin embargo, en lo que sí habíamos pensado, expliqué, era en la Constitución y sobre todo en la parte que dice que es el Estado el que debe garantizar las jubilaciones y las pensiones de los argentinos. Les propuse, entonces, otra hipótesis: supongamos que nosotros como gobierno pensábamos en la caja de la ANSES... pero entonces los otros, los que querían seguir con el sistema de las AFJP, ¿qué caja defendían? Me asombraba y sorprendía escuchar determinadas argumentaciones, como si la ANSES fuera propiedad privada mía. Me impresionaba porque todas las acciones que fuimos desarrollando en defensa de los jubilados podían ser fácilmente cotejadas en los hechos y en la línea del tiempo. Todo lo hecho y decidido en materia previsional no era solamente porque tuviésemos convicciones éticas, sino porque estábamos convencidos que, además, sostener trabajo, sostener salario, sostener jubilaciones y sostener pensiones era sostener la actividad económica que volvía a retroalimentarse y permitir que cada vez la gente pudiera estar mejor.

Por último, en esa ocasión les dije que la decisión y elección que estábamos tomando aquel día trascendía a un gobierno, incluso a un partido político, porque era una política que iba más allá de una generación. Tenía que ver con el futuro, con nuestros hijos y con nuestros nietos... ¡Qué increíble! En estos tiempos en que vuelven las políticas de saqueo del neoliberalismo, cómo recuerdo ese día... Porque también señalé que lo que los argentinos teníamos que acordar era que el modelo que veníamos llevando adelante se institucionalice políticamente para que no pueda volver a ser cambiado, cuando nuevamente teorías como la del Consenso de Washington vuelvan a aparecer y como siempre encuentren "comunicadores" que le digan al país que todo lo público era horrible y que el Estado no sirve para nada, porque después cuando las papas queman siempre termina siendo el Estado el que aparece a reparar derechos conculcados y volver a "llenar las cajas" que fueron vaciadas, saqueadas y endeudadas. Un mes después, el 20 de noviembre de 2008, se promulgó la Ley 26.425 de Estatización de las AFJP.

Desde la recuperación de la administración de los recursos de los trabajadores y los jubilados se ahorraron, entre 2009 y 2014, 75.502 millones de pesos en concepto de comisiones que hubieran ido a los ex gerentes de las AFJP. Entre 2004 y 2014, los recursos de la ANSES crecieron en un 1.947 por ciento. Lo que entonces el PRO y sus aliados, luego reconvertidos en Cambiemos, señalaron sobre esa medida central de mi gobierno —ahora, mientras escribo estas líneas, lo sabemos— era exactamente lo que harían ellos. Otra vez el espejo invertido. Alguien debería analizar psicológicamente a determinados personajes de la fauna política argentina que colocan en sus adversarios las intenciones que en realidad tienen ellos. Elisa Carrió y Federico Pinedo hablaron de "saqueo a los jubilados y violación de la propiedad privada". "La propuesta de eliminación de las AFJP es una maniobra de los Kirchner para quedarse con el dinero de los futuros jubilados", vociferaban en los medios hegemónicos. Señalaban que el proyecto de estatización de las AFJP "es confiscatorio y viola la propiedad individual". Carrió y Pinedo, entre otros, afirmaban que nosotros queríamos el dinero de los jubilados para usarlo discrecionalmente. Hablaban —qué duda cabe ahora— de lo que harían ellos mismos, en una increíble actitud proyectiva. Una década después, en el primer semestre de 2018, con Mauricio Macri presidente, el Fondo de Garantía de Sustentabilidad de la ANSES, es decir el fondo de todos los trabajadores para sus jubilaciones, lo que llamaban popularmente "la plata de los jubilados", perdió casi 18 mil millones de dólares. En diciembre del 2017 el gobierno de Cambiemos logra aprobar la reforma previsional que significó una disminución en los haberes de los jubilados. En el marco de una feroz represión en la plaza de los Dos Congresos, Cambiemos consagró el despojo jubilatorio ante el silencio cómplice de los medios hegemónicos, que ya no hablan más de las "cajas" ni de "la plata de los jubilados"... ¡Mi Dios! Cuánto cinismo y cuánta mentira.

Junto a la eliminación de las AFJP en 2009, avanzamos en el diseño de un modelo de país que abarcara más y más derechos desde los materiales hasta los simbólicos. El 18 de marzo de 2009 en el Teatro Argentino de La Plata, presentamos el anteproyecto de Ley de Medios Audiovisuales para sustituir la vieja Ley de Radiodifusión de la dictadura. Un capítulo muy importante de esa ley era precisamente lograr el derecho al acceso al deporte más popular de los argentinos; el 19 de marzo de 2009 firmé el Decreto 206 para la creación del Fondo Federal Solidario (FFS) en el que, por primera vez en la historia de Argentina, las provincias participaban de la renta aduanera al distribuirse entre ellas y sus respectivos municipios el 30 por ciento del derecho de exportación de la soja. Nunca había sucedido en el país. Es más, buena parte del siglo diecinueve había transcurrido entre sangrientos enfrentamientos del interior del país contra la ciudad-puerto de Buenos Aires, precisamente por la renta aduanera. El FFS, que comenzó a llegar a los municipios de todo el país en forma automática, disparó miles de obras públicas y generó miles de nuevos puestos de trabajo. El 21 de abril de 2009, Argentina presentó el límite exterior de la plataforma continental de todo su territorio ante la Comisión de Límites de la

Plataforma Continental con sede en Naciones Unidas, Nueva York. El final del trámite establecido en la Convención de las Naciones Unidas sobre el Derecho del Mar —previsto para 2016— implicó finalmente que la República Argentina pudiera sumar 1.782.000 kilómetros cuadrados de superficie marítima a su zona de soberanía.

Sin embargo, pese a todas las políticas desplegadas, a la formidable ampliación de derechos y a las políticas contracíclicas para contrarrestar la crisis global del 2008, sobrevino una derrota electoral muy dura de aceptar, en las elecciones de medio término en junio de 2009, en la provincia de Buenos Aires, cuando Néstor encabezó la lista de diputados nacionales del Frente para la Victoria (PJ-FpV). La presión mediática lanzada contra nuestro gobierno a partir de la crisis con las patronales agropecuarias, a la que se sumó el rechazo de las corporaciones por la estatización de las AFJP, nunca se detuvo e impactó electoralmente. Igualmente, que la gente haya preferido elegir a Francisco de Narváez pudiendo haber votado a Néstor, creo que es algo que nunca voy a justificar. Que Unión Pro, encabezada por De Narváez, haya obtenido el 37,5 por ciento y nosotros con el FpV el 32,11 por ciento, fue muy duro para Néstor y para mí. De Narváez era un empresario del que se sabía muy poco y que incluso unos pocos años más tarde terminaría con paradero político desconocido. En esas elecciones de medio término el pueblo tuvo la posibilidad de elegir a la persona que tan sólo cuatro años antes los había sacado del infierno, y sin embargo votaron a De Narváez. Es algo que nunca voy a comprender y menos aún, reitero, a justificar. Algunos dirán "¿Por qué no hace autocrítica?". Perdón... ¿Solamente los dirigentes tienen que hacer autocrítica? ¿Las sociedades no se autocritican? ¿No se analizan retrospectivamente? Hay sociedades que sí lo han hecho: los alemanes respecto al nazismo, salvando la infinita distancia. Y sí, puedo hacer autocrítica con muchas cosas, pero esas elecciones creo que fueron inexplicables. Fue un voto que no tuvo ni siquiera sentido común y que solamente podía explicarse en el marco de una democracia muy mediatizada. Recuerdo que la consigna de la campaña de De Narváez había sido lanzada en el programa de Marcelo Tinelli y era: "Alica alicate". ¿Cómo puede la sociedad argentina votar a alguien con la consigna Alica alicate?, nos preguntábamos. El "Sí se puede" posterior de Cambiemos, por ejemplo, tiene incluso más sentido. De hecho, el partido político español Podemos utilizó esa misma consigna. Pero... ¿Alica alicate? ¿Qué significaba? Recuerdo que le dije a Néstor que me costaba vivir en un país en el que la gente votase a alguien que dice Alica alicate en un programa de televisión y que eso les pareciera además gracioso. De todos modos, creo que no se trataba de un fenómeno exclusivamente argentino, era algo que ya venía sucediendo en distintos países y que está pasando, por ejemplo, en Italia. De cualquier manera, no era enojo lo que me provocó aquel resultado, sino dolor por Néstor y muchísima preocupación. "¿A quiénes estoy gobernando?", me preguntaba. ¿Cómo es que una persona como Néstor, con lo que había hecho —más allá de que veníamos del conflicto con las patronales rurales, que había sido muy desgastante y disruptivo—, no ganara esas elecciones? Lo cierto es que, además de preocuparme, fue un hecho que me dolió —y mucho— por él. Yo me había construido una especie de coraza para protegerme de tanto ataque. Pero con él las cosas eran distintas, lo demolían. Néstor siempre necesitaba que la gente lo quisiera y por eso sufría mucho el rechazo. Era muy fuerte, pero también al mismo tiempo muy vulnerable. Distinto a todos e irrepetible. Sin embargo, y a pesar de la derrota, seguimos gobernando conscientes de que esos eran dolores de la política, pero nuestra responsabilidad era continuar, mejorar la vida de la gente y posicionar al país de una manera diferente.

FÚTBOL PARA TODOS... Y TODAS

El 20 de agosto de 2009 anuncié por cadena nacional —algo que los medios hegemónicos odiaban porque perdían el monopolio de la palabra y habían convencido de ese odio a una parte de la clase media— el lanzamiento de Fútbol Para Todos (FPT). Esa idea surgió del entonces gobernador de Entre Ríos, Sergio Urribarri. Esto es algo que nunca dije públicamente porque las represalias contra él por parte del Grupo Clarín iban a ser terribles. Un día el "Pato", que es como le decimos a Urribarri, me vino a ver a Casa de Gobierno y me contó su idea. En ese momento él tenía relación con dirigentes del fútbol porque el hijo era jugador no recuerdo de qué club —creo que de Boca—, y me dijo: "Podemos recuperar el fútbol. ¿Querés?". Yo le dije: "Noooo... ¿cuánto nos va a salir eso?". Recuerdo que me respondió: "Estoy seguro que no va a salir mucha plata, ¿te interesa?". Le dije que me encantaría. Se armó una reunión reservada en Olivos a las diez de la noche, un día de semana. Había citado a Julio Humberto Grondona y a José Luis Meiszner, el ex secretario de la Conmebol. Les había dicho que estuvieran alrededor de las 21 y no sé por qué razón me retrasé en Casa de Gobierno. Ellos fueron puntuales. Y Néstor me empezó a llamar por teléfono: "¡Vení para acá! Ya están todos. Yo no los voy a atender. La que los citaste fuiste vos". Finalmente llegué cerca de las 22. En la reunión estaban, además de ellos, Zannini y un par de colaboradores más. Empezamos a hablar y en un momento dado le digo a Grondona: "Perdón, ¿usted no estará haciendo esto para que *Clarín* se entere y entonces si yo le ofrezco una cifra determinada, después la utilice como moneda de canje para conseguir una oferta mejor?". Y agregué: "Mire que si usted cerró conmigo, cerró conmigo. No es que después viene *Clarín* y puede seguir negociando". Ya habíamos cerrado la negociación, pero yo tenía miedo que *Clarín* le ofreciera una suma mayor. Entonces me dijo mirándome fijo a los ojos: "No, yo no voy a cambiar de idea. ¿Y usted?". Le sostuve la mirada y le contesté que no. Le dije que nunca cambiaba de idea una vez que había tomado una decisión. Bueno, y así fue. Cuando se supo, el impacto fue tremendo. Grondona venía hacía mucho tiempo queriendo entablar negociaciones con el Estado por la transmisión de los partidos de fútbol y ya se lo había dicho a Parrilli y a Aníbal Fernández, pero Néstor no quería. Y creo que la razón era porque, en definitiva, Néstor siempre pensó que en algún momento iba a poder recomponer la relación con *Clarín* después de la crisis con las patronales rurales. Entonces le parecía que sacarle el pingüe negocio del fútbol era como extremar la guerra. Una digresión: al escribir esta palabra recuerdo a Julio Blanck, periodista insignia del Grupo Clarín y que falleció hace muy poco tiempo. Julio, en un rapto de sinceridad, dijo que habían hecho periodismo de guerra contra mi gobierno. Nunca nadie volvió a expresar con tanta precisión y síntesis el tratamiento que mis gobiernos sufrieron por parte de los medios de comunicación.

Pero volviendo a Néstor, él veía las cosas de ese modo y entonces no estaba nada de acuerdo con Fútbol Para Todos. Esa fue una auténtica decisión mía. Lo cual no deja de ser una paradoja, el hincha fanático del fútbol era él, a mí no me gusta. Es más, lo último que se me ocurriría mirar por televisión es un partido de fútbol, algo que él disfrutaba hacer como pocas cosas. Pero bueno, así es la vida, nada está escrito. Cuando habíamos llegado al gobierno, una de las primeras cosas que hicimos fue firmar un decreto para que los partidos de la Selección Argentina se pudieran ver por televisión abierta. Más tarde empezamos una negociación para poder transmitir por televisión abierta un partido los días viernes. Generalmente nos daban un partido de poca audiencia. Así empezamos. Es más, una vez durante una reunión, Oscar Parrilli y Alberto Fernández tuvieron una discusión importante con Alejandro Burzaco, ex CEO de Torneos y Competencias, en la que casi se rompió todo. Oscar y Alberto le reclamaban que nos dieran algo más y Burzaco les decía: "No, es esto o nada", con una soberbia impresionante. Años más tarde Alejandro Burzaco, hermano del actual secretario de Seguridad del gobierno de Mauricio Macri y Cambiemos, fue extraditado a EE.UU. por corrupción en el manejo del fútbol. Lo cierto es que Grondona pedía por todos lados que lo ayudáramos porque él, al igual que los clubes, sentían que eran rehenes de *Clarín*. Los clubes que producían dinero con el espectáculo del fútbol padecían, mientras *Clarín* ganaba millonadas. Nada nuevo bajo el sol. La reacción frente a Fútbol Para Todos por parte del Grupo Clarín fue muy fuerte. No sólo amenazaron a la AFA con juicios millonarios por la rescisión del contrato con TyC, sino que además empezaron con una campaña mediática diciendo que el Estado gastaría mucha plata; como si los argentinos no gastaran plata de su bolsillo para pagarle a ellos los abonos de fútbol y como si los recursos del Estado fueran de Mongo Aurelio, y no de los ciudadanos… y ciudadanas. ¡Cuánto cinismo e hipocresía!

Lo cierto es que el 20 de agosto del 2009, cuando firmamos el convenio entre la AFA y el Sistema Nacional de Medios Públicos para el inicio de Fútbol Para Todos en el predio de Ezeiza, les recordé a los presentes que hacía cinco meses habíamos presentado el anteproyecto de Ley de Medios Audiovisuales para sustituir la vieja Ley de Radiodifusión de la dictadura, donde se establecía la recuperación de la difusión televisiva del fútbol como un derecho ciudadano. Es decir, que esa decisión había sido tomada antes de conocerse cualquier tipo de inconvenientes que pudiera tener la AFA con quien hasta ese momento era su otro contratante —el Grupo

Clarín— y que lo habíamos incluido en el anteproyecto de ley porque sentíamos la obligación de garantizar a todos los argentinos, sobre todo a aquellos que no pueden pagar, el derecho al acceso a ver el gran deporte nacional. Reconocí que el fútbol era la pasión de los argentinos y que además era una marca registrada que teníamos en el mundo, una industria muy importante y muy propia, que no necesitaba ser subsidiada. Dije que en esos días había escuchado y leído, en letra de molde, que el fútbol iba a ser subsidiado por el Estado y me sorprendí porque los que escribían esas cosas sabían que el fútbol siempre fue un negocio extraordinario, que no necesitaba ser subsidiado, sino simplemente tener la oportunidad de participar en las ganancias que él mismo produce como evento deportivo, como espectáculo cultural. Y anuncié que el contrato que firmábamos ese día iba a obligar, en un primer momento, a una reorientación de la pauta publicitaria que tenía el Estado, para hacer frente a las obligaciones de pagos mensuales, que luego serían cubiertos por la comercialización del producto y que el excedente sería destinado el 50 por ciento a la AFA y el 50 por ciento a la promoción del deporte olímpico. Expliqué que el Gobierno no quería hacer negocios con el fútbol; al contrario, el objetivo del Estado era promover el deporte, la industria y ayudar a clubes que generan negocios millonarios y que, sin embargo, cada vez estaban más pobres. Aclaré, también, que los dirigentes tenían una responsabilidad enorme y sostuve que habíamos hecho algo más que promoción deportiva: habíamos dado un paso enorme en la democratización de la sociedad argentina. El fútbol y sus goles hasta ese momento habían estado secuestrados; si no pagabas no veías y no queríamos más una sociedad de secuestros de ningún tipo. Quería una sociedad cada día más libre y en esa lucha por la libertad entraban en tensión los derechos de la ciudadanía y el poder de las corporaciones, que iban a seguir existiendo, pero que era fundamental que no sean monopólicas, porque de ese modo se corría el riesgo de que pretendieran adueñarse de la vida, de la opinión, del patrimonio y del honor de los argentinos. Ese fue un día histórico para el fútbol, para la AFA, para los argentinos y para la posibilidad de vivir en una sociedad más justa y más democrática. Recuerdo que cuando terminó el mundial de 2014 y la Selección volvió de Brasil como subcampeona, los recibimos en el predio que la AFA tiene en Ezeiza. Grondona se me acercó y me dijo: "Tengo una deuda, no le pude traer la copa, doctora. Es la pena más grande que tengo".

Ese mismo mes, como una forma de completar el acceso de miles de argentinos, no sólo a su deporte sino a otros bienes culturales, lanzamos la Televisión Digital Abierta (TDA) y el sistema SATVD para que millones accedan en forma gratuita a la televisión y en alta definición. Nunca quisimos detenernos en el reconocimiento de derechos para nuestros compatriotas, porque una cosa nos había quedado clara luego de la derrota por la resolución 125 de retenciones móviles: la razón de ser del Estado es garantizar una mejor vida para el pueblo. El 14 de agosto de 2009 lancé el programa Ingreso Social con Trabajo, que tenía como objetivo promover la organización social en las cooperativas de trabajo para la realización de obras públicas locales que demandaran mano de obra intensiva (infraestructura, viviendas, saneamiento). Al 2015 se conformaron, gracias a este programa, 7.919 cooperativas y se incluyeron 305.900 personas. Nunca dejaré de preguntarme: ¿Estábamos listos para la batalla que significó sancionar, el 10 de octubre de 2009, la ley 26.522 de Servicios de Comunicación Audiovisual? Más adelante reflexiono sobre la pelea frontal y tremenda a que dio lugar con el Grupo Clarín. Pero lo cierto es que desde la recuperación de la democracia, el 10 de diciembre de 1983, existió un amplio consenso sobre la necesidad de derogar la norma de la dictadura y sancionar una nueva ley, en consonancia con las necesidades cívicas y participativas de la democracia. Es interesante repasar algunos antecedentes: los presidentes Alfonsín, en 1988, y De la Rúa, en 2001, presentaron sendos proyectos de ley, pero no pudieron ser tratados debido a las fuertes presiones ejercidas por parte de los sectores involucrados. En mayo de 2004, un grupo de militantes de medios comunitarios, organizaciones sociales, de derechos humanos, sindicales, de universidades, de referentes de medios públicos y otros de diversas extracciones políticas, pusieron en común la preocupación por la necesidad de que hubiera una regulación democrática de la radiodifusión argentina. Se trataba de un tema sin visibilidad y con escasa problematización social. Para hacerlo más asequible, buscaron acuerdos y organizaron los subtemas en puntos que empezaron siendo 20 y terminaron siendo 21, número que coincidía con los años desde el retorno a la democracia. Ese grupo, que llegó a sumar más de 300 organizaciones, se autodenominó Coalición por una Radiodifusión

Democrática (CRD) y sus 21 puntos básicos por el Derecho a la Comunicación se convirtieron en una bandera. El 27 de agosto de 2004, se presentaron en sociedad desde Radio Nacional y unos días más tarde, el 2 de diciembre, se repitió la experiencia transmitiendo desde las aulas de la Facultad de Ciencias Sociales de la UBA. En abril de 2008, al inicio del primer período de mi gobierno, en el contexto del conflicto por las retenciones agropecuarias comenzó a tomar relevancia la regulación de los medios audiovisuales y nos comprometimos a tratar la cuestión. El proyecto de ley fue presentado el 18 de marzo de 2009 en el Teatro Argentino de La Plata y fue fiel a los 21 puntos de la CRD. A partir de ese día se inició un debate que implicó 24 foros en todo el país y 80 charlas, más una decena de audiencias públicas y sesiones de comisiones parlamentarias de las que daremos cuenta en el último capítulo de este libro.

Y como democratizar la palabra era tan importante como democratizar el acceso de los argentinos a mejores condiciones de vida, en tanto se creaban fuentes de trabajo que los contuvieran, el 29 de octubre de 2009 firmé el decreto mediante el cual se creó la Asignación Universal por Hijo (AUH) que a diciembre del año 2015 —fin de mi segundo mandato— había permitido que más de 3,6 millones de niños, niñas y adolescentes la percibieran y que de esa forma 700 mil menores de edad salieran de la pobreza. Aún recuerdo las palabras que pronuncié el día de la firma. La medida era una universalización de la asignación básica familiar y uno de los instrumentos salariales más redistributivos. Expliqué que la asignación familiar tenía una historia. Había surgido porque inicialmente era un pago que se hacía a las mujeres cuando tenían hijos por parte de quien las empleaba, lo que había generado una gran discriminación en detrimento de la mujeres para emplear mano de obra. Ello motivó que el Estado se hiciera cargo del pago y no los empresarios. En el caso de la AUH, expliqué que la ampliación de la asignación familiar a los hijos de desocupados y de sectores de la economía informal que percibieran menos del salario mínimo, vital y móvil evitaba la competencia con el mercado laboral formal, porque no quitaba mano de obra al sector, ya que quien percibía la asignación universal por hijo, cuando conseguía trabajo registrado o regularizaba su situación, pasaba a cobrarla como asignación familiar. Se trataba de una medida absolutamente complementaria a nuestro proyecto económico, que se basaba fundamentalmente en la creación de trabajo decente para todos los argentinos.

Dije que en nuestros años de gobierno habíamos generado más de 5 millones de puestos de trabajo y que habíamos incorporado al sistema previsional argentino a más de 2 millones de personas que no habían podido jubilarse y que habían estado condenadas a una vejez sin ningún tipo de protección. La AUH podía existir porque habíamos tomado la decisión de recuperar la administración de los fondos del sistema previsional; es decir, porque habíamos decidido que los recursos de los trabajadores debían servir a los trabajadores y a los que todavía no habían conseguido ocupación. Contábamos con un financiamiento genuino y era una medida que, además, iba a permitir alimentar la actividad económica porque incluía a sectores vulnerables, que como tales destinaban la totalidad de sus ingresos al consumo de bienes que se producen en el mercado interno, fundamentalmente alimentos y vestimenta. Aclaré, al anunciar la medida, que quienes pagábamos ganancias en la AFIP percibíamos un descuento del importe de salario familiar al final del año. Lo planteé porque desde la derecha neoliberal y los medios de comunicación habían comenzado a instalar que los descuentos en los salarios de los trabajadores por impuesto a las ganancias se redireccionaban a los beneficiarios de la AUH, más tarde conocidos, despectivamente, como "planeros". Pese a que me cansé de explicarlo, la mentira germinó y creció. En este punto quiero recordar una frase textual de Juan Domingo Perón en el *Modelo argentino para el proyecto nacional* en su discurso del 1 de mayo de 1974, ante la Asamblea Legislativa: "Pero a la vez es impostergable expandir fuertemente el consumo esencial de las familias de menor ingreso, atendiendo sus necesidades con sentido social y sin formas superfluas. Esta es la verdadera base que integra la demanda nacional, la cual es motor esencial del desarrollo económico". Casi cuarenta años antes Perón, en su tercera presidencia, había identificado al consumo de los sectores vulnerables como palanca de desarrollo y crecimiento económico. Consumo para sostener la demanda, Perón dixit.

La ANSES estaría a cargo del control, la vigilancia y la transparencia en la asignación de la AUH. Nunca creí que esa medida iba a terminar con la pobreza, pero confiábamos en que iba a ayudar a aquellos que todavía no tenían la posibilidad de conseguir un trabajo decente. La idea de la AUH era, fundamentalmente, que nuestros chicos, nuestras niñas vayan al colegio y cumplan con todos los planes de vacunación y de control sanitario, que debían ser presentados para continuar con el beneficio. Debíamos entender, de una vez por todas, que nunca nadie podría dejar de ser pobre si no accedía a la educación y a la salud. Se trató, definitivamente, de un acto de reparación y de justicia que iba a ser completado cuando los padres de esos niños lograran tener un buen trabajo, un buen salario y una buena casa. Hubo luego medidas complementarias: cerca de un año después, el 28 de abril de 2011, mediante la Resolución 235/2011, se creó la Asignación Universal por Embarazo (AUE), que ampliaba los derechos que se brindaban mediante la AUH. Gracias a la AUE, hasta 2015 unas 82.430 embarazadas tuvieron acceso a servicios de atención médica especializada.

El Bicentenario

Durante el año del Bicentenario, nuestra meta fue generar más y más reconocimiento de derechos en todos los terrenos. Era nuestra manera de festejar a la Patria. El 2 de marzo de 2010 firmé el Decreto 312 que creaba el Sistema de Protección Integral de las Personas con Discapacidad. Mediante esa norma, el Estado estaba obligado a ocupar personas con discapacidad en una proporción no inferior al 4 por ciento de la totalidad de su personal. El 24 de marzo, el Día de la Memoria, presentamos el Centro Cultural de la Memoria Haroldo Conti y el 21 de mayo anunciamos el inicio del programa de Becas del Bicentenario para carreras científico-técnicas. En esa línea, el 6 de abril, habíamos dado comienzo a un programa inolvidable para mí y para miles de chicos y chicas de escuelas públicas del país: el programa Conectar Igualdad. Recuerdo las palabras que pronuncié el día de la presentación. Quise enfocarme en la importancia de la palabra Igualdad, que era uno de los valores más importantes a remarcar en ese año del Bicentenario. Sostuve que teníamos que perseguirla contra viento y marea. Porque la igualdad es el gran instrumento liberador y de equilibrio de las sociedades, de los pueblos y del mundo. Que la palabra igualdad haya formado parte del nombre del programa no era casual; quise que figurara porque siempre fue un valor de los argentinos comprometidos con el desarrollo del país desde 1810. Recordé que el nuestro había sido el primer gobierno de la historia argentina que puso el 6 por ciento del Producto Bruto Interno para la equidad educativa, para que todos los docentes tuvieran un piso salarial y para las escuelas. Siempre consideré que la igualdad tenía que estar fuertemente acompañada de lo económico: si un chico tiene que salir a trabajar y no puede terminar la escuela o no puede ir a la universidad, por más que estas sean públicas y gratuitas, la igualdad es solo declarativa. Ese día, dije que Perón y Eva permitieron que los argentinos cuenten con una igualdad completa, que posibilitó que los hijos de los obreros puedan llegar a la universidad y hasta ser presidentes del país, como era mi caso, porque seguramente si no hubiera sido así yo hubiera terminado la primaria e inclusive la secundaria, pero tal vez nunca hubiera podido llegar a la universidad.

A partir del programa Conectar Igualdad miles de chicos de la escuela pública podrían contar con su netbook que, en el mundo contemporáneo, significaba un absoluto instrumento de igualdad para superar, entre otras, la injusta brecha digital. Visto a la distancia, el programa permitió que millones de chicos de las escuelas secundarias públicas y sus docentes pudieran tener una computadora y, además, fue un programa que permitía que los alumnos que terminaran la escuela se la llevasen a su casa. Porque lo importante no era solamente lograr que los niños y los jóvenes ingresaran a la escuela, sino que el gran desafío era que la terminaran. Era una netbook hermosa, a prueba de golpes, con un software que tenía 46 programas especializados para escuelas técnicas y que luego también tuvo un propio software libre denominado "Huayra". Se trató de un programa muy ambicioso que lanzamos con ANSES, el Ministerio de Educación, el Ministerio de Planificación Federal y la Jefatura de Gabinete. La entrega de computadoras también fue acompañada de la conectividad y adaptación en las escuelas. Era un programa que, además de hacerlo con el alumno, permitía a las familias incorporarse al proceso educativo y de información. Los chicos accedían cada vez más al conocimiento a través de la web, incluso en miles de casas era la única computadora a la que accedía la familia. Había que acompañar ese cambio y hacer que todos pudieran tener las mismas posibilidades, estábamos ante un mundo nuevo y debíamos colaborar entre todos para abrirle la puerta y que no sea hostil ni desconocido sino que, al contrario, fuera un espacio de conectividad, de conocimientos y de igualdad.

En este camino de ampliación de derechos durante el año del Bicentenario, el 15 de julio de 2010 se aprobó la Ley 26.618 de Matrimonio Civil Igualitario. La Argentina fue, a partir de ese momento, el décimo país en el mundo en extender ese derecho y el primero de América Latina. En 2015, la cifra de parejas del mismo sexo casadas en el país desde la promulgación de la ley ascendía a 12.500. Lo cierto es que estuve y estoy profundamente orgullosa de haber impulsado y promovido esa ley, así como también de haber logrado la ley de Protección Integral contra la violencia de género N° 26.485 en marzo de 2009. Recuerdo las palabras que pronuncié el día de la promulgación de la Ley de Matrimonio Igualitario, el 21 de julio, en la Galería de los Patriotas Latinoamericanos. Recordé a Eva Perón, me pregunté cómo se habría sentido ella cuando presenció la sanción de la ley de los derechos políticos de las mujeres. Luego de 58 años de ese momento, me tocaba a mí, otra mujer, anunciar una ley para que se casaran personas del mismo sexo. Expresé que el debate que había precedido la sanción de la Ley de Matrimonio Igualitario en el futuro parecería tan anacrónico como era en ese momento recordar los debates y a quienes se opusieron a la Ley de Divorcio. Recuerdo que había revisado la lista de los legisladores que votaron en esa ocasión y encontré a un senador —no importa quién— que, luego de votar negativamente, al tiempo se divorció, pero luego votó por la Ley de Matrimonio Igualitario. También encontré a un senador católico que había votado a favor. En fin... la vida nos va cambiando porque la realidad también cambia.

Lo importante era que ese día fuimos una sociedad un poco más igualitaria que el día anterior a la sanción, porque con esa ley no le sacábamos derechos a nadie, al contrario, le estábamos dando a otros y otras cosas que les faltaban y que nosotros ya teníamos. Siempre sentí que, más que una ley, habíamos promulgado una construcción social y que, como tal, era transversal, diversa, plural, amplia y no le pertenecía a nadie. También pensé que tal vez podríamos haberlo hecho antes, pero todo tiene sus tiempos de maduración. Que era posible, que si ese debate se hubiera planteado años atrás tal vez se hubiera frustrado, ese año 2010 era especial, era el año del Bicentenario y se percibía en el aire el espíritu de una sociedad abierta, plural, diversa... y más tranquila. Durante el debate del matrimonio igualitario, en los medios de comunicación publicaron, como siempre, una enorme cantidad de mentiras. *La Nación* escribió, el 19 de junio de 2010, en uno de sus editoriales: "El fin último del matrimonio entre parejas del mismo sexo es posibilitar la posterior adopción de niños" y criticaban duramente la idea sosteniendo que "estudios norteamericanos a cargo de expertos en ciencias del comportamiento de la Universidad de Carolina del Sur llegaron a la conclusión de que los menores que viven y son criados por parejas homosexuales han padecido fuertes emociones, como miedo, inseguridad, ansiedad, aprehensión, vergüenza y enojo al tratar de esconder o negar la homosexualidad

de los padres". En el mismo diario, dijeron que nosotros teníamos un interés desmedido en que saliera la ley y que no
estábamos verdaderamente interesados en los derechos de los
homosexuales; que lo hacíamos por tres motivos: en primer
lugar porque "buscan plantarse como única opción progresista"; en segundo, porque pretendíamos "dividir a la oposición
con la discusión sobre el tema" y en tercer lugar dijeron que
lo hacíamos porque "Néstor Kirchner pretende enfrentar al
cardenal Jorge Bergoglio y a la Iglesia católica; un objetivo
en el que no hay dudas de que su esposa lo acompaña". Textual... ¡Mi Dios! Por supuesto, nada era verdad y la historia
se encargó de demostrarlo. Esa ley tuvo, para mí, una marca
profunda: fue la última que votó Néstor antes de partir.

De todos modos, si bien fue un año cargado de emociones
y signado por una enorme ampliación de derechos a vastos
sectores de la sociedad, no recuerdo mayor momento de felicidad durante mi gobierno que aquel 25 de mayo de 2010
durante los actos del Bicentenario. Fue el momento de mayor felicidad política de mi vida. Y, además, el hecho de que
haya estado como presidenta y junto a Néstor fue para mí
algo inolvidable. Casi mágico, no lo podía creer. Toda la vida
había soñado con el Bicentenario y trabajamos mucho para
que fuera inolvidable. El diseño de los festejos fue una creación de Oscar Parrilli y mía. Aunque después lo comprendió totalmente, Néstor no daba ni cinco pesos por eso y con
Zannini me hacían bromas en los almuerzos y en las comidas.
Me decían: "Vos y Parrilli con eso del Bicentenario..." y se
reían. Todos los días, una vez que llegaba a Casa de Gobierno,

Oscar inmediatamente venía a mi despacho con sus carpetas y sus papeles. La programación comenzó en marzo de 2008. Un día le dije: "Tengo que hablar con vos del Bicentenario". Le comenté que ya existía un decreto firmado Néstor y que se había formado una comisión del Bicentenario en la que estaban Aníbal y Alberto y otras personas... pero que como decía Perón: "cuando quieras que algo no se haga, nada mejor que formar una comisión". Entonces le pedí que se hiciera cargo. Le comenté que había hablado en Nueva York con la arquitecta argentina Margarita Gutman, que trabajaba en la New School University, y que incluso había venido a mi despacho de senadora en el 2007 a darme ideas sobre el tema y que me había entusiasmado muchísimo. Decidí nombrar a Oscar como coordinador de todo el equipo y empezó a trabajar.

Comenzó buscando antecedentes de festejos similares en el mundo. Me dijo que la espalda de él solo no alcanzaba y me propuso sumar al equipo a Jorge Coscia —secretario de Cultura de la Nación entre julio de 2009 y mayo de 2014— y a Tristán Bauer, entonces a cargo del Sistema Nacional de Medios Públicos, además de reconocido cineasta. Yo le decía: "Mirá Oscar, nosotros tenemos que tomar un modelo diferente a los festejos del Centenario, que fue unitario, entre la dirigencia, con la visita de una infanta monárquica, con estado de sitio y con la gente muriéndose de hambre. El Bicentenario tiene que ser lo opuesto, tiene que ser popular, federal, democrático y plural". Esa fue la definición que les di, y con esa base empezaron a hacer reuniones con todo el mundo: intelectuales, artistas, artesanos, hasta con los corredores de autos. Con todas las comunidades: la DAIA, la AMIA, los italianos, los peruanos, bolivianos… con todos. Oscar incorporó al equipo al productor Javier Grosman y armaron lo que ellos llamaban "La Unidad del Bicentenario". Hicieron una reunión y me dijeron: "Tenemos que reservar los lugares, vamos a reservar la Rural". Les dije que no. Que el Bicentenario tenía que ser en la calle. Comenzamos a preparar la fiesta y en esa primera reunión quedó claro que teníamos que tomar la calle. También le había dicho a Oscar que buscáramos algo diferente, algo distinto, algo que "rompa los moldes" y ahí surgió lo del grupo Fuerza Bruta, idea de Parrilli. Él los había visto en un espectáculo que dieron en Recoleta y le dijo a Grosman: "Hay un grupo que hace locuras, me gustaría traerlos", y así fue que se incorporó a Ricardo "Diky" James (fundador de Fuerza Bruta) y empezaron a armar todo el esquema del desfile.

Después, cuando vinieron con la propuesta final, sumé cosas que les faltaban. Pedí, por ejemplo, que incluyeran la batalla de San Lorenzo. Me fascina ese episodio histórico y encuentro que la marcha militar compuesta para conmemorarlo es simplemente perfecta. Habían hecho consultas a diferentes historiadores acerca de todos los hechos políticos y sociales más importantes de los doscientos años de historia; habían consultado a Felipe Pigna y a diferentes intelectuales que acercaron sus propuestas. Luego de varias reuniones, elegí los veinte temas que sí o sí tenían que estar. El último de todos era el futuro: "La burbuja de la ciencia y la tecnología", en el desfile de las carrozas y que más tarde dio pie para la construcción de la gran feria de la ciencia y la tecnología que fue Tecnópolis. Más cerca de los festejos, tuve una reunión con la comisión organizativa y me dijeron que en el desfile de las comunidades y organizaciones iban a poner a los partidos políticos primero. "¿Cómo van a poner a los partidos políticos primero? Los partidos políticos tienen que venir después de los inmigrantes", les señalé. Debíamos respetar la temporalidad histórica y el carácter popular de la celebración. Luego de tantas definiciones, vinieron días de chequear el contenido y la calidad de las producciones. Ellos traían los *renders*, las imágenes digitalizadas. Un par de días antes del inicio de los festejos recuerdo que corregí en el microcine de Olivos hasta el *mapping* que se proyectó luego sobre la fachada del Cabildo. Recuerdo que Néstor nos decía: "Están perdiendo el tiempo". En los medios se quejaban porque los días previos, para montar el escenario y los stands, cortamos algunas calles. Me acuerdo que Kirchner se enojaba y lo llamaba por teléfono a Parrilli: "Están puteándonos por Radio Mitre, por C5N, por los cortes de calle". O le decía: "Le hacés perder el tiempo a la presidenta…" Junto con Zannini no dejaba de acicatearme en almuerzos y cenas: "¿Cuánta gente piensan meter? ¿Cien mil? ¿Doscientos mil?..." Cuando el primer día de los festejos se juntaron espontáneamente 300 mil almas en el Obelisco, llegó la venganza de Parrilli: "¿Les alcanza esta cantidad…?". La historia saldó aquella discusión.

El 25 de mayo del 2010, doscientos años después de la jornada histórica, la ciudad de Buenos Aires fue literalmente tomada por la gente. Teníamos razón. Así que el viernes 21 de mayo di por inaugurado formalmente el Paseo de la 9 de Julio y los festejos del Bicentenario explotaron. Recuerdo que fui al stand de la Embajada de Brasil, que había armado un juego en el que tenías que patear una pelota para hacer gol y me sacaron una foto en el momento de pegarle a la pelota. Hasta me acuerdo cómo estaba vestida. Tengo la imagen en mi cabeza de ver gente caminando por todos lados. Cuando me fui, se produjo un desborde terrible: la gente se tiró arriba del auto y lo corrieron varias cuadras. Al otro día el secretario de Comercio, Guillermo Moreno, que había visto la escena, me comentó: "¿Usted vio lo que pasó ayer cuando se fue? Yo venía caminando del Ministerio de Economía hacia la 9 de Julio por Avenida de Mayo, y vi cómo la gente se tiraba sobre un auto, que después me dijeron que era el suyo. Nunca había visto una cosa así. Mucho fervor. Nunca vi tanto fervor". Los días anteriores al 25 de mayo, Parrilli recorrió a pie el Paseo de la 9 de Julio; me contó que era increíble lo que sucedía en los puestos. No daban abasto porque había tanta gente que no les alcanzaba la comida para cubrir la demanda. Recuerdo una anécdota en particular; él me contó que uno de esos días previos al 25 iba caminando y un hombre mayor, muy bien vestido y sumamente elegante, lo paró: "¿Usted es Parrilli?", le preguntó. Oscar pensó que lo venía a increpar. Pero no, el hombre le dijo: "Mire, quiero decirle algo. Yo estuve en el bicentenario de la Revolución Francesa, en París, y esto es mucho mejor". El 25 de mayo de 2010 fue martes. Habíamos decretado que el lunes fuera feriado, recuerdo que los opositores nos criticaron por el feriado puente. ¡Cuándo no! También me criticaron por no ir al desfile de las Fuerzas Armadas el sábado 22, al que sí fue el gobernador de Buenos Aires, Daniel Scioli. En verdad, no fui porque estaba cansada, no hubo ninguna otra razón. Es más, yo quiero que alguien me diga cuándo se le dio —después de la dictadura— el lugar que le dimos en ese desfile central a San Martín, los Granaderos y la guerra de Malvinas. El desfile militar del día 22 lo hicimos con los trajes históricos. No homenajeamos a las fuerzas armadas represivas, reivindicamos la historia y la gesta heroica de las fuerzas armadas en nuestra guerra por la Independencia. Eso lo fuimos organizando durante la marcha, y hubo algunas cosas que nos salieron bien de casualidad.

Como lo que pasó el 25 de mayo por la noche: todavía estábamos en la Casa Rosada y Oscar entra muy pálido y serio y me dice: "El desfile no se puede hacer. No, no pueden salir, porque la gente desbordó las vallas y ocupa las calles". "¿No puede salir quién?", le digo. "¡Los de Fuerza Bruta, dicen que no pueden salir, que es peligroso!". "Mirá, Oscar, tenemos más de tres millones de personas en la calle, si no llegan a salir nos van a matar a todos". Los organizadores tenían miedo por la cantidad de gente que había y por la seguridad, entonces no querían dar inicio al desfile. En los medios, como de costumbre, decían mentiras. Titulaban que había incidentes y que se iba a morir gente. Y los de logística tenían miedo, pero Néstor les dijo: "¿Están locos?, ¡cómo no van a salir ahora!". Entonces dieron la orden de empezar el desfile, pero cuando iba a salir la primera carroza hubo un inconveniente. Nosotros, influenciados por nuestra concepción eurocentrista y como buenos hijos de inmigrantes, habíamos organizado que el desfile comience con la carroza que transportaba a una joven de pelo largo y oscuro, que vestida con una larga túnica blanca y celeste que agitaba en el aire y la hacía flamear simbolizaba a nuestro país, la Argentina. El efecto era magnífico, elevada a gran altura pareció danzar en el aire, la gente se había subido a las vallas y las habían tirado, terminando, de esa forma, adentro del pasillo por donde debían pasar las carrozas. Estábamos con un lío enorme, ya que por su tamaño la primera carroza, la de la Argentina, no podía pasar, entonces salió primero la segunda carroza, que era la de los pueblos originarios, que tenía una forma diferente, era más angosta. Fue impresionante, se ve que Dios estaba también por ahí y pasó lo que tenía que pasar, lo que era más justo y de rigor histórico, los pueblos originarios al comienzo.

Para el festejo central nos acompañaron presidentes de los diferentes países latinoamericanos: Lula Da Silva, Sebastián Piñera, José "Pepe" Mujica, Hugo Chávez, Fernando Lugo, Rafael Correa, Evo Morales. Con Néstor éramos nueve presidentes. Nueve presidentes caminando ocho cuadras en medio de una multitud y sin el más mínimo dispositivo de seguridad. Fue impresionante e inolvidable. Caminamos desde la Casa Rosada hasta el palco que estaba en Diagonal Norte. Lo habíamos montado ahí y no en Avenida de Mayo, porque allí había muchos árboles y terminó siendo mejor, porque el trayecto permitía que rodeáramos sin problemas el Obelisco. Pepe Mujica llegó bufando por la cantidad de cuadras que lo habíamos hecho caminar y por los apretujones de afecto de la gente, que no podía creer ver a tantos presidentes caminar entre ellos como uno más. Nueve presidentes caminando en medio más de 3 millones de personas sin seguridad, y no pasó nada. Fue maravilloso. Cuando subimos al palco, Lula dijo: "Esto en Brasil son cien muertos". En la foto que se hizo más popular no salió Chávez porque se había demorado, saludando a la gente detrás. Llegó a haber 5 millones de personas en la calle. Había gente hasta en Constitución. Sin embargo, no hubo denuncias de hechos de violencia, no hubo denuncias de robo, absolutamente nada. La periodista Nancy Pazos, que en esa época estaba casada con Diego Santilli, le contó a Oscar que ese día se habían alquilado todas las habitaciones de los hoteles que estaban sobre la 9 de Julio. La gente de plata los alquiló como si fueran palcos del Colón para no perderse el espectáculo. Parrilli también recuerda que una de las chicas que volaban con la bandera gigante de Argentina —eran dos que se turnaban— le dijo: "Nunca vi tanta gente junta y además tan feliz". En verdad, no sé si alguna vez hubo tanta gente junta movilizada, la vez anterior debe haber sido la convocatoria de Perón a Ezeiza el 20 de junio del 73, a la que fueron millones de personas y lamentablemente no terminó nada bien. Pero como aquel 25 de mayo de 2010, no hubo ninguno. Ese día el pueblo estaba feliz.

Las críticas de los medios hegemónicos no se hicieron esperar. Criticaron, como siempre, el costo de los festejos. O el contenido del *mapping* donde, supuestamente, recortábamos la historia. *La Nación* llegó a decir que a propósito no habíamos invitado a los ex presidentes Menem, De la Rúa y

Duhalde, ni a mi vice Julio Cobos, que había votado en contra de su propio gobierno en el conflicto por las retenciones a la soja y que de cualquier manera los festejos no nos iban a salvar de perder las elecciones en 2011. También dijeron que tampoco lo habíamos invitado a Macri, jefe de gobierno porteño. La discusión con el gobierno de Macri, en la ciudad de Buenos Aires, su batalla por hacer su propio bicentenario en el Teatro Colón, una gala donde ellos fueran los protagonistas, anticipaba lo que iba a ocurrir no sólo con Tecnópolis, poco después, sino con la transmisión del mando presidencial en 2015. Quisieron competir con nosotros inútilmente. Es más, los convocamos para trabajar juntos y ellos no quisieron. Hernán Lombardi quiso armar su propio espectáculo. Trajeron a unos tenores, hicieron algo en el Colón para competir, pero fue inútil.

Creo que el Bicentenario y Tecnópolis fueron prácticamente una misma cosa. Si bien Tecnópolis se inauguró el 14 de julio de 2011 —más de un año después de los festejos del Bicentenario— estaban profundamente unidos porque la última carroza de aquel desfile fue la del futuro, la de la burbuja de la ciencia y la tecnología. Dentro de ella iban docentes con guardapolvos blancos, científicos y muchos chicos. El futuro eran ellos, los científicos, los educadores y los chicos en la escuela aprendiendo. Se trataba de una reivindicación y de una apuesta a la educación, la ciencia y la tecnología. En un comienzo, pensamos hacer Tecnópolis como una exposición de ciencia y tecnología que durase tan solo dos semanas. Quisimos hacerla al costado del edificio de la Televisión Pública, sobre Figueroa Alcorta. La idea era armar un escenario móvil, que durante la semana se levantase para que pudieran circular los autos sin problemas, pero el gobierno de Macri no nos dio permiso. Extraoficialmente, Santilli le había avisado a Parrilli que probablemente no iban a autorizarnos. Y así fue. Imagino qué habrán pensado: "Esto va a ser un éxito como el Bicentenario, ¿para qué lo vamos a permitir?". Recuerdo que a Néstor tampoco le entusiasmaba la idea, me decía permanentemente: "Cortala con Tecnópolis. Ya salió bien lo del Bicentenario, ¿para qué vas a hacer lo mismo otra vez?". Él era un tipo que no entendía mucho de esas cosas, la cultura y el arte no eran su fuerte, aunque ahora que lo pienso bien, no era que no las entendía, me parece que la cuestión era que no le interesaban. Era un animal político y para él, el resto, era solo una pérdida de tiempo. Entonces no entendía mi entusiasmo de hacer algo como Tecnópolis. "Vos no entendés, no es otro Bicentenario, es algo totalmente diferente", le explicaba. Un día se nos ocurrió: "¿Y si en lugar de hacerla por dos semanas la hacemos durante tres meses?". Y finalmente así fue. En el proyecto original figuraba una duración de tres meses y después íbamos a levantarla, pero el éxito fue tan brutal que terminó siendo una muestra permanente.

Empezamos a planificarla a principio de octubre de 2010. La idea inicial era lanzarla el día 20 de noviembre, aprovechando el feriado por el Día de la Soberanía Nacional, y con el simbolismo de que en el siglo 21 esa soberanía tenía un componente científico y tecnológico como nunca antes. Pero, finalmente, el Gobierno de la ciudad no nos autorizó y postergamos el lanzamiento. Lo hicieron con la clara intención de perjudicarnos, pero menos mal que fue así. El 27 de octubre sucedió lo de Néstor y hubiese sido una situación imposible de sostener. En diciembre de 2010, decidimos retomar el proyecto. Parrilli comenzó a buscar un lugar donde poder montar la muestra. Hubo propuestas para realizarla en Mar del Plata, Vicente López, Floresta y Tigre, entre otros. Entonces Oscar se subió a un helicóptero con Javier Grosman y empezaron a ver con un mapa los sitios que nos habían ofrecido. Cuando pasaron por arriba del lugar que finalmente se eligió, en el viejo cuartel de Villa Martelli, vieron pastizales, yuyos, escombros, pero la ubicación era ideal, porque estaba cerca de Acceso Norte y Acceso Oeste, autopistas que conectaban la Capital con la provincia de Buenos Aires. El problema que teníamos es que al lado del predio militar había una estación de los servicios de inteligencia. Y no sólo eso: también estaba plantada la antena de Radio Mitre del Grupo Clarín y no la querían sacar. Una antena de una radio privada usufructuando los terrenos de un cuartel del Ejército argentino. El primer año quedó, pero después los obligamos a sacarla. El comité para organizar Tecnópolis fue el mismo que para el Bicentenario. Lo integraban Oscar, Tristán y Coscia, y llamamos a todo el mundo; a los ministerios, a las provincias, a empresas privadas. Participaron Conicet, también YPF, empresas como Globant y numerosos proveedores privados.

Definitivamente, Tecnópolis fue la continuación del Bicentenario. Era un paseo tan increíble que visitarlo terminó siendo obligatorio para las familias de todas las clases sociales.

El 14 de julio de 2011 en el predio de Villa Martelli, inauguramos finalmente Tecnópolis, lo expliqué como un paseo en el que se recorrían nuestros doscientos años de historia en materia de desarrollo e innovación tecnológica. Allí se podía ver el desarrollo de la industria aeronáutica; de más de cien hechos industriales ocurridos en nuestro país; también había un sector dedicado a todos los inventos, donde las personas podían interactuar y hasta habíamos recreado un sector de glaciares, imitando a la Antártida argentina y desde donde era posible comunicarse con la Base Marambio. Estábamos demostrando lo que los argentinos éramos capaces de hacer. Era también una convocatoria a todos para conocer y para aprender. Para montar Tecnópolis tuvimos que remover 450.000 metros cúbicos de tierra; sacar 40.000 toneladas de escombros; 2.000 personas participaron en el desmalezado de toda Villa Martelli y más de 12.000 cooperativistas trabajaron junto a la Municipalidad de Vicente López y la provincia de Buenos Aires. Instalamos más de ocho kilómetros de fibra óptica bajo el mismo predio para interconectar todo el parque. No se trataba solamente de una conmemoración a lo que habíamos sido capaces de hacer, era también una convocatoria al futuro, un verdadero parque temático que, como generación del Bicentenario, le queríamos dejar a todos los argentinos al empezar el tercer siglo de nuestra historia. Nuestro gobierno siempre estuvo convencido de que la ciencia, la tecnología y el conocimiento eran los que iban a brindarnos el valor agregado definitivo para dar el salto cuantitativo y cualitativo que estábamos buscando, y que de a poco íbamos dando como país. El intendente de Vicente López, el radical Enrique García Tomé, fue de gran ayuda para la realización del proyecto y el día de la inauguración, además de agradecerle, también les conté a todos los presentes que los vecinos e intendentes cercanos al parque estaban muy contentos por la inauguración, porque Tecnópolis significaba una mayor actividad económica y una inyección de recursos para toda la zona. Habíamos tomado la decisión de privilegiar el talento, la inteligencia, la educación, la ciencia y la tecnología como los verdaderos motores que, creíamos, iban a permitirnos profundizar el proceso de transformación y distribución del ingreso en un momento histórico a nivel nacional y global en el que se estaban derrumbando estrepitosamente los paradigmas que durante tanto tiempo colonizaron culturalmente a nuestra región en general y a nuestro país en particular.

Por eso, tal vez y como siempre hicieron con nuestras políticas e iniciativas, la corporación mediática intentó demoler ese emprendimiento y comenzaron a denominarlo, en forma despreciativa, "negrópolis". En ese momento advertí que estaban resurgiendo las viejas antinomias, algo que no habíamos visto durante los festejos del Bicentenario. Nuevamente aparecía el odio de clase en algunos y en la inmensa mayoría los prejuicios convenientemente administrados desde los medios de comunicación. Durante los festejos del Bicentenario, parecía que las clases sociales en Argentina, sin haber desaparecido, por lo menos convivían. Sentí en aquellos días que había una Argentina más homogénea y que nosotros estábamos ayudando a eso. La derecha vino, festejó y se sintió cómoda.

Le gustó todo: Malvinas, la representación de la batalla de San Lorenzo; los militares estaban fascinados con los granaderos desfilando. Compartimos el lugar. Entonces los medios, que habían advertido el clima del Bicentenario, comenzaron a fomentar "la grieta", que lamentablemente siempre ha tenido nuestro país. Empezaron a decir "negrópolis" y a despreciar a todos los que iban a pasear con sus hijos a Tecnópolis, a la gente de los barrios y a la gente de todo el país que iba a disfrutar de ese enorme paseo cultural. Conozco gente que venía desde Santa Cruz o desde Salta a visitar la muestra, pero lo que no decían y ocultaban es que también iban los colegios donde se educa la clase alta. En 2011 comenzaron a ir los colegios públicos, pero ya en 2012 empezaron a aparecer los colegios privados, como el Cardenal Newman, donde estudió Macri. Iban porque se dieron cuenta de que era una cosa en serio, que había actividades de contenido y calidad, y que además era público-privado, ya que había instalaciones de empresas privadas. Y cada año se incorporaban más.

Fue una suerte de parque temático que no era de diversiones, sino que era de historia, de ciencia y de tecnología. Era tan increíble que, incluso, quisieron venir a comprarlo los dueños de la feria de Barcelona en España. Era comparable al parque temático de Disney World denominado Epcot, pero era nuestro. Era lúdico también, se trataba de aprender jugando. Esa era la lógica que tenía. Recuerdo cuando inauguramos el acuario. Fue impresionante, se trataba de que la gente se involucrase, que actuara y participara divirtiéndose y aprendiendo. En el mismo Tecnópolis construimos un auditorio que sigue siendo el más grande de la Argentina. Tiene capacidad para doce mil personas sentadas y es móvil, porque desarrollamos un sistema que permitía que la cubierta se levantara. Mientras escribo, voy recordando las cosas que hemos hecho. ¡Madre de Dios! Además, en el poco tiempo que lo hicimos. Empezamos en febrero y lo inauguramos en noviembre del mismo año. Parrilli se acuerda de un ingeniero mendocino que había venido para poner las luces y no daba abasto. Hubo una mística muy increíble entre toda la gente que trabajó ahí. Participaron muchas cooperativas. Había centenares de chicos que cuidaban el espacio y que hacían las visitas guiadas... Generamos trabajo con formación y capacitación. Después del 2015 el gobierno de Macri fue destruyendo todo... El predio ferial en donde hacíamos las cenas y los grandes actos quedó. Nosotros lo alquilábamos. Una vez la UIA y, si mal no recuerdo, también hicieron exhibiciones Mercedes Benz y otras empresas automotrices. Se ofrecieron espectáculos de muchísimos artistas; se jugó la Copa Davis; hubo una preparatoria para el Mundial de Básquet. Era un lugar maravilloso que tuvieron todos los argentinos. Con Tecnópolis queríamos culminar el 2010, el año del Bicentenario, pero no fue posible. Ese fue un año de infinita felicidad, pero al mismo tiempo de infinito dolor para mí. Pero así era la vida y Tecnópolis era además de una conmemoración, una convocatoria no sólo al futuro, sino también a la vida de las nuevas generaciones, de los que todavía no habían nacido, de los que iban a venir y por los que teníamos la obligación de seguir adelante con más fuerza, con más pasión y con más convicción que nunca.

Después del Bicentenario, Néstor sintió que habíamos ganado la batalla cultural. Me lo dijo. Pobre, no se dio cuenta de que todavía faltaba mucho para eso. Él estaba exultante. A lo mejor lo vio y se imaginó que después de eso iba a haber para siempre una activa participación popular. Y pienso que a lo mejor tenía razón: habíamos ganado la batalla cultural en ese Bicentenario, pero la pérdida de él inmediatamente después, en octubre, nos privó de lo que éramos. Siempre sentimos que éramos uno solo, pero en verdad éramos dos personas separadas, con características propias y muy definidas cada una, que sin embargo se complementaban de manera casi perfecta. Después, tal vez a mí me faltó todo lo que me aportaba él y eso no me permitió ver ciertas cosas en la construcción política. Al día siguiente de los festejos del Bicentenario, vino a almorzar a la residencia Máximo, que había viajado para no perderse el evento. Recuerdo que Néstor le dijo: "Les ganamos la batalla cultural y el 25 de Mayo". Es que la historiografía liberal se había apoderado del 25 de Mayo, algo que me parecía muy injusto. Yo amo el 25 de Mayo, no descarto que posiblemente tengan que ver en ese amor *Billiken* y mis recuerdos de los actos del colegio, pero siempre he sentido que ese día nació la Patria y en el Bicentenario sentí que estaba siendo parte de la historia. Considero que eso tiene que ver con lo que uno cree, con la cultura, con la épica. Néstor también sentía esa especie de compromiso con la historia y la necesidad de la trascendencia. Cada cosa que hacía me decía: "Esto es para la historia". Para la historia sintió que era el pago al FMI; la reestructuración de la deuda; cuando bajó el famoso cuadro de Videla; para la historia también sintió que fue la recuperación de la ex ESMA. Él tenía un claro plan en la cabeza y sentía que trabajaba para cambiar la historia de un país, el suyo, que había frustrado a tantas generaciones. Sentía que había llegado hasta ese lugar para hacer determinadas cosas. En cambio, yo nunca me sentí tan predestinada, en todo caso lo vivía casi como una obligación. Sentía la obligación de hacer determinadas cosas, y la responsabilidad histórica de cumplirlas. Es muy difícil pensar que la muerte de una sola persona pueda truncar un proceso histórico, pero no sé, con todo lo que estamos viviendo en estos días en que escribo este libro, a veces lo pienso. Uno siempre se pregunta qué hubiera sido el 55 con Evita viva; o cómo estaría Latinoamérica si Chávez o Néstor aún estuvieran, o qué hubiese pasado si Fidel no hubiese sido Fidel; o De Gaulle, Churchill o Roosevelt no hubieran estado en el momento en que estuvieron de la historia de sus países. Siempre me pregunto porque Néstor no lo vio, él veía la perspectiva histórica. Él decía que habíamos ganado la batalla cultural porque habíamos validado con millones de personas en la calle una mirada sobre la historia. Porque eso fue el Bicentenario, una mirada sobre los doscientos años de historia argentina: la Patria grande latinoamericana, Malvinas, los desaparecidos, el antiimperialismo, los partidos políticos, la industria nacional, los pueblos originarios, San Martín, la batalla de San Lorenzo. Ese clima de unión nacional él lo sintió, a tal punto que cuando empecé a armar Tecnópolis me dijo:

"No, ya está, ya lo lograste con el Bicentenario. No quieras repetirlo". "No, no es lo mismo. Tecnópolis es otra cosa, Néstor", y le explicaba. No había caso, él se había quedado con esa fotografía y no quería que nadie se la borrara, porque le había parecido sencillamente perfecta. Luego de la partida de Néstor, desde los medios de comunicación, como siempre, las infamias y mentiras estuvieron a la orden del día. En *Perfil*, el 12 de septiembre de 2017, Ceferino Reato publicó una nota titulada "El show de la tragedia", en donde afirmaba que al igual que como había organizado el Bicentenario, también monté un show el día del funeral de mi marido y compañero y que incluso me había ayudado Javier Grosman con "el espectáculo" para "generar una épica inolvidable". Sí, parece increíble, pero está escrito y firmado en letra de molde. También dijo que había decidido que el féretro estuviera cerrado para ser la "protagonista principal" y "tener toda la atención". Solamente personas profundamente enfermas en el alma pueden escribir cosas tan perversas. Otros llegaron a recriminarme que estuviera al lado del cajón con mi familia... ¿Y dónde íbamos a estar? Lo único que les pedí a los chicos fue que no diéramos un espectáculo; que estuviéramos serenos, sin estridencias; que tratáramos de contenernos. Pero sobre todo les pedí que no diéramos lástima, no quería eso bajo ningún punto de vista. Era algo que me había enseñado Néstor. Él hubiera detestado que ese día su familia diera lástima. Dijeron, también, que había matado a mi propio marido. El 23 de febrero de 2016, *La Nación* publicó dichos de Carlos Menem en donde me acusaba de haber asesinado a mi esposo porque supuestamente "él me castigaba muy feo". Cuando alguien días más tarde me lo comentó lo tomé como un comentario casi senil. *Clarín* el mismo día publicó las mismas palabras de Menem y agregó en potencial "son muchos que sostienen que a Néstor Kirchner lo habría matado la mujer". Es algo espantoso. ¿Contra eso qué se puede decir? Alguno dijo: "Ella tendría que haber aclarado". ¿Qué tendría que haber aclarado? ¿Que no había matado a mi marido? ¿Qué es eso? Yo creo que también plantean cosas absurdas porque saben que la propia irracionalidad de lo planteado impide o inhibe ver lo real. Es algo imposible de contraargumentar. Recuerdo que en los años 90 decían que José Luis Manzano se había hecho cirugía plástica en los glúteos, entonces Adelina D'Alessio de Viola dijo: "¿Cómo desmentís eso? ¿Tenés que bajarte los pantalones y mostrarle el culo a la gente?". Y creo que ese ejemplo grotesco resume muy bien ciertas cosas. Es irracional el planteo... pero está racionalmente planificado. Es un plan que pivotea sobre prejuicios y sobre técnicas de comunicación. Cuanto más disparatado es lo que se enuncia, más se predispone la gente a creerlo. En Canal 13, Mirtha Legrand, durante uno de sus famosos almuerzos, llegó a decir que el féretro estaba vacío. Y en la misma mesa, el 12 de diciembre de 2015, Alfredo Leuco dijo que yo había decidido velar a mi esposo a cajón cerrado porque si nadie lo veía muerto la gente iba a creer que seguía vivo. ¡Cuánta maldad! Días pasados vi un video que hace el humorista Martín Rechimuzzi en el que le pregunta a la gente en la calle cosas insólitas, haciéndose pasar por un periodista extranjero. Todos responden a los planteos más absurdos sin siquiera cuestionar la irracionalidad del enunciado, que además siempre es de imposible existencia. En medio del debate de la ley sobre la despenalización del aborto, el falso periodista preguntaba qué pensaban de un niño que había sido abortado y que estaba sufriendo por eso graves problemas en la vida. La gente le respondía "Claro, ¿cómo no va a tener problemas, pobrecito?". Cuando veo a esa gente y escucho sus respuestas pienso: esto es una batalla perdida. El que la planteó lo hizo muy inteligentemente, se basó en la experiencia de pensamientos, en cuestiones psicológicas y sociológicas. No son improvisados. Pelear contra ese sentido común, tan mediocre, me valió el insulto y el escarnio de los opositores, no sólo a nuestras políticas económicas, sociales y las culturales como el Bicentenario y Tecnópolis, sino a mi persona. Para ellos soy "la yegua", aunque me gustaría decirle a todos los argentinos y las argentinas que no me ofende para nada ese apodo y que, además, no tengan miedo porque, después de todo... las yeguas somos herbívoras.

6

Los heraldos negros: el dolor y la fuerza (2011-2015)

"Hay golpes en la vida, tan fuertes... ¡yo no sé!
Golpes como del odio de Dios; como si ante ellos.
La resaca de todo lo sufrido
se empozara en el alma... ¡yo no sé!"

CÉSAR VALLEJO, 1918

Anuncié mi candidatura para el segundo mandato el 21 de junio de 2011. Fue durante un acto en la Casa Rosada, en el cual presentábamos la construcción de 120 torres de transmisión de televisión digital por aire (TDA) y la adjudicación de 220 señales audiovisuales nuevas, un avance sustancial en el camino que habíamos abierto, en 2009, con la Ley de Servicios de Comunicación Audiovisual. Fue un martes, me acuerdo porque durante todo el fin de semana, en los medios de comunicación, habían especulado sobre "las razones" de mi ida a mi casa de El Calafate... Que si fui a descansar... A pensar... o vaya a saber qué. Ocurría que, desde la partida de Néstor, se agregaron dos nuevos capítulos a los agravios contra mi persona: psicología y medicina. Mi viaje a El Calafate no estuvo exento de ese tipo de teorías maliciosas. Pero, como conté en aquel acto en Casa Rosada, había tenido una explicación muy distinta. Ese fin de semana había sido el día del padre y fui a acompañar a Máximo, que por primera vez lo pasaba sin Néstor. Florencia nunca creyó en esas fechas, siempre dijo que eran comerciales, así que me fui al Sur. Parece mentira, pero muchas veces tenía que explicar que, además de ser presidenta, también era madre, una cosa tan simple y tan humana, pero que tampoco se salvó de los agravios y las difamaciones. A muchos y a muchas les llamó la atención que el anuncio no se hubiera realizado en el Teatro Argentino de La Plata, como lo habíamos hecho con mi candidatura a senadora en 2005; para mi primera presidencia, en 2007, y en el cierre de campaña electoral de 2009, en un acto magnífico que cerró Néstor. También en ese teatro habíamos presentado la Ley de Servicios de Comunicación Audiovisual, en agosto de 2009. Como expliqué aquel martes, no podía volver al Teatro Argentino. Es que no concebía siquiera pensar en levantar la cabeza en medio del discurso, buscarlo a él y no encontrarlo. Cuando hablábamos en ese tipo de actos o en auditorios, manteníamos un vínculo implícito: el que estaba en el estrado comunicando sus ideas, inmediatamente después de lanzar una frase, buscaba la mirada del otro, que de alguna manera confirmaba lo que había dicho. Después de más de 35 años de trabajar, militar y vivir juntos, esa falta se me hacía casi insoportable. Decidí esperar hasta unos días antes del vencimiento del plazo electoral de inscripción para anunciar mi candidatura. Si algo aprendí después de Néstor —porque, como pocas cosas, el dolor enseña— fue que la vida cambia de golpe, da giros rotundos, como también puede cambiar la Argentina. Eso fue lo que me hizo esperar hasta último momento para decidir y comunicar que iba a ser candidata nuevamente. No fue la especulación, sino el duro aprendizaje de que todo cambia en un segundo. ¿Qué fue lo que me hizo presentar una vez más? Pensar qué habría hecho él en mi lugar. Desde aquel 27 de octubre la gente no hacía más que repetirme "Fuerza Cristina" a cualquier lugar que iba, en los actos, en la calle, en mi casa de Calafate o Gallegos, esa era la forma que habían encontrado de transmitir su apoyo. "Fuerza Cristina". En ese mensaje sentía no sólo apoyo o consuelo, sino también que al conjurar esa frase, ellos y ellas, me transmitían realmente su "fuerza"; me decían, de alguna manera, "estamos con vos, seguí para adelante". Me acuerdo particularmente de un caso, que creo haberlo recordado también en el discurso de aquel martes de junio, en el que los padres de un helicopterista del ejército, dos personas mayores que habían perdido a su hijo en la guerra de Malvinas, se acercaron y me dijeron, con la cara empapada de lágrimas, "Fuerza presidenta". Eso me impactó y movilizó muchísimo. Ellos, con tantos años y habiendo cargado tanto dolor, pudieron acercarse a decirme eso. ¿Cómo no iba a poder seguir adelante?

Había que seguir trabajando con el compromiso que se nutre de la memoria de Néstor y de todos los que lucharon como él en el pasado. Ese legado, su legado, se proyecta en los jóvenes que tomaron las mismas banderas con firmeza y que hoy resisten para que la patria no vuelva a estar de rodillas. Pienso que tal vez ese sea mi rol, el de ser un puente entre las nuevas generaciones y las anteriores; nosotros tomamos la posta de otros para construir la Argentina y, a pesar del fuerte revés que nos acecha, serán los y las jóvenes quienes deberán seguir adelante. No tengo dudas. En aquel momento, ese "fuerza Cristina" fue teniendo cada vez más peso, más potencia, me fortaleció para encarar el desafío de una nueva elección presidencial, de un nuevo mandato y por eso lo convertimos en el lema de la campaña: "La fuerza de un pueblo". Dije también, durante el anuncio, que siempre había tenido un alto sentido de la responsabilidad política, histórica y personal respecto a lo que debía hacer. Nadie tiene la vida comprada, nadie sabe lo que le va a pasar, nadie sabe lo que va a construir, porque la construcción política nunca es individual, sino colectiva. Por eso dije también que era un ejercicio de responsabilidad no adelantarse en los tiempos y tomar las decisiones cuando correspondiera. En los ocho años que habían pasado, había quedado claro lo que estaba en disputa en nuestro país y sentía que era yo quien tenía que estar delante de la continuidad de nuestro proyecto político en ese momento histórico. Transitamos conquistas y victorias; crisis económicas globales, derrotas políticas, rupturas internas, iniciativas frustradas, rumores sobre mi renuncia

—rumores no inocentes, por supuesto—, pero todo siempre con un mismo sentido: transformar la Argentina con un modelo de país diferente, soberano, innovador e inclusivo.

Con la fuerza canalizada en nuestro proyecto logramos un amplio triunfo en las urnas el 23 de octubre de 2011. Fui reelecta con el 54,11 por ciento de los votos, casi 37 puntos por encima del candidato del Frente Amplio Progresista, Hermes Binner, quien quedó en segundo lugar con el 16,81 por ciento. Me convertí así en la primera mujer presidenta reelecta en América y la segunda más votada en Argentina después de Perón. El día de la asunción, el 10 de diciembre, fue para mí una jornada de sentimientos contradictorios: por un lado sentía la alegría de asumir un nuevo mandato con un vasto apoyo popular y con una Plaza de Mayo desbordada; pero por otro, me habitaba la profunda tristeza de no estar acompañada por Néstor. Él me había colocado la banda presidencial cuatro años atrás; esta vez decidí que fuera Florencia la que lo hiciera. Ingresé al recinto, en un ambiente enardecido de emoción, con los cánticos que bajaban desde los palcos, pancartas de las agrupaciones, aplausos. En los balcones más altos había militantes, miembros de organizaciones sociales, funcionarios, sindicalistas. Al lado del estrado me acompañaban mi hermana Gisele y mi madre Ofelia. Me acuerdo de la presencia del entonces secretario de Derechos Humanos, Eduardo Luis Duhalde —que murió a los pocos meses, en abril de 2012—, quien compartía el palco con Estela de Carlotto y Hebe de Bonafini, las presidentas de Abuelas y Madres de Plaza de Mayo. Estaban también presentes la presidenta brasileña Dilma

Rousseff, y los presidentes Evo Morales, José "Pepe" Mujica, el paraguayo Fernando Lugo y el chileno Sebastián Piñera. Hugo Chávez no pudo viajar. Venezuela había sufrido una serie de tormentas que habían provocado inundaciones, destrucción de caminos y viviendas, pero de todas formas me mandó una carta muy emotiva: "Hace cuatro años recibiste el bastón de mando de las manos de Néstor, este 10 de diciembre de 2011 lo recibes de las manos del pueblo al que ambos consagraron sus vidas; del pueblo en el que Néstor vive y vivirá por siempre. Él sigue entre nosotros y nosotras, y está acompañándote, mujer valiente, presidenta coraje, como el mismo Néstor te definiera a cabalidad", escribió. Antes de ingresar al recinto, Amado Boudou juró como vicepresidente. Alberto Fernández siempre me criticó mucho por haber elegido a Amado como vicepresidente. Cada vez que todavía me lo recuerda, le digo: "Vos y Néstor lo pusieron a Cobos, así que callate la boca. Boudou nunca votó ni hizo nada en contra de nuestro gobierno". Hasta el día de hoy lo discuto con Alberto. A decir verdad, Boudou era una persona que manejaba los fundamentos de la economía. Y no sólo por tener un título universitario. Conocía y entendía la economía real. En Argentina no es poca cosa. Incluso, creo que una parte del 54 por ciento de los votos fue por la imagen que dimos de ser una cosa diferente. Era una persona que venía de otro palo, del Centro de Estudios Macroeconómicos de Argentina (CEMA), de donde provenía también, nada más ni nada menos que Carlos Rodríguez. El CEMA es la expresión más liberal de la economía en la Argentina. ¡Qué paradoja! Yo, que muchas veces fui tildada como "izquierdista", fui quien llevó de candidato de vicepresidente a un integrante del *think tank* del liberalismo. Durante los siguientes cuatro años, los medios de comunicación se dedicaron a destruir a Boudou. Le cobraron con creces la recuperación de las AFJP porque, como conté anteriormente, fue él quien me dio la idea. Debo decir que Florencia, mi hija, también influyó en mi decisión de elegir a Boudou. No me voy a olvidar nunca. Ella me había acompañado, en enero de 2011, a mi primer viaje al exterior después de lo de Néstor. Fue un viaje que hicimos a Qatar, Kuwait y Emiratos Árabes. Recuerdo que, de ese viaje, la prensa dijo que me había alojado en el lugar más caro del mundo, lo cual era tan cierto como que el gobierno de Abu Dhabi era el que había pagado la estadía. El hotel en el que nos alojamos había sido construido por el Emir de Abu Dhabi en honor a su padre que había fallecido, y era increíble: el baño de la habitación era del tamaño de un living y me contaron que en la suite de los reyes del golfo, un piso más arriba de donde yo estaba, tenían los herrajes del baño recubiertos en oro. Ese lugar no tenía escala humana: el techo era altísimo y tenía arañas de luz gigantes doradas, el comedor tenía una mesa interminable, para más de 80 personas. Es cierto, me alojé en el hotel más caro de Abu Dhabi... pero invitada y pagada por el gobierno de ese país. ¿Cuál era el problema con eso? Que nunca dijeron la verdad y le hicieron creer a los argentinos que eran ellos quienes lo habían pagado. *Fake news* al palo. Durante ese viaje conversé mucho con Florencia; recuerdo que cuando estábamos en el avión, rumbo a Medio Oriente le pregunté: ¿En caso de tener la posibilidad de ser reelecta, a quién te parece que tendría que elegir como candidato a vicepresidente? En ese momento no me respondió nada, pero cuando ya habían pasado varios días de aquella pregunta e íbamos juntas en el auto que nos trasladaba en Qatar —las dos calladas mirando por la ventanilla— de pronto, sin mirarme, dijo: "Amado Boudou". ¿Qué pasa con Boudou?, le pregunté. "Tu candidato a vicepresidente tiene que ser Amado Boudou", me respondió. Me impresionó, el momento, la forma y la seguridad con la que me lo dijo. Lo cierto es que esa opción estaba dentro de mis posibilidades y era parte de lo que venía pensando. Estaba segura de que iba a ser un buen vicepresidente... que iba a ayudar. Él era el ministro de Economía de nuestro gobierno y cerró en el año 2010 nuestro segundo canje de deuda, logrando así que casi el 93 por ciento de acreedores defaulteados ingresaran a la reestructuración. Además, había manejado el fondo de garantía de sustentabilidad de la ANSES —nada más ni nada menos— durante toda la gestión de Sergio Massa como director general de ese organismo. Sergio, de hecho, había firmado una resolución en la que delegaba su firma a Boudou. Nadie hace ese tipo de cosas si no confía plenamente en la otra persona. En mi caso particular jamás hubiera delegado mi firma a nadie, soy desconfiada. Es más, hasta cuando Néstor me traía papeles, siempre leía todo antes de firmar. Nunca firmé nada que no hubiera leído. Tan cuidadosa soy que, de todas las causas judiciales que me han inventado, ninguna es por firmar un decreto. Es curioso, ¿no? ¿Cuántos decretos debo haber firmado como presidenta? Por año, los presidentes firman un promedio de más de mil decretos, de modo que estimo que en ocho años habré firmado unos diez mil, o un poco más. Y digo yo, ahora que dicen que nos robamos un PBI: ¿cómo puede ser entonces que de los diez mil decretos que firmé, aproximadamente, no hay uno solo con el cual pueda iniciarse una acción legal? Ni uno. En la causa sobre "la obra pública" dicen que mi responsabilidad está en... ¡haber elegido a determinados funcionarios y no haberlos vigilado! Un verdadero disparate jurídico. Eso no existe en términos penales, porque la responsabilidad de elegir y de no vigilar es materia de derecho civil, ni siquiera de derecho administrativo y mucho menos penal. No hay responsabilidad penal de esa naturaleza. En cuanto a Boudou, creo que empezó un bombardeo terrible contra él por haber ideado la recuperación de las AFJP. Cuando fue denunciado y acusado de comprar la firma Ciccone Calcográfica, fue un golpe muy fuerte para nuestro gobierno. Por eso no dudé ni un instante en mandar un proyecto de ley al Congreso pidiendo la expropiación de esa imprenta que era vital, para el Estado y su soberanía, en la impresión de nuestra moneda: allí se imprimían los billetes. El proyecto de expropiación fue aprobado por amplia mayoría y no sólo contó con el voto de la bancada del FPV, sino también con el de otras bancadas opositoras como la de Fernando "Pino" Solanas, la de los cordobeses del Frente Cívico de Luis Juez y del trío de diputados peronistas de Felipe Solá. De cualquier manera, no recuerdo en la historia argentina ningún juicio oral por la firma de un formulario 08, es decir, por la transferencia de un auto, como al que fue sometido Amado Boudou, un tema por el que además fue absuelto. ¿Un juicio a un vicepresidente por un 08? ¿Por la transferencia de un auto muchísimo antes de ser vicepresidente? ¿Después de los megacanjes, del estado de sitio y treinta muertos en la Plaza de Mayo? Por favor... ¡qué país! Considero que todo eso fue una brutal represalia por lo de las AFJP. No tengo ninguna duda.

Después de la jura de Boudou en el recinto, me tocaba a mí volver a jurar como presidenta. Esta vez me corrí del libreto: juré ejercer con lealtad y patriotismo el cargo de la Presidenta de la Nación y observar y hacer observar en lo que de mí dependiera la Constitución Argentina y si así no lo hiciera, que Dios, la Patria y Néstor me lo demanden. Frente a la Asamblea Legislativa, frente a los miembros de la Corte Suprema, los funcionarios y todos y todas los que agotaban la capacidad de los palcos, decidí dejar claro cómo me sentía desde el principio de mi discurso de asunción. Pese a la alegría y la contundencia del voto popular para mí faltaba algo, faltaba alguien, dije. Hacía ocho años y cinco meses que en ese mismo lugar, conmigo sentada frente a él, Néstor había dicho que pertenecía a una generación diezmada, que treinta años atrás de aquel 25 de mayo, había estado junto a decenas de miles de compañeros y compañeras, en esa misma Plaza de Mayo, celebrando la llegada de otro gobierno popular, luego de dieciocho años de proscripciones al peronismo. Esa mañana había leído en el diario la historia de una joven perteneciente a aquella generación de la que había hablado Néstor. Una estudiante de la Facultad de Astronomía de la Universidad de La Plata que había sido desaparecida el 25 de septiembre de 1976. Quedé tan impactada por su historia que hablé de ella en el discurso. Cinco días atrás, el 5 de diciembre, el decano de la facultad se había presentado ante la Unión Astronómica Mundial —la organización encargada de identificar con nombres a las estrellas— y había logrado que llamaran a un asteroide Ana Teresa Diego. Como dije frente a la Asamblea, me había conmovido ver la fotografía congelada de la joven, a sus poco más de veinte años, y saber que ahora un asteroide tenía su nombre. La imagen me recordó a la foto de Dilma, muy jovencita, cuando fue encarcelada. Al momento de dar el discurso Dilma ocupaba el sillón presidencial de uno de los países más importantes del mundo. Qué cosa, ¿no? Esa joven estudiante de Astronomía también podría haber estado sentada en el mismo lugar que estaba yo. Cuando asumí en 2007 expresé que me gustaría que para 2011 los juicios por lesa humanidad, que se habían demorado durante treinta años, pudieran concluirse. En mi segunda asunción reiteré que soñaba con concluir ese proceso y pedí a la Justicia que el presidente que asumiera el 10 de diciembre de 2015 no tuviera que pronunciar esa frase, y que finalmente hayamos dado vuelta, definitivamente, una página tan trágica de nuestra historia. Lejos estaba de imaginar que el presidente que asumiera en el 2015 iba a ser Mauricio Macri, y que una de sus primeras medidas sería nombrar dos miembros en la Corte Suprema de Justicia de la Nación por decreto violando, abiertamente, el procedimiento constitucional. La verdad es que empezó muy mal y se empeoró aún más, cuando la política de Memoria, Verdad y Justicia sufrió un duro golpe con la acordada de la nueva Corte aplicando el beneficio del 2 x 1 en las causas de lesa humanidad. Sin embargo, la reacción popular no se hizo esperar y una gigantesca y espontánea movilización, el 10 de mayo del 2017, dio por tierra con el intento. El Congreso sancionó una nueva ley y la Corte rectificó aquella acordada. Me di cuenta que la sociedad había hecho suya la política de Memoria, Verdad y Justicia. Vaya un pollo por tantas gallinas. Creí que era necesario también recordar en mi discurso cómo era la Argentina que le había tocado recibir a Néstor el 25 de mayo del 2003, con sólo el 22 por ciento de los votos: la desocupación alcanzaba el 25 por ciento; las reservas del Banco Central eran apenas 11 mil millones de dólares; más del 150 por ciento de nuestro PBI estaba comprometido en deuda que había sido defaulteada; el 54 por ciento de la población se encontraba sumida en la pobreza y más del 25 en la indigencia; la desindustrialización era fenomenal. Recordé que en aquel momento los obreros de la Unión Obrera Metalúrgica habían marchado junto a los empresarios, reclamando la industrialización del país. Aquella tragedia del 2003 había sido superada y al momento de asumir mi segundo mandato, en el 2011, teníamos un país mucho más virtuoso. Habíamos tenido el período de crecimiento más largo de nuestros doscientos años de historia y generado millones de puestos de trabajo en ocho años, con el mejor salario mínimo, vital y móvil de toda la región; con el índice de cobertura previsional más alto para nuestros viejos, con el 96 por ciento de los argentinos y argentinas en condiciones de jubilarse; con la Asignación Universal por Hijo, el programa de inclusión social más importante a nivel global que representaba un 1,2 por ciento de nuestro PBI. Las reservas del Banco Central eran en ese momento de 46.368 millones de dólares y durante mi mandato habíamos soportado cinco corridas cambiarias, la última durante la campaña para mi reelección, sin recurrir al FMI o a endeudar el país. Recordé, como tantas veces, que no era ni iba a ser la presidenta de las corporaciones. Pero a pesar de los logros alcanzados, subrayé en mi discurso que estábamos en un mundo nuevo que implicaba mayores desafíos y decisiones comprometidas con los intereses de nuestro país y nuestro pueblo. Finalicé parafraseando a Néstor y afirmé que no pensaba dejar mis convicciones en la puerta de la Casa de Gobierno, porque mientras haya un solo pobre en la Argentina, no estaría cumplimentado el proyecto nacional y popular en nuestro país.

Cuando salí del Congreso me reencontré, está vez más cerca, con los miles y miles de personas que me acompañaron ese día y que había visto más temprano. Subí al auto que me llevó hasta el escenario montado frente a la Casa Rosada, y allí ya estaba Iván Noble tocando "Avanti morocha". Siempre me gustó mucho esa canción, la sentía casi como propia. Entré a la Casa de Gobierno, en donde juraban los ministros y me esperaban los presidentes para saludarme. Volví a salir al atardecer, con las primeras melodías del himno sonando de fondo, interpretado nada menos que por Charly García. Volví a ver a la multitud de jóvenes, celebrando, con alegría, agitando las banderas y cantando el himno con orgullo. Siempre he sostenido que la incorporación de los jóvenes durante nuestra gestión fue simbolizada a puro himno nacional y bandera argentina. No es poca cosa en tiempos de globalización. Les dije, a ellos, lo maravilloso que se sentía verlos allí, llenando las plazas para festejar con alegría, pensando en la época en la que los jóvenes no podíamos cantar consignas políticas. Les expresé la emoción que sentía al saber que cada una de las mujeres y de los hombres que estaban en esa Plaza, cada uno de los jóvenes, estaban allí porque querían y que eso tenía un valor político inmenso para la construcción democrática. Pensé en Néstor y le dije a la multitud que estaba segura que él vivía en cada uno de los jóvenes, en cada uno de los trabajadores y trabajadoras, en los estudiantes, en los docentes, en los científicos y en todos y todas las que habían vuelto a creer que la construcción colectiva de la Argentina, no sólo era necesaria, sino que también era posible. Sin embargo, y pese al contundente triunfo electoral, las agresiones y difamaciones de los medios de comunicación —que desde la partida de Néstor se habían volcado como ya dije sobre mi salud psicológica— no sólo continuaron sin descanso, sino que aumentaron exponencialmente. En diarios, revistas y programas de televisión inventaron todo tipo de cosas, como que sufría de "hiperestrés", "egocentrismo patológico", del "síndrome de Hubris" —una distorsión de la realidad que "ataca" a presidentes o personas con "mucho poder", según "explicaba" Nelson Castro desde la pantalla de TN— y bipolaridad. En síntesis, "Cristina, la loca". Este era el verdadero objetivo: instalar en la sociedad, como sentido común, que yo estaba loca. Años más tarde, Mauricio Macri, ya siendo presidente en el 2018, en un mensaje que dio en la televisión para justificar el tarifazo, le pidió a los dirigentes políticos argentinos que no siguieran "las locuras de Cristina Fernández de

Kirchner", ganándose uno de mi posteos de mayor repercusión en la historia: "Tratar de loca a una mujer, típico de machirulo". En el 2011 "Cristina está loca", en el 2018 "las locuras de Cristina". ¿Casualidad? No, en Argentina todo hace juego con todo. Nunca se vio y estoy segura que nunca se volverá a ver, un ataque semejante sobre ningún presidente ni presidenta.

Si bien se dijo cualquier disparate sobre mi salud, lo único realmente cierto es que, durante mi segundo mandato, tuve que someterme a dos operaciones graves que nada tenían que ver con mi estado de ánimo y mucho menos con mi psicología. Fue durante esas dos intervenciones quirúrgicas cuando más sola y más triste me sentí. Fueron dos momentos muy duros. A fines de 2011, unos días después de haber sido reelecta, me dijeron que tenía cáncer de tiroides y que debía operarme cuanto antes. Me enteré que el diagnóstico había sido un falso positivo el 7 de enero, dos días después de la operación. Néstor había partido el 27 de octubre de 2010; en octubre de 2011 gané las elecciones; en diciembre asumí y casi a fin de año me encontraron ese problema de salud. Todavía estaba shockeada por lo de él y, cuando me dijeron que tenía "cáncer", sentí que todo me daba lo mismo. Si me lo dijeran hoy sé que me pondría muy mal, pero esa vez no me importó. Me dijeron que era operable y dije: "Bueno, que me operen". Sólo lloré cuando me informaron que había sido un falso positivo, tal vez porque recién en ese momento me pude relajar. Pero fue difícil, al igual que cuando me dijeron, en octubre de 2013, que me tenían que operar de la cabeza. Eso fue increíble: mi médico había programado un examen cardiológico en la Fundación Favaloro, y como hacía unos días me venía doliendo la cabeza —cosa rara porque yo jamás tengo jaqueca—, se lo comenté en el auto, durante el trayecto a la institución. Si mal no recuerdo, era un sábado por la mañana. El médico me dijo: "Bueno… antes de hacer el examen de fuerza, sacamos una tomografía y así descartamos cualquier cosa". Una vez terminado ese estudio, fui hasta el lugar donde estaban todos los médicos mirando la imagen de mi cabeza, que un instante antes me habían tomado y me dicen: "Doctora, tiene un hematoma subdural", y me señalan la pantalla de la computadora. Un mes antes, me había caído en Río Gallegos, en la manga del avión con unas bolsas de juguetes para Néstor Iván y me golpeé muy fuerte en el arco superciliar derecho. En ese momento, sentí que se me movió el cerebro, literalmente, fue muy impresionante. Se lo comenté al médico y ordenó una tomografía en el hospital de Río Gallegos cuyo resultado no mostró ninguna lesión en ese momento. ¡Qué cosa mi lado derecho! En el accidente automovilístico que tuve en el año 1982, también en Río Gallegos, sufrí un golpe muy fuerte en mi rostro que fisuró mi pómulo derecho. La cuestión es que estábamos todos en la Favaloro, los médicos, mi hermana médica —que ya había llegado de La Plata—, el hematoma y yo. El examen cardiológico había pasado a mejor vida. Ahí mismo me dijeron que me tenían que internar y me llevaron a una habitación. Al rato ingresa un médico, muy alto y muy serio, me dice que es el cirujano y me explica que van a tener que operarme: o sea, abrirme la cabeza para sacar el hematoma. El tipo tenía una cara que no se podía creer. Yo era la presidenta de la Nación y no me sonreía en absoluto; es más, se lo veía como disgustado, incómodo y ahí me puse un poco paranoica... comencé a tener miedo de que fuera el hijo de algún militar acusado por delitos de lesa humanidad o algo parecido. ¡Mi Dios!... Lo mandé a buscar inmediatamente a Wado de Pedro. Ahora lo recuerdo y me río: "Wado, andate urgente a Abuelas y a H.I.J.O.S. y averiguá si este tipo es hijo de algún militar acusado de lesa. Estoy segura, no sabés la cara de orto que me puso", y ahí nomás salió Wado para averiguar los antecedentes del pobre Cristian Fuster, que resultó ser un tipazo, un pan de Dios, tímido y de absoluto bajo perfil, además de un médico extraordinario. Cuando Wado volvió me dijo: "No tenemos nada, no hay nada", e intentó tranquilizarme. Es terrible que te digan que te tienen que abrir la cabeza. Recuerdo que me dio muchísima impresión. Fuster me decía: "Abrir la unidad sellada es todo un tema", y mientras lo escuchaba pensaba: "Éste me toca algo, se equivoca, y me deja tarada...". Finalmente nada fue así, sino todo lo contrario. Me operaron el 8 de octubre de ese mismo año y salió todo bien. Eso sí, tuve que estar 45 días en Olivos sin poder leer diarios, ni mirar televisión. Mi único contacto con el exterior eran los médicos y mi familia, y mi única actividad leer y mirar películas. Ahí aproveché para leer muchos libros. El mejor de todos: *El hombre que amaba a los perros* del cubano Leonardo Padura. Un librazo. Después me enteré que, durante todo ese tiempo que estuve fuera de la Casa Rosada, habían dicho cualquier cosa: que era "un vegetal", que había quedado tarada... en fin. Nada nuevo bajo el sol. Durante mi convalecencia posoperatoria, se había producido un accidente ferroviario que provocó más de cien heridos y que me fue prolijamente ocultado por indicación médica. La verdad es que hicieron muy bien, me hubiera amargado muchísimo. El año anterior a la operación había transferido el área de transporte al Ministerio del Interior que pasó a ser Ministerio del Interior y Transporte y había decidido encarar, en el marco del Acuerdo Estratégico con la República Popular China, la renovación del material ferroviario rodante de las principales líneas de los ferrocarriles argentinos: Sarmiento, Mitre, Roca, Belgrano Sur, San Martín y también Belgrano Cargas. Hacía sesenta años que no se incorporaban unidades nuevas. A fines del 2014 ya habíamos sumado 24 locomotoras y 946 coches 0 km con aire acondicionado y calefacción, sistemas de pantallas LED para información del pasajero, cámaras de seguridad y puertas inteligentes. Habíamos refaccionado 80 estaciones de todas las líneas y se hallaban en marcha otras 43, se terminaron 52 pasos a nivel y se estaban ejecutando 34 más. A través de esta inversión, entre otras obras y gestiones, habíamos encarado durante mi segundo mandato la renovación total e integral del sistema ferroviario.

MUJER TENÍAS QUE SER

Una de las novedades que tuvo mi segundo mandato respecto del anterior fue que durante ese período nos hicieron ¡cinco paros generales!… ¡y todos por el impuesto a las ganancias! El primero, recuerdo que fue el 20 de noviembre de 2012, impulsado por Hugo Moyano, Luis Barrionuevo y Pablo Micheli; el segundo el 10 de abril de 2014; el tercero el 28 de agosto de 2014; el cuarto el 31 de marzo de 2015 y el último el 9 de junio de 2015. Repito: todos por el impuesto a las ganancias. Nosotros hemos cometido errores. ¿Quién no? Pero mucha gente no se dio cuenta a lo que nos estábamos enfrentando. En definitiva, a partir de diciembre de 2015 quedó, lamentablemente, todo más claro. Mauricio Macri había repetido como un mantra, durante toda su campaña presidencial: "En mi gobierno los trabajadores no van a pagar impuestos a las ganancias". No sólo no cumplió su promesa, sino que hoy pagan impuesto a las ganancias el doble de los trabajadores y miles de ellos han sido despedidos en los sectores público, industrial y comercial, junto a una enorme pérdida del poder adquisitivo de los salarios de los que aún conservan el trabajo. ¿No habrán sabido leer lo que teníamos enfrente? ¿No habrán sabido reconocer cuál era el adversario político real? Lo reflexiono y llego a la conclusión de que también ellos fueron permeables al bombardeo mediático constante que se perpetró durante nuestro gobierno. Los medios de comunicación también operaban sobre los Moyano, y sobre cientos de miles de trabajadores y trabajadoras que los votaron pensando que no iban a pagar más impuestos a las ganancias... ¡y eso que lo expliqué muchas veces! Debí haber previsto que los medios de comunicación también iban a operar sobre ellos. Pienso que ahí es donde me faltó Néstor, aunque de todas formas le pasó también a él; nos pasó a los dos juntos en 2009, año en el que estábamos con una crisis internacional tremenda, la más grande que se recuerda luego de la crisis del

30. Esta situación se sumaba, además, al conflicto del año anterior con las patronales rurales que dividió al país. En definitiva, tal vez lo que sacamos en las elecciones de 2009 fue bastante bueno, a pesar de todo.

En retrospectiva, imagino que después de la muerte de Néstor tendría que haber pensado en alguien para cubrir la parte que hacía él con el peronismo, con el PJ, con los dirigentes. Aunque razono que inclusive estando Néstor podría haber pasado lo mismo, porque a él también muchos dirigentes lo abandonaron. A veces creo que debería haber intentado que Moyano no se enojara pero, en todo caso, pensarlo ahora es contrafáctico. La ruptura con Moyano comenzó cuando él vino a hablar conmigo antes de las elecciones de 2011. Todo el mundo cuenta como anécdota, y comienzo de la diferencia, el día en que Moyano dijo, durante un acto en el estadio de River el 17 de octubre de 2010, que debía haber un presidente trabajador. A continuación yo le respondí que trabajo desde los 17 años. Lo cierto es que no fue allí. Tiempo después de ese episodio, cuando ya había pasado lo de Néstor, Hugo vino a pedirme que Héctor Recalde fuera el candidato a vicepresidente y que Facundo, su hijo, podía ser el candidato a vicegobernador de la provincia de Buenos Aires. Su propuesta era similar al armado del modelo peronista de colocar un sindicalista o alguien afín al sector en el segundo término de las fórmulas para los cargos ejecutivos. Se empleó en 1973: Atilio López como vicegobernador de Córdoba; Eulalio Encalada, del Sindicato Unido de Petroleros del Estado (SUPE), como vice de Santa Cruz; Victorio Calabró en la provincia de

Buenos Aires; en Mendoza el vicegobernador Alberto Martínez Baca, Carlos Mendoza también era sindicalista. En aquel momento no le dije que no, pero después tomé las determinaciones que se conocen. Con Néstor siempre tuvimos una buena relación con el movimiento obrero. Hay una imagen en mi cabeza que nunca voy a poder borrar: Isabel Martínez de Perón sentada en medio de López Rega y Celestino Rodrigo, en 1975, y su enfrentamiento con los gremios por las paritarias, en pleno Rodrigazo. Como ahora, la puja era porque querían ponerle techo a las paritarias en medio de un tarifazo y una devaluación brutales. Siempre recuerdo esa reunión tan tensa en Olivos, cuando Adalberto Wimer, dirigente del Sindicato Luz y Fuerza, le dijo a Isabel: "Señora, el movimiento obrero no va a aceptar esa paritaria". La situación del país era muy crítica por la presencia de la Triple A y de la guerrilla; Perón había muerto el 1 de julio del año anterior, era un escenario muy complejo. El 27 de junio de 1975, en una inmensa movilización, los trabajadores echaron a Rodrigo y a López Rega de Plaza de Mayo. Ambos renunciaron a los pocos días. Sí, ya sé… Esto lo conté también en el capítulo tres, pero creo que no está de más, para entender la significación del alineamiento de trabajadores y gobiernos populares.

A Moyano lo conocí cuando era diputada y Néstor gobernador. En aquel entonces, él era muy cercano a Alicia Castro, que en esa época era secretaria general de la Asociación Argentina de Aeronavegantes, y a Juan Manuel "Bocha" Palacios, del gremio de colectiveros, con quien Moyano había fundado en 1994 el Movimiento de Trabajadores Argentinos (MTA), para enfrentar al viejo modelo sindical y en oposición a las políticas neoliberales del gobierno de Menem. Cuando escucho a veces a Moyano hablar de Néstor, siento que allí reside parte del problema que tuvimos: el machismo, que es un signo distintivo en vastos sectores del sindicalismo argentino, porque en realidad es a mí a quien conoció mucho antes, y fui yo la que no le dio quórum a la primera reforma laboral, la de Erman González en 1998. Como habíamos hecho una muy buena elección, tanto en 1995 como en 1997, cuatro de los cinco diputados de Santa Cruz eran nuestros: Sergio Acevedo; "Liti" Mondelo; Rita Drisaldi y yo. También estaba con nosotros el diputado entrerriano Juan Domingo Zacarías. Los cinco estuvimos un mes y medio sin darle quórum a la reforma laboral que pretendía implementar Erman González. Fueron varios en esos días los que intentaron convencernos de que diéramos quórum para el tratamiento de la ley. Desde Rodolfo Daer, que era el secretario general de la CGT, acompañado por Saúl Ubaldini, hasta los llamados de Eduardo Duhalde a mí y de su esposa Chiche, a Sergio Acevedo. Fue una pelea de muchas semanas. Finalmente el 3 de septiembre de 1998, después de un mes y medio de resistencia, el diputado del PJ y presidente de la Unión Industrial Argentina, Claudio Sebastiani, llegó a último momento para dar quórum y pasadas las doce de la noche se aprobó el proyecto de ley. Cuando dos años después, en abril del 2000, el gobierno de la Alianza integrada por la Unión Cívica Radical y el Frepaso logró que se aprobara la Ley de Reforma Laboral —conocida como la Ley Banelco—, quedó claro que la oposición de sus dirigentes a la reforma laboral, durante la presidencia de Menem, no era ni por ideas ni por convicciones. Esa ley era peor que la del gobierno anterior y además habría sido aprobada por el pago de sobornos a senadores del Bloque Justicialista por parte del ahora oficialismo. Un escándalo. El ministro de Trabajo del Frepaso, el mendocino Alberto Flamarique, fue señalado como quien habría repartido el dinero para lograr la sanción de la ley. Recuerdo una famosa carta anónima que llegó en medio de una reunión de labor parlamentaria, que fue leída por el entonces vicepresidente Carlos "Chacho" Álvarez. Estaba sentada en mi banca de Diputados, cuando alguien me alcanzó una copia. Cerca mío se encontraban el presidente del bloque de diputados del Partido Justicialista, Humberto "Gringo" Roggero, Mario Das Neves y Graciela Camaño, quienes habían apoyado fuertemente el proyecto de reforma laboral del gobierno de la Alianza. Cuando leí el anónimo, mi primera reacción fue decir: "Esto es cierto"... Había estado en ese bloque desde el año 1995 hasta el 10 de diciembre del 97 —antes me habían echado y decidí armar un bloque con Felipe Ludeña, que era el otro senador por mi provincia—, con lo cual hablaba con conocimiento de causa. Sabía cómo funcionaba y me pareció que la descripción de los personajes y las cosas que decía la carta eran muy convincentes. Terminé de leerla y le dije a Roggero: "Esto es cierto, no tengas ninguna duda", y se la di para que la leyera. Después lo dije: "De lo que los salvamos a ustedes cuando acá en Diputados nos opusimos a la reforma laboral de De la Rúa". Me miraron y no me respondieron nada.

Claro, tenía razón. En el año 2000, todos los dirigentes y diputados que se habían opuesto en 1998 a la reforma laboral de Menem, cuando eran oposición, ahora que eran gobierno la apoyaban. Y el duhaldismo, que la había apoyado en 1998, ahora que era oposición combatía la de De la Rúa. Creo que es una de las claves de las frustraciones argentinas: votar no de acuerdo a lo que se piensa, sino a lo que te conviene política o electoralmente. Una auténtica tragedia. Moyano lo sabía; sabía de mi militancia en contra de la precarización y de la flexibilización laboral y sabía también que mi postura no obedecía a un posicionamiento oportunista por ser opositora o por ser la mujer de Néstor, que en ese momento era gobernador en la provincia de Santa Cruz y ni siquiera soñábamos con la presidencia. El destino es increíble y Néstor se terminó colando por las hendijas de la historia. Hoy, mirando y recordando esas cuestiones, me resulta aún más injusto lo que pasó después. Creo que muchas actitudes revelan la presencia de la misoginia en amplios sectores de nuestra sociedad: no se bancan una mujer que les pueda discutir de igual a igual a los hombres. Tal vez, como mujer, se puede discutir y no tener razón, pero si además de discutir, se la ganás, les resulta absolutamente intolerable. Lo que le reconozco a Hugo Moyano, aun después de todos los enfrentamientos que tuvimos, es que él nunca traicionó a los trabajadores de su gremio. Algo que sí han hecho otros dirigentes. Considero que Moyano, después de Saúl Ubaldini, fue el último gran secretario general que tuvo la CGT. Cuando fijaba la paritaria, esa era la paritaria para todos y todas. Cualquier modelo político y económico necesita tener un secretario general de la CGT que sea eso: el representante de los trabajadores en la mesa de discusión, con los patrones y con el Estado, en la composición tripartita. No estoy descubriendo la pólvora ni proponiendo nada esotérico, sino un modelo político de conducción tripartita, como lo recomienda la OIT (Organización Internacional del Trabajo), donde están el Estado, los trabajadores y los empresarios. Cuando Moyano, para enfrentarme, hablaba bien de Néstor y mal de mí, no se trataba de una cuestión de identificación ideológica... estoy convencida que la cuestión de género pesaba y mucho. Si se tratara de una cuestión ideológica y de antecedentes en la defensa de los trabajadores, mi conducta siempre demostró en cada lugar que ocupé y en cada momento histórico que me tocó actuar, que siempre estuve del mismo lado.

Por eso, cuando recuerdo los cinco paros generales que hicieron durante mi último mandato, no puedo dejar de pensar que también hubo un fuerte componente de género. Digámoslo con todas las letras: la CGT es una confederación en la que no hay mujeres que conduzcan. ¿Es posible que en gremios como textiles, alimentación, aeronavegantes, judiciales, universitarios, o en ATE mismo, no haya una mujer? Menciono estos ejemplos porque son actividades donde la presencia de mano de obra femenina es muy fuerte. ¿Cómo puede ser que no haya mujeres? Si no se produce un impulso feminista, también, dentro del movimiento obrero, éste estará condenado a quedar entumecido. No puede ser que exista una CGT toda de hombres, con palcos en donde sólo ponen dos o tres mujeres para adornar y siguen decidiendo todo ellos. La verdad es que el movimiento obrero tiene que reflejar en su estructura dirigencial la presencia de las mujeres en la sociedad y en la política durante estos últimos años. Pienso en la época de Mary Sánchez, una de las fundadoras de Suteba (Sindicato Unificado de los Trabajadores de la Educación de la Provincia de Buenos Aires), en la década del setenta y la primera mujer en integrar la mesa de conducción de la CGT. Es como que hemos retrocedido, es como que las mujeres han retrocedido en los gremios. Está Sonia Alesso, secretaria general de Ctera, pero son casos muy excepcionales. En la CTA son hombres y en la CGT son hombres; hay hombres por todas partes.

Reflexiono acerca de cómo fue la dinámica con el sindicalismo durante mi último gobierno y no puedo dejar de pensar en dos cuestiones: por un lado lo que se podría denominar como la representación sindical, y por otro el tema de los empresarios argentinos. Nunca tuvimos un dirigente empresarial que pudiera graficar y representar a todos los empresarios, como fue la época de José Ber Gelbard. Si hubiéramos tenido un Gelbard, sería otro cantar, estoy absolutamente convencida. Los Rocca nunca han representado los intereses empresariales nacionales; han representado únicamente los intereses propios. Por eso han crecido ellos y no ha crecido nadie más. Cuando hay un empresario dirigente, los resultados son otros. Estos empresarios, además, fueron neutralizados por *Clarín*. Una crítica recurrente de ciertos sectores de la izquierda en la Argentina hacia nosotros es que durante nuestros gobiernos bancamos a todos los dirigentes sindicales que están desde hace siglos en los gremios y que apoyaron privatizaciones y entregas durante el menemismo. Cuando los escucho, pienso qué hubiera pasado si además de luchar contra todos aquellos sectores de poder con los que nos enfrentamos —con las patronales rurales, *Clarín* y con los fondos buitre—, sumábamos la discusión con el sector sindical. Néstor siempre tuvo mucha cautela respecto a repetir viejos errores. Temía arrastrar la rémora de los setenta: la Juventud Peronista contra la "burocracia sindical". Fue por ese motivo que Kirchner siempre les dijo a los militantes de La Cámpora que no se metieran con los sindicatos, que no criticaran al estilo como lo hacía la izquierda peronista en los años 70, peleándose con ellos y estigmatizándolos como burócratas. No por miedo, sino para preservarlos, para no repetir la historia. También, en nosotros mismos, pesaron muchas cosas de esa etapa; errores, fracasos, frustraciones. A la política se llega sin beneficio de inventario, ni es una película que empieza cuando uno llega, ni tampoco termina cuando uno se va. La llegada de Néstor a la presidencia nos encontró en un momento histórico determinado, con los dirigentes sindicales que había. El caso de Hugo Moyano fue diferente; más allá de lo que podía gustarle o no a la izquierda, Moyano no era un dirigente comprometido con la vieja guardia sindical, que estuvo con Menem y las privatizaciones. Me acuerdo cuando mataron a Mariano Ferreyra: vino a verme su familia; el hermano, Pablo, que hoy es legislador por Unidad Ciudadana, y también el padre, la madre y una hermanita. En esa reunión ellos me preguntaron qué iba a pasar si seguía la investigación y se determinaba que José Pedraza había tenido responsabilidad... si íbamos a ir sobre él. Mi respuesta fue que no iba a ir sobre nadie, porque quien tenía que ir contra el culpable era el Poder Judicial, pero les aseguré que, por mi parte, no iba a mover ni un dedo para "proteger" a nadie. Les dije que, al contrario, iba a hacer todo lo posible para que se investigara en serio y que los responsables fueran presos. ¿Teníamos espacio durante nuestro gobierno para pelearnos con los que nos peleamos y, además, promover una renovación de la dirigencia sindical? No. Nos habíamos enfrentado a los medios de comunicación concentrados, a las patronales rurales, muchas veces habíamos confrontado también con la Unión Industrial Argentina (UIA) por los precios, entre otras cosas. En ese contexto: ¿podíamos salir también a pelearnos con los dirigentes sindicales? Muchos nos pidieron que demos batallas imposibles, que incluso nadie nunca había dado en la historia. La batalla que dimos por la resolución 125 por las retenciones móviles no la dio nadie. A mí me llamaba gente de *Página 12* —Jorge Prim, por ejemplo— y me decía "nunca vi algo así, es la primera vez que veo un enfrentamiento por la renta diferencial agraria de estas características". No se equivocaba, era la primera vez.

Mi segundo mandato como presidenta provocó todavía más reacciones en los representantes de los sectores de poder económico nacional e internacional, de modo que fueron aún más salvajes los ataques hacia nosotros, desde afuera de nuestro país y desde adentro también. La decisión política de seguir adelante con un modelo que había hecho del mercado interno, del mantenimiento y generación de empleo genuino, del fortalecimiento del empresariado nacional y el desarrollo de la ciencia y la tecnología los ejes para sostener la economía, al mismo tiempo que seguíamos avanzando con el pago de la deuda externa y con las alianzas estratégicas con los gobiernos de Rusia y China, fue demasiado para los poderes establecidos, adentro y afuera de nuestro país. La gran batalla que se abrió durante este período fue por la defensa de esas políticas y contra el capital financiero internacional, representado por el juez Thomas Griesa y los fondos buitre. Fueron cuatro años en los que la situación de la economía mundial, marcada y dañada por la crisis de Lehman Brothers, no repuntaba; recuerdo un informe de 2014 elaborado por la consultora McKinsey —del que hablé en la apertura de sesiones ordinarias el 1 de marzo de 2015— que decía que el crecimiento de la deuda sobre el PBI mundial era entonces de 286 por ciento. ¿Qué significaba eso? Que el mundo debía casi tres veces lo que producía en bienes y servicios. En 2014 los organismos multilaterales de crédito y muchos dirigentes internacionales afirmaban que ese año la crisis iba a mermar. Nada de eso sucedió y el endeudamiento de los países siguió creciendo. En ese mundo adverso, la crisis se empezaba a trasladar a los países emergentes de dos maneras: aumentando el valor del dólar, como ocurrió en 2014 con una devaluación del 12,4 por ciento, y la disminución del precio de los *commodities*. Fue por estos motivos que durante esos años tuvimos que redoblar desde el gobierno los esfuerzos para remontar la crisis a través del mantenimiento de políticas públicas contracíclicas y el aumento de las que ya habíamos desplegado entre 2003 y 2011. Y en este sentido es verdaderamente impresionante lo que logramos en medio del tembladeral global: el 13 de noviembre de 2012 el Banco Mundial publicó un informe que revelaba que la clase media en Argentina se había duplicado en la última década y que se destacaba como el país latinoamericano con el mayor aumento de su clase media como porcentaje de la población total. Estos datos duros de un organismo como el Banco Mundial, junto a la inédita evolución del índice de Gini en nuestro país en sus dos coeficientes —el ingreso por ocupación principal pasó de 0,475 en el año 2003 a 0,37 en el año 2015; y el ingreso per cápita familiar de 0,534 en 2003 a 0,41 en 2015—, marcan el virtuoso impacto de aquellas políticas públicas contracíclicas. Es sabido que el índice de Gini es uno de los más difíciles de mover, y cabe aclarar que cuanto más bajo es existe un mayor bienestar social. Y pensar que me tuve que fumar que dijeran que no habíamos combatido la pobreza… ¡Justo a nosotros, que duplicamos la clase media! O sea… Una parte importante de los argentinos y las argentinas dejaron, durante nuestros gobiernos, de ser pobres… Y no lo digo yo, lo dijo el Banco Mundial. Aunque también, a pesar de ello, una porción importante de esa misma clase media terminó votando a Mauricio Macri. Ahora, cuando estoy escribiendo estas líneas y veo lo que está pasando en Argentina en este 2019 que recién despunta, con precios de los alimentos prohibitivos para las grandes mayorías y donde la clase media es el gran pato de la boda, de la catástrofe económica y social que vivimos producto de las políticas del gobierno de Cambiemos, me pregunto qué hicimos mal para que la gente eligiera a un presidente como Mauricio Macri. ¿Que los medios de comunicación hegemónicos tuvieron un rol fundamental en el engaño y la confusión de la sociedad? Sí, absolutamente… Eso es indiscutible. Pero también hubo y hay algo en nuestra sociedad, en nosotros los argentinos y las argentinas, que nos impide la construcción de un país perdurable y vivible… ¡Qué sé yo!

Retomando el tema, en junio de 2012 lanzamos el Plan Pro.Cre.Ar. para impulsar la actividad económica mediante créditos destinados a la construcción y reforma de viviendas, que además potenció el empleo en todo el país; en noviembre se aprobó la Ley de Mercado de Capitales, a través de la cual la Comisión Nacional de Valores adquirió mayores facultades de regulación y supervisión sobre el mercado de capitales para ampliar y mejorar las condiciones de financiamiento de las empresas; en marzo de 2013 se aprobó la Ley de Régimen Especial de Contrato de Trabajo para el Personal de Casas Particulares, con la que se logró que en 2015 se duplicara el número de trabajadoras registradas, con unas 324 mil nuevas trabajadoras regulares; ese mismo día presenté el Programa Ellas Hacen, destinado a madres solas con hijos e hijas menores a 18 que vivían en barrios de emergencia, lo cual significó un ingreso en blanco para casi 100 mil mujeres en 2015; en la misma línea lanzamos en junio el Programa de Emprendedoras con Vocación Argentina, EVA, destinado a emprendimientos de mujeres en barrios de la provincia de Buenos Aires; también en enero de ese año presenté el Plan Prog.R.Es.Ar, una ayuda económica para jóvenes de entre 18 y 24 años que alcanzó a unos 1.200.000 jóvenes, de las cuales 6 de cada 10 eran mujeres. En septiembre de 2014 con el Plan de Inclusión Previsional profundizamos lo iniciado con la recuperación de los recursos de los trabajadores que administraban las AFJP, y se incorporaron a PAMI 1,5 millones de afiliados; ese mismo mes lanzamos el programa Ahora 12 para seguir fomentando el consumo y fortaleciendo el mercado interno; a los pocos días se aprobó la Ley de Regulación en las relaciones de Producción y Consumo, que establecía un marco normativo para evitar abusos y la apropiación indebida del excedente en la cadena de valor; esta ley se lanzó en conjunto con la del Observatorio de Precios y Disponibilidad de Insumos, Bienes y Servicios, con el objetivo de monitorear, relevar y sistematizar los precios para transparentar su proceso de formación; ya en diciembre de 2014 se aprobó la Ley de Agricultura Familiar, la cual declaró de interés público dicha actividad por su contribución a la seguridad y soberanía alimentaria del pueblo; en julio de 2015 se aprobó la Ley de Movilidad de las Asignaciones Familiares y AUH, que estableció la actualización de las asignaciones familiares, la AUH y la asignación por embarazo dos veces al año. Todas estas leyes, que otorgaban un rol activo al Estado en resguardo de la actividad económica, fueron también acompañadas por políticas de soberanía de nuestros recursos estratégicos. En octubre de 2012 se aprobó la Ley sobre el Acuífero Guaraní —una reserva de agua subterránea de más de un millón de kilómetros cuadrados— como un recurso estratégico del Mercosur; en julio de 2013 se aprobó la Ley de Área Marina Protegida Namuncurá - Banco Burdwood con una superficie aproximada de 34 mil kilómetros cuadrados, en un área que fue declarada de veda absoluta y permanente para la pesca por el Consejo Federal Pesquero; en noviembre de 2013 se aprobó la Ley de Protección de Recursos Estratégicos que estableció penalidades económicas y de prisión a quien realizara actividades de búsqueda de hidrocarburos sobre la plataforma continental argentina. El 3 de junio de 2014 se logró un avance importantísimo con relación a la producción energética: se cumplió la primera criticidad de la Central Néstor Kirchner - Atucha II, que finalmente obtuvo licencia de operación comercial en mayo de 2016; a los pocos meses logramos otro hecho histórico: el lanzamiento del primer satélite diseñado y elaborado en la Argentina, el ARSAT-1. Por el mismo camino continuamos con la aprobación de la Ley de Hidrocarburos para fijar nuevos parámetros a fin de atraer inversores para la exploración, explotación y producción de petróleo con el objetivo de aumentar la producción, equilibrar la balanza energética y lograr el autoabastecimiento de combustibles; en diciembre de 2014 se aprobó la Ley de Argentina Digital para seguir desarrollando la red de comunicaciones.

YPF OTRA VEZ ARGENTINA... UN PAÍS EN MARCHA

Dentro de la política de soberanía territorial y energética, sin duda la más importante fue la recuperación de YPF para el patrimonio nacional. El 16 de abril de 2012 envié al Congreso de la Nación el proyecto de ley, que finalmente el 3 de mayo obtuvo sanción definitiva en la Cámara de Diputados. Fue la medida más importante que tomé durante mi segundo mandato. La decisión tuvo que ver con que veníamos en caída libre con la producción de YPF, y tuvimos que comenzar a importar gas licuado, con fuerte impacto en la balanza de pagos, surgiendo entonces, como en ningún otro momento, la necesidad imperiosa de recuperar este instrumento estratégico de la economía.

La recuperación de YPF fue muy importante, porque además de cerrar definitivamente el capítulo de los 90, el país volvía a contar con un instrumento vital de su economía en el sistema de decisiones de Argentina que se había perdido en 1998, cuando el gobierno de Menem decidió venderle a Repsol las acciones de la petrolera que pertenecían al Estado Nacional. Lo único que lamenté fue que Néstor no estuviera para verlo. Sé que él lo hubiera disfrutado mucho. Siempre había soñado con recuperar YPF para el país... siempre. Era un tema indispensable para la Argentina que él soñaba construir. Me hubiera gustado más que ninguna otra cosa que él me estuviera mirando en el momento de anunciarlo; creo que de algún lado y de algún modo lo hizo. El anuncio lo hice por cadena nacional desde el Salón de las Mujeres, en la Casa Rosada. Después enviamos el proyecto de ley al Congreso, porque como era una expropiación tenía que pasar por el Parlamento, de acuerdo a lo que marca la Constitución Nacional. Se podrá decir cualquier cosa de nuestro gobierno, menos que no fuimos respetuosos de las instituciones y de las leyes, todas nuestras decisiones siempre fueron sancionadas o ratificadas por el Congreso y ni uno solo de los legisladores oficialistas puede decir: "Tuve que votar una ley en contra de mis convicciones o perjudicando a la gente". Todo lo que se votó durante nuestra gestión fue a favor del país y de los argentinos. No hubo una sola ley de la que puedan decir: "Esa fue una ley de ajuste". Mirando los tres años de gestión del gobierno de Mauricio Macri y Cambiemos, plagado de DNU violatorios de la Constitución y de la sanción de leyes del ajuste, la imagen del espejo invertido se patentiza una vez más al recordar las promesas electorales de "nadie va a perder nada de lo que ya tiene". El acto empezó poco después del mediodía. En los días previos había mucha expectativa sobre la cuestión, pero no había certezas al respecto. Fue por ese motivo que cuando la locutora del acto leyó "Título 1, Capítulo Único: De la Soberanía Hidrocarburífera de la República Argentina", su alocución fue interrumpida por los aplausos de legisladores, dirigentes gremiales y empresarios que estaban presentes. Lo mismo ocurrió con la lectura del artículo séptimo, que anunciaba la expropiación del 51 por ciento de las acciones de YPF. Empecé mi discurso con la aclaración de lo que significaba la ley: la recuperación de la soberanía hidrocarburífica de la República Argentina. Llevé para la presentación, en una cajita y entre algodones para que no se rompiera, un pequeño tubo de laboratorio con una muestra de petróleo. No era cualquier muestra: había sido extraída del pozo número 2 el 13 de diciembre de 1907 en Comodoro Rivadavia; era el primer petróleo argentino. Había sido un regalo de Federico Bernal, director del Observatorio de la Energía, Tecnología e Infraestructura para el Desarrollo (OETEC), un especialista en el tema; su abuelo materno había sido el director general de Minas, Geología e Hidrología de Argentina, y bajo su dirección se había explorado y obtenido el petróleo que contenía el pequeño tubo. Como dije en el discurso, lo llevé para mostrarle a los argentinos y argentinas de qué habíamos sido capaces en el pasado, y para subrayar también de lo que podíamos ser capaces en el marco de un proyecto soberano como era el nuestro. Recordé al presidente Hipólito Yrigoyen, quien fundó

Yacimientos Petrolíferos Fiscales el 19 de octubre de 1922, y marcó lo que debería haber sido siempre la política de Estado en materia energética, porque, como dije en el discurso, YPF es de todos y de todas. Hasta el momento en que el Congreso aprobó la reestatización de YPF, fuimos el único país de Latinoamérica, y también uno de los pocos en el mundo, que no manejaba sus recursos naturales. Fue necesario, para ilustrar cuál era la situación de YPF, leer algunas estadísticas: después de 17 años de la política que se había implementado desde que se desnacionalizó YPF en el año 1998, por primera vez en el año 2011 —último año de mi primer gobierno— nos convertimos en importadores netos de gas y petróleo con un déficit de 3.029 millones de dólares. La reducción en el saldo comercial entre 2006 y 2011 había sido del 150 por ciento; en 2011 se había importado combustible por 9.397 millones de dólares, casi alcanzando el superávit comercial argentino, que había sido de 10.437 millones de dólares. Esos datos revelaban la política de vaciamiento que se expresaba en la falta de inversión y caída de la producción; de seguir esa política, el destino inexorable era una herida de muerte al crecimiento del país, a su actividad económica y a la industria. Pero lo más grave era que nos volvíamos un país inviable y no por falta de recursos, sino por políticas empresariales contrarias a los intereses nacionales, porque éramos la segunda reserva mundial de gas shale y la cuarta de petróleo no convencional, según la Agencia de Petróleo y Energía de Estados Unidos. Vaca Muerta se había descubierto tiempo atrás e YPF no estaba explotando esas reservas que requerían de la implementación de una nueva forma de extracción. También presenté un gráfico con la caída de las reservas de petróleo en millones de barriles desde 2001 hasta esa fecha; las reservas se habían reducido para 2011 en un 50 por ciento.

Unos meses antes, había hablado con importantes ejecutivos de compañías petroleras de otros países: me habían explicado que desde hacía bastante tiempo las empresas líderes del mundo no tenían servicios petroleros, porque habían comenzado a inclinarse por nuevos negocios. ¿La razón? Habían advertido que la inmensa mayoría de los países en el mundo estaban absolutamente renuentes a dejar en manos de privados un recurso que es estratégico y vital en el desarrollo económico. Recordé eso en el discurso, cuando afirmé que no se trataba de una medida aislada, sino del principio de una política de Estado, para lo cual era necesario, además, alinear los intereses del Estado Nacional y sus provincias, porque no hay Nación sin provincias, ni provincias sin Nación. A mí me había tocado ser la encargada de tomar la decisión, pero en la historia era sólo un instrumento. Ese aprendizaje plasmado en los números, en pérdidas de reservas, en disgustos, en amarguras y en broncas, en presiones y extorsiones, tenía que servirnos para saber que la soberanía de nuestros recursos debía ser una política de Estado indiscutible. Como no podía ser de otra manera, durante los siguientes días los medios de comunicación hegemónicos apuntaron todas sus armas contra la medida. El diario *Clarín* publicó declaraciones de María Eugenia Estenssoro, quien afirmó que era "un escenario muy negativo, porque esta es la tercera violación a YPF en doce años", y concluyó que "la recuperación no la va a poder hacer este gobierno; el próximo gobierno y el siguiente van a tener que trabajar en esto. Y además los funcionarios, que son los responsables de esta desgracia, tienen que dar un paso al costado". El mismo diario publicó otras notas en las que relataba que Néstor había sido el encargado de persuadir a los gobernadores para que se privatizara YPF en 1992. *La Nación* le dedicó el editorial del 21 de abril en el que aseguraban que "el derecho de propiedad se acercó un paso más hacia su desaparición en nuestro país". La misma publicación definió a la expropiación como "lisa y llanamente una confiscación violatoria de la Constitución". "Sólo en una sociedad muy primitiva se le puede ocurrir a alguien celebrar o aplaudir esta manera de hacer las cosas. No es casual que en distintos países de Europa y América la decisión adoptada por la presidenta Cristina Kirchner haya sido calificada como un acto de 'patoterismo' o de 'piratería'", agregaron. Decían todo esto, no sólo ocultando la Constitución Nacional —que autoriza la expropiación por ley de declaración de utilidad pública— y la desastrosa situación energética que había provocado la YPF privatizada, sino que, además, omitían deliberadamente que en la presentación del proyecto de ley estaba muy claro qué prototipo de recuperación y gestión habíamos elegido: un modelo de recuperación de soberanía y control de un instrumento fundamental de la economía, pero conservando la forma de sociedad anónima, para seguir funcionando como empresa y de acuerdo a la ley de sociedades privadas. Aclaré que la conducción de la empresa iba ser absolutamente profesionalizada, y hasta subrayé que los sectores de la economía manejados por el Estado no debían administrarse bajo un criterio partidario o de política que diera fundamentos a los discursos de que el Estado es inútil y que sólo las empresas privadas son capaces de gestionar bien.

Y cumplí con creces lo prometido. Convoqué, para conducir la YPF recuperada para la Argentina —no para Cristina—, a Miguel Galuccio, un ingeniero experto en petróleo egresado del mítico ITBA y que ya había trabajado en la empresa, bajo la conducción de Estenssoro. Sobre él me había hablado el gobernador de Entre Ríos, el "Pato" Urribarri, cuando se enteró lo que íbamos a hacer y me había traído su currículum, que me resultó impecable. Se había ido del país hacía quince años y trabajaba en una importantísima empresa internacional de servicios petroleros. Durante su gestión al frente de la petrolera estatal, se lograron importantes inversiones extranjeras con las petroleras internacionales Chevron, Wintershall y Petronas, entre otras. Me causa gracia hoy escuchar a Mauricio Macri hablar de Vaca Muerta como si fuera un invento de su gobierno, cuando su fuerza política votó en contra de la recuperación de YPF y Vaca Muerta. Peor aún es escuchar o leer en letra de molde que algunos se preguntan qué haríamos con Vaca Muerta si ganáramos las elecciones. Ridículo, ya lo hicimos, la recuperamos, convocamos a inversores internacionales y celebramos importantes convenios con ellos. Todavía recuerdo las críticas de todo el arco político argentino, incluso de mi querido amigo Rafael Correa, por nuestro acuerdo con Chevron.

Al poco tiempo, el 12 de junio de 2012, hicimos en el Museo del Bicentenario el acto de lanzamiento del Plan de

Crédito Argentino del Bicentenario, el Pro.Cre.Ar. Con un fideicomiso financiado por la ANSES, el Estado ofrecía créditos hipotecarios para la construcción de la primera vivienda, con un interés entre el 2 y el 14 por ciento, de acuerdo a los ingresos familiares, tasas realmente muy bajas. Al generar ese programa de vivienda, redoblábamos la apuesta en nuestro modelo de crecimiento e inclusión social. Como escribí anteriormente, las dificultades económicas mundiales seguían firmes desde 2008; recuerdo que en esos meses en particular la crisis se estaba volcando sobre la zona del euro de manera exponencial. Justamente en esos contextos, es cuando más necesarias son las políticas que apuntan al consumo, al desarrollo y a la inclusión. Todo eso estaba integrado en el Pro.Cre.Ar. El modelo del plan contemplaba el acceso a la vivienda de la clase media, de medianos y altos ingresos, precisamente los sectores en los que se habían creado más de cinco millones de puestos de trabajo desde 2003, y que por ese motivo permitía a matrimonios de profesionales, de bancarios, de empleados públicos o de empresas privadas con buenos ingresos acceder a la vivienda propia. La necesidad surgía, además, de una falta de política hipotecaria por parte de la banca privada, que se había dedicado a usufructuar el tema del consumo y de las tarjetas de crédito, que habían crecido exponencialmente por el modelo de integración y ampliación del mercado interno. Cuando presentamos el programa, señalé que me hubiera gustado que los bancos nacionales y extranjeros dispusieran parte de esas formidables rentabilidades y ganancias que habían obtenido para aplicarlas en la construcción de nuevas viviendas, a través de los créditos hipotecarios. Aclaré también un aspecto fundamental: el Pro.Cre.Ar., al ser un programa de construcción de primera y única vivienda, no generaba una burbuja inmobiliaria, ni tampoco favorecía a las personas que ya tenían un inmueble y querían venderlo para obtener una ganancia. Al contrario, apuntaba directamente a una política macro, de desarrollo y crecimiento económico con inclusión social; ambas cosas podían y debían —y eso era nuestro proyecto— ser articuladas por el Estado, como sujeto económico activo frente a los problemas de la sociedad y el mundo. Hasta 2015, por medio del programa entregamos más de 200 mil créditos; 73.784 viviendas terminadas y 150.440 viviendas todavía en construcción ese año. Así como el trabajo era el gran organizador social, la casa propia era la gran organizadora familiar. Desde 2003 tuvimos en claro eso en nuestro proyecto, y cuando terminé mi segundo mandato los números hablaban por sí solos: en los doce años y medio de gobierno le dimos solución habitacional a 1.190.182 familias, con alrededor de 5,3 millones de personas beneficiadas. Cuando hoy veo la desesperación de más de 120 mil argentinos, ante el aumento geométrico de las cuotas y de la deuda remanente en los créditos hipotecarios UVA que el gobierno de Mauricio Macri presentó como la gran novedad, no dejo de pensar en la que yo llamo la Argentina del cangrejo. ¿Por qué se elige caminar para atrás? Y al mismo tiempo confirmo que la banca privada sólo participa en materia de créditos hipotecarios cuando tiene la chancha, los 20 y la máquina de hacer chorizos también. No es culpa de ellos, sino de quien lo permite, o sea el Estado.

Al igual que con YPF y con cada una de las políticas que realizamos, los medios concentrados intentaron invertir el sentido de nuestras medidas. Cinco días después del anuncio de Pro.Cre.Ar., *Clarín* tituló: "El Gobierno usa $ 55.000 millones de los fondos de las jubilaciones", con la imagen en tapa de un grupo de jubilados reclamando en el PAMI. La nota decía que la plata para las viviendas saldría del ahorro de los jubilados: "La ANSES es hoy una enorme caja, con un presupuesto para este año de más de 200.000 millones de pesos, con los que paga toda clase de beneficios, desde jubilaciones y pensiones, incluidas las de moratoria y las de las cajas transferidas, seguros de desempleo y asignaciones familiares", y para que el veneno se inoculara a fondo en sus lectores, agregaba: "El uso del dinero de los jubilados por parte del Gobierno alcanzó su récord". El diario *La Nación* no se quedó atrás. El 17 de junio de 2012 publicó un editorial con el título "El saqueo a los jubilados". Sí, *La Nación* decía que nuestro gobierno "saqueaba a los jubilados". Los argumentos esgrimidos eran los mismos que utilizó *Clarín*. Hasta ese punto llegaban para presentar la realidad absolutamente al revés. A nosotros, que habíamos recuperado los fondos del sistema previsional y que traccionábamos un modelo virtuoso de crecimiento con inclusión social y que pusimos al Estado al servicio de las grandes mayorías de la sociedad, nos decían que le robábamos la plata a los jubilados. Y lo peor de todo es que no pocos jubilados y jubiladas lo creyeron. Hoy, cuando uno repasa los titulares de aquellos días y observa ahora el silencio cómplice y el ocultamiento deliberado de los mismos medios ante el doble despojo —por cantidad de plata y por pérdida de poder adquisitivo— que están sufriendo los jubilados en sus haberes y el vaciamiento del fondo de garantía y sustentabilidad de la ANSES, la "famosa plata de los jubilados", se entiende todo muy claramente. Todo fue planificado y premeditado. Otra vez el espejo invertido: no éramos nosotros los que queríamos la plata de los jubilados, eran ellos. ¿Alguna vez la sociedad advertirá el inmenso daño que le han provocado estos medios de comunicación al inducirlos premeditadamente a equivocarse, falseando la información y mintiendo a mansalva? Porque está claro que sin las mentiras deliberadas y los ocultamientos planificados la gente decidiría de acuerdo a sus verdaderos intereses que además, no tengo dudas, son también los del país.

Uno de los días que recuerdo con más emoción de mi segundo mandato fue el 2 de julio de 2012. Ese día firmé dos decretos fundamentales en relación a los derechos de la comunidad LGBT y a la diversidad sexual: el decreto mediante el cual el Estado reconocía a los hijos e hijas de parejas homosexuales nacidos antes de la Ley de Matrimonio Igualitario y, por otro lado, el decreto de reglamentación de la Ley de Identidad de Género, que había sido aprobada por el Parlamento el 9 de mayo de ese año. Organizamos un acto en el Salón de las Mujeres que estuvo marcado por la felicidad y la energía de los activistas trans y de agrupaciones de diversidad sexual; también había chicos y chicas que fueron reconocidos como hijos e hijas de sus padres; estuvo Estela de Carlotto —como no puede ser de otra manera siempre que se trate de derechos humanos y de identidad—; y contamos con la presencia del ex juez español Baltasar Garzón. Como dije esa tarde, se trató de un día de inmensa reparación y de igualdad, porque a partir de ese momento una enorme cantidad de hombres y mujeres tuvieron los mismos derechos que millones de argentinos y argentinas habían tenido desde el día que nacieron. La igualdad es el basamento en el crecimiento de toda sociedad y es tan importante como la libertad. En este tema, no me gusta la palabra "tolerancia". Me da como que "tengo que aguantar" a los diferentes a mí porque no me queda más remedio y por eso siempre preferí hablar de igualdad. Ese día fue especial porque las personas presentes cantaban y repetían esa palabra: "¡Igualdad!, ¡igualdad!". Como en tantos otros momentos, también me hubiera gustado que Néstor estuviera presente. En este caso porque las dos medidas marcaban una continuidad con la Ley de Matrimonio Igualitario por la que él había trabajado cuando fue diputado y que lo había puesto tan feliz el día que se aprobó. Durante la primera parte del acto entregué los documentos de identidad a once personas trans: Laura Elena Moyano; Kalym Adrián Soria; Silvana Sosa; Luisa Lucía Paz; Reyna Ornella Infante; Valeria del Mar Ramírez —que había estado secuestrada en el Pozo de Banfield durante la última dictadura—; María Laura Alemán; Maia Mar Abrodos; la periodista Diana Sacayán; Gabriela Abreliano y Laura Elena Villalba. Nunca me voy a olvidar lo que me dijo una de ellas al recibir su documento: "Antes el Estado nos llevaba presas, ahora nos da un documento e identidad". Tampoco olvidaré lo que me dijo Kalym Adrián Soria, el único varón trans del grupo a quienes entregué el DNI, quien me contaba que desde hacía 42 años esperaba a que lo reconocieran como él se autopercibía, porque tuvo noción de su masculinidad desde los cuatro años. ¡Mi madre!... Toda una vida esperando que te reconozcan como sos. Otra de las chicas trans me dijo al oído que el promedio de vida de ellas era de 32 años. Diana Sacayán, que recibió su documento ese día, fue víctima de un travesticidio tres años más tarde, en octubre de 2015. Tenía 40 años. El reconocimiento por parte del Estado de la identidad de las personas trans era una deuda histórica. Cuando alguien es ignorado, cuando es reprimido, hay una negación del otro, de sus derechos, y entonces es como si no existiera. Muy feo. Después entregué los documentos a las niñas y niños que por primera vez eran reconocidos como hijos de matrimonios igualitarios; me acuerdo de las mellizas de Laura Ruggiero y Catalina Schünemann; de Juan Pablo y de Tiziano; de todos los chiquitos a los que les reconocimos su situación familiar. Recordé en ese momento, una vez más, la lucha de las Madres y Abuelas de Plaza de Mayo, de todas las organizaciones de derechos humanos que sin violencia, sin agresiones, sin pedir pena de muerte, mantuvieron el reclamo firme de memoria, verdad y justicia. Evoqué en el discurso esa lucha de tantos años, porque las organizaciones de hombres y mujeres que lucharon por las leyes de Matrimonio Igualitario y de Igualdad de Género, como las luchas feministas, también son un ejemplo de paciencia y constancia, de mantener el reclamo vivo y fortalecerlo. Les agradecí ese día a todas las organizaciones que lucharon por las conquistas que celebramos, por ampliar derechos en Argentina, que en ese momento estaban en expansión en cuanto a lo económico, lo social y lo cultural.

Escribo estas líneas en tiempos de Bolsonaro, el nuevo presidente de Brasil que abjura de las minorías y quiere perseguirlas... ¡Qué mundo, mi Dios! Después de todo, sólo se trata un modelo de país inclusivo y democrático; un proyecto político que integra a sectores de la sociedad excluidos, los reconoce como sujetos de derecho y al mismo tiempo impulsa la economía nacional. Dos ejemplos claros y que ya mencioné fueron el Programa Ellas Hacen, que benefició a unas 98.800 mujeres de barrios emergentes y villas, y la Ley de Régimen Especial de Contrato de Trabajo para el Personal de Casas Particulares, a partir de la cual se registraron 324 mil nuevas trabajadoras hasta 2015, el doble de las que existían antes de la ley. Presenté los dos proyectos en la misma semana, el 11 y el 13 de marzo de 2013. El Programa Ellas Hacen apuntaba al núcleo duro de la pobreza, el lugar al que el crecimiento económico no llegaba, por tantas décadas de abandono, de exclusión y falta de capacitación, teniendo en cuenta que a las mujeres les cuesta mucho más conseguir trabajo que a los hombres. Esto se ve claramente en los índices de desocupación, en donde las mujeres de hasta 29 años son las que menos empleo tienen. Ellas Hacen ofrecía un trabajo de capacitación, de cooperativa, de organización social, de educación. La dificultad estructural con la que nos encontramos desde que asumió Néstor en 2003 fue que una parte muy grande de la sociedad estaba desde hacía años marginada, tal vez con décadas sin trabajo estable.

Por eso el proyecto de Argentina Trabaja, y luego Ellas Hacen, tenían como objetivo dar trabajo y, al mismo tiempo, capacitar para lograr que en algún momento el sector privado pudiera contratar a esas personas. Siempre se habla del sector privado como el encargado de generar todo el trabajo sin que el Estado intervenga. Esto sería el mundo ideal, pero cuando asumimos la conducción del Estado en la Argentina, estábamos muy lejos de ese lugar y tuvimos que hacer lo que le corresponde a todo gobierno: hacernos cargo de "la vida real" —expresión viralizada que utilizó Agustín, el nene que le pedía a su padre que me quería conocer—. En ese marco, en el de la vida real, Ellas Hacen daba trabajo y capacitaba al sector más postergado de la sociedad: las mujeres pobres. Además eran ellas las que cuidaban a sus hijos, las que los educaban. Por esos motivos creía —y lo reflejaba en políticas concretas— que la clave era llegar a los lugares más vulnerables. Al poco tiempo de iniciarse el Ellas Hacen nos dimos cuenta que, además de operar en relación a la pobreza, el programa se había convertido en un instrumento sustancial para prevenir la violencia doméstica contra las mujeres, tragedia que hoy día ha cobrado una visibilidad nunca antes vista. Así es, en materia de políticas públicas para prevenir la violencia de género, al 2015 de las casi 100 mil destinatarias del Ellas Hacen un 60% habían vivido situación de violencia y de ese 60%, un 47% se divorció o se separó a partir del segundo sueldo. Los números son más que elocuentes, la dependencia económica de muchísimas mujeres es la única razón por la cual siguen soportando el maltrato. Sin autonomía económica de la mujer, no hay feminismo que valga. Cada vez estoy más convencida. La Ley de Régimen Especial de Contrato de Trabajo para el Personal de Casas Particulares era un viejo proyecto, un viejo sueño de Eva Perón. Carlos Tomada, ministro de Trabajo durante nuestros tres gobiernos, había definido la ley como "el sueño incumplido de Eva Perón". Evita había logrado que se sancionara el Estatuto del Peón Rural, pero cuando estaba trabajando para la sanción del Estatuto de las Empleadas del Servicio Doméstico, el 26 de julio de 1952, la muerte la dejó fuera de combate. Se trata de una ley que benefició fundamentalmente a las mujeres, dado que de 1 millón de trabajadores que se desempeñaban en hogares al momento de aprobar la ley, el 95 por ciento eran mujeres. En 1956 la autoproclamada Revolución Libertadora había emitido un decreto que consideraba al personal doméstico totalmente diferente al resto de los trabajadores. No lo alcanzaba el artículo 14 bis de la Constitución; ni el artículo 16, que establece la igualdad de tratamiento; ni el artículo 28, que dice que no puede haber leyes ni reglamentaciones que cercenen o disminuyan los derechos que reconoce la Constitución. En sesenta años, no hubo una sola medida cautelar de ninguna Corte, juez o camarista que declarara inconstitucional ese decreto-ley, que condenaba a las mujeres que trabajaban en las casas particulares a ser parias, sin derechos de ningún tipo, ni indemnización por despido, ni jornada legal, ni descanso, ni vacaciones pagas, como tiene el resto de los trabajadores. ¿Por qué ocurría esto? Porque para los invisibles y los pobres, más aún, para las invisibles y las pobres, para las nadies como diría Eduardo Galeano, no hay medidas cautelares ni resoluciones que declaran inconstitucionales leyes que las perjudican. Casi sesenta años más tarde, promulgamos esa ley para las más de un millón de mujeres que trabajan en las casas de los otros, limpiando, lavando o cuidando a los chicos.

El 2013 fue también un año electoral, y al igual que en las elecciones legislativas de 2009, no logramos ganar en la provincia de Buenos Aires, aunque sí a nivel nacional, donde fuimos la primera y principal fuerza con el 34,41 por ciento de los votos, seguidos por el Frente Progresista Cívico y Social que obtuvo el 25,6 por ciento; el Frente Renovador con el 17,6 por ciento; el PRO y el Peronismo Federal con 8 por ciento respectivamente y el Frente de Izquierda que sumó el 5,41 por ciento de los votos. La noticia fue por supuesto, al igual que en 2009, sobreactuada y sobredimensionada por los medios de comunicación. En Buenos Aires Macri y el PRO, habían decidido no presentar lista propia de candidatos a diputados y fueron apoyando la lista del Frente Renovador, encabezada por Sergio Massa que obtuvo el 43,95 de los votos, más de diez puntos por encima de nuestra lista, que con Martín Insaurralde como primer diputado obtuvo cerca del 33 por ciento de los votos. En tercer lugar quedó la lista encabezada por Margarita Stolbizer con el 11,71 por ciento y cuarto Francisco de Narváez, que había ganado las legislativas de 2009, por Unidos por la Libertad y el Trabajo, que obtuvo el 5,43 por ciento. Fue inmediatamente después de esas elecciones cuando recibí dos visitas muy particulares.

VISITANTES EN OLIVOS

Después de aquellas elecciones, Mauricio Macri, que en ese entonces era el jefe de Gobierno de la Ciudad de Buenos Aires, y Gabriela Michetti, que era diputada nacional, vinieron a verme en diferentes ocasiones, ambas sin aparente conexión. Con Michetti fue una reunión un tanto insólita en la que me vino a aconsejar que no "peleara tanto". La impresión que me quedó fue que había venido a advertirme —sin poder decírmelo expresamente aunque me pareció sincera, debo decirlo— que me cuidara porque me querían destituir o me querían hacer algo. Entendí que ella me decía que me cuidara. Fue una reunión muy extraña. Cuando se fue pensé: "Las cosas que debe estar escuchando esta mujer sobre lo que me quieren hacer". El encuentro con Macri no fue tan raro. Al recordar hoy lo que hablamos entonces, pienso que él realmente creía que cuando asumiera como presidente de la Argentina iba a recibir la tan anunciada "lluvia de inversiones" y que gobernar el país no era una cuestión demasiado compleja. Estaba preocupado y enojado, porque él lo había llevado a Massa como único candidato a diputado nacional en la provincia de Buenos Aires a cambio de que apoyara su candidatura presidencial en el 2015. Después de las elecciones en las que resultó ganador, Sergio no cumplió el pacto y lanzó su propia candidatura presidencial para el año 2015. Macri estaba enfurecido. Tal era su enojo que me pidió una reunión, a la cual obviamente accedí: "Quiero hablar con usted, presidenta", me dijo cuando vino a Olivos e inmediatamente empezó a criticarlo a Massa. Le contesté: "¡Pero si usted lo llevó como candidato, ingeniero!". Respondió que sí, pero que era "para impedir que usted fuera reelecta y que tuviera la mayoría absoluta en el Congreso". "¿Nadie le dijo a usted que para ser reelecta tendría que haber ganado con el 80 o 90 por ciento de los votos y, así y todo, no me alcanzaba? Por nuestro sistema proporcional nadie llega a los dos tercios propios necesarios para reformar la Constitución", le dije. "Creo que llegó el peronismo, una vez y nada más, como una cosa muy excepcional", recordé. "Bueno, pero yo no sabía", me dijo. "Entonces, antes de hacer alianzas debería tener un buen asesoramiento", le contesté. Después de eso cambió de tema y me dijo: "Presidenta, usted con esto va a pasar a la historia", y me entregó un proyecto que consistía en la eliminación de las retenciones al trigo, al maíz, a la exportación de la carne y la reducción progresiva del 5 por ciento a las de la soja. Es decir, lo mismo que hizo cuando asumió como presidente. Le pregunté: "¿Y para qué quiere usted que pase yo a la historia?". Él me dijo nuevamente algo sobre Massa, algo que en definitiva no viene al caso. Lo interesante de ese episodio es que ya en 2013 Macri estaba convencido de las medidas que tomó a partir de diciembre de 2015. Sin vueltas, me había dicho que el gran motor que mueve la economía argentina es el campo, que si le daba libertad total al campo, el crecimiento económico era indetenible e inexorable. Ahora que lo pienso en retrospectiva, me parece que esas ideas le venían por el lado de los Blanco Villegas, la familia terrateniente de su madre. Le advertí que con esas medidas los precios de los alimentos se iban a disparar e impactar negativamente en toda la cadena avícola, porcina, vacuna, y que además el modelo agroexportador no alcanza en un país con 40 millones de argentinos. Fue inútil. Él continuaba con sus ideas: "Se va a caer la inflación —me decía—, porque la inflación es por la emisión para cubrir el déficit". Me hablaba también de la libre importación, argumentos típicos de la economía más ortodoxa.

Hoy pienso y me pregunto: ¿por qué el gobierno de Cambiemos tomó tanta deuda? No solamente para fugar; ellos apostaban a la política de las Lebacs, porque estaban convencidos de que así iban a lograr bajar la inflación. Escribo y trato de encontrar una explicación a este desastre que hicieron y que están haciendo. ¿Dónde está la razón de esta verdadera catástrofe? Ellos están convencidos de que la emisión monetaria para cubrir el déficit provoca inflación. Pero la inflación no es producto de la emisión. Nosotros somos un país productor de alimentos y entonces, ¿por qué lo que más inflación tiene son los alimentos? Pero como ellos creían que la inflación venía por emisión, estimaban que al haber déficit fiscal no podían emitir, salvo que lo hicieran con respaldo en dólares conseguidos por la toma de deuda externa; su cadena lógica es la siguiente: llegan los dólares, tenemos reservas, emitimos, esterilizamos con las Lebacs, es lo que también diría Milton Friedman, neoliberalismo en estado puro. Lo cierto es que cometen un grave error, no se trata de una cuestión ideológica, o en todo caso no me interesa ahora analizarlo desde la ideología; es un error desde la teoría. Si esto fuera así... ¿cuál es la razón por la cual el país con mayor déficit fiscal y mayor déficit comercial del mundo es al mismo tiempo la primera economía mundial? La economía no es sólo una cuestión científica, es una cuestión de relación de fuerzas y de imposición de la moneda, entre otras cosas. Las reglas del juego cambiaron cuando se declaró la no convertibilidad del oro en dólar, la cancelación del acuerdo de Bretton Woods con la derogación del patrón dólar que llevó a cabo el presidente estadounidense Richard Nixon en 1971. No hay que creer todo lo que nos dicen las teorías que provienen de Estados Unidos... ese es el problema. ¿Cómo pensaron la economía Macri y el gobierno de Cambiemos? ¿Cómo pensaron que podían bajar la inflación? Ellos creyeron que durante nuestro gobierno había inflación porque emitíamos moneda para pagar gastos por el déficit fiscal; aunque en realidad éste —el primario, no el que incluye los servicios financieros de la deuda— fue, durante mi último gobierno, en 2012 de 0,2; en 2013 de 0,7; en 2014 de 0,8 y en 2015 se fue a 1,8 del producto. La razón del crecimiento de un punto del déficit durante el año 2015 no sólo fue porque el año anterior había sido un mal año para la economía —se había apreciado el dólar y caído el precio de los *commodities*— sino también porque en vista a las elecciones presidenciales decidí incrementar el gasto. Una pequeña digresión: me causa mucha gracia los que dicen que no hice ningún esfuerzo para que Scioli ganara las elecciones... ¡Aumenté en 1 punto del PBI el déficit fiscal para inyectar recursos a la economía! ¡Mi Dios!... Cómo algunos no hacen más que repetir lo que leen en *Clarín* y *La Nación*.

Retomando el tema de las políticas que aplicó el gobierno de Cambiemos y Mauricio Macri a partir del 2015, su adscripción a las ideas de la economía ortodoxa, en cuanto a la inflación como un problema monetario, y la necesidad de financiar la fuga de divisas, los llevó a endeudar el país en dólares. La verdad es que a esta altura del desastre económico que Cambiemos y Mauricio Macri han hecho en el gobierno, tampoco tienen demasiada importancia las motivaciones que tuvieron para llevar adelante su plan. Después de todo una gestión de gobierno se mide por los resultados y no por las intenciones. No estoy planteando que el déficit fiscal no es un problema y que se puede tener un déficit fiscal muy alto y no pasa nada. No. Pero financiar un déficit fiscal en pesos endeudándose en dólares es un delirio... o un saqueo. Sabemos que las teorías en las que la única variable a considerar es el déficit fiscal nunca resuelven los verdaderos problemas macroeconómicos y han llevado al país a un endeudamiento feroz que finalmente destruye la soberanía económica y limita la posibilidad de cualquier gobierno de generar un modelo económico virtuoso. La novedad de este gobierno, además, es que para financiar un déficit fiscal en pesos nos endeudaron en dólares y a una velocidad proporcionalmente directa a la de las divisas que fugaron. Estos sí que se llevaron casi un PBI. Otra vez el espejo invertido.

Otro tip "para pasar a la historia" de los que me habló Macri en aquella reunión post electoral en Olivos fue sobre las tarifas. Lo volvería a reiterar en otra ocasión posterior en la que invité a la Casa Rosada a él y a otros dos gobernadores, entonces opositores, Alberto Rodríguez Sáa, de San Luis, y al chubutense Mario Das Neves. Recuerdo que en aquella oportunidad estábamos en el comedor de la Casa Rosada y Macri volvió a plantear el tema de los subsidios a las tarifas: "No puede ser, presidenta, lo que se está desperdiciando de gas". Me decía: "La gente tiene que estar en su casa con una tricota y no prendiendo la calefacción". No me voy a olvidar de esa reunión porque me quedó grabada la palabra "tricota". En mi caso, prefiero decirle sweater, que incluso también es un término poco común, porque la mayoría de las personas le dice pulóver. Pero Macri en aquella ocasión dijo tricota. Debe ser un término que utilizan en el colegio Cardenal Newman —al que asistía el presidente— porque nunca lo había escuchado en mi vida. Volvió a decirme: "La gente anda en patas por la casa, no puede ser. Que se pongan una tricota para andar adentro". Las dos veces que nos reunimos me planteó cuestiones que él está llevando adelante ahora como presidente, por lo cual tengo que pensar que lo que me decía era lo que verdaderamente creía y pensaba y que cuando llegasen al gobierno, al atender esos temas, iban a llegar las inversiones. Según Macri y Cambiemos nosotros no teníamos inversiones porque ahuyentábamos al capital por no ser "amigos del mercado", aunque lo cierto es que tuvimos más inversión extranjera directa que ellos. Él estaba convencido que si llegaba al gobierno, por ser rubio, alto, de ojos celestes, empresario y liberal, los inversores se iban a agolpar en las puertas de la Argentina para traer inversiones. Además de eso él considera que las tarifas tienen que ser bien pagas y se las paguen a sus amigos o testaferros. La transferencia de recursos, directa y sin escalas, de los bolsillos de los argentinos y de las argentinas a las empresas prestadoras de servicios públicos, dispuesta por el gobierno de Mauricio Macri y Cambiemos, es de una magnitud nunca vista en nuestro país y es directamente proporcional al empobrecimiento de la ciudadanía y a la caída de la actividad económica. El tema de los subsidios fue una crítica constante que recibimos durante nuestros gobiernos. La presión principalmente provenía de las empresas energéticas que pedían tarifas internacionales dolarizadas. Lograron instalar en gran parte de la sociedad que se estaba pagando muy barata la energía; todo el mundo repetía como un mantra "es muy poco lo que pago de luz", "es muy poco lo que pago de gas". Es increíble cómo pueden convencer a un trabajador, a un profesional de clase media o a un comerciante para que terminen diciendo "pagábamos muy poco de luz". Juro que intento imaginarme a un terrateniente decir "pagábamos muy poco de retenciones" y me dan ganas de ponerme a llorar. ¿Será una lucha inútil? Por ese motivo en 2011 decidí abrir el registro voluntario para eliminar subsidios. Dije: "Si todos piensan que están pagando poco, voy a abrir un registro público de renuncia voluntaria a los subsidios, porque de esa manera sólo lo conservarán los que realmente lo necesiten". Y efectivamente lo creamos, lo institucionalizamos y le dimos publicidad. Tres años más tarde, en el año 2014, sobre 14 millones de usuarios de luz y entre 8 y 9 millones de usuarios de gas, se registraron y renunciaron a los subsidios… ¡sólo 32 mil personas… ni el 1 por ciento!… Hola, bienvenidos a la Argentina… ¡Cuánta hipocresía, Virgen Santa! ¿O apenas sería estupidez inoculada por los medios de comunicación? Además, lo cierto es que cada vez que proponíamos algún reajuste tarifario, nos atacaban desde los medios de comunicación hegemónicos con titulares tipo catástrofe de "¡tarifazo!", organizando cacerolazos, protestas y durante el verano —cuando se producían cortes de luz en la región metropolitana debido del aumento del consumo y de las altas temperaturas— los mismos eran amplificados por los medios diciendo que se producían porque las tarifas eran bajas y, entonces, las empresas no podían invertir. En la era Macri, con muchísimo menos consumo por la caída de la actividad industrial, se produjeron más cortes de luz que, sin embargo, fueron sistemáticamente ocultados por los mismos medios de comunicación hegemónicos. No sólo eso, el economista Federico Basualdo, en una enjundiosa investigación sobre los balances de Edenor, Edesur y Edelap —las principales tres distribuidoras eléctricas de la región metropolitana—, demostró que la inversión de estas tres empresas durante los años 2016, 2017 y 2018, con aumentos de tarifas siderales, había sido inferior a la realizada en el año 2015, último año de nuestro gobierno. Lamentablemente una parte importante de la sociedad nunca pudo entender que los subsidios a los servicios públicos eran salario indirecto y, por lo tanto, inyección de recursos a la demanda agregada que representa el 70 por ciento de la actividad económica.

Siento mucha impotencia al escribir estas líneas en una Argentina donde la luz, el gas y el agua han adquirido la categoría de bienes de lujo y hacen estragos no sólo en las economías familiares, sino que además provocan el cierre de comercios, clubes de barrios y empresas. ¡Cuánta necedad! En fin, tuve que contar, durante mis dos mandatos como presidenta, con ese ariete opositor desde la principal ciudad del país, sostenido y promovido por los grandes medios de comunicación. Los problemas de la ciudad pasaron a ser invisibles para la prensa, que no dejó de criticar cada una de nuestras iniciativas. O peor aún, de silenciarlas, como si no existieran.

La tierra y el dólar.
Femicidio y la famiglia judicial

Apenas comenzó mi segundo mandato, en diciembre de 2011, decidimos acelerar la sanción de leyes que brindaran más y mejores derechos a los argentinos. Impulsamos la Ley de Régimen de Trabajo Agrario, que garantizaría nuevos derechos a más de 300 mil obreros y empleados rurales con la creación del Registro Nacional de Trabajadores y Empleados Agrarios (Renatea). El 22 de diciembre de 2011, me dispuse a poner límites al festival de venta de tierras a extranjeros, cuestión sobre la cual no había control ni planificación, impulsando la aprobación de la ley de Límites a la Extranjerización 26.737, que estableció el 15% como límite para la titularidad de tierras rurales a nombre de extranjeros, en el territorio nacional, provincial, departamental y municipal. Así que durante 2012 el impulso legislativo no se detuvo. Recuerdo una lista grande de temas. Se favoreció la producción pública de medicamentos. Se inauguró en Escobar la primera planta argentina de producción de vacunas y productos biotecnológicos con la firma Sinergium Biotech. El 25 de febrero de 2012, ambas cámaras del Congreso Nacional ratificaron conjuntamente la Causa Malvinas —tan cara a nuestro pueblo— como una política de Estado. Nunca dejaríamos de reclamar pacíficamente en cada uno de los foros internacionales nuestro derecho a la soberanía de las islas. Y no paramos. Así llegó el Programa SUMAR, que daba cobertura médica gratuita a más de 9 millones de argentinos que no contaban con obra social, y se impulsó la Ley de Salud Mental 26.657, que prohibía la creación de nuevos manicomios, promoviendo dispositivos alternativos más amigables con la condición humana.

El 15 de noviembre del 2012 se incorporó la figura de femicidio en el Código Penal, es decir, el agravamiento de penas por violencia de género. Fue un proyecto de ley que había enviado después del asesinato de dos jóvenes turistas francesas, en la provincia de Salta en julio del 2011. Las chicas habían sido salvajemente violadas y ultimadas. Muy conmocionante. Dos meses después recibí al padre de Cassandre Bouvier, una de las jóvenes, con motivo de mi visita a Francia en septiembre del mismo año. Me impresionó la serenidad de ese hombre y al mismo tiempo la convicción con la cual me pedía que incorporáramos la figura del femicidio a nuestra legislación penal. Lo volví a ver en dos oportunidades más: una en la Casa Rosada y, después del 2015, en el Instituto Patria. Seguía pidiendo justicia por su hija, creía que los que habían sido condenados por el Poder Judicial de la provincia de Salta eran "perejiles" y que los verdaderos responsables están en libertad por formar parte de los círculos del poder de esa provincia.

Durante nuestro segundo mandato, a pesar de las dificultades que había con el tema de la restricción externa —es decir, de divisas—, no intentamos gobernar de acuerdo al "dictado de los mercados", sino de las necesidades de la Argentina, la economía y su pueblo. Ahora es posible ver, en retrospectiva, las enormes dificultades que tuvimos en ese frente y sin embargo nunca recurrimos al FMI. Al contrario, Néstor canceló la deuda y afrontamos las corridas cambiarias que intentaban disparar el precio del dólar y lo hicimos sin afectar los derechos de la gente. Es bueno recordar que tuvimos cinco corridas cambiarias para obligarnos a devaluar y trajeron aparejada una pérdida de reservas del BCRA. La primera ocurrió entre julio y octubre de 2007, justo durante los meses previos de mi elección como presidenta: costó 7.100 millones de dólares. La segunda ocurrió entre abril y octubre de 2008, en plena crisis con las patronales agropecuarias, y coincidió con la gran crisis global por la quiebra de Lehman Brothers: costó 18.500 millones de dólares. La tercera, que fue el coletazo que dejó la gran crisis de 2008, ocurrió entre febrero y julio de 2009 cuando salieron del sistema 11.500 millones de dólares. La cuarta, entre enero y abril de 2010, coincidió con nuestra decisión de reestructurar nuestra deuda soberana con reservas de libre disponibilidad y costó 5.530 millones de dólares. La quinta corrida cambiaria fue desde abril a octubre de 2011 y correspondió a la posibilidad de mi reelección en las presidenciales de ese año —además del marco de la crisis financiera internacional que impactó fuerte en Europa— y costó 17.500 millones de dólares. Esta última corrida, la respondimos con una administración completa del mercado cambiario, que la prensa hegemónica se apuró a bautizar como "cepo". Recuerdo un informe de Canal 13, en *Periodismo Para Todos* (PPT), que machacaba sobre la falta de dólares. Dijeron que había provocado 5.000 despidos en Tierra del Fuego y que había buques que transportaban gas "parados en el mar" porque no había dólares para pagarlos, incentivando, además, la idea de que ¡nos quedaríamos sin gas! ¡Otra que campaña del miedo!... De yapa, agregaban la nota de degradación misógina: "Dicen que la presidenta se compra carteras Prada, mientras no permite a la gente de a pie comprar dólares". Nunca escuché decir tantas mentiras. Todavía no se había popularizado el concepto de las *fake news*, pero estoy convencida que el copyright debería ser reconocido a la Argentina y sus medios de comunicación hegemónicos que incentivaron todo tipo de manifestaciones callejeras, como la del 8 de noviembre (8N) de 2012, desde donde difundían imágenes y discursos llenos de odio de la gente que, supuestamente, no podía viajar más al exterior o no tenía la libertad de comprar aunque sea diez dólares. Es increíble, pero mientras propalaban esas "noticias", la gente viajaba al exterior como nunca y se vendieron más de 12 mil millones de dólares a los que podían acreditar, ante la AFIP, que tenían capacidad para compra de moneda extranjera de acuerdo a sus declaraciones juradas; además, claro, de todos los pagos de dólares que hacíamos en la economía por importaciones, turismo, tarjetas, pasajes, etc. Mientras tanto no dejaban de repetir que estábamos aislados del mundo, y que íbamos camino a ser Venezuela. El economista Eduardo Basualdo también habló de una sexta corrida ocurrida durante la campaña electoral para las elecciones presidenciales de 2015, que fue encarada con una intervención del BCRA en el Rofex (mercado de dólar futuro). Una pequeña digresión: en diciembre del 2015, el gabinete de Mauricio Macri, ni bien asumió, eligió salir del mercado del dólar futuro, que es en pesos, y emitir deuda pagando una tasa de interés enorme, con una pérdida de patrimonio del BCRA a través de las llamadas Lebac o Letras del BCRA. El negocio particular que hicieron miembros del gabinete, familiares del presidente y empresas vinculadas con el gobierno macrista fue comprar dólares y devaluar fuertemente apenas llegaron al gobierno, haciendo fortunas con la devaluación.

Sin embargo, durante nuestros gobiernos, a pesar de todas las corridas cambiarias sufridas, cumplimos con nuestros compromisos con todo el pago de la deuda reestructurada y con los organismos multilaterales como el BID, el Banco Mundial y la Corporación Argentina de Fomento. Pagamos la totalidad de la deuda con el FMI y también reestructuramos la deuda del Club de París, que databa de 1957. Y no nos endeudamos. Es decir, nosotros piloteamos, piloteamos y piloteamos y estábamos en lo cierto, porque no es que piloteamos y llegamos en una crisis terminal, nunca perdimos el manejo de la nave y nos despidió una Plaza de Mayo desbordante de pueblo. Si el gobierno de Macri hubiera seguido ese camino, con el nivel de desendeudamiento al que habíamos llegado, con la confianza cierta, sin comillas, que ellos despertaban en "los mercados"… Macri podría haber sido el dirigente no de una colonia, sino de un capitalismo pujante. Siempre recuerdo lo que me decía Mercedes Marcó del Pont: "Cristina… tenemos que tomar un poco de deuda, el tipo que agarre el gobierno que vos estás dejando no se va más… ¡no se va más! Va a encontrar un país en marcha y desendeudado". Me lo repitió durante todo el año 2012 y 2013, todavía la recuerdo. Y no es que estaba proponiendo que nos endeudáramos, pero sí que tuviéramos un poco más de reservas para estar más desahogados. Así que el asunto no es que Macri sea un gobernante más o menos inteligente: el tema es el modelo. Macri podría haber sido un capitalista exitoso, disciplinar al sector agroexportador con retenciones escalonadas y diferenciadas, pero eligió ser carancho del capital financiero. Ellos apostaron al sistema económico más depredador de la historia del capitalismo. La opción de convertirse en un capitalista, con desarrollo industrial propio e innovación científica y tecnológica, contradice el ADN de la conformación del macrismo: son empresarios que siempre lucraron con el Estado. No son los Pagani, no son ni siquiera los Rocca… ¡Esa sí que es una muy buena definición! No son ni los Pagani, ni los Rocca.

Durante 2013, cancelamos la deuda con empresas litigantes en el CIADI por 677 millones de dólares. Sin embargo, ese año estuvo atravesado por la disputa sobre dos leyes. La primera, la 26.843, con la que el Congreso aprobó el Memorándum de entendimiento con la República Islámica de Irán: nuestra propuesta de iniciar conversaciones para avanzar definitivamente sobre el esclarecimiento del atentado a la AMIA de julio de 1994. Consideré que era necesario, indispensable, terminar con más de dos décadas de impunidad y encubrimiento. Es decir: hacer justicia con las 85 víctimas y con sus familiares, que tienen derecho a saber la verdad. Las vicisitudes políticas y judiciales de este tema las trato en otro capítulo de este libro por su complejidad y por sus derivaciones, que involucraron no sólo a la dirigencia argentina sino de los Estados Unidos, de Israel, de la República Islámica de Irán y, por extensión, a las Naciones Unidas.

El segundo debate intenso ocurrió cuando el 6 de abril de 2013 presentamos seis proyectos para ser tratados en el Congreso, con el objeto de tener una justicia democrática, transparente y ágil para todos y todas. Entre otras medidas, se proponía la reforma del Consejo de la Magistratura y la elección de sus miembros mediante voto popular, la presentación de declaraciones juradas de magistrados, y la reglamentación de las medidas cautelares, cuyo uso y abuso configuraban de hecho una privación de justicia. Recuerdo que el proyecto de reforma —en cuya definición trabajé junto con Carlos Zannini y el secretario de Justicia, Julián Álvarez— lo había anunciado el 1 de marzo, en el discurso de apertura de las sesiones ordinarias del Congreso de la Nación. Finalmente, la presentación y explicación del proyecto la realicé en el Museo del Bicentenario el 8 de abril y días después ingresó al Congreso. En el acto estaba el presidente de la Corte Suprema, Ricardo Lorenzetti, había miembros y presidentes de cámaras y juzgados federales y nacionales; la defensora de la Nación, la procuradora Fiscal de la Nación, en fin... Otros miembros de la Corte, así como diputados y senadores. Es decir, estaba toda la jerarquía del Poder Judicial y representantes del Congreso. Pasamos un video con el que ilustramos los proyectos y los cambios propuestos. Recuerdo, también, que estaba disfónica y que los días previos habíamos tenido varias noticias conmovedoras: la muerte de nuestro querido Hugo Chávez y la consagración de Jorge Bergoglio como el primer papa latinoamericano de la historia. De alguna manera, al presentar el proyecto, sentí que cumplía con la palabra empeñada: la necesidad de democratizar la justicia, que no era una demanda del sistema político sino de toda la sociedad. De reconocer que sus problemas no eran sólo de algunos magistrados o funcionarios, sino producto de años, de momentos difíciles y dolorosos que habían pasado las instituciones.

Fue una apuesta a la modernización del Poder Judicial, para dar mayor legitimidad a uno de los tres poderes esenciales del Estado. Tal vez, el más importante, porque es la última instancia donde se revisan todos los actos que pueden llevarse a cabo tanto en el Poder Ejecutivo como en el Legislativo. Es el último lugar –dije— dentro del mundo de las instituciones de la Constitución, donde se decide sobre la vida, la libertad y el patrimonio de los 40 millones de argentinos, y por eso exigía de nosotros trabajar en su democratización. El proyecto que presentamos —una parte ingresó por el Senado y otra por Diputados, para hacer más ágil su tramitación— abarcó: 1. la Ley de Reforma del Consejo de la Magistratura; 2. la Ley de Ingreso Democrático al Poder Judicial; 3. la Ley de Publicidad de los actos del Poder Judicial; 4. la Ley de Creación de las Cámaras de Casación. Sólo había una Cámara de Casación Penal y a partir de la reforma se agregarían tres cámaras más, para dar mayor agilidad a la tramitación y también para que la Corte Suprema de Justicia no tuviera que resolver sobre los 9.400 expedientes, como en general hace anualmente. Para que se tenga una idea de lo absurdo de esa cifra, basta decir que la Suprema Corte de Justicia de los Estados Unidos resuelve, aproximadamente por año, no más de 80 o 90 causas, casi como un exceso; 5. La Ley de Publicidad y Acceso Directo a las Declaraciones Juradas de los funcionarios de los tres poderes del Estado, que era muy importante impulsar, porque hasta ese momento sólo se podía acceder fácil y rápidamente a las DDJJ de los funcionarios del Poder Ejecutivo, pero no sucedía lo mismo con los otros poderes del Estado. Con esta ley queríamos igualar el trato del control ciudadano, no sólo respecto a la declaración jurada de un ministro o de un presidente, sino también, con la misma velocidad y transparencia, a la de un legislador, un juez, un camarista o un miembro de la Corte. Hoy para cualquier argentino es más fácil conocer la fórmula de la Coca-Cola que el patrimonio de un miembro de la Corte Suprema de Justicia de la Nación o de un juez; y 6. la ley reglamentaria de las medidas cautelares. En aquella presentación de la reforma judicial, expliqué la necesidad de regulación de las medidas cautelares contra el Estado y sus entes descentralizados. Y dije casi en broma, casi en serio, que el uso y abuso de las medidas cautelares habían dado origen a un nuevo derecho que no se estudia en ninguna facultad: el derecho cautelar. Es que, a través de la maniobra de presentar este tipo de medidas, los intereses económicos impedían la aplicación de leyes o decretos dictados por autoridades legítimamente elegidas por el pueblo, dilatándose así los efectos que pueden favorecer a millones de ciudadanos. Sin duda, el caso más conocido fue la Ley de Medios de Comunicación Audiovisual. Estas formas de utilizar las medidas cautelares sirvieron siempre para perjudicar al Estado, y en definitiva al pueblo, y fueron un gran negocio para estudios jurídicos especializados en buscar jueces subrogantes que se ajustaban a sus pedidos. Y no estábamos hablando de cuestiones abstractas, sino cosas cotidianas, que tienen que ver con la vida de la gente, porque además cada vez que al Estado argentino le ha ido mal, finalmente le ha ido mucho peor a las grandes mayorías de la sociedad. Por eso era importante entender que el Estado no era el gobierno ni el partido de turno, sino los 40 millones de argentinos y argentinas y, principalmente, aquellos sectores que por su vulnerabilidad o características no tienen capacidad de hacer lobby o presión sobre los poderes públicos.

Respecto de la reforma del Consejo de la Magistratura, lo primero que dijeron fue que era una excusa para querer reformar la Constitución. Absurdo y, como siempre, mentira. Sólo proponíamos una ampliación del Consejo, que le diera mayor y mejor representación a los integrantes del mismo a través del sufragio popular. O sea, que a los jueces, los abogados y académicos integrantes de ese órgano constitucional los eligiera el pueblo, como a los legisladores y el presidente de la Nación.

Queríamos terminar con la rémora monárquica y corporativa de jueces, abogados y académicos, solamente elegidos por sus pares. El Consejo de la Magistratura es el órgano constitucional colegiado que gobierna el Poder Judicial. Los otros dos poderes son el Ejecutivo y el Legislativo, gobernados por un presidente electo popularmente el primero y por senadores y diputados, también electos popularmente, el segundo. No hay ninguna razón entonces para que los miembros del Consejo de la Magistratura queden sustraídos a las reglas representativas, republicanas y democráticas. Por otra parte, una cosa son los jueces en su función jurisdiccional, es decir, cuando dictan sentencias o toman decisiones como tales —allí su elección tiene el procedimiento que marca la Constitución y que la reforma nunca intentó modificar— y otra cosa es formar parte de un organismo de dirección y conducción política, como es el Consejo de la Magistratura. Si uno forma parte de un organismo que conduce y dirige políticamente un poder, debe estar sometido también a las mismas reglas, a través del sufragio universal, el pueblo debe ser quien elija a todos los representantes de los sectores que conforman el Consejo de la Magistratura. Más claro, sólo el agua.

También impulsé la ley de ingreso democrático al Poder Judicial, por el cual cada aspirante debería demostrar su mérito, a través de la aprobación de un examen, que permitiría integrar la nómina de aspirantes, decidiéndose finalmente el ingreso, por sorteo de la Lotería Nacional. Se quería desterrar, definitivamente, la discriminación de muchísimos chicos y chicas, que se recibían de abogados y si no tenían un pariente adentro del

Poder Judicial, no entraban ni disfrazados de próceres. Queríamos que cada argentino que obtenga el título de abogado o tenga los requisitos para ser empleado de la Justicia, pueda hacerlo por su mérito. Aclaré, para no espantar a los distraídos, que el sorteo era para empleados del Poder Judicial y no se refería nunca a jueces, claro. Pretendíamos algo sencillo y justo: el ingreso en igualdad de condiciones a la carrera judicial. En el mismo proyecto se implementaban concursos de antecedentes y oposición, para acceder a los cargos letrados: secretarios y prosecretarios. En nuestro gobierno creíamos que dichos funcionarios no pueden ser de propiedad del juez, sino que, como miembros del Poder Judicial de la Nación, deben también someterse a concurso de antecedentes y oposición.

También pujamos por tener una ley de publicidad de los actos del Poder Judicial, que tenía como objeto principal la publicación obligatoria de todas las causas existentes, desde la Corte Suprema de Justicia hasta los tribunales inferiores. Se crearía un registro en Internet, donde constara el ingreso de causas en todo el Poder Judicial por número de expediente, carátula, objeto del pleito, foro de origen, fecha de inicio, estado procesal, etc. Lo pensamos para que las sentencias no sean una suerte de delivery judicial o de agenda mediática: causas importantes que duermen el sueño de los justos a pedido de alguien poderoso o sentencias que se invisibilizan, por un lado, mientras que se publican otras de gran impacto mediático por el otro, para darse cobertura y decir que se tiene un Poder Judicial que funciona adecuadamente. En fin, hablé descarnadamente de la reforma judicial y de la necesidad de que la Corte, Cámaras y Juzgados tuvieran la obligación de publicar el contenido de las sentencias, resoluciones y acordadas. La reforma propuesta avanzó también con la ley de creación de las Cámaras de Casación: con miras a agilizar la tramitación de las causas en lo Contencioso Administrativo, Trabajo y la Seguridad Social y Civil y Comercial, que acompañaría a la ya existente en lo Penal y de esta manera descomprimir la tramitación de causas de la Corte Suprema de Justicia, además de servir también para unificar la jurisprudencia tanto nacional como federal, agilizar el desarrollo de las causas judiciales y garantizar la aplicación del Derecho de acuerdo con la Constitución y los tratados internacionales. Se impulsó también la ley de publicidad y acceso directo a las declaraciones juradas de los funcionarios de los tres Poderes del Estado. Todas debían ser de carácter público, de libre accesibilidad, que podrían ser consultadas a través de Internet y con un solo y único formulario, para todos y todas, igual al que se debe presentar ante la AFIP. Algo similar a lo que ya ocurría con las declaraciones juradas de todos los funcionarios del Poder Ejecutivo Nacional.

La mayor batalla de la reforma propuesta fue sin dudas la que se libró en torno a los proyectos del voto popular para el Consejo de la Magistratura y el de regulación de medidas cautelares contra el Estado y sus entes descentralizados. Este último proyecto tenía que ver con la formidable distorsión que se operó con estas medidas, tan escandalosas en algunos casos, que de haberse producido en relación a algún funcionario del Poder Legislativo o aún peor, del Poder Ejecutivo, seguramente hubiera sobrevenido un juicio político o, por lo menos, una condena judicial. Para que proceda una medida cautelar contra una decisión del Estado, el particular tenía que demostrar que el perjuicio que le ocasionaba esa medida no era reparable económicamente. ¿Por qué? Simple. Como el Estado no puede ser insolvente, la única medida cautelar que puede prosperar contra el mismo es aquella en donde está en juego la vida, la seguridad, el medio ambiente o la libertad de una persona. Pero cuando la decisión estatal —ley, decreto, resolución— es de neto corte patrimonial y aun, cuando esa decisión podría perjudicar económicamente a un tercero, no procedería una medida cautelar porque, en definitiva, ese particular haría un juicio, lo ganaría y debería ser indemnizado por todos los daños y perjuicios que la decisión o el acto estatal le pudiera haber ocasionado... algo que por otra parte sucede cotidianamente. Lo cierto es que la resistencia a la reforma judicial tuvo alternativas políticas, judiciales y no pocos embates mediáticos. El 18 de junio de 2013 la Corte Suprema Justicia de la Nación, con el voto de seis de los siete miembros —en disidencia votó únicamente Eugenio Zaffaroni—, declaró inconstitucional la convocatoria a elección directa de consejeros de la magistratura. Así es que no hubo ni elección popular, ni democratización para los integrantes del Consejo de la Magistratura, ni reforma alguna de su composición. En síntesis: el Poder Judicial rechazaba no sólo la ampliación de la representación ciudadana en su seno, sino su propia democratización. Lo mismo ocurrió con la ley que limitó las cautelares. Cerca de una decena de jueces declararon ya la inconstitucionalidad de toda o parte de la ley de cautelares. Lo hicieron... para poder dictar más cautelares contra la reforma del Consejo de la Magistratura sin tener que notificar al Estado. Verdaderamente escandaloso. Debo decir que no advertí en toda su dimensión, más allá de las señales que había, que en el Poder Judicial persisten las castas y una feroz resistencia a la democratización. Cargos de por vida, como una rémora de las monarquías y prácticas antidemocráticas, han ido conformando una rígida y anquilosada estructura que se conoce con el pintoresco y autocomplaciente nombre de "la familia judicial". ¿Qué es la "famiglia" judicial? Ejemplos sobran: Carlos Mahiques, juez de la Cámara Federal de Casación Penal que, si bien tiene su trayectoria, tiene a todos sus hijos adentro... Uno en el Consejo de la Magistratura, otro como fiscal en una de las causas que me han inventado y todas sus nueras son secretarias... una acá, otra allá. Se reparten los más que bien remunerados e influyentes cargos judiciales entre ellos mismos. Lo que intentábamos impulsar era una ley de transparencia para que se terminara precisamente con esto: el ingreso del primo, del tío, la abuela, los hijos, el perro… y hasta el gato; para que la llegada a los estrados judiciales fuera realmente por mérito y no por herencia. No deja de ser curioso que Mauricio Macri y Cambiemos, que han hecho del concepto de meritocracia su caballito de batalla para convencer a los pobres que lo son porque no tienen los méritos para ser ricos como ellos, consideren que el mérito no es un requisito exigible para ingresar al Poder Judicial. No pudo ser. Ese Poder Judicial declaró inconstitucional cualquier atisbo de cambio que afectara sus privilegios. Hoy más que nunca, a la luz de los hechos que son de público y notorio conocimiento, tengo la certeza de que era un cambio fundamental que necesitaba y necesita nuestro país.

Pero esa discusión, cuando era presidente, se dio en un contexto muy complejo para mí. Además de haber perdido a mi compañero, tuve los episodios de salud sobre los que ya escribí: me diagnosticaron cáncer y me abrieron la cabeza, a lo que se sumaba el incesante y formidable ataque mediático que sufríamos. No me equivocaba con la reforma, había puesto el ojo en el lugar que debía, pero tal vez era tarde. Ya se había armado una oposición fuerte y los sectores de poder de nuestro país estaban consolidando un dispositivo para derrotar a nuestro gobierno en las elecciones presidenciales del 2015. Aun así presenté el proyecto, porque estaba convencida de que era una reforma absolutamente necesaria, algo que confirmo todos los días al ver lo que está pasando hoy con el Poder Judicial. Admito también que tal vez debí ampliar, y bastante, el marco de participación y el ámbito de discusión de aquella reforma. Y que seguramente también puede ser más pensada y mejor escrita. Lo acepto totalmente. Pero a esta altura de los acontecimientos ya nadie puede discutir con honestidad intelectual en Argentina que el Poder Judicial necesita de una amplia y profunda reforma en nuestro país.

Nuevos actores y una deuda con París

El 2014 fue un año muy intenso y complejo en el campo económico, de modo que debimos profundizar las políticas contracíclicas. En enero, lanzamos el programa de Precios Cuidados que incluía productos de la canasta básica de consumo popular, para protegerlos de la inflación y garantizar la mesa de los argentinos. Al mes siguiente, concretamos también el acuerdo con Repsol, por la nacionalización del 51 por ciento de YPF equivalente a 5.000 millones de dólares. Durante el invierno de 2014 —más precisamente en julio— tuve el honor de inaugurar el primer museo del Estado nacional dedicado íntegramente a las islas Malvinas. El 14 de septiembre, se aprobó la Ley 26.992 del Observatorio de Precios y Disponibilidad de Insumos, Bienes y Servicios conformado por especialistas, técnicos del gobierno y representantes de las asociaciones de consumidores, que tenía el objetivo de realizar el monitoreo, relevamiento y sistematización de los precios para incluso transparentar su proceso de formación. El 14 de octubre ocurrió un hecho que quedará para siempre en la memoria de los argentinos: el lanzamiento del satélite ARSAT-1.

Mientras escribo esto y me acuerdo de aquellas imágenes tan fuertes, no puedo dejar de pensar: ¿qué nos pasó a los argentinos, que hace poco más de cuatro años estábamos lanzando satélites al espacio y hoy estamos de vuelta en el Fondo Monetario Internacional? ¡Mi Dios!... A fin de octubre de ese mismo año tan agitado, promulgamos la Ley 27.007 de Hidrocarburos, una norma que fijaba nuevos parámetros para la atracción de inversiones dedicadas a la exploración, explotación y producción de petróleo, con el objeto de equilibrar la balanza energética y lograr el autoabastecimiento de combustibles. El último mes del año fue tan movilizante como los anteriores. Recuerdo que en esos días los presidentes de Sudamérica nos reunimos en Quito, para inaugurar la Sede Permanente de la Unasur, llamada "Secretario General Néstor C. Kirchner"; y también durante ese mes se aprobó la Ley 27.045 de Universalización de la Educación Inicial desde los 4 años. Días después se lanzó el programa Argentina Sonríe para el tratamiento gratuito de la salud bucodental, mediante el cual unas 36.000 personas recibieron atención. Este programa lo había copiado de Chile. El presidente Ricardo Lagos me había hablado mucho de ese programa que implementó su esposa durante su gestión presidencial y de la dignidad de las mujeres que recuperaban la sonrisa.

Llegado este punto, quisiera escribir acerca de las relaciones estratégicas que tuvo mi gobierno tanto con China como con Rusia. El ascenso de nuevas potencias emergentes representaba la transformación más importante de la economía mundial en las últimas décadas. El inédito crecimiento experimentado por un conjunto de economías emergentes denominadas "BRICS" (Brasil, Rusia, India, China y Sudáfrica) suponía la aparición de un orden económico y comercial alternativo a la hegemonía, hasta ese momento excluyente, de Estados Unidos. Frente a esa nueva realidad global, consideramos que resultaba estratégico para nuestro país, ampliar y diversificar el abanico de relaciones comerciales y afianzar los lazos políticos y económicos con dos de los grandes países emergentes: Rusia y China. Su participación en la producción mundial había alcanzado el 39 por ciento en 2014, en contraposición al 20 por ciento que registraba en el año 2000. Los países del G7 crecieron, entre 2008 y 2014, a una tasa media anual de 1,3 por ciento, mientras que los países emergentes lo hicieron a una tasa del 7,6 por ciento. Así, el peso relativo de las economías emergentes en el comercio mundial pasó a representar, en 2013, casi el 50 por ciento del total global, frente al 33 por ciento registrado en el año 2000. Los números no tienen ideología. En ese marco, pretendíamos consolidar con China una asociación estratégica integral, porque el enorme potencial de la Argentina como productor de alimentos y la capacidad financiera y tecnológica alcanzadas por China en el siglo XXI habían generado un escenario de plausible acoplamiento entre ambas economías. Así fue como el comercio bilateral de Argentina con China en 2014 fue de US$ 15.000 millones y las exportaciones argentinas entre 2003 y 2014 crecieron en un 85 por ciento. China llegó a ser, durante nuestro gobierno, el segundo destino de las ventas externas del país. Dentro de lo que fueron las importaciones argentinas, ocupaba el segundo lugar, con el 16 por ciento del total; y su inversión directa en la Argentina se había multiplicado siete veces desde 2007.

En el año 2014 la relación económica, política y cultural con China, definida como "asociación estratégica integral", se convirtió en política de Estado. En cuanto al financiamiento para el desarrollo que recibimos de China, puedo mencionar el acuerdo bilateral de pase de monedas (SWAP) por US$ 11.000 millones; el financiamiento para las represas hidroeléctricas Néstor Kirchner y Jorge Cepernic por US$ 4.714 millones; la cuarta central nuclear argentina por US$ 2.000

millones; el ferrocarril Belgrano Cargas por US$ 2.099 millones; inversiones en energía (petróleo y gas) por US$ 2.900 millones y el convenio con YPF-Cinopec para la producción de petróleo y gas convencional y no convencional. Los números tan elocuentes harían innecesaria una explicación de por qué China... Pero ya se sabe, estamos en Argentina donde hasta lo obvio debe ser explicado.

Sin embargo, pese a la realidad incontrastable de un mundo nuevo y la aparición de nuevos actores, nuestra decisión de ampliar el marco de relaciones internacionales sufrió un gran ataque por parte de la entonces oposición, que hoy es gobierno con Cambiemos. El primer SWAP de monedas con la República Popular China lo firmamos en 2009. El economista Carlos Melconian, entonces vocero tradicional de Macri, y el resto de los opositores decían: "Esos papelitos no sirven", refiriéndose al acuerdo. Lo cierto es que en el año 2018, a menos de tres años de haber asumido y ante su desastrosa gestión financiera, el gobierno de Cambiemos... ¡pidió una ampliación del SWAP —que según ellos eran papelitos— por casi 10 mil millones de dólares más!... Otra vez el espejo invertido. Recuerdo que Macri, ya siendo candidato presidencial en el 2015, le envió una carta al embajador chino advirtiéndole al gobierno de ese país que los acuerdos que habíamos firmado podían ser declarados inconstitucionales. En ese momento pensé: ¿este tipo tiene idea de lo que está haciendo? En China las alianzas externas, su orientación y los programas de gobierno no las decide el presidente; las decide el Partido Comunista Chino. Me imaginaba al embajador de ese país elevando aquella nota del candidato presidencial a su Cancillería y a los chinos diciendo: "¿Quién nos está diciendo qué cosa? ¿Que los acuerdos firmados entre presidentes y ratificados por el Parlamento son inconstitucionales?". En fin...

Nuestro gobierno impulsó acuerdos con Rusia y China no por cuestiones ideológicas. Es algo mucho más sencillo y fácil de comprender: hay nuevos actores en el mundo y eso no se puede ignorar, y mucho menos desaprovechar. Creo que Macri no comprende el escenario internacional, y no porque se trate de un problema ideológico. Alcanzamos a forjar una relación muy importante con Xi Jinping y una profundización de la alianza estratégica, que Cambiemos, siendo oposición, se encargó de bombardear para luego, al llegar al gobierno, terminar pidiendo que por favor les ampliaran el vituperado SWAP. Obviamente, China se lo concedió. Un país con la responsabilidad de alimentar y mejorar la vida de más de 1.400 millones de personas no puede permitirse el lujo de prejuicios y preconceptos. Se trata de la gran potencia emergente que, próximamente, va a superar en PBI a Estados Unidos, y obviamente América Latina es un lugar importantísimo para ellos en términos estratégicos; es un enorme reservorio de alimentos, de agua, y de muchos otros recursos. No van a cambiar la relación porque esté Mauricio Macri. El gobierno de Cambiemos frustró el acuerdo por la quinta central atómica en Atucha, pero se vio obligado a mantener el acuerdo para la construcción de las represas en Santa Cruz. Es una obra por la cual abogué e insistí mucho ante el gobierno chino. Cuando parecía que el financiamiento no se lograba, recuerdo que le dije a Xi Jinping: "Mire, este acuerdo es importante para nosotros, pero para ustedes es aún mayor, porque se trata de la primera gran obra de ingeniería hidráulica que van a poder hacer en América, y es algo de lo que va a hablar todo el mundo". Estábamos hablando de la Patagonia, de Santa Cruz. Lo discutieron y logramos que decidieran realizar esa gran inversión.

La relación con Rusia también era clave en el marco del nuevo mundo multipolar y fue otro de los ejes de la política exterior que llevamos adelante como país. Durante nuestros gobiernos el comercio entre Argentina y Rusia creció un 584 por ciento desde el 2003, superando los 2.000 millones de dólares en 2014. Las exportaciones argentinas a Rusia abarcan diversos productos alimenticios, bienes industriales de siderurgia, medicamentos y maquinaria agrícola y las importaciones se concentraban principalmente en gasoil, que representaba el 77 por ciento del total. En ese marco de cooperación firmamos numerosos convenios energéticos: en primer lugar, la cooperación en los usos pacíficos de la energía nuclear; en segundo, el acuerdo YPF-Gazprom para el desarrollo de gas convencional y no convencional; también proyectos de inversión con financiamiento ruso en el proyecto Chihuido I —en la provincia de Neuquén— y en la construcción de una planta nuclear con un reactor de uranio enriquecido y agua natural, con una potencia de 1.200 megavatios. Recuerdo la reacción de la oposición con la llegada de Putin a la Argentina en el 2015. Las cosas que dijeron y sobre todo… ¡escribieron!…. "Putin: Igualito a los K: control de la prensa, insulto a los opositores, apriete a la justicia!", fue uno de los tuits de la inefable Patricia Bullrich, hoy ministra de Seguridad... Sin embargo, luego de asumir el gobierno, una de las primeras visitas que realizó Mauricio Macri al exterior fue... ¿Adivinen a quién? ¡Sí... a Putin en Moscú! Algunas personas son realmente impresentables.

Una digresión y un párrafo aparte al respecto. La incorporación de nuevos actores no significó en modo alguno afectar la excelente relación de intercambio comercial de nuestro país con los Estados Unidos. Me causa mucha gracia escuchar que repiten como loros que durante la década de los 90 nuestro país tenía mucha más vinculación con los Estados Unidos que durante nuestros gobiernos. En realidad, el grado y la calidad de la vinculación entre los países se miden en relación a su intercambio comercial, y lo cierto es que entre Argentina y Estados Unidos aquel se incrementó notablemente en nuestra gestión; específicamente durante la totalidad de mi segundo mandato, cuando los resultados de exportaciones, importaciones y superávit a favor de la primera potencia mundial alcanzaron las cifras más altas desde 1990. La confusión tal vez radique en que nosotros nunca dijimos que teníamos "relaciones carnales" con Estados Unidos, como alegremente lo reconociera el entonces canciller Guido Di Tella. Bueno es aclarar que tampoco tuvimos "relaciones carnales" con China o Rusia; ni con ningún otro país del mundo. Es más, nos parece absolutamente impropio a la dignidad de un país y a la seriedad que deben tener las relaciones bilaterales entre los Estados. Es importante reparar en esta cuestión sobre la que tantos prejuicios y preconceptos se generaron y se siguen generando en algunas latitudes sobre nuestra política exterior.

Así las cosas, renegociar la deuda para lograr mayores grados de autonomía como país fue uno de los pilares de nuestro proyecto político iniciado en 2003, al abordar uno de los problemas estructurales, en lo económico e histórico, de la Argentina, la deuda externa. Ser soberanos de nuestra economía, de nuestro futuro. La deuda es el mecanismo de extorsión que tiene el capitalismo en su fase financiera para someter a los países emergentes. Por eso Néstor desde el principio tuvo claro el rumbo: todas las políticas tenían que apuntar a recuperar la autonomía en la toma de nuestras decisiones y, por lo tanto, desendeudar la Argentina se convertía en objetivo estratégico.

Durante mi último gobierno dimos pasos fundamentales en ese sentido, como cuando el 29 de mayo de 2014 acordamos regularizar la deuda en default con el Club de París, un foro informal de acreedores oficiales y países deudores, cuya función es coordinar formas de pago y renegociar deudas externas soberanas. Terminamos arreglando un pago por 9.690 millones de dólares. Fue una negociación prolongada entre nuestro Gobierno y los países miembros del Club, hasta que finalmente llegamos a un acuerdo. Justo antes de cerrar la negociación, en una jornada de casi diecisiete horas, recuerdo que Axel, que estaba en París negociando y en conexión permanente conmigo, me llama a las 4 de la mañana hora argentina, diciéndome que el acuerdo se caía porque exigían el reconocimiento de una deuda de más de 100 millones de euros, sin que presentaran documentación respaldatoria. Mi respuesta fue inmediata: "Ni locos nos hacemos cargo de una deuda que no está documentada, deciles que vamos a hacer un escándalo y que mañana llamo a conferencia de prensa acá en Argentina y vos ahí, en París, te plantás". A las dos horas volvió a llamarme... Habían firmado. Uno de los principales aspectos del acuerdo fue que previó menores esfuerzos financieros para el país, en los años 2015 y 2017, lo cual mostró nuestra responsabilidad institucional en las decisiones en materia de deuda soberana, que no habían tenido anteriores gobiernos que sobreendeudaron al país. Tal como ahora está haciendo el gobierno de Mauricio Macri y Cambiemos, desde diciembre de 2015, con la toma de deuda más acelerada de la que se tenga registro en nuestro país y que a fines del 2018 ya representaba casi el 100 por ciento del PBI. Fue una constante de nuestro gobierno tener que afrontar y pagar una deuda que nosotros no habíamos contraído, pero que condicionaba fuertemente a la economía del país. Uno de los aspectos más sobresalientes del acuerdo con el Club de París fue que llegamos a concretarlo sin la supervisión del Fondo Monetario Internacional (FMI), lo cual representó otro hito fundamental, que confirmó el carácter soberano de nuestra gestión en materia de política económica.

Siempre resulta un ejercicio interesante recordar de dónde surgió la deuda externa que se paga, ver quiénes la tomaron y quiénes se hicieron cargo luego. En el caso del Club de París, la deuda provenía de operaciones anteriores al año 1983 realizadas por gobiernos dictatoriales, aunque la totalidad de la misma fue completamente consolidada y reconocida por el gobierno democrático de Raúl Alfonsín. En febrero de 1985 en París, y luego de firmar un acuerdo stand-by con el FMI, el gobierno radical concilió y legitimó el stock de deuda con el Club de París, en la así denominada Ronda I. El monto fue incorporado al Presupuesto Nacional y a partir de 1986, los montos aparecieron sucesivamente en todas las leyes de Presupuesto sancionadas por el Congreso. De hecho, la deuda fue reconocida y revalidada en 1985, 1987, 1989, 1991 y 1992. La historia del Club tiene mucho que ver con nuestro país y en particular con el inicio de un ciclo de pérdida de soberanía económica, con la entrada de las empresas extranjeras, en especial las norteamericanas. La primera reunión del foro se realizó en 1956 y tuvo como objetivo tratar los problemas de pago de la deuda externa de Argentina. Hacia 1955, entre los mayores logros del gobierno de Perón, se encontraban el crecimiento basado en la industrialización, la inclusión social y el desendeudamiento. El golpe de Estado del 16 de septiembre de 1955 interrumpió este proceso con el objetivo de instaurar un proyecto liberal de apertura comercial y sobreendeudamiento de la economía. Para ello, la dictadura liderada por Pedro Eugenio Aramburu tomó un crédito por 700 millones de dólares que sería destinado a restaurar el comercio internacional, fundamentalmente con Europa, en un intento de financiar las importaciones provenientes del viejo continente y la apertura comercial y financiera de la economía. Los supuestos efectos positivos de ese proyecto, decían, permitirían cancelar el crédito en sólo un año. Sin embargo, ya en 1956 estaba claro que, como consecuencia de las propias políticas de ajuste y apertura que aplicó la autodenominada Revolución Libertadora, Argentina no podría honrar su deuda. Fue en ese contexto que el Club de París nació no sólo para renegociar la deuda argentina, sino para confirmar, en la práctica, que los procesos de apertura comercial y financiera indiscriminadas, con endeudamiento, siempre tienen el mismo final: la quiebra del país y el consecuente default. Durante esa dictadura, además, Argentina hizo su ingreso al FMI, también en 1956. Perón se había negado terminantemente a ingresar al Fondo, ya que estaba seguro de que era un instrumento de sometimiento de los países centrales para imponer políticas a los países periféricos. Diez años después de la decisión de Aramburu, Perón reafirmaría su postura desde el exilio, como se puede leer en los archivos del Museo de la Deuda Argentina: "Advertí que en él (el FMI) participarían la mayoría de los países occidentales, comprometidos mediante una contribución al Fondo, desde donde se manejarían todas sus monedas, se fijaría no sólo la política monetaria, sino también los factores que directa o indirectamente estuvieran ligados a la economía de los asociados (...) He aquí alguna de las razones, aparte de muchas otras, por las cuales el gobierno justicialista de la República Argentina no se adhirió al Fondo Monetario Internacional. Para nosotros, el valor de nuestra moneda lo fijábamos en el país, como también nosotros establecíamos los cambios de acuerdo con nuestras necesidades y conveniencias (...) Ha pasado el tiempo, y en casi todos los países adheridos al famoso Fondo Monetario Internacional se sufren las consecuencias y se comienzan a escuchar lamentaciones. Este Fondo, creado según decían para estabilizar y consolidar las monedas del 'mundo libre', no ha hecho sino envilecerlas en la mayor medida", Perón dixit, con la claridad de siempre.

El Club de París históricamente ha preferido reestructurar deudas de países en default que acuden con programas de rescate firmados por el FMI. Así, a lo largo de la historia los acuerdos del Club significaron, para los países deudores, la renuncia a su soberanía política y a su independencia económica. La misión del FMI siempre ha sido la misma: garantizar, mediante sus políticas de ajuste, el repago de la deuda acordada con el Club. Pero desde 2003 Argentina había mantenido una actitud soberana y responsable en todos los procesos de renegociación. Una actitud que estaba en las antípodas de la visión del FMI: el país debe, primero, crecer para de ese modo garantizar las condiciones de un desarrollo sostenible que fortalezcan la capacidad de repago y de sustentabilidad de los pasivos. En todos los foros internacionales a los que asistí como presidenta, repetí que las políticas de ajuste del FMI sólo llevan al colapso y a la quiebra. Néstor fue muy claro ante la Asamblea de la ONU en 2003, cuando dijo: "Nunca se supo de nadie que pudiera cobrar deuda alguna a los que están muertos. Déjennos crecer, déjennos producir para poder pagar y honrar nuestras deudas". El acuerdo con el Club de París que firmamos en 2014 no implicó ninguna intervención por parte del FMI. Se hizo respetando los principios que mantuvimos con Néstor desde que asumió en 2003. El Club de París contaba con cuatro estándares para la renegociación de sus acreencias. Términos clásicos: el tratamiento base, que requiere un programa apropiado con el FMI; Términos de Houston: para países altamente endeudados, de ingresos medios y bajos; Términos de Nápoles: para países altamente endeudados de ingresos bajos; Términos de colonia: para países altamente endeudados de ingresos bajos, que requiere elegibilidad previa del FMI y el Banco Mundial. Dadas sus características, Argentina debería haber recibido los términos clásicos, que es el trato que recibió en todos los acuerdos previos con el Club de París en los años 1956, 1958, 1962, 1965, 1985, 1987, 1989, 1991 y 1992. Sin embargo, durante nuestra gestión y con nuestro acuerdo, Argentina hizo historia en materia de renegociación de deuda, debido a que fue la primera vez que un país de ingresos medios logró acordar la cancelación de su deuda con el Club, en un plazo de cinco años, extensible hasta los siete años, y con una tasa de interés del tres por ciento. Y todo, sin la supervisión del Fondo Monetario Internacional.

El precio de la autonomía económica, los fondos buitre y el plan de Gutiérrez

Pero todas estas decisiones y las políticas de autonomía económica e inclusión social nunca son gratuitas para un gobierno nacional, popular y democrático, como fue el nuestro. Por eso, sobre todo en mi último mandato, los ataques de los fondos especulativos, las corridas cambiarias y las operaciones mediáticas fueron ganando virulencia. A esto se le sumó, en la última recta hacia las elecciones de 2015, la novedad de las *fake news*, que ya son moneda corriente en las campañas electorales de los partidos políticos de derecha en todo el mundo, como quedó demostrado luego de la victoria de Donald Trump en Estados Unidos o de Jair Messias Bolsonaro en Brasil. En Argentina tuvimos nuestra propia versión con las *fake news*, durante la campaña de Macri. Porque los fondos buitre no atacaban sólo desde el exterior, sino también desde el seno de la Argentina. Recuerdo una nota del diario *La Nación* del 17 de septiembre de 2014 que buscaba operar sobre los argentinos y argentinas que viajaban al exterior. Decía: "Por el cepo cambiario, American Airlines restringió a 90 días la compra de pasajes en Argentina", y luego agregaba que "las empresas de turismo no quieren quedarse con pesos dado que no saben cuándo ni a qué tipo de cambio los lograrán pasar a dólares". Apuntaba directamente a atacar al peso argentino. El Banco Central tuvo que emitir un comunicado para desmentir esta noticia. No solamente no existía ningún tipo de restricción para el pago de pasajes y paquetes turísticos con divisas, ni tampoco plazos máximos respecto a la fecha efectiva del viaje, sino que además todos los argentinos y argentinas, los que viajaban y los que no viajaban, pagábamos entonces todos los días por turismo, viajes y pasajes entre 24 y 26 millones de dólares, de los cuales entre dos y cuatro millones correspondían a los giros que efectuaban con normalidad las empresas aéreas por venta de pasajes. Unos 15 millones de dólares por el uso de tarjetas de crédito y débito;

cuatro o cinco millones de dólares por ventas de operadores turísticos y otros dos millones de dólares para venta de billetes para viajeros al exterior. Así intentaban generar confusión, expectativas negativas y ataques especulativos sobre el peso argentino. Es sólo un ejemplo que recuerdo, de tantos otros, en nuestro país.

Sin embargo, en el exterior se había elaborado un plan de cinco puntos para desestabilizar nuestro gobierno, al que menciono como "el plan de Gutiérrez", en realidad un eufemismo porque la estrategia para atacar y desgastar al gobierno de la República Argentina era de los fondos buitre. Por esos días, el ex secretario de Comercio del segundo gobierno de Bush, el cubano Carlos Gutiérrez, quien formaba parte del estudio de la ex secretaria de Estado durante el gobierno de Bill Clinton, Madeleine Albright, había asegurado que la estrategia de los fondos buitre con Argentina iba a consistir en cinco puntos: en primer lugar, esmerilar y desgastar la figura de la presidenta de la Nación, con ataques permanentes desde el punto de vista mediático y denuncias sistemáticas en diversos lugares de Estados Unidos y a nivel internacional; segundo, propiciar una ola de rumores para generar inestabilidad económica impulsando ataques especulativos para minar la credibilidad y confianza en el gobierno, sobre todo con la variación del tipo de cambio marginal o *blue*, que constituye un mercado ilegal promovido por cuevas financieras auspiciadas en forma indirecta por los bancos; tercero, establecer una política agresiva en el mercado financiero internacional, para impedir el acceso de la República Argentina a financiamiento en el mercado de capitales, tanto del sector público como del sector privado, con el objeto de asfixiar al gobierno e impedir a las empresas argentinas acceder a líneas de crédito; cuarto, propiciar una estrategia para ganar tiempo y lograr un acuerdo favorable a los intereses de los fondos buitre en el año 2016 con un nuevo gobierno, admitiendo los deseos de que efectivamente un gobierno afín a sus intereses pueda gobernar el país a partir del 10 de diciembre de 2015; y por último, contratar periodistas, medios de comunicación en Argentina y otros países, para atacar al gobierno y financiar directa o indirectamente a políticos y sindicalistas de la oposición, para esmerilar al gobierno y provocar acciones de desgaste permanente. Como podrá observarse, un auténtico y perfecto plan de desestabilización, que se llevó adelante en forma real contra nuestro gobierno y en el que tuvieron un rol descollante los medios de comunicación hegemónicos de Argentina y los principales miembros de la oposición política. Gutiérrez había pedido tiempo atrás una audiencia con un importante ex funcionario, manifestando durante la entrevista que quería acercar posiciones. Después nos enteramos por cables de los diarios estadounidenses que se trataba del estudio contratado por los buitres para atacar a nuestro país.

El final de mi segundo mandato estuvo fuertemente marcado por este conflicto central para nuestra historia, un litigio con un enorme peso económico y simbólico, respecto a nuestra postura como gobierno de un país soberano frente al más parasitario capital financiero internacional: el conflicto con los fondos buitre. Fue una contienda contra los mayores depredadores del capitalismo financiero, concentrados en fondos de inversión radicados en guaridas fiscales, en su gran mayoría, que sólo representaban el 7% del total de los tenedores de títulos de la deuda soberana argentina, pero que nunca quisieron ingresar a los canjes de deudas, ni en el 2005 ni en el 2010. En junio de este último año, se había concretado el segundo canje de deuda con acreedores privados, llegándose a totalizar el 92,4 por ciento de aceptación acumulada. El negocio de los fondos buitre era comprar a precio de ganga los bonos argentinos defaulteados y cobrarlos por un valor pleno más intereses usurarios. Es inútil ya hacer números. Pero es importante saber que la batalla nacional e internacional que libramos tuvo aristas tremendas, aunque en el litigio logramos un histórico respaldo internacional en la ONU y de organismos y foros como Mercosur, Unasur, CELAC, G77+China, y el Foro de Cooperación África-América del Sur para establecer normas internacionales para la reestructuración de las deudas soberanas.

La ofensiva de los fondos buitre comenzó de manera visible cuando el 2 de octubre de 2012 retuvieron y embargaron la fragata *Libertad*, histórico buque —escuela de guerra— que había atracado en el puerto de Ghana, en África. Tomé la decisión de no aceptar que se extorsionara a nuestro país de esa manera. Dije que íbamos a recuperar la fragata sin poner un solo peso, o mejor dicho un solo dólar, porque se trataba de un bien inembargable de acuerdo al derecho internacional. ¡Mi madre!… ¡El revuelo que se armó! La oposición, en lugar de alinearse del lado del derecho internacional y los intereses nacionales, dijo que teníamos que pagar. Los recuerdo con Federico Pinedo a la cabeza, convocando a una "gran colecta nacional" para recuperar la fragata. ¡Patético! El 15 de diciembre de ese año, el fallo unánime del Tribunal Internacional del Derecho del Mar nos dio la razón y ordenó la liberación de la fragata. El 9 de enero del 2013 en un acto popular e inolvidable, en la ciudad de Mar del Plata, recibimos con honor a la nave insignia.

En el año 2012, la Corte de Apelaciones de Nueva York emitió un dictamen en el cual se consideraba que la Argentina había cometido una discriminación con los fondos buitre y los demás bonistas —llamados *me too*— que decidieron no participar de los canjes de deuda en los años 2005 y 2010. Un mes después, el juez Griesa ratificó que la Argentina debía pagar el 100 por ciento de la deuda que mantenía con los bonistas que no ingresaron a los canjes de deuda. En la apertura de sesiones ordinarias del Congreso, el 1 de marzo de 2013, me referí a la audiencia con los fondos buitre ante la Corte de Apelaciones de NY del 27 de febrero de ese año. Recordé que no existía una normativa internacional en materia de quiebras soberanas, pero que todo país tiene una ley interna que establece que cuando una empresa no puede afrontar sus pasivos, debe hacer una propuesta de pago y si logra la aceptación de un determinado porcentaje de sus acreedores, el juez de la quiebra debe homologar el acuerdo. En nuestro país ese porcentaje es el 66 por ciento. Cuando una empresa quiebra, si el 66 por ciento de los acreedores está de acuerdo con la propuesta de pago del quebrado, el juez la homologa y se paga lo acordado. Nosotros tuvimos una situación similar en el año 2001: un país quebrado, pero sin ley internacional.

Éramos el país con el default más grande de la historia: casi 170 mil millones de dólares. Habían empapelado el mundo con bonos argentinos. Hoy, después del gobierno de Cambiemos a partir del año 2015 y su brutal endeudamiento, sabemos que, lamentablemente, no sería la última vez. La importancia de nuestro conflicto con los fondos buitre radicaba en que, como nosotros en 2001, muchos países que habían realizado reestructuraciones y salvatajes muy similares al "blindaje" o al "megacanje" iban a tener que reestructurar su deuda con quitas importantes y con plazos largos. De otra manera... ¿Cómo van a poder pagar determinados países como Grecia, España o Italia? La situación de Argentina era lo que se denomina un verdadero *leading case*. Pero no solamente económico o financiero, sino esencialmente político. ¿Por qué motivo? Porque los principales dirigentes mundiales de las economías desarrolladas y los titulares de los grandes organismos multilaterales debían decidir entre permitir que un puñado de acreedores arruinaran a las sociedades de todo el mundo, generando millones de desocupados, de desahuciados, que muchísimas personas perdieran su casa o frenar a este puñado de especuladores para privilegiar a sus sociedades, a sus pueblos, a sus países, a sus historias, a sus patrimonios.

Era eso lo que estaba en juego en el mundo por el conflicto con los fondos buitre, y era algo que una enorme cantidad de argentinos y argentinas nunca pudieron entender porque los medios de comunicación hegemónicos se preocuparon por denigrar a nuestro gobierno y no de plantear cuál era la contienda, qué importancia histórica tenía a nivel global y cuáles iban a ser las consecuencias para los intereses de los países deudores y sus pueblos. La Argentina, los más de 40 millones de argentinos y argentinas, habíamos hecho un esfuerzo descomunal sin acceder al mercado de capitales, para pagar a los organismos multilaterales de crédito como el Banco Mundial, el Banco Interamericano de Desarrollo y Corporación Andina de Fomento. Estábamos pagando regularmente todos nuestros compromisos destinando parte de nuestras reservas al pago de la deuda. Y también estábamos dispuestos a pagarle a los fondos buitre, pero no en mejores condiciones que al 93 por ciento de los acreedores que ya habían ingresado a los canjes de deuda, porque hubiéramos cometido un gran delito. Hubiéramos estafado y defraudado al 93 por ciento de los acreedores, de distintos países del mundo, que creyeron en la Argentina. Eso es equidad y eso es justicia. Pagarle a los fondos buitre implicaba violar dos leyes argentinas, la del primer y la del segundo canje. Y, fundamentalmente, era una estafa para la economía y para las finanzas argentinas, porque les hubiéramos sustraído sumas que luego nos serían demandadas por el resto de los acreedores y que se tornarían impagables, al poner en peligro los acuerdos alcanzados en 2005 y 2010.

En realidad, lo que buscaban era que nos siguiéramos endeudando. El verdadero problema para ellos es que no habíamos vuelto a pedir plata y que durante nuestros gobiernos no hicimos negocios financieros con ellos ni con nadie. Su objetivo era claro: nos querían volver a endeudar porque ese

es su verdadero negocio. En 2014 la ofensiva se hizo sosteni-
da. En febrero, apelamos el fallo de Griesa y el de la Corte de
Apelaciones ante la Corte Suprema de los EE.UU. En junio,
ese tribunal rechazó tratar nuestra apelación y el caso volvió
a Griesa. En junio, el juez Griesa designó al abogado Daniel
Pollack, como intermediario entre la Argentina y el fondo
de inversión de alto riesgo Elliot Management Corporation
(EMC) y, a su vez, dueño de NML Capital, ambos perte-
necientes a Paul Singer, que en su momento compró bonos
argentinos en default por 40 millones de dólares. Nuestro
gobierno, entonces, anunció que le iba a pagar a los bonistas que entraron en la reestructuración y responsabilizó a los
Estados Unidos y su sistema judicial por cualquier embargo.
Ya en tiempo de Roberto Lavagna como ministro de Economía de Néstor, sabíamos los métodos con los que trabajaban
los fondos buitre. A propósito de un viaje mío a Europa y de
artículos muy denigrantes en los diarios europeos, Roberto
me comentó en esa ocasión: "Atrás de esas notas en los diarios, están los fondos buitre, son de la *Task Force* del fondo
de inversión de Singer". Lavagna era consciente de toda esa
propaganda enorme para desprestigiarnos y denigrarnos; de
cómo actuaba la *Task Force* en el mundo contra la Argentina y
de cómo siguió actuando hasta el fin de los días.

En 2018, volvieron a la carga contra la estatización de YPF.
La firma Burford Capital Limited (BCL) consiguió los derechos para litigar por la expropiación de la mayoría de las acciones de YPF. La causa original, a cargo de Griesa, pasó a la jueza
Loretta Preska del Distrito Sur de Manhattan. Los socios ar-

gentinos en esta ofensiva son los Eskenazi, del Grupo Petersen. Es que no hay posibilidades de éxito para ningún fondo buitre si no encuentra complicidades internas. Esto, lamentablemente, es así. Estoy absolutamente convencida que si los dos candidatos a presidente, tanto Daniel Scioli como Mauricio Macri —y los hombres y mujeres que públicamente los rodeaban como sus futuros colaboradores—, hubieran tenido en el año 2015 una postura firme y declaraciones indubitables, diciendo que nadie les iba a reconocer mayores derechos que a los del 93 por ciento que habían confiado en Argentina... otro cantar hubiera sido. Pero eso no ocurrió. Por eso los fondos buitre estaban envalentonados. Sabían que ganara quien ganara iban a aceptar lo que pedían. Menos yo, claro. Los fondos buitre participaron activamente en los procesos de desestabilización de mi gobierno, que fueran descriptos en párrafos anteriores de este mismo capítulo y que tuvieron lugar con mayor intensidad a partir de 2012. Fue un período muy extenso en el que la Argentina representaba la postura de muchos países que buscaban salir adelante, condonar sus deudas para poder asomar la cabeza. Denunciamos en la ONU el proceso más feroz y mezquino del capitalismo financiero y obtuvimos un inmenso apoyo, porque durante el desendeudamiento, como en muchos aspectos de la macroeconomía, los países emergentes necesitamos mantener una posición uniforme. Reclamando en soledad, somos presa fácil.

En la apertura de sesiones ordinarias en el Congreso de la Nación del 1 de marzo de 2015, la última que me tocó protagonizar como presidenta, pude decir con orgullo: "Señoras y señores legisladores, compatriotas: hemos desendeudado definitivamente a la República Argentina". El 2014 fue un año muy difícil, en el que nos habían augurado catástrofes financieras, azuzadas por los fondos buitre que hacían lo imposible para jaquear la economía argentina, tristemente, con apoyo local. En los días previos, un informe de la consultora McKinsey había revelado que Argentina era el único país en el mundo que había descendido en forma negativa su deuda externa. Entre 2007, año en que asumí mi primer mandato, y 2014, el porcentaje de deuda sobre el PBI tuvo un saldo negativo de un 11 por ciento. Al mismo tiempo, las reservas del Banco Central, después de cinco corridas financieras, habían cerrado a fines de febrero de 2015 en 31.354 millones de dólares. Entre 2003 y 2014 nuestros gobiernos pagaron más de 112.346 millones de dólares de deuda externa e interna que ninguno de nuestros tres mandatos había contraído. Y todo eso lo habíamos logrado en el marco de una agresiva ofensiva internacional contra nuestro gobierno, en la que nos decían que debíamos arreglar con los fondos buitre porque si no se terminaba el mundo. Cuando hoy lo escucho hablar a Mauricio Macri de las "tormentas" que "sufre su gobierno", siento que nos están tomando el pelo.

El 10 de septiembre de 2015 logramos como país un hecho inédito: la Asamblea General de Naciones Unidas aprobó una resolución propuesta por Argentina que promovía nueve principios básicos para dar un marco legal a los procesos de reestructuración de deuda soberana y establecía mecanismos para restringir el accionar de los fondos buitre. Nuestro proyecto contó con el apoyo de 136 países, 41 países se abstuvieron y sólo seis votaron en contra: Alemania, Canadá, Estados Unidos, Israel, Japón y el Reino Unido. Fue un acontecimiento profundamente importante, dado que Argentina ejerció su responsabilidad, no solamente frente a sus compatriotas, sino también frente a otros pueblos y frente al orden económico global regido por el capitalismo financiero. Los nueve principios para el tratamiento de los procesos de reestructuración de deuda soberana son: reconocimiento de la soberanía de los Estados para decidir su política macroeconómica y también para decidir cómo va a reestructurar esa deuda; la buena fe; la transparencia; la imparcialidad; el trato equitativo para no distinguir entre los distintos acreedores y que todos sean tratados de la misma forma; la inmunidad soberana de jurisdicción y ejecución; la legitimidad; la sostenibilidad, tal vez uno de los principios más importantes porque habla de pagar la deuda, pero no a costa del hambre y la miseria del pueblo, sino a través de un proyecto político y económico, cuyas variables macroeconómicas hagan sustentable el desarrollo y el crecimiento de una sociedad; y el principio mayoritario, de gran importancia, por el que se requiere que los acuerdos de reestructuración de deuda soberana sean aprobados por una mayoría cualificada de los acreedores de un Estado, excluyendo de esta manera las prácticas depredatorias de buitres minoritarios. Lo dije por cadena nacional el día en que se dio a conocer la votación en la ONU: no puede haber acreedores que cobren dos pesos y acreedores que cobren miles de millones por los mismos papeles y solamente porque especularon una vez que el país cayó en default. La buena fe debe imperar, siempre, en una negociación entre acreedores y deudores. Además, un aspecto central es que la reestructuración por mayoría es también un ejercicio de la democracia. Esto significa que cuando hay una mayoría calificada de acreedores de un país que acuerden una forma de pago por parte del país deudor, ese acuerdo es aplicable *erga omnes*, es decir al cien por ciento de los acreedores. Ese día agradecí a los 136 países que apoyaron nuestras propuestas, y también a los 41 países que se abstuvieron. En escenarios como ese, las presiones que reciben los Estados son de una gran magnitud y también muchas veces así son las necesidades que tienen a la hora de votar. Logramos la abstención de todos los países de Europa que iban a votar en contra. Fue un éxito diplomático extraordinario de Héctor Timerman, que por supuesto nunca se lo van a reconocer. Héctor viajó por todo el mundo para conseguir esos apoyos y por eso me da tanta indignación todo lo que le hicieron con la causa del Memorándum de entendimiento con Irán, a la que me voy a dedicar específicamente en otro capítulo de este libro. La intervención de Axel Kicillof fue también relevante. Había ido a todas las exposiciones en Naciones Unidas por el tema. Más allá de que habíamos desendeudado a nuestro propio país como nunca antes ningún gobierno lo había hecho, pagando deuda contraída por otros, sentí en aquella oportunidad que no solamente habíamos cumplido con nuestro pueblo y nuestra historia, sino que como miembros de la comunidad internacional, habíamos actuado con la misma responsabilidad. Es indispensable para lograr un proyecto de emancipación, que nuestros países ayuden a otros países hermanos para que no tengan que pasar por las mismas tragedias que nosotros, por las mismas injusticias, por las mismas miserabilidades que tuvimos que atravesar los argentinos en el 2001 y más tarde durante nuestros gobiernos, con el ataque de los fondos buitre.

Cuando el 28 de septiembre del 2015, me tocó tomar la palabra en la 70 Asamblea General de la ONU, obviamente me referí a la resolución que habíamos logrado. Pero también quise dejar en claro que no se trataba de una resolución aislada, sino que era sólo una parte de la política económica que se debía empezar a aplicar a nivel mundial para frenar el saqueo que se le hacía a los países, a través del capitalismo financiero y la creciente desigualdad de la distribución de la riqueza. En definitiva, el apoyo que recibimos para sacar la resolución tuvo que ver con el prestigio formidable que había construido la Argentina en esos años. Nuestro país tuvo en el año 2000 el default más grande del mundo y de la historia. Esto culminó con la crisis del 2001, con el quiebre de la economía y el paso de cinco presidentes en una semana. Luego logramos la reestructuración de deuda con mayor quita en la historia. Nunca hubo otra tan exitosa. Argentina había logrado reconstruir su economía y su sociedad, cuando la política volvió a tomar el mando de la economía el día que Néstor comenzó su gobierno. El inexorable proceso de desendeudamiento que se inició en el año 2003 había tenido una decisión esencial, cuando en 2005 se decidió pagar la totalidad de la deuda al FMI, que imponía las políticas macroeconómicas en nuestro país. A partir de allí Argentina comenzó a crecer y se sumó al grupo de países emergentes que eran los que sostenían el crecimiento de la economía internacional, por lo cual éramos mirados con mucha atención en el resto del mundo. A esto hay que sumarle la política en derechos humanos, que es una bandera fundamental en el mundo. Habíamos logrado un monumento civilizatorio muy grande en esa materia. Teníamos, entonces, un prestigio notable como país por la reestructuración de la deuda, por la recuperación de la economía, por los derechos humanos, por haberle pagado al FMI, por haber logrado acuerdos estratégicos importantes con China y Rusia. En Naciones Unidas escuchaban con atención nuestros planteos. Teníamos mucho prestigio.

La primera vez que hablé ante la Asamblea de la ONU fue en el año 2008, el preciso momento en que la caída de Lehman Brothers provocó una crisis económica que aún hoy no terminó de resolverse. En el siguiente año, 2009, la crisis se trasladó a la zona euro y fue cuando se dijo que se "rescataban" a los países de la crisis. Es bien sabido que ese "rescate" fue para los bancos, con la transferencia de miles de millones de dólares a las entidades bancarias. En una discusión que se había dado en el marco del G20 en Londres, nosotros sostuvimos que era necesario salvar a los bancos para no caer en una depresión como la de 1930, pero que al mismo tiempo era imprescindible una regulación financiera internacional que permitiera que esa enorme masa de recursos que se inyectaban a los sectores financieros volvieran a la economía real, para entrar al circuito de la producción de bienes y servicios y comenzar a dar vueltas nuevamente la rueda de crecimiento. Nada de eso se hizo. Al contrario, la contracara al "rescate" de bancos fueron políticas de ajuste que se impusieron en la zona del euro y que provocaron la recesión y la caída del empleo a niveles históricos nunca antes vistos. Habíamos llegado entonces a 2015 con una caída fuerte de la demanda mundial y con la crisis trasladándose a las economías emergentes que habíamos sido las que sosteníamos el crecimiento de la economía mundial. Argentina formó parte ese crecimiento y en 2015, a pesar del hostigamiento de los fondos buitre y con la complicidad de cierto sector judicial de Estados Unidos, pretendieron que le pagáramos al 7 por ciento de los acreedores, la mitad de lo que le pagamos al 93 por ciento reestructurado. ¿Qué lógica capitalista o matemática tenía eso? ¿Cuánto duraría la reestructuración del 93 por ciento, si accediéramos a las demandas de estos verdaderos depredadores financieros pagándoles al 7 por ciento de los acreedores, la mitad de lo que se le pagó al 93 por ciento de los acreedores? Seguramente encontrarían algún juez con más lógica que diría: "No, está muy mal. No se le puede pagar al 7 por ciento la mitad de lo que se le ha pagado al 93 por ciento". Por eso insistí, frente a los representantes de los distintos países, en que lo que habíamos votado el 10 de septiembre constituía un avance importantísimo. Si queríamos hablar de las crisis de los refugiados que emigran hacia Europa en balsas desde el África o de los refugiados producto de los señores de la guerra, había que hablar también de la otra cara de la moneda del capitalismo financiero: la del proceso de concentración económica inédita en el mundo. Para ello cité el último informe del FMI, que decía que el uno por ciento de la población concentraba —y concentra— el 50 por ciento de la riqueza mundial. ¿Cuánto tiempo puede sostenerse una sociedad, un mundo con ese grado de inequidad? Recuerdo que en el marco de la Asamblea había participado del Encuentro de Igualdad de Género promovido por el presidente chino Xi Jinping. En relación a ese encuentro dije ante la Asamblea: ¿De qué igualdad de género podemos hablar en un mundo donde la distribución de los recursos es tan inequitativa? ¿De qué igualdad de género podemos hablar en un mundo donde se expulsa a la gente de sus países porque no pueden vivir y tampoco se las recibe adonde quieren ir? Estamos ante una situación en la que debemos abordar la problemática de los mercados financieros y la necesidad de volver a inyectar recursos a la economía real para que vuelva el empleo, para que vuelva la producción, como los grandes motores generadores del bienestar de las sociedades.

Lejos estaban los argentinos y las argentinas de imaginar que todo aquello que denunciábamos en la ONU, en septiembre de 2015, fue lo que empezó a suceder en nuestro país a partir de diciembre de ese mismo año, con la llegada de Mauricio Macri a la presidencia. La desregulación monetaria y financiera, la bicicleta del *carry trade* —financiada por el endeudamiento— y la estrepitosa fuga de dólares como contracara han provocado un derrumbe de la economía real que parece no encontrar fondo en la Argentina gobernada por Cambiemos y Mauricio Macri. No tengo dudas de que los fondos buitre financiaron la campaña de propaganda electoral del macrismo, especialmente en el último año de mi gobierno, porque para ellos era central. Después de todo, el 22 de abril de 2016 y tal cual lo había explicitado Carlos Gutiérrez en su plan de cinco puntos para la desestabilización de nuestro gobierno, Mauricio Macri le pagó a los fondos buitre un acuerdo peor del que nos ofrecían a nosotros. El arreglo implicó un endeudamiento para el país de unos 16.500 millones de dólares, y dio inicio a la etapa del más acelerado endeudamiento de la historia argentina, con una deuda que al momento de cerrar este libro ya superaba el 100 por ciento del PBI, y representaba más de seis veces el valor de las exportaciones de nuestro país. ¡Dios mío! Qué manera de retroceder en el tiempo.

No fue magia

Más allá de los embates internacionales y los operados fronteras adentro, 2015 fue un año en el que la actividad económica creció el 2,7 por ciento. Sí, pese al ataque desde afuera de los fondos buitre —con su cerco judicial internacional— y desde adentro, al bombardeo permanente sobre nuestro gobierno por parte de los medios de comunicación hegemónicos en articulación con el partido judicial, la Argentina había crecido, repito, el 2,7 por ciento anual. Si además le agregamos que lo hicimos en un año absolutamente electoral —se elegía presidente de la República Argentina—, lo logrado adquiere el carácter de una verdadera hazaña. Aquel año, el último de nuestro gobierno, presentamos proyectos y obras muy importantes. En marzo inauguramos la nueva sede del Instituto Antártico Argentino que contaba con 1.900 metros cuadrados de laboratorios y oficinas, en donde trabajaban los más de 100 científicos que agrupaba el organismo. Se trató del primer establecimiento exclusivo para la investigación científica en la Antártida desde que el instituto había sido construido en 1951. Durante ese mismo mes, también firmé el decreto 395/2015 para la desclasificación de documentación remitida en custodia a la Unidad Fiscal de Investigación del atentado contra la sede de la AMIA. Al mes siguiente el Decreto 529/2015 para la desclasificación de los documentos relacionados con la investigación del atentado a la Embajada de Israel y el 29 de abril se aprobó la Ley 27.139 de Resarcimiento económico a las víctimas del atentado a la AMIA. En julio de ese mismo año sancionamos la Ley de Movilidad de las Asignaciones Familiares, AUH y por embarazo que establecía su actualización dos veces por año. Tuve el honor de anunciar también dos obras fundamentales para nuestro país, no sólo por su envergadura, sino, además, porque su realización fue producto de trabajo argentino; desde las investigaciones científicas que lo hicieron posible, pasando por el diseño de ingenieros y técnicos, y finalmente el armado en concreto de otros técnicos y obreros: el 18 de febrero de 2015 inauguré la puesta en funcionamiento total de la Central Néstor Kirchner - Atucha II, y el 30 de septiembre de ese año lanzamos al espacio el satélite ARSAT-2. Ambos fueron hechos históricos. La central nuclear era la tercera en Argentina, después de Atucha I situada en Zárate y Embalse, en la provincia de Córdoba. El nombre de la nueva central no podía ser más justo: había sido Néstor quien en 2004 había lanzado el Plan Nuclear Argentino para desempolvar un viejo proyecto iniciado por Perón e interrumpido en los 90 por presiones externas, momento en el que Argentina abandonó su rol como el actor nuclear más importante en América Latina. De eso se trataron nuestros gobiernos: de retomar un camino abandonado. Atucha I había sido inaugurada por Perón en 1974, pero el proceso había arrancado muchos años antes, durante su primera presidencia. En 1948 se inició la investigación en tecnología nuclear; en 1950 el mismo gobierno creó la Comisión Nacional de Energía Atómica (CNEA) y, ya en su segundo mandato, en 1955 —poco antes del golpe de Estado— se creó el Instituto Balseiro, en Bariloche, que trabaja sobre física e ingeniería nuclear, entre otras cosas. Néstor retomó en 2004 ese camino iniciado por Perón en la década del 40. Son dos hombres que ya forman parte de las firmes páginas de la historia, más allá de lo que digan las páginas descartables de muchos diarios y los programas de televisión que se agotan en pocos minutos. Néstor había ido a la planta de Atucha II abandonada, con las máquinas apenas cuidadas por el poco personal que habían dejado, y había tomado la decisión de reactivarla. ¿Qué otro nombre le cabía más a la central que el de él? El camino que retomamos también tuvo que ver con nuestra decisión de volver a poner en marcha la CNEA, la planta de enriquecimiento de uranio de Pilcaniyeu y la inversión en ciencia

y tecnología para que pudiéramos seguir dando saltos cuali-
tativos en nuestras obras y dando trabajo de calidad. El Plan
Nuclear significó 5.220 nuevos especialistas en materia nuclear; 1.780 científicos y expertos; 1.100 profesionales adultos;
390 jóvenes profesionales; 620 jóvenes técnicos para Atucha II;
1.330 soldadores nucleares. En el año 2003 la industria nuclear
tenía apenas 3.000 trabajadores; al momento de inaugurar la
obra tenía 8.220 trabajadores, 174 por ciento más de mano
de obra de altísima capacitación. Gracias a nuestros gobiernos
Argentina volvía a figurar entre los once países que producían
uranio enriquecido, un lugar que no debió haber abandonado
nunca. Teníamos una diferencia con los países que conforman
ese podio: nosotros éramos un país líder en materia de no proliferación nuclear, es decir, nuestra energía estaba dirigida a
obras como la de la central. Los frutos de retomar ese camino
también se notaban en el ámbito empresarial: mientras que en
2003 no había ninguna empresa que tuviera certificación para
trabajos nucleares, al momento de inaugurar la central Néstor
Kirchner había 129 nuevas empresas argentinas con certificación, 25 para la construcción de obras nucleares y 104 como
proveedores de esas obras. Otro de los beneficios era que el
país ahorraba anualmente unos 400 millones de dólares, que se
dejaban de gastar en la importación de combustibles. En suma,
con las dificultades que teníamos en materia energética, era
necesario diversificar la matriz energética gaso-dependiente
de la Argentina. Esa dificultad provenía del hecho incontrastable y positivo del crecimiento de la actividad económica y
su consecuencia inevitable: el consumo de energía era el doble

que doce años atrás. La obra era, además, otro acto de soberanía nacional. Cuando Néstor asumió la presidencia en 2003, solamente el cinco por ciento del parque energético del país era del Estado Nacional; el dos por ciento era de las provincias; el 13 por ciento de privados nacionales y el 80 por ciento estaba en manos extranjeras. Dejé mi segundo gobierno con el Estado como propietario del 45 por ciento del sistema energético nacional, con las provincias manteniendo el dos por ciento y los empresarios nacionales pasaron a ser propietarios del 30 por ciento. Todo parte de "la pesada herencia" que recibió Cambiemos. Los empresarios extranjeros pasaron del 80 por ciento al 23. La central Kirchner es un ejemplo de que la inversión en ciencia y tecnología y la autonomía nacional son dos caras de la misma moneda.

Por otro lado, el 30 de septiembre tuvimos el honor de realizar el lanzamiento del ARSAT-2. Quisiera detenerme aquí y recordar aquel día del histórico lanzamiento. Ya el 16 de octubre de 2014 habíamos lanzado al espacio el primer ARSAT, y en esta segunda oportunidad decidí dar un discurso por cadena nacional desde la Casa Rosada. Sentía que el cohete que contenía al satélite tenía la energía y la fuerza de los 40 millones de argentinos y de un país que todos sentíamos que había despegado. Hubiera sido impensado, aquel 25 de mayo de 2003 —cuando asumió Néstor con un país devastado—, que nosotros, doce años y medio más tarde, íbamos a estar lanzando un segundo satélite al espacio. La creación de ese satélite se pudo lograr gracias a un trabajo enorme del INVAP y de todos los científicos y científicas que trabajaron en ARSAT. Cuando Néstor creó ARSAT, lo hizo mediante una ley que votamos sólo los oficialistas. Sin ella no hubiéramos podido lanzar los dos satélites, ni ganar soberanía espacial. Sentí una emoción enorme y sobre todo muchísimos nervios en el estómago al verlo despegar. Recién pude relajarme cuando pasaron los primeros 33 minutos que permitieron que el satélite ingrese en la órbita 81 oeste, que de esa manera volvía a ser más argentina que nunca. Tanto el ARSAT-1 como el ARSAT-2 fueron lanzados desde la Guayana Francesa. El primer satélite logró darle conectividad a todo el territorio argentino y con el segundo ya no solamente alcanzábamos la plataforma continental argentina, sino que cubríamos todo el continente americano, a 36.000 kilómetros de la Tierra. La fabricación de ARSAT-2 tardó tres años, 50 por ciento de sus componentes eran locales, y contó con 18 proveedores extranjeros; intervinieron en su construcción 130 empresas nacionales; más de 1.000 trabajadores que usaron 600.000 horas-hombre de trabajo. Para lanzarlo invertimos 200 millones de dólares; 4.950 en el Plan de Telecomunicaciones, desde el año 2003; 3.900 millones en obras; 1.050 en satélites directos al espacio, representando el 50 por ciento de la inversión total del sector. No estábamos ante una inversión de infraestructura, sino ante una inversión en soberanía espacial. Era un satélite de tres toneladas y de 16 metros con sus alas desplegadas. En cuanto a las órbitas que ocuparon el ARSAT-1 y el ARSAT-2, eran la 81 oeste y la 72 oeste, que Argentina tenía asignadas, como el resto de los países, por los organismos internacionales dependientes de la

ONU. En 2003, esas órbitas estaban a punto de perderse, porque no se había pagado el alquiler de los satélites y porque se había privatizado el espectro espacial. Durante su gobierno, Néstor anuló el contrato con Thales Espectrum, lo que dio origen a acciones de carácter penal, y logró conservar esas dos posiciones espaciales que estuvimos a punto de perder. En el año 2006, Néstor había decidido la creación de ARSAT, la empresa nacional argentina de emprendimientos satelitales, para recuperar la soberanía satelital y dar un salto tecnológico en investigación y desarrollo.

En el momento en que lanzamos ARSAT-2, logramos integrar un grupo selecto de diez países que producían satélites en el mundo; solamente nosotros habíamos logrado hacerlo en el Cono Sur. Con el lanzamiento del segundo satélite las empresas argentinas podían comenzar a exportar datos, acceder a Internet y señales de televisión, y establecer enlaces punto a punto. No se trataba sólo de una inversión en ciencia y tecnología, era una inversión productiva, para la economía y para las empresas, en un campo donde la rentabilidad no tiene techo. Desde el año 2003 doce millones de hogares estaban conectados a Internet. Antes de nuestra llegada al gobierno sólo el 10 por ciento contaba con ese servicio. En doce años habíamos logrado crecer un 88 por ciento en materia de cobertura. También hubo 40 millones de nuevas líneas de celular. Pero no fue por arte de magia. En el medio hubo millones de políticas y obras que fuimos ejecutando durante nuestros gobiernos vinculadas a las telecomunicaciones, que hicieron que eso sea posible.

Desarrollamos, también, programas que permitieron instalar 35 mil kilómetros de fibra óptica a lo largo y ancho del país, que duplicaron la red y conectaron diez zonas del país que estaban desconectadas. Habíamos logrado cubrir con fibra óptica el 40 por ciento del territorio nacional. También desarrollamos una red de Cyber Salud con 237 establecimientos conectados, cubriendo el cien por cien de las especialidades que también iban a utilizar los servicios de ARSAT-1 y ARSAT-2; la recuperación del polo espacial de Punta Indio; los lanzadores de satélites y de livianos —Tronador II— y las 86 estaciones de televisión digital, con un 87 por ciento de cobertura nacional. Además, durante nuestros años de gestión entregamos un millón 570 mil decodificadores a los argentinos y a las argentinas para que puedan acceder a esta televisión digital gratuita; logramos que el cien por cien de las escuelas rurales argentinas estuvieran cubiertas por la TV digital satelital; 245 núcleos de acceso al conocimiento (NAC); 124 puntos de acceso digital; el centro de datos de Benavídez; 22 antenas de TV digital y 400.000 decodificadores exportados a Venezuela. Y no solo construimos antenas sino que las exportamos, con un enorme valor agregado como lo hacen los grandes países del mundo. ARSAT-2 no fue la única política que implementamos para fortalecer el sector, como expliqué más arriba, también impulsamos la Televisión Digital Pública libre y gratuita en el 2009; la creación del Programa Argentina Conectada en el 2010; el nuevo Reglamento de Telecomunicaciones en el 2013; el lanzamiento exitoso del VEX 1B en el 2014; lanzamiento del ARSAT-1 en el 2014; la Ley de Argentina Digital y ese día el lanzamiento del ARSAT-2.

También apostamos a la formación de profesionales y por eso habíamos creado nuevas carreras y maestrías vinculadas a esa actividad. Un ejemplo de ello fue la creación de la carrera de Ingeniería en Telecomunicaciones en cinco institutos: Universidad de Cuyo, Instituto Balseiro, Instituto Universitario Aeronáutico, Universidad Nacional de San Martín y Universidad Nacional de Río Negro. También de Ingeniería Aeronáutica y Tecnicatura Espacial en la universidad Nacional de La Plata, mi universidad, la UNLP, y de Ingeniería Espacial en la Universidad de San Martín. Las maestrías en el área espacial entre la CONAE con la Universidad de La Matanza, la Universidad Nacional de Córdoba, la UTN de Córdoba y Mendoza. El día del lanzamiento del ARSAT-2 también anuncié que íbamos a enviar un proyecto de ley al Congreso de la Nación, en primer lugar, para declarar de interés público y política de Estado el desarrollo de la industria satelital y, en segundo lugar, para lograr la aprobación del Plan Satelital Geoestacionario Argentino 2015-2035. Como nosotros pensábamos en las nuevas generaciones, habíamos desarrollado un plan que iba hasta el año 2035 y queríamos que se debata y se discuta en el Congreso. Queríamos proteger las posiciones orbitales argentinas; construir satélites y desarrollar los servicios de esa actividad en Argentina. Necesitábamos construir más satélites propios y para terceros; generar demanda y mejorar la oferta. El plan preveía fabricar ocho nuevos satélites en los próximos veinte años, algunos para uso propio y otros para venderlos. Eso era lo que queríamos asegurarle a los argentinos: el futuro, y prohibir la venta de los recursos esenciales y de los recursos asociados a la tecnología, sin la autorización del Congreso. Queríamos que el pueblo argentino sea el dueño de ese logro. Cuando vi despegar por segunda vez un satélite argentino, diseñado y construido por argentinos y argentinas, me pregunté qué hubiera pensado Néstor. Recordé cómo en 2003 empezamos a juntar monedas para ver cómo subsistíamos pese a los cascotazos que nos tiraban desde adentro, porque estaban todos muy tristes y enojados, y desde afuera porque, como siempre, nos querían seguir exprimiendo. El día del lanzamiento del ARSAT-2 sentí que estábamos siendo parte de un tiempo mejor, de un tiempo en el que pensé que todo lo malo había quedado atrás y que por fin el futuro había llegado. Quería profundamente que no les volvieran a robar el futuro a los argentinos, lo deseaba desde lo más profundo de mi corazón.

7

Cuando Jorge era Bergoglio
y después fue Francisco

"Georgium Marium Bergoglio", el televisor me devolvía la imagen y la voz temblorosa de un cardenal que asomaba, bamboleante, en el mítico balcón del palacio Vaticano, sosteniendo en sus manos lo que me pareció un enorme libraco y anunciando el nombre del nuevo pontífice, tras la renuncia del alemán Ratzinger. ¿Qué tal, Cristina? ¡Habemus Papam… y es argentino… y es Bergoglio! Tomá mate con chocolate, pensé. Aquel 13 de marzo de 2013, día de la elección papal, estaba en el piso de arriba de la Quinta de Olivos con Maru, mi peluquera. Me estaba peinando para ir a un acto en Tecnópolis. Serían las dos o tres de la tarde, no recuerdo con precisión, pero sí sé que fue después de almorzar. Maru estaba con su secador y su cepillo mientras yo seguía por televisión lo que estaba pasando en el Vaticano. Precisamente, había elegido estar en el living y no en el lugar donde siempre me peinaba, porque no quería perderme la *fumata* blanca de la Capilla Sixtina y el anuncio posterior. Y no me lo perdí. Apareció en la pantalla un cura muy viejito —parecía muy frágil, a punto de caerse— y empezó a hablar desde el balcón. Era el vocero del cónclave de cardenales. Escuché que dijo: "Georgium". Si bien en ese momento no entendí, porque hablaba en latín, recuerdo como si fuera hoy cuando pronunció el nombre entero: "Georgium Marium Bergoglio". Maru se quedó inmóvil, como una estatua, con el secador y el cepillo en la mano, y mirándome me pregunta: "¿Dijo Bergoglio?". "Sí, querida, dijo Bergoglio", le confirmé. Entonces, llamé a Mariano, mi secretario, y repetí como si quisiera confirmarlo una vez más: "El vocero vaticano dijo Bergoglio". "Traé la computadora y llamalo inmediatamente a Olivieri, que tenemos que ser los primeros en saludar al nuevo papa". Guillermo Olivieri era nuestro secretario de Culto. Le pedí que preparara un modelo de nota para mandar las felicitaciones a Roma. "Prepará todo porque vamos a ir a la consagración", le dije. Elaboró un modelo de nota, muy formal para mi gusto, que corregí personalmente y le envié una salutación, que de alguna manera reflejaba el saludo de la presidenta de su país. Inmediatamente comenzamos a preparar el viaje a Roma.

Aquellos días, muchos habitantes de Barrio Norte y Recoleta, los barrios más ricos de la ciudad de Buenos Aires, colgaron banderas vaticanas amarillas y blancas de los balcones, para festejar la elección de Bergoglio. Estoy segura que, en el primer momento, creyeron haber encontrado un nuevo líder para luchar contra "la yegua". Es más, hubo algunas horas durante las cuales los medios opositores —*Clarín* y *La Nación*— festejaron. El 13 de marzo, *Clarín* tituló: "La áspera relación de los Kirchner con Bergoglio", atribuían a Néstor un vínculo complicado con él y sostenían que conmigo estaba enfrentado, especialmente a partir de haber promovido la Ley de Matrimonio Igualitario. Es más, el día después de la asunción del papa, *La Nación* tituló: "Bergoglio y los Kirchner, muchos años en una relación gélida" y daban como ejemplo nuestra decisión de hacer federales los tedeum del 25 de Mayo como una manifestación de hostilidad hacia él. Cuando tomó estado público mi felicitación y mi decisión de viajar a Roma, los festejos de la oposición se aplacaron. Fue increíble: lentamente iban desapareciendo las banderas de los balcones. Estaba claro: a pesar de que había habido tensiones, nunca nos entendieron ni a mí ni a Néstor, y me parece que menos todavía a Bergoglio. Guardaban la secreta esperanza de que Francisco, el nombre que eligió para su papado y que aludía a San Francisco de Asís, el santo de los pobres, fuera un tenaz opositor a nuestro gobierno. Algún colaborador mío —no importa quién— me preguntó si estaba segura de viajar a Roma. "Por supuesto, soy la presidenta de Argentina", le contesté. La verdad es que no estaba preocupada. Sabía que me iba a llevar bien con Bergoglio; estaba absolutamente convencida. Solamente un ignorante, o mal intencionado, podía pensar que tendríamos una relación crispada, nada menos que con el papa. ¿Por qué siempre me han subestimado tanto? Estaba muy segura de lo que él pensaba en las cosas que, tanto a Néstor como a mí, nos preocuparon siempre: la pobreza y la desigualdad. Además, la verdad, después de lo de Néstor, ya nada me parecía una cuestión de vida o muerte. No sé si es correcto decir que las cosas me importaban más cuando él estaba o ahora me impactaban menos. Incluso el día que me dijeron que yo tenía cáncer —aquel lejano diciembre de 2011— no me preocupé demasiado. Después de que él ya no estuvo, nada me parecía tan terrible. Por lo tanto, las rispideces que hubo con Bergoglio tampoco me parecían un problema. Una vez que tomé la decisión de viajar a su consagración en Roma, lo primero que pensé es que debía fijar públicamente mi postura, para que no hubiera malos entendidos. No sólo a nivel general, sino también en nuestro propio frente interno. Después, lo que se dijera públicamente en los medios de comunicación me importaba muy poco. Luego, debo confesar, me dediqué a una frivolidad y me dije: tengo que llevar el sombrero más lindo de todos, tengo que ir con el sombrero y el tapadito más lindos; porque soy la presidenta de Argentina y como el papa es argentino, todas las miradas van a recaer sobre nuestra delegación, más que sobre cualquier otra. Fui con un sombrero y un tapado negro divinos al primero de los siete encuentros que tuve con Francisco. Cuatro de ellos ocurrieron en Roma: en Santa Marta, la residencia privada de Francisco, el 18 de marzo de 2013, el 17 de abril de 2014 y el 20 de septiembre de 2014, y otro en el Vaticano, el 7 de junio de 2015. También nos encontramos en Río de Janeiro en julio de 2013, en el marco de la Jornada Mundial de la Juventud; en julio de 2015 en la misa que Francisco dio en el Parque Ñu Guasú en Asunción del Paraguay, y en septiembre de 2015 en la misa en la Plaza de la Revolución en La Habana, Cuba. En cuanto a las reuniones, ninguna de ellas fue protocolar, al contrario.

Las veces que nos vimos en Santa Marta fueron encuentros muy cálidos y no parecía una reunión entre un papa y una presidenta, sino de dos argentinos que se conocen y tienen funciones diferentes. En el primer almuerzo, recuerdo que conversamos sobre Néstor y yo le dije: "Sabe qué creo que pasó entre ustedes, Jorge… —porque le digo Jorge cuando hablamos y no su santidad y él, obviamente, me dice Cristina—. En el fondo, creo que la Argentina era un lugar demasiado chico para ustedes dos juntos". La verdad, es que lo veo de ese modo. Ambos eran dos grandes jefes y dos grandes hombres y esto último es clave para entender: ambos… eran hombres. Los hombres tienen un concepto del ejercicio de la jefatura totalmente diferente a nosotras, las mujeres. Y esto se puede observar tanto en un religioso, como Bergoglio, o en un laico a ultranza, como lo era Kirchner. Las demostraciones de poder para los hombres tienen una simbología diferente que la que tienen para las mujeres. Yo no tengo ningún problema con que el otro parezca tener más poder o menos poder que yo, si hace lo que quiero. ¿Cuál es el problema? A los hombres esto no les pasa. El uso y el despliegue de los símbolos del poder son algo muy potente en ellos. Es más, en el caso de Néstor y Bergoglio la disputa estuvo desde el principio. Cuando asumió como presidente —de acuerdo a las costumbres imperantes y aceptadas por toda la dirigencia política— a

Néstor le tocaba realizar muchas tareas simbólicas: tenía que ir a la Sociedad Rural, al Teatro Colón y a la Catedral a "besar el anillo" del cardenal primado de la Argentina. Tenía que rendir pleitesía a los poderes establecidos y Néstor no lo hizo nunca. Bergoglio trataba de verlo y hacía las gestiones a través de Cancillería, pero también llamaba a Oscar Parrilli, secretario general de la Presidencia, sugiriéndole que Néstor fuera a la Catedral. Parrilli le contestaba: "Mire: usted me llama y el presidente lo recibe a solas, en secreto, en público, en Olivos, donde usted quiera". Jorge le contestaba: "Bueno, gracias pero no". Todos le decíamos a Néstor: "Tenés que ir a ver a Bergoglio". Él respondía: "No, que venga él a verme a mí a la Casa de Gobierno". Del otro lado, Bergoglio contestaba: "No, que venga él a la Catedral". En definitiva, ellos nunca se vieron porque ninguno quiso cruzar la Plaza de Mayo. Esta es la verdad. Ni Néstor quiso cruzar la plaza para ir a la Catedral, ni Bergoglio para ir a la Casa de Gobierno. No se trataba de un capricho… era algo más simbólico, casi atávico diría: una cuestión de poder y además una cuestión de ejercicio del mismo entre hombres. Las mujeres no creemos en ese tipo de pujas, al menos yo no. Si hubiéramos sido dos mujeres, nos hubiésemos encontrado en el medio de la Plaza de Mayo, al lado de la pirámide, o nos hubiéramos ido a tomar un café. De algún modo, lo hubiéramos arreglado. Pero los hombres, no. También es cierto que cada hombre tiene una carga, un peso cultural que la sociedad le exige para validarlo como jefe, para que el otro, y sobre todo los otros, lo reconozcan como tal, y Néstor sentía que para ser validado como presidente, era Bergoglio el que tenía que ir a Casa de Gobierno y no al revés. A su vez, Bergoglio sentía que, para validar su jefatura como representante de la Iglesia católica, era el presidente quien debía ir a la Catedral. Kirchner consideró que el poder tenía que residir en la Casa Rosada, como símbolo político de la voluntad popular. Para él era necesario reafirmar —sobre todo después de lo que había pasado en la historia de nuestro país— que el que tomaba las decisiones en Argentina era el presidente y no el FMI, ni la Iglesia, ni la UIA, ni *Clarín*. Néstor debía decidir, no en función de sus intereses personales, sino en nombre del poder de la política en la Casa Rosada. Y Bergoglio obviamente representaba el poder de la Iglesia. Ahí anidó la pugna y el choque entre ambos. Porque es incuestionable que lo hubo. Obviamente, me alineé junto a mi compañero, no iba a ser yo la que cruzara la Plaza de Mayo. Pero lo cierto es que ninguno de los dos quiso cruzarla. Después ya fue demasiado tarde. Para Bergoglio, que se perdió la posibilidad de conocer a un personaje de esos que la historia argentina no repite a menudo. Y hoy, conociendo a Bergoglio, puedo decir que Néstor también se perdió la oportunidad de conocerlo, porque también él —sin dudas— es un personaje irrepetible en nuestra historia.

La cuestión es que en aquel primer encuentro en Santa Marta le dije a Bergoglio que consideraba que el problema había sido que Argentina era demasiado chica para sus dos jefaturas. Se lo mencioné sin entrar en mayores detalles porque me parecía una irreverencia decirle: "El problema fue que ninguno de los dos quiso cruzar la Plaza". Me miró un instante en silencio y pasamos a otro tema. Debo confesar que me pareció poco atinado decírselo tan directamente pero de todos modos es lo que pienso. Sí, le dije lo de las jefaturas, que me pareció una síntesis. Ambos tenían mucho peso simbólico y mucha fuerza. Nadie puede negar la fortaleza de un papa que, dentro de la Iglesia católica, da un mensaje totalmente impensado e inesperado y que está llevando adelante su pontificado de una manera totalmente distinta a lo convencional. Tampoco nadie podría negar la fortaleza que tuvo Néstor. Así como alguna vez dijeron que Kirchner fue el presidente menos esperado y menos pensado, podría decir que Bergoglio también fue el papa menos esperado y menos pensado. Los dos a su modo plantearon un quiebre con lo establecido. Sin duda los dos tenían personalidades muy fuertes. Bergoglio es el primer papa jesuita y latinoamericano de la historia. Por eso digo que cada uno a su modo, con roles y momentos históricos específicos, rompieron moldes y por eso era imposible que se llevaran bien. Nunca iban a aceptar la jefatura el uno del otro. Esto no quiere decir que yo considere a Bergoglio mi jefe, porque no lo es. Pero yo no compito. Y vuelvo a repetir: creo que no fue una cuestión menor que los dos hayan sido hombres. Por otra parte, hasta ahora para ser papa tenés que ser hombre, pero para ser presidenta no... así que cuando fue elegido no tuve ninguna duda; me tomé un avión y me fui a verlo a Roma.

Hace poco, Parrilli me contó un episodio, públicamente desconocido, en la relación de Néstor y Bergoglio que ocurrió en 2006. En ese momento, Bergoglio estaba siendo atacado por la parte más conservadora de la Iglesia argentina, representada por el ex obispo de La Plata monseñor Héctor Aguer, y decidió celebrar una misa el 11 de abril de ese año, en la iglesia de San Patricio, con una oración interreligiosa por los "Mártires contemporáneos", entre ellos los sacerdotes palotinos asesinados el 4 de julio de 1976 durante la dictadura militar, en lo que se conoció como la masacre de San Patricio. Allí fueron asesinados Alfredo Leaden, Alfredo Kelly y Pedro Duffau y los seminaristas palotinos Salvador Barbeito y Emilio Barletti. Bergoglio había mandado la invitación y para reforzar el convite llamó por teléfono al secretario general de la Presidencia: "A mí me gustaría mucho que el presidente asista". Oscar se lo dijo inmediatamente a Néstor. "Vos decile que voy a ir, pero que no lo anuncie", le contestó. Parrilli llamó a Bergoglio, quien mucho no le creyó. La cuestión es que ese día, una hora antes de que empezara la misa, Néstor le dijo a Parrilli: "Bueno, listo, vamos. Llamá a la custodia y avisales que vamos para allá". Al llegar el presidente por sorpresa, los medios tuvieron que salir corriendo a cubrir la misa. Que Néstor asistiera fue un gesto muy importante para Bergoglio. Parrilli cuenta que no sólo lo reconoció, sino que se lo agradeció muchísimo. Al otro día la noticia fue tapa de *La Nación* y *Clarín*, que titularon: "Reconciliación de la Iglesia con el gobierno". Después de ese episodio la tensión cedió. El día que Néstor nos dejó, Bergoglio dio una homilía de despedida en la Catedral, en la que dijo: "Este hombre cargó sobre su corazón, sobre sus hombros y sobre su conciencia la unción de un pueblo. Un pueblo que le pidió que lo condujera. Sería una ingratitud muy grande que este pueblo, esté de acuerdo o no con él, olvidara que este hombre fue ungido por la voluntad popular".

Ahora que reviso esta historia, definitivamente el vínculo de Bergoglio con mis presidencias fue menos conflictivo. En principio lo conocía de mentas. Lo vi por primera vez en la Catedral el día que Néstor asumió, en el tedeum del 25 de mayo de 2003, y un año después en la misma ceremonia. Pero luego cambiamos la costumbre y comenzamos a realizar los tedeum federales. Nos gustaba hacerlos en el interior del país, pero también el otro motivo por el que tomamos esa decisión fue que en esa ceremonia a la que siempre iban los jefes de Estado, en general, eran amonestados por el cardenal y a Néstor no le gustaba nada. Estoy segura de que él lo veía como una puja de poder. A partir de 2005, entonces, los tedeum del 25 de Mayo los realizamos en distintas provincias. Ese año fue en Santiago del Estero, a cargo del obispo Juan Carlos Maccarrone; en 2006 volvió a ser en la Catedral y la misa también la dio Bergoglio como en 2003 y 2004; pero en 2007 lo realizamos en Mendoza —recuerdo una foto de ese día cuando Néstor levantó mi mano anticipando su decisión de que compitiera por la presidencia—; en 2008 fue en Salta; en 2009 en Puerto Iguazú, Misiones, que de tanto calor que hacía ese día se desmayó estrepitosamente un granadero en medio del tedeum; en 2010, el año del Bicentenario, lo hicimos en la Basílica de Luján; en 2011 en Resistencia, Chaco; en 2012 en la Catedral de Bariloche; en 2013 en Luján; en 2014 nuevamente en la Catedral; y en 2015 en la Basílica de Luján. Recuerdo el tedeum de Salta porque ocurrió en plena crisis con las patronales agropecuarias. Bergoglio tuvo una actitud muy prudente durante el conflicto por la resolución 125 sobre las retenciones móviles a la soja. Un sector quiso que él tomara posición a favor de las patronales agropecuarias, pero creo que él pudo ver los intereses que estaban en juego; estoy convencida que Bergoglio tiene una especie de antena con la cual sabe hasta dónde puede ir y hasta dónde no. Obviamente, en cuestiones como el matrimonio igualitario o el aborto, que tienen que ver con el dogma de la Iglesia, tiene una posición tomada. Pero durante el conflicto por la 125 seguramente se activó esa especie de "chip peronista" que le dijo: "No, se trata de la Sociedad Rural".

Ya en junio de 2011, cuando Bergoglio era cardenal y aún presidente de la Conferencia Episcopal Argentina (CEA), lo recibí por única vez durante mi gobierno. Ahora que lo escribo, me doy cuenta que él cruzó la Plaza para verme... Qué cosa, ¿no? Nos vimos en la Casa Rosada con la Conferencia Episcopal Argentina, en pleno. Es la única vez que recuerdo haber estado con él antes de que fuera papa y cuando ni siquiera pensábamos que podía llegar a serlo... por lo menos yo. Recuerdo muy bien esa reunión. Cuando Jorge llegó estaba sentada en la mesa grande del despacho presidencial. Como él era la más alta jerarquía de la delegación, se sentó a mi derecha. Intercambiábamos miradas y creo que nos medimos todo el tiempo. Hasta que me dijo: "Nos vamos los dos a fin de año". Se refería a que él terminaba su misión como presidente de la Conferencia en noviembre de 2011 y que yo terminaba mi mandato en diciembre del mismo año. La reunión fue antes de que definiera mi candidatura para la reelección. La diferencia era que él había sido presidente de la CEA durante dos períodos consecutivos y los estatutos le impedían ser reelecto. Cuando lo mencionó en 2011, nunca pensó que Joseph Ratzinger, el papa Benedicto XVI, iba a renunciar en 2013. Ratzinger había asumido durante el gobierno de Néstor, en abril de 2005, después de la muerte de Juan Pablo II. Le respondí a Bergoglio: "Así es, nos vamos los dos a fin de año". Pero lo cierto es que no nos fuimos ninguno de los dos: él se fue a Roma y yo me quedé en la Presidencia, reelecta con el 54 por ciento de los votos.

Bergoglio fue elegido papa el 13 de marzo de 2013. Llegué a Italia el 17 de marzo para su asunción. Siempre que fui a Roma me alojé en un hotel muy lindo, chiquito, pero sofisticado y sobre todo muy coqueto. Un hotel antiguo con un estilo bien italiano, el Edén. Desde la ventana podía ver el enorme edificio de la Compañía de Jesús, que está enfrente. Con Néstor siempre fuimos al mismo hotel, sólo la primera vez que viajamos —ni bien asumió como presidente— nos alojamos en otro, también muy lindo, pero bastante más alejado, en Villa Borghese. Roma me parece una de las ciudades más bellas del mundo. Ese día almorzamos a solas en Santa Marta, la mesa era servida y atendida por un sacerdote. El protocolo decía que yo debía estar con la cabeza cubierta y atuendo de color negro; aunque me autorizaba a quitarme el sombrero al momento del almuerzo, decidí no hacerlo. Si me lo sacaba era imposible volver a colocarlo, tenía horquillas por todos lados. Antes de pasar al pequeño comedor, le dije a Francisco: "No pienso sacarme el sombrero, no lo puedo poner de nuevo y ni loca salgo despeinada en las fotos". Se rio mucho: "Está todo bien, no se haga problema", dijo. Luego, me contó cómo había sido elegido y por qué había decidido vivir en Santa Marta y no en el Vaticano. Me dijo que quería tener una vida cotidiana más abierta, más normal. También me habló de la Patria Grande y me conmovió. Era otro Bergoglio: sonreía. No recordaba ninguna foto con él sonriendo mientras estuvo en la Argentina. Ser papa le cambió la cara. Él quería ser papa y me encanta que haya querido serlo. Nunca se lo pregunté, pero estoy absolutamente convencida de que él deseaba serlo. Además... ¿qué cura no quiere ser papa?

En la comitiva que me acompañó a ese primer encuentro, estaba Alicia Oliveira, que era una abogada absolutamente comprometida con la lucha por los derechos humanos y una persona recta, íntegra y muy amiga de Jorge. Es imposible creer que ella pudiera ser amiga de una persona que tuviera malos sentimientos o no tuviera compromiso con los derechos humanos. No me voy a olvidar nunca de ese viaje con ella. Recuerdo que fumaba sin parar, como un escuerzo. El día de la ceremonia de la consagración, estábamos todos sentados al aire libre en la Plaza de San Pedro y por los parlantes anunciaron una y otra vez que estaba prohibido fumar. Pero a Alicia no le importó y encendía un cigarrillo tras otro. Uno de mis secretarios se acercó y le dijo: "Señora, no se puede fumar". "¿Qué sos, de la policía?", le espetó y siguió fumando como si nada. "Dejala", le dije, "dejala que fume. Después de todo, ¿para qué vamos a armar tanto lío si estamos al aire libre?". Alicia no paró de fumar durante toda la ceremonia. Ese día la volví a ver adentro del Vaticano. Para ver al papa y saludarlo, los jefes y jefas de Estado caminan en fila, en un pasillo muy ancho, hasta el trono de San Pedro. A los costados hay vallas para contener al resto de los invitados. Después de saludar a Bergoglio ahora Francisco, entre la gente la vi a Alicia. Estaba apoyada en la valla y contemplaba a Francisco con una mirada de emoción y adoración increíbles. Aún me conmueve cuando lo recuerdo. Cuando regresamos a la Argentina y su enfermedad empeoró la visité y pude conocer a sus hijos. Me dolió su muerte, que ocurrió en noviembre de 2014.

ALMORZANDO CON FRANCISCO

El 18 de marzo, cinco días después de que se anunciara que Bergoglio era el nuevo pontífice, Francisco me invitó a almorzar a Santa Marta. Antes del almuerzo, hubo intercambio de regalos. Francisco me entregó libros. Uno de ellos muy interesante, con todas las conclusiones de la Conferencia Episcopal Latinoamericana (CELAM) sobre diversos temas, donde se podía seguir el pensamiento de los obispos latinoamericanos. También me regaló una copia de la placa donde figura mi nombre junto al de la presidenta Michelle Bachelet y el de Benedicto XVI, cuando concurrimos a Roma por la celebración de los treinta años de la paz en el Beagle, y un mosaico muy lindo sobre la fundación de la Basílica de San Pedro, de la época de Alejandro VII. Pero el obsequio más importante para mí, porque fue un regalo casi personal de

Francisco, fue una rosa blanca que identifica a Santa Teresita, que es su santa preferida y a la que él siempre le reza. Coincidencia o no, lo cierto es que la única iglesia de El Calafate es la de Santa Teresita, donde además su párroco, Lito, es mi cura preferido. Le entregué también los regalos que traíamos de la Argentina: un conjunto de mate de cuero elaborado por los cooperativistas del programa social Argentina Trabaja y un poncho de vicuña tejido en Catamarca para que se abrigara por el frío europeo. Sabía que le gustaría porque en Buenos Aires solía usar mucho esos ponchos. Cuando estuvimos a solas, durante el almuerzo, tuvimos un diálogo importante y profundo. No sólo recordamos, como dije, anécdotas de la relación con Néstor sino que además le agradecí la invitación, en lo personal y como presidenta de los argentinos. Luego abordamos un tema muy sentido para nosotros. Le solicité su intermediación para lograr que el Reino Unido aceptara dialogar sobre la cuestión Malvinas. Lo hice con una doble convicción, en principio porque a los argentinos nos tocó vivir otro momento mucho más dramático y mucho más terrible en 1978, cuando Chile y Argentina eran gobernadas por dos dictaduras, una la de Pinochet y otra la de Videla, y estuvimos a punto de un enfrentamiento bélico entre ambos países por el canal de Beagle. En aquel momento por la intermediación de Juan Pablo II, a través de su representante el cardenal Antonio Samoré, se llegó finalmente a un entendimiento: el Acuerdo del Beagle, plebiscitado en democracia en noviembre de 1984, durante el gobierno de Raúl Alfonsín. En el momento de ese primer encuentro con Francisco, estábamos ante una oportunidad histórica diferente, mucho más favorable, porque en ambos países, tanto en el Reino Unido como en Argentina, había gobiernos democráticos y no había peligro de ningún conflicto bélico, más allá de la preocupante militarización que el Reino Unido desplegaba sobre el Atlántico Sur y no solamente sobre las Malvinas. Recordamos ambos que Argentina es un país más que pacífico y por lo tanto lo único que le pedía era su intermediación para lograr un diálogo y que se cumplieran así las por lo menos 25 resoluciones de Naciones Unidas que lo ordenaban. En aquel primer encuentro Francisco me habló de la Patria Grande y del papel que estábamos cumpliendo los distintos gobernantes de América Latina como Rafael Correa, Evo Morales, Dilma Rousseff. "Así que veo muy bien esa unidad de todos ustedes trabajando en pos de esa Patria Grande", me dijo. Me llamó la atención y, definitivamente, me gustó mucho que utilizara ese término: "Patria Grande", como le gustaba a San Martín y a Bolívar. No dejamos de abordar otros temas que nos preocupaban en materia laboral, específicamente sobre precarización laboral, trabajo esclavo y trata de personas. Ambos compartíamos la idea de que estos problemas eran violatorios de la condición humana y que debían ser fuertemente combatidos por aquellos que teníamos responsabilidades institucionales. Luego de ese encuentro, que duró más de dos horas, muchos me preguntaron cómo lo había visto y les dije que lo podía definir en cuatro conceptos: lo vi sereno, lo vi seguro, lo vi en paz y lo vi tranquilo, pero también ocupado y preocupado no sólo por tener que conducir el Estado Vaticano sino también por cambiar las cosas que él creía que debían cambiar y que expresará con claridad en sus encíclicas, *Lumen fidei* y *Laudato si'*, con su crítica al capitalismo salvaje o neoliberalismo.

El segundo encuentro con Francisco ocurrió en Brasil en julio de 2013, en el marco de la Jornada Mundial de la Juventud. Yo había llegado la noche del 16 de julio a Río de Janeiro y me hospedé en el tradicional Copacabana Palace Hotel donde me esperaba Dilma Rousseff para cenar. A la mañana siguiente el papa dio una misa multitudinaria. Se había montado un escenario enorme en la playa de Copacabana en donde estuvimos acompañándolo. Estaban Dilma, Evo Morales, el presidente de Surinam Desi Bouterse y el vicepresidente de Uruguay, Danilo Astori. A todos ellos les regaló un rosario. Apenas me vio, me dijo: "Felicidades, abuela". Francisco había preguntado los días previos a su viaje por el nacimiento del hijo de Máximo, Néstor Iván, y me regaló un paquete dorado. "Dicen que hay que romper el papel, que trae buena suerte", le dije. Era un juego de medias y zapatitos de color blanco para mi nieto. Carlos Zannini, el secretario legal y técnico de la Presidencia, le hizo una broma y le dije a Francisco: "Acá Zannini pregunta si las medias son de San Lorenzo", porque sabíamos de la pasión de Francisco no solamente por el fútbol sino también por el equipo del barrio de Boedo. Nos volvimos a encontrar el 17 de marzo de 2014 en un almuerzo privado en Santa Marta, que duró más de dos horas. Llegué diez minutos tarde, porque tenía un pie esguinzado y una bota ortopédica, con muchas dificultades para caminar. Hablamos extensamente de la situación del país. Era la primera vez que ocurría que nos explayábamos sobre los problemas de la Argentina. En ese almuerzo, el que lo asistía ya no era un sacerdote sino un laico, un hombre gigante que estaba siempre detrás de él. Cuando vi que había cambiado de asistente le comenté: "Ah, no hay un sacerdote esta vez". "No, preferí un laico. ¿Sabe por qué, Cristina? Porque vive afuera con su familia. Y es una forma de estar en contacto con lo que le pasa a la gente, con lo que pasa en la sociedad. Es un problema tratar solamente con los sacerdotes que viven acá adentro", me respondió. Lo felicité: "Muy buena idea". Estaba convencida de que este nuevo asistente, estaba además para cuidarlo físicamente. En buena hora. No sólo es bueno, sino muy necesario. En esa oportunidad comimos unas verduras frescas al vapor, con una costilla de carne y luego fruta, después lo convidé con mate cocido, siempre viajo con mis saquitos de yerba mate. En esa ocasión, le regalé un cuadro de Santa Rosa pintado por un mendocino con vino Malbec, el preferido de los argentinos. El encuentro fue muy cálido y hablamos particularmente de un tema que le preocupa y que lo desvela: la falta de trabajo y su impacto en la juventud, con cifras realmente alarmantes. Me habló de lo que es la desocupación juvenil en Europa. Le conté cómo había sido la evolución de nuestro Plan Prog.R.Es.Ar. y de cómo ayudó a los jóvenes de nuestro país. Charlamos de muchísimas cosas, entre ellas le conté que inauguraríamos una imagen del cura Carlos Mujica, asesinado por la Triple A en 1975, sobre la 9 de Julio en homenaje a los curas villeros. También le conté de la misa que habíamos hecho en homenaje a Hugo

Chávez en la villa de Barracas, con la Virgen de Caacupé. Todavía la recuerdo, fue una misa casi mágica, hermosa, en un atardecer perfecto, sin frio ni calor, cantamos y rezamos en la calle con toda la gente de la villa, linda de verdad. Luego conversamos sobre la situación de la región, de América del Sur, de la paz en el mundo, de la conflictividad que se vivía y se vive aún hoy en varios frentes. Hablamos en general de que Latinoamérica debía mantenerse unida, me dijo que ese era su deseo, que teníamos que estar unidos, juntos, no separarnos, dialogar constantemente. ¡Dios mío!... Cuando recuerdo aquellas charlas de la Patria Grande y la necesidad de estar unidos y este presente de destitución y Bolsonaros, de presidentes autoproclamados, de persecución política y de nuevos endeudamientos con el FMI, me pregunto: ¿en qué fallamos? ¿Qué es lo que no vimos? ¿Fuimos ingenuos? ¿Cómo pudimos creer que la derecha y el neoliberalismo son democráticos?

Francisco, los jóvenes y la deuda

Volvimos a encontrarnos el 20 de septiembre de 2014 en Santa Marta, después del mediodía. Esa vez, fui con una delegación muy grande en la que también había jóvenes de La Cámpora, como Eduardo "Wado" de Pedro y Andrés "el Cuervo" Larroque, entre otros. No puedo olvidarme de las caras que pusieron los integrantes del personal del protocolo vaticano por semejante delegación. Fue una reunión multitudinaria y muy colorida, pero antes que entrara toda la comitiva estuve quince minutos a solas con Francisco. Recuerdo que le entregué un hermoso cuadro de Evita, un fileteado de la Virgen de Luján, una escultura de la Virgen Desatanudos elaborada por Fernando Pugliese, un retrato pop de Bergoglio de Roberto Devorik, una caja de mieles de la cooperativa Argenmieles y un rosario de bronce y alpaca. Bergoglio me regaló una imagen del Vaticano en bronce y un rosario. Pero lo que más me emocionó fue que bendijera a toda mi familia; a Néstor, a Florencia y a la familia de Máximo. Victoria Montenegro —militante de la agrupación Kolina— también integró la comitiva. Uno de los momentos más emotivos fue cuando le obsequió a Francisco las fotos de sus padres desaparecidos durante la última dictadura militar que llevaban escrito un fragmento de una canción de Silvio Rodríguez: "Solo el amor alumbra lo que perdura". También le indicó el lugar en el que había sido enterrado su padre luego de que los restos fueran identificados por el Equipo Argentino de Antropología Forense (EAAF). Francisco le dijo a Victoria que conocía su historia y que era particularmente conmovedora. Larroque por su parte le entregó una remera de La Cámpora y le pidió a Francisco si podía llamar a su abuela, que ese día cumplía 96 años y era muy creyente, para que la saludara. Cuando escuché eso casi me muero, pero Francisco le dijo que sí, que la llame, y ahí nomás el otro puso su celular en altavoz: "Francesca, te saluda el papa", le dijo. ¡Dios mío!... Parecíamos Los Campanelli, aquella mítica familia de la televisión argentina. El Cuervo es muy, pero muy creyente, es un aspecto desconocido de él. Cuando se trató en el Parlamento la Interrupción Voluntaria del Embarazo iba a votar en contra, pero finalmente, por una cuestión orgánica y creo que en solidaridad por la lucha que llevaban la totalidad de sus compañeras feministas, terminó votando a favor. Francisco tiene una mirada muy especial sobre los jóvenes y sobre los ancianos. De los jóvenes, porque dice que son el presente y el futuro, y sobre los ancianos, porque sostiene que son la memoria viviente del país. Luego almorzamos juntos, por tercera vez. Le comenté sobre mi preocupación por los ataques que estaba recibiendo en ese momento contra mi gobierno. Y luego charlamos extensamente sobre el orden financiero mundial y la necesidad de una reforma profunda del sistema. Recordé que en su primera exhortación apostólica había condenado la autonomía absoluta de los mercados y la especulación financiera: dijo que la deuda y sus intereses alejaban a los países de las posibilidades reales de su economía.

Siempre sentí un apoyo muy fuerte por parte de Francisco en nuestra disputa con los fondos buitre y lo encontré contento, interesado y sobre todo conmovido por la votación en la que 124 países miembros de las Naciones Unidas habían acordado crear un marco jurídico multilateral para regular las reestructuraciones de deudas soberanas. En aquella oportunidad Francisco me dijo: "Es muy importante, Cristina, lo que se logró en Naciones Unidas". Por cierto, era un proyecto presentado por la Argentina y, como ya mencioné, batallado por nuestro canciller Héctor Timerman. En la conferencia de prensa posterior que di en el aeropuerto —porque luego de eso tomaba un avión hacia Nueva York para asistir a la 69 Asamblea General de las Naciones Unidas el 24 de septiembre— recordé nuevamente el *Evangelii Gaudium* escrito por Francisco: "Mientras las ganancias de unos pocos crecen exponencialmente, las de la mayoría se quedan cada vez más lejos del bienestar de esa minoría feliz. Este desequilibrio proviene de ideologías que defienden la autonomía absoluta de los mercados y la especulación financiera. De ahí que nieguen el derecho de control de los Estados, encargados de velar por el bien común. Se instaura una nueva tiranía invisible, a veces virtual, que impone, de forma unilateral e implacable, sus leyes y sus reglas. Además, la deuda y sus intereses alejan a los países de las posibilidades viables de su economía y a los ciudadanos de su poder adquisitivo real". Posteriormente en la ONU dije que no solamente son terroristas los que ponen bombas, sino también los que desestabilizan la economía de un país y provocan pobreza, hambre y miseria a partir del pecado de la especulación. Pero eso ocurrió cuatro días después. En esa conferencia de prensa en el aeropuerto de Fiumicino me referí a la votación de los países miembros de la ONU para regular las reestructuraciones de las deudas y dije que revelaba una voluntad mayoritaria del mundo de que nunca más vuelva a pasar lo que le estaba pasando la Argentina por el fallo del juez norteamericano Thomas Griesa o lo que le había pasado a otros países anteriormente. El FMI había expresado esa necesidad, incluso su presidenta Christine Lagarde, y también Anne Krueger, su anterior vicepresidenta. Los que no compartían ese consenso eran las diez economías más importantes del mundo que, por supuesto, son las que tenían los bancos y los fondos de inversión más importantes del planeta. Agregué que una economía basada en la especulación financiera, en el movimiento constante de capitales y la existencia de guaridas fiscales y fondos buitre, generaba mucha incertidumbre, falta de previsibilidad y falta de certezas y que finalmente el pueblo iba a darse cuenta de eso.

Vi a Francisco muy preocupado por la gobernabilidad y la democracia, pero sobre todo muy interesado en transmitir un mensaje de paz, en medio de una situación mundial muy convulsionada. Cuando estuvimos a solas me preguntó por Vladimir Putin. En los meses anteriores había tenido la posibilidad de reunirme tanto con el líder ruso en Moscú como también de entrevistarme en Buenos Aires con el líder chino Xi Jinping. "¿Qué tal es Putin?", me preguntó. "Ah, lo tiene que conocer. Le va a encantar. Tiene mirada histórica y estrategia. No es poca cosa." Se notaba que Putin le llamaba poderosamente la atención. Le dije que me había parecido una personalidad muy fuerte y que me había impresionado la Rusia que había visto. Le conté que Putin había reconstruido el esplendor de la vieja Rusia, desde lo político hasta lo artístico y cultural. Había tenido oportunidad de ir a Moscú en diciembre de 2008 y me alojé en el Kremlin. El presidente era Dmitri Mendvédev y Putin era el primer ministro. Cuando me recibió en el Kremlin tuvimos un diálogo encantador. Le recordé que nos habíamos conocido en una reunión en Naciones Unidas cuando lo acompañé a Néstor. "En ese momento yo era Primera Dama", le dije. Putin me respondió con una enorme sonrisa: "Usted siempre va a ser una Primera Dama". Al otro día de ese encuentro —le seguí contando a Francisco— todo el mundo comentaba la foto en la que Putin aparecía muy sonriente, algo aparentemente poco común. Lo cierto es que Putin y el Kremlin me impresionaron. El Palacio de los Zares estaba totalmente reconstruido, así como la sala del trono y otros sectores del palacio que fueron restaurados de acuerdo a su historia y esplendor originales. Sé que puede parecer una cuestión menor, pero no lo es, el patrimonio cultural y su reconocimiento, su puesta en valor y su reivindicación es en definitiva recuperar la historia de una Rusia grande. Esta impresión la confirmé definitivamente cuando volví a visitar ese país en el 2015. En ese momento se aprestaban a conmemorar los setenta años de la derrota del nazismo en la que Rusia fue actor principalísimo —hubiera sido imposible vencer a Hitler sin su participación— y se había organizado una muestra en el museo de Moscú, con los trofeos de guerra, entre otras cosas. La vi antes de que fuera inaugurada. Estaba en los salones contiguos a los que se utilizaron para montar una muestra en honor a Eva Perón y tuvieron la deferencia de organizar una visita guiada para mí sola. Me pareció muy fuerte… me impresionó mucho; las historias, los trofeos de guerra, las banderas y los objetos nazis capturados y la fuerza de los rusos. No me olvido más.

Con Francisco intercambiamos reflexiones, entonces, sobre la influencia cada vez más importante de Rusia y China en el escenario mundial que sin duda tenía preocupado a los Estados Unidos. En mi opinión, le dije a Francisco, la obsesión de EE.UU., después de la caída del Muro de Berlín, era justamente impedir que surja una potencia euroasiática que dispute su hegemonía global. Que era cierto que los EE.UU. nunca habían perdido a América Latina, pero que la decisión de volver a mirarnos o ¿dominarnos? o ¿intervenir? se dio precisamente a partir de que China y Rusia decidieran invertir recursos en la región. EE.UU. advirtió que los movimientos y gobiernos populares como el nuestro —al igual que el de Brasil, Ecuador, Venezuela, Bolivia y algunos otros países de Centroamérica— hicieron acuerdos estratégicos con China y con Rusia. Así que cuando Francisco me preguntó por Putin le conté todo lo que había visto y le expliqué lo que pensaba. Él me prestó mucha atención. Lo cierto es que en esa tercera visita oficial también lo vi a Bergoglio muy preocupado nuevamente porque no se rompiera la unión de la Patria Grande. Era un tema que lo desvelaba muchísimo. Es una de sus obsesiones, además de las políticas migratorias de Europa, y de todo lo que es público y notorio en su visión pastoral. Creo que él estaba, y está, muy preocupado por la situación de la Patria Grande. Sé que aquella preocupación hoy es dolor y también angustia. Cuando nos volvimos a ver, el domingo 7 de junio de 2015, que coincidía con el Día del Periodista en nuestro país, en el salón de audiencias de la sala Paulo VI de la Santa Sede, con Francisco hablamos exclusivamente de la Argentina. Me había recibido un día domingo, pese que es el día de descanso para los católicos. Le obsequiamos un cuadro de Eugenio Cuttica sobre el asesinado cardenal salvadoreño Arnulfo Romero, a quien acababan de beatificar. Francisco estaba fascinado, la pintura era espectacular y sé que la hizo colocar en el Museo Vaticano. Hablamos también de la remodelación de la Basílica de Luján y del traslado del sable de San Martín que realizamos durante los festejos de la Semana de Mayo de ese año. En ese encuentro, Bergoglio me pidió mucho por la Confederación de Trabajadores de la Economía Popular, más conocida como Cetep. Me habló maravillas de Juan Grabois, dirigente del grupo, casi como si fuera un hijo. Me dijo que era honesto, capaz y bueno. Me pidió especialmente por el reconocimiento de la Cetep. Me comprometí a ocuparme del tema y finalmente lo logramos dos días antes de terminar nuestro mandato. En aquella oportunidad, Francisco me habló muy bien también de Víctor "Tucho" Fernández, que en ese momento era rector de la UCA, a quien más tarde designaría nada más ni nada menos que como arzobispo de La Plata, en lugar de monseñor Aguer.

Una vez finalizado el encuentro, di una conferencia de prensa. Primero, felicité a los periodistas en su día y luego expliqué que habíamos tenido una reunión con exiliados de la Argentina que aún viven en Roma y donde también estuvo Ángela "Lita" Boitano, de la Asociación de Familiares de Detenidos-Desaparecidos, entregándome un libro que había sido editado con grabados y que fue presentado también en la Exposición de Milán, a la cual teníamos que asistir unos días después. Me emocionó mucho encontrarme con el hijo de Silvio Frondizi que vive en Italia. Tal vez muchos no lo sabían en nuestro país, pero el hermano de quien fuera presidente de los argentinos, el doctor Arturo Frondizi, fue un reconocido intelectual y rector de la Universidad de Buenos Aires, asesinado por la Triple A en los años 70. Fue muy emotivo el encuentro con todos. Luego me referí a la tarea que me esperaba en la reunión de la FAO (como se conoce a la Organización de las Naciones Unidas para la Alimentación y la Agricultura), donde la Argentina iba a ser distinguida por haber cumplido uno de los objetivos del milenio en lo referido a la producción de alimentos. Dije a los periodistas que estábamos orgullosos de producir alimentos para 400 millones de personas y que calculábamos que podíamos hacerlo para 600 millones, pero que sin embargo el tema del hambre, de erradicar el hambre, no tenía que ver únicamente con la posibilidad de producir alimentos sino con la necesidad y determinación de distribuir adecuadamente esos alimentos en poblaciones vulnerables. Volví a decirles, como siempre traté de hacerlo en esas conferencias de prensa internacionales, que la posibilidad de erradicar el hambre tenía que ver con modelos de sociedad, con la posibilidad de tener trabajo, educación, salud y políticas sociales para que los ciudadanos se capacitaran y pudieran adquirir los bienes necesarios por sí mismos. Les recordé que el logro más importante de la Argentina no era sólo ser una gran productora de alimentos sino el de haber multiplicado su capacidad de producción con ciencia, con tecnología, con desarrollo y con inversión estatal y privada. Que estas políticas —como la Asignación Universal por Hijo, por embarazo y el Plan Prog.R.Es.Ar.— habían permitido no sólo alimentar a nuestra gente sino educarla y cuidar su salud. Y que no podía olvidarme de que uno de los programas más importantes que teníamos era el Ellas Hacen, de mujeres cooperativistas que se incorporaban al mundo del trabajo, pintaban escuelas, construían jardines de infantes y, al mismo tiempo, tenían un lugar para escapar de la violencia doméstica. Que de todo esto quería hablar en la FAO porque no quería que vieran a la Argentina sólo como una inmensa vaca o como una bolsa de soja, importantes por supuesto la vaca y la soja, pero más importantes las políticas para demostrar al mundo cómo se combate el hambre, cómo se combate la miseria, cómo se trabaja por la educación, la salud y la movilidad social ascendente. Cuando terminó la rueda de prensa en Roma, les dije que esperaba volver a ver al papa Francisco en el inicio de su gira por América Latina en un par de meses.

Efectivamente, volví a ver a Francisco el 12 de julio de ese año luego de la misa que dio en el Parque Ñu Guasú en Asunción del Paraguay, donde concluía la gira que había realizado por Ecuador y Bolivia. Al terminar la misa pudimos saludarnos y allí le entregué un cuadro con la copia de un diario de más de cincuenta años que reflejaba el rezo de Juan XXIII por la salud de Eva Perón. Cuando regresaba a la Argentina no pude dejar de comentar a mis colaboradores el descaro y la mentira con que los medios argentinos no solamente interpretaban nuestro vínculo con Francisco sino cómo, literalmente, tergiversaban lo que el papa escribía y pensaba. Un día antes del encuentro en Paraguay, el diario *La Nación* había titulado: "El Papa pidió un mayor compromiso con la justicia en la Argentina". Les mostré los telegramas que Francisco había escrito a Nicolás Maduro, Juan Manuel Santos, Ollanta

Humala, Dilma Rousseff y a mí. En los cinco telegramas se refería a su bendición, a que progresáramos todos "en los valores humanos y espirituales acrecentando el compromiso con la justicia y la paz". ¡En todos los casos los telegramas contenían palabras idénticas: progreso, paz, convivencia, justicia y solidaridad! Era una expresión de los valores y sentimientos de Francisco, que una vez más *La Nación* había tergiversado para manipular la buena fe de los argentinos. Y les dije que la mentira tiene patas cortas.

Francisco y Fidel, la última vez

La última vez que vi a Francisco personalmente fue el 19 de septiembre de 2015. Llegué a Cuba invitada por el presidente Raúl Castro para presenciar la misa que Francisco dio en la Plaza de la Revolución en La Habana, en el marco de la gira que incluía también su visita a los Estados Unidos, tras el restablecimiento de las relaciones bilaterales entre Cuba y los EE.UU., por el que el papa había bregado tanto. Para mí fue un enorme placer el rol que jugó Francisco para que Barack Obama distendiera la relación con la Cuba de Fidel. Nos enteramos de que iba a haber una histórica reunión entre los presidentes de EE.UU. y Cuba en abril de 2015, en el marco de la Cumbre de las Américas en Paraná. Estábamos reunidos, por el Mercosur en Entre Ríos, Dilma, Evo, Rafael... creo que estábamos todos. Fue una alegría enorme enterarnos que el papa argentino había sido uno de los artí-

fices para que eso sucediera; sentí mucho orgullo y alegría.
Recuerdo que a Cuba me acompañaron el canciller, Héctor
Timerman, Olivieri, la ministra de Cultura, Teresa Parodi, el
de Agricultura, Carlos Casamiquela, y nuestro embajador en
el Vaticano, Eduardo Valdés. Nos hospedamos en el hermoso
Hotel Nacional. En aquella misa de La Habana fue la última
vez que vi a Francisco... también la última que lo vi a Fidel,
quien como siempre me había invitado a comer a su casa,
junto a Dalia, su mujer. El año anterior había ido a almorzar
con Florencia. Siempre me impresionó su memoria y su interés por todo. Nada le era indiferente, nada le era desconocido
y si no sabía te pedía que le explicaras con mucho detalle y
te escuchaba con la máxima atención. Nunca vi a nadie con
tantas ganas de saber todo. Disfrutaba mucho escuchando al
otro. Una semana después, viajé a Nueva York para participar de la 70 Asamblea General de Naciones Unidas, donde
denuncié la campaña de los fondos buitre acusándome de ser
una "cómplice del régimen iraní". En esa reunión también
estuvo Francisco donde criticó la asfixia de los organismos financieros que promueven el endeudamiento y la dependencia
y someten a las poblaciones a mayor pobreza. En Nueva York,
tuvimos encuentros con el secretario general de la ONU,
Ban Ki-Moon, y hablamos extensamente con el presidente
de Francia, François Hollande, y Dilma Rousseff. Allí también Raúl Castro pudo darme las fotos de mi encuentro con
Fidel. Pensando retrospectivamente en aquellos encuentros,
comprendo la dimensión anticipatoria de la preocupación de
Francisco por la marcha de la Patria Grande.

En junio de 2018, a Rafael Correa, que vive en Bélgica, el Poder Judicial ecuatoriano le reabrió una causa fenecida, cerrada, juzgada, en la que lo acusan de asociación ilícita. Como en mi caso: reapertura de causas fenecidas —caso del Memorándum con Irán— y asociación ilícita. A Correa le estaban haciendo exactamente una réplica de lo que hicieron conmigo. Pasaron varios años y la historia le dio la razón a Francisco, que estaba muy preocupado no por la suerte de las personas, sino por la suerte de los países y sus pueblos. En mayo de 2018, dijo durante una misa en Santa Marta: "En la vida civil, en la vida política, cuando se quiere hacer un golpe de Estado, los medios comienzan a hablar de la gente, de los dirigentes, y con la calumnia y la difamación los ensucian". No hacía más que describir el *modus operandi* de lo que ha sido el *lawfare*, la articulación difamatoria de los medios de comunicación y el accionar de sectores del Poder Judicial.

Una cosa que me encantó de Francisco fue su decisión de nombrar en Argentina un nuncio —embajador del Vaticano— de color, el obispo congoleño León Kalenga Badikebele. Antes que él hubo doce nuncios en la historia argentina, diez italianos, uno español y uno suizo, pero nunca un africano. Su nombramiento me pareció una obra maestra porque avanza sobre el tema de la negritud. Me pareció un mensaje extraordinario. Lo disfruté como pocas cosas he disfrutado respecto de la Iglesia. Y es ideal, como mensaje, para ayudar a terminar con la discriminación de los "otros negros", los pobres. El nombramiento como obispo de Gustavo Carrara, nacido en la villa 11-14 y primer cura villero de la Argentina, también me pareció una de las cosas más simbólicas que iba en la misma dirección, como también la beatificación del obispo de La Rioja Enrique Angelelli, asesinado por la dictadura militar en agosto de 1976.

Con respecto a un tema tan debatido y delicado como la interrupción voluntaria del embarazo o aborto legal, seguro y gratuito, la verdad que nunca hablamos. Sí pude abordar este tema con los obispos Ojea Quintana y Carrara, cuando me visitaron en mi casa. Les dije que era un tema que nos interpela y por el cual tenemos que sí o sí interrogarnos. Por mi parte, sigo sin estar de acuerdo con el aborto y nunca lo practiqué. Pero también les dije que si bien mi hija es una madre soltera que decidió tener a Helenita, mi nieta... ¿qué hubiera pasado si me decía que no la quería tener y que había decidido abortar? ¿Yo qué hubiera hecho? ¿Qué le hubiera dicho? ¿La hubiera dejado que lo hiciera sola? No, sin dudar la hubiera acompañado. Creo que esa tarde en la que nos vimos, mientras hablaba con ellos y les decía estas cosas, sentí que me interpelaba también a mí misma. Es tan difícil modificar creencias o aceptar las razones del otro cuando no coinciden con la fe de cada uno. Creo en eso de "la revolución de las hijas". Siempre que charlaba con las Madres y las Abuelas de Plaza de Mayo me decían que ellas eran todas mujeres que no hacían política; es más, muchas eran "gorilas", como ellas mismas se recordaban, antiperonistas, como Taty Almeida o Estela de Carlotto. La propia Hebe de Bonafini era una mujer humilde, que cuenta que estaba todo el día en la cocina y que ahí escuchaba hablar a sus hijos de política. Todas coinciden en que fueron paridas políticamente por sus hijos. Y esto, en cierto modo, también es así en la batalla feminista por la interrupción voluntaria y legal del embarazo: son las hijas y las nietas de los pañuelos blancos. Qué cosa las mujeres argentinas con los pañuelos. ¡Madre de Dios! Los pañuelos blancos, los pañuelos verdes, las madres, las hijas, las nietas y... también los pañuelos celestes. El del aborto es un tema complejo, muy complejo. No sé cómo va a terminar. Yo sostenía —y se los dije— que si se aprobaba en Diputados iba a haber un movimiento y una demanda social muy grandes. Dije también que la decisión política de la sociedad es una y que yo la iba a respetar. Además, las personas también cambian y eso hay que entenderlo.

Yo antes era una persona que decía "no soy feminista, soy femenina". ¡Qué estupidez! ¡Qué inmensa estupidez y lugar común! En realidad no sólo fue Florencia la que me hizo cambiar o la que me hizo tener otra mirada. Fueron también las pibas del secundario y mis nietas, Helenita y María Emilia, a quienes las imaginé doce años más tarde. Yo había visto el primer "Ni Una Menos", que fue el 3 de junio de 2015, pero en ese momento era una demanda diferente: el tema de los femicidios y la violencia, que un grupo de mujeres periodistas —de medios opositores en su mayoría— intentó convertir en un reclamo a mi gobierno. Lo sentí en la primera marcha. Era justo, claro, pero creo que no abarcaba todo el fenómeno. La segunda ya fue diferente y la tercera, del 2017, fue impresionante; ahí se incorporaron trabajadoras, obreras, partidos políticos, movimientos sociales. Fue multitudinaria. Pero la que rompió todos los esquemas fue la del 8 de marzo del 2018. ¿Por qué rompió todo? Porque a las marchas anteriores las mujeres que iban eran todas de la edad de mi hija, más o menos, 25, 26, 27 años. En la del 2018 salieron las adolescentes de 13, 14 y 15 años. Eran decenas de miles que salían de los colegios, religiosos inclusive —porque les veías los uniformes—, se sacaban la camisa y se ponían pañuelos verdes. Acompañadas por sus compañeros de colegio. A mí me rompió la cabeza lo de esas pibas y después mi hija me empezó a mandar fotos de los colegios tomados, y me puse a pensar... dentro de quince años yo voy a tener 80, voy a ser una vieja y Helenita va a estar en quinto año, María Emilia va a estar en cuarto de la secundaria, y les van a preguntar las compañeritas: "Che, ¿qué votó tu abuela?". Y ellas van a contestar: "Esa vieja votó en contra". ¡No, señor!... Eso no me lo voy a permitir. No, no, no, de ninguna manera. No estoy dispuesta a ser recordada mal por mis nietas. Definitivamente, no quiero. Si bien, como dije, nunca hablé con Francisco sobre este tema, creo que son cuestiones doctrinarias de la Iglesia imposibles de acordar desde el dogma, pero que van a ser saldadas por la sociedad civil. No tengo ninguna duda.

8

Obras y pesares

"No seas ridículo, Néstor... Estás haciendo un aeropuerto internacional de más de veinte millones de dólares y los turistas van a llegar a la ruta para ir al pueblo por un camino de ripio. Eso es un mamarracho." La discusión era por la obra de construcción del aeropuerto internacional de El Calafate, y el camino de ripio del que hablaba es el trayecto de dos o tres kilómetros que une el aeropuerto con la ruta provincial N° 11, por la que se accede a la villa turística. Ese tramo del camino no estaba en la licitación y significaba un adicional de obra. A Néstor le había parecido que era un costo innecesario y decía que la gente podía llegar igualmente al pueblo sin problema porque el camino de ripio era muy corto. Al final, se dio cuenta que era una verdadera estupidez arruinar una obra de semejante envergadura. Lo convencí cuando le dije que esa era la primera impresión de la provincia que se iba a llevar la gente que venía de todo el mundo a conocer el glaciar Perito Moreno. La obra la empezamos durante la segunda gestión de Néstor como gobernador y la terminamos en el año 2000 con una gran inauguración a la que asistieron Eduardo Duhalde —entonces gobernador de la provincia de Buenos Aires y candidato presidencial— y Hugo Moyano, entonces dirigente del MTA. El primer aeropuerto que Néstor construyó en El Calafate se hizo durante su primer mandato como gobernador y a su inauguración en 1994 fueron, entre otros, Carlos Menem, presidente de la Nación, acompañado por su hijo Carlitos y por su canciller, Guido Di Tella. Así es, Néstor hizo como gobernador dos aeropuertos en la villa turística y resulta interesante conocer el porqué.

Al poco tiempo de asumir como gobernador el 10 de diciembre de 1991, estando en El Calafate, nos invitó a cenar al hotel Los Álamos el ingeniero Héctor Mario Guatti, junto a su esposa Ángela. El ingeniero Guatti, ya fallecido, era miembro de una tradicional familia de Santa Cruz de filiación radical, e incluso uno de sus hermanos fue diputado nacional de la UCR por esa provincia. Su padre había sido compañero de trabajo del papá de Néstor en el Correo Argentino, pero luego se dedicó al comercio y, junto a otra conocida familia de Río Gallegos, fundaron el almacén de ramos generales Casa Adrover; todavía no había llegado la era de los hipermercados. El ingeniero Guatti era socio minoritario de la empresa constructora ESUCO y amaba apasionadamente la fotografía y a El Calafate. Allí había construido el hotel Los Álamos que, al momento de llegar Néstor a la gobernación, era uno de los más lindos del lugar, pero no superaba las 50 habitaciones y no era ni de cerca el magnífico hotel en que se ha convertido hoy. Recuerdo que en aquella cena, el ingeniero Guatti le empezó a hablar a Néstor de la necesidad de hacer un aeropuerto. Nosotros lo escuchamos atentamente y lo primero que le dijimos fue: "¿Un aeropuerto? Es una inversión muy grande y la situación financiera de la provincia es calamitosa". Cuando Néstor asumió como gobernador, la provincia estaba en una virtual cesación de pagos. Todos los empleados públicos, docentes, médicos, etcétera, hacía dos meses que no cobraban sueldos y no pudimos pagar ni aguinaldo... una catástrofe; habíamos adoptado medidas muy duras que finalmente pudimos reparar con creces. Fue entonces cuando él nos dijo que no era necesario hacer una gran obra y que se podía utilizar la estructura del viejo aeropuerto del lago Argentino que en ese momento tenía pista de ripio. Como verán, el ripio nos perseguía. Se podía pavimentar y ampliar la pista ya existente y hacer una terminal de recepción de pasajeros que no fuera tan importante. Eso, nos decía, permitiría el aterrizaje de aviones de bajo porte, como por ejemplo los de LADE (Líneas Aéreas del Estado). Nos explicaba que ese iba a ser el puntapié inicial para impulsar el turismo en la villa, que por algo había que empezar y que la obra de esa pista, sobre lo ya hecho, no iba a demandar una gran cantidad de dinero. Néstor se entusiasmó y me acuerdo que consiguió que el Gobierno Nacional le adelantara recursos, que no fueron muchos por cierto, y en 1994 inauguramos con la presencia del presidente Carlos Menem, su hijo Carlitos y su canciller el primer aeropuerto de El Calafate. Así las cosas, el aeropuerto de El Calafate tuvo la inauguración de tres presidentes. El primer aeropuerto no tuvo el movimiento esperado y por eso fue necesario encarar la construcción de uno nuevo en un lugar más lejano, a unos quince kilómetros del pueblo, que permitiera hacer una pista más extensa para aviones de mucho mayor porte e instalaciones más amplias. Años después nos enteramos que la recomendación del ingeniero Guatti de hacer un aeropuerto pequeño, compartida por otro miembro de una tradicional familia del lugar, también de filiación radical, y dueño de una importante estancia cuyo casco había convertido en un bello hotel de campo, tenía como trasfondo el miedo a la llegada de las grandes cadenas hoteleras motorizada por la posible construcción de un aeropuerto más importante. Estas cadenas competirían contra los hoteles locales con inmensas ventajas y finalmente los fundirían; algo parecido a los almacenes con los supermercados. El nuevo aeropuerto internacional de El Calafate y el tiempo demostraron que aquellos miedos estaban equivocados. Las grandes cadenas no llegaron nunca por una cuestión de escala, de estilos y de marketing. En la villa turística, hoteles monumentales desentonarían absolutamente con la naturaleza del lugar, que es su gran atractivo turístico. De esta historia, a El Calafate le quedó una moderna terminal de micros que se construyó sobre el antiguo aeropuerto y, actualmente, lo que eran sus pistas son modernas avenidas en el medio de la ciudad sobre las que se construyeron casas, barrios y el moderno hospital Jorge Cepernic. Nada se perdió, todo se transformó. A El Calafate le quedó eso y a mí una enseñanza política y la confirmación de una convicción. La primera, el temor infundado de los empresarios locales, muchas veces irracional, a la competencia del mercado. Ya se sabe, todos quieren libre mercado... pero para los demás. La segunda, que la obra pública constituye uno de los instrumentos más formidables para generar actividad económica y régimen de pleno empleo. Néstor lo sabía. Lo comprendió cuando en la intendencia de Río Gallegos, a la que por cierto también llegamos cuando estaba fundida, realizó un formidable plan de obra pública en pavimentación, alumbrado, rotondas, espacios verdes y museos, entre otras, que lo catapultó a la gobernación de Santa Cruz. En aquella oportunidad, Néstor sólo había ganado las elecciones para la gobernación en dos de los catorce municipios de la provincia. La cantidad de votos obtenida en Río Gallegos, que representaba más del 45% del electorado, y la imagen que habíamos proyectado hacia los otros municipios hicieron la diferencia.

Néstor, durante las tres gestiones como gobernador, desplegó un plan de obras públicas que en la Argentina de la convertibilidad nos convirtió en una isla en materia de generación de puestos de trabajo. Mientras el desempleo en el país superaba los dos dígitos, Santa Cruz tenía una desocupación de un solo dígito y muy bajo. A mayo del año 2001, provincias muy bien administradas como la San Luis de los Rodríguez Saa tenía una desocupación de 10,7 por ciento, que a octubre de ese año había subido al 12,2 por ciento. Por su parte, Santa Cruz tenía la desocupación más baja del país: a mayo de 2001, 2,1 por ciento y a octubre de ese año, en medio del colapso, llegó sólo al 2,5 por ciento. Tampoco había sido magia; fue el resultado de un plan de obras públicas como nunca había tenido la provincia de Santa Cruz, desde las épocas del gobernador Gregores. Miles de viviendas, que a diferencia de los horribles monoblocks que habían construido los gobiernos militares y que provocaban hacinamiento, fueron conformando verdaderos barrios de chalecitos muy dignos. Detestábamos que en un lugar como la Patagonia y en una provincia como Santa Cruz, donde lo que sobra es espacio, condenáramos a la gente a vivir aplastada. Recuerdo también que habíamos lanzado el Programa ViviPlan, para atender al segmento social que había construido su casa con esfuerzo propio, pero que no tenía perfil de crédito bancario para poder hacer mejoras o ampliaciones. Ese programa fue un verdadero éxito que dinamizó la economía local e impulsó, junto al resto de la obra pública, el crecimiento exponencial de los corralones de ventas de materiales de construcción, convirtiendo a sus dueños en empresarios multimillonarios, que pasaron de ser comerciantes de mediano porte a propietarios de cadenas de materiales de construcción en toda la Patagonia. No lo voy a nombrar, pero si se les ocurre algún nombre... es ese. Construcción de muchas escuelas —incluso una en Río Gallegos que hasta ascensor le pusimos— y hospitales en toda la provincia, también fueron grandes protagonistas del círculo virtuoso.

Recuerdo en particular en el año 1995, con motivo de la primera reelección de Néstor, la inauguración del hospital regional de Río Gallegos. Cuando llegué con él en 1976 para instalarnos definitivamente en Santa Cruz, conocí el viejo hospital que había sido fundado a principios de siglo y que se lo conocía como el monumento al pasillo. Es que al hospital original, cuya piedra fundamental fue colocada en 1924, pensado para una población de no más de cuatro mil habitantes y construido de mampostería sólida, en lugar de ampliarlo, le fueron agregando construcciones metálicas de baja calidad y de rápido armado que lo convirtieron en un laberinto espantoso. Cuando Néstor envió el proyecto de ley a la Cámara de Diputados de Santa Cruz para construir un nuevo y moderno hospital, yo era diputada provincial y me tocó defenderlo. Alguien puede preguntarse cuál era la necesidad de defender algo tan lógico. Pero bueno, ahí radicaba el nudo de intereses en torno a la salud que se había enquistado en Santa Cruz. La construcción de un moderno hospital público no convenía a las dos sociedades dueñas de los dos sanatorios privados más importantes y que más cobraban de las obras sociales y de la Caja de Servicios Sociales de la provincia. Para colmo, algunos médicos propietarios eran diputados por la Unión Cívica Radical. El ataque fue impresionante y tuve que encabezar la defensa del proyecto en el parlamento provincial. Finalmente, el hospital se construyó, se inauguró y, lo que es más importante, se convirtió, durante nuestra gestión en la provincia, en un faro de la salud pública. No sólo por los más de 17.000 metros cuadrados de nueva infraestructura edilicia y por el equipamiento en aparatología de última generación, sino porque además Alicia, que estaba a cargo del Ministerio de Asuntos Sociales, había decorado las habitaciones con cortinas, cuadros y detalles que hacían que los pacientes y su familia estuvieran en un ambiente de comodidad y dignidad. Hasta habíamos logrado que hubiera televisor a color en cada una de ellas. Siempre creímos lo mismo que Evita, que cuando se hacían las cosas para el sector público había muchos que pensaban: a los pobres ropa y juguetes usados y los ricos con todo nuevo... No señor, de ninguna manera. Fue tan positivo el impacto que los ciudadanos elegían el hospital público antes que las clínicas privadas. No sólo habíamos logrado el objetivo de que la salud pública marque el piso que debe tener la prestación medica en una sociedad, sino que lo habíamos superado. A esta altura bueno es aclarar que la inversión en infraestructura, aparatología y confort fue acompañada de una imprescindible modificación de la carrera sanitaria pública ya que el sistema de puntuación y calificación que estaba vigente era tan injusto que hubiera impedido, por ejemplo, que una eminencia como el doctor René Favaloro hubiera podido ganar la jefatura del servicio de cardiología. Lo cierto es que, cuando Néstor deja la gobernación de Santa Cruz para asumir como presidente, los catorce municipios tenían hospitales nuevos o refaccionados a nuevo.

No quiero olvidarme de los polideportivos, que habían sido un clásico durante su intendencia y que luego, desde la gobernación, se construyeron a lo largo de toda la provincia, permitiendo que principalmente los jóvenes pudieran realizar deportes y actividades culturales, en medio de la hostilidad del clima de la estepa patagónica. La pavimentación de calles en las ciudades de la provincia y el asfalto de rutas también fueron otro de los ejes. La pavimentación que más recuerdo es la de la ruta provincial N° 11, en el tramo que va desde El Calafate hasta el glaciar Perito Moreno. Cuando Néstor llegó a la gobernación, El Calafate tenía muy poco pavimento y mucha tierra que cuando soplaba el viento, o sea bastante seguido, nos tapaba, literalmente. No sólo eso. Los turistas se quejaban del camino de ripio hasta el Parque Nacional Los Glaciares, que era un verdadero tormento. Recuerdo un día estar almorzando con Néstor en La Cocina, que en ese entonces era un diminuto restaurante, y al reconocernos, un turista se acercó a nuestra mesa y nos dijo: "¡Gobernador! ¡El glaciar es muy lindo, pero dejamos el auto en el camino!". Tenía razón. El asfalto de la avenida principal sólo llegaba a una cuadra más allá del Banco Provincia y de la residencia del gobernador. Desde allí hasta el Perito Moreno... todo tierra. Horrible. La pavimentación, que incluyó también a Punta Bandera, puerto de donde parten las embarcaciones comerciales con las que se navega el lago Argentino en excursiones turísticas (uno de los mayores atractivos del lugar), no pudo hacerse hasta las pasarelas del glaciar porque era jurisdicción de Parques Nacionales y nunca nos dieron la autorización. Por eso, en esa etapa, la pavimentación hecha totalmente con recursos provinciales llegó hasta la puerta del Parque Nacional Los Glaciares. Recién cuando Néstor llegó a la presidencia pudimos pavimentar el tramo restante atravesando el bosque. La decisión tampoco fue sencilla. Hubo mucha discusión en El Calafate, porque algunas ONG sostenían que habría daño ecológico. Nada más alejado de lo que sucedió. El pavimento se hizo con criterio ecológico y mejoró notablemente el estado y la visión del bosque al evitar la polvareda de tierra que provocaba el tránsito de los turistas y las empresas turísticas con sus vehículos. Era de tal magnitud ese fenómeno que muchas veces impedía la visibilidad y afectaba el tránsito enormemente. He definido a El Calafate como mi lugar en el mundo y cuando me acuerdo lo que era en 1991, cuando Néstor llegó a la gobernación, y después de tres gobernaciones y tres presidencias, siempre digo, medio en broma y medio en serio, que salvo el glaciar Perito Moreno, que lo hizo Dios, el resto lo hicimos todo nosotros... Perdón, ya sé que no debería ser así, medio soberbia... Pero, sinceramente, es la verdad: hicimos mucho por ese lugar al que tanto amamos y al que la naturaleza tanto le dio.

Sin embargo, la obra pública más importante durante la gestión de Néstor como gobernador se llevó a cabo en el flanco norte de la provincia. En Caleta Olivia, la ciudad petrolera emblemática de Santa Cruz, se construyó el puerto de aguas profundas en el paraje denominado Caleta Paula. Un proyecto históricamente impulsado por el dirigente sindical petrolero Felipe Ludueña, quien años más tarde fuera mi compañero de banca en el Senado de la Nación. La obra demandó una inversión de más de 60 millones de dólares que fue afrontada íntegramente con recursos provinciales, tal como dije cuando lo inauguramos en 1997. Yo en ese entonces era senadora y candidata a diputada nacional en las elecciones de medio término de ese año. En realidad, mi mandato como senadora duraba hasta el año 2001, pero habíamos decidido, ante el surgimiento y la potencia electoral de la primera Alianza, mi postulación para diputada nacional para encabezar la lista en elecciones que iban a estar muy disputadas en todo el territorio nacional. No nos equivocábamos. Santa Cruz fue una de las pocas provincias gobernadas por el peronismo que pudo sustraerse al triunfo de la nueva marca electoral y lo hicimos con creces doblándolos en votos: 59,69 por ciento para nosotros y 29,96 por ciento para ellos. La construcción del puerto fue una obra civil de magnitud que tenía por objeto diversificar la actividad económica de Caleta Olivia, que de espaldas al mar sufría el estrangulamiento de la actividad petrolera que la había hecho nacer. El anteproyecto se ejecutó sobre la base de una idea del ingeniero alemán-argentino Wolfgang Langbehn, quien propuso construir la dársena detrás de la línea de ribera. En lugar de generar aguas tranquilas con escolleras que se internan en el mar, se decidió excavar un gigantesco pozo, donde funcionaba el autódromo de la ciudad. Parecía que estábamos construyendo una pileta de natación de dimensiones pantagruélicas. La idea de generar una dársena en tierra firme mediante excavaciones fue usada por otros puertos, como en la dársena Victoria del puerto de Ciudad del Cabo, en África. La licitación de la obra, de carácter nacional e internacional, fue ganada por el consorcio formado por Roggio y Pentamar, empresas que debieron hacer el proyecto ejecutivo antes de iniciar las obras en septiembre de 1993.

Cuando recuerdo estas cosas no puedo dejar de observar que las dos principales obras de la provincia, el aeropuerto internacional de El Calafate y el puerto de aguas profundas de Caleta Olivia, fueron realizadas por dos importantes contratistas de obra pública, con actuación de larga data en la

República Argentina. Benito Roggio e Hijos comenzó como empresa constructora en el año 1908 y ESUCO, de Carlos Wagner —ex presidente de la Cámara de la Construcción—, en 1948. Esta última, además del aeropuerto internacional de El Calafate, también había realizado otras importantes obras en la provincia. Por eso resulta indignante y ofensivo a la inteligencia que en el año 2018, en el marco de lo que se conoce como "la causa de las fotocopias de los cuadernos", los dueños de empresas constructoras de obra pública con 110 años de antigüedad una y 70 años la otra —entre muchas otras— digan que recién en el año 2004 tuvo que llegar el entonces ministro de Planificación Federal, Julio De Vido, para convocarlos y enseñarles cómo cartelizarse en la obra pública cual niños en un jardín de infantes. Ridículo. Todos y todas saben que en Argentina la cartelización de la obra pública siempre se ha armado entre empresas y por fuera del Estado —por lo que no requiere su connivencia— llegando a generar, por ejemplo, aquel célebre sistema que se conoció como la "Patria Contratista", de profusa actuación décadas antes de nuestra llegada al gobierno y en la que la familia Macri, a través de Franco primero y del presidente después, tuviera descollante actuación. De ello, además, han dado cuenta numerosas investigaciones periodísticas y científicas. Lo cierto es que el plan de obra pública llevado adelante durante las tres gobernaciones de Néstor generó un círculo virtuoso en la provincia, que la sustrajo de los avatares de la economía nacional y contribuyó a cimentar su prestigio de gobernador hacedor, que se sumó al logrado como buen administrador por el manejo del fondo contracíclico de las regalías por YPF. Todo ello y el azar que la historia también tiene lo terminaron catapultando a la presidencia de la Nación.

Ahora en la Nación

El 25 de mayo de 2003, Néstor Kirchner, que formó parte de una generación diezmada, asume como presidente de la Nación en una Argentina también diezmada por el incendio que se había propalado con la caída de Fernando de la Rúa, la salida abrupta de la convertibilidad, la ruptura de todos los contratos del Estado y el default de nuestra deuda. Después de las llamas, la Argentina mostraba sus ruinas aún humeantes. En mayo de 2003, más de la mitad de la población estaba atrapada en el pozo de la pobreza y la indigencia abrumaba a un cuarto de la misma. Estas cifras tendían a incrementarse si se tenía en cuenta que uno de cada cuatro argentinos carecía de trabajo. Argentina había quedado abandonada a su suerte. A excepción de España, el resto del mundo había decidido darle la espalda. "No es posible que Argentina siga consumiendo el dinero de los plomeros y carpinteros estadounidenses", se quejaba Paul O'Neill, por entonces secretario del Tesoro del gobierno de George W. Bush. Antes de aquella elección que consagró a Néstor como presidente de la República, el Fondo Monetario Internacional buscó conversar con los distintos postulantes. Anoop Singh, uno de los directores del organismo en aquel tiempo, llegó a Buenos Aires con ese propósito. Habló con varios de los candidatos pero Néstor prefirió no ir. En su lugar envió un equipo comandado por Alberto Fernández, que le transmitió nuestras ideas de impulsar distintas políticas activas que permitieran poner en movimiento una economía estancada e imposible de recuperar con lógicas ortodoxas. Néstor se definía a sí mismo como un keynesiano. Estaba convencido que el enfriamiento de la economía sólo impedía el desarrollo y condenaba a millones de argentinos a la pobreza. Creía que había llegado el momento de impulsar una suerte de Plan Marshall, aquel que con Estados nacionales activos y protagonistas en la economía había recuperado a Europa en la posguerra. La experiencia de su gestión como intendente de Río Gallegos y sus tres gobernaciones lo convencieron definitivamente que lo de Keynes no era sólo una teoría. También yo tenía esa convicción. Ambos sabíamos que nuestros empresarios necesitaban que el Estado promoviera acciones que movilizaran la economía. Por experiencia propia, estábamos seguros que la obra pública era una herramienta formidable para alcanzar ese objetivo. Con ella se generarían millones de puestos de trabajo y desarrollaríamos industrias de base como las del acero, el aluminio, el cemento, el vidrio y la madera. Una economía que se activara a partir de la construcción y que derivara recursos al comercio a través de un mayor consumo era el camino que estábamos decididos a transitar.

No pensamos la obra pública sólo como un instrumento movilizador de la actividad económica, sino que también la vislumbramos como edificadora de un país que creciera en forma armónica y equilibrada, y la única manera es a través de la inclusión social. Tanto Néstor como yo estábamos completamente convencidos que era necesario dar mejores condiciones de vida a quienes habitan en las regiones periféricas del país. No era un capricho. Nosotros sabíamos mejor que nadie lo que significa hacer cientos de kilómetros en caminos de tierra o de ripio en el medio de la nada. Nadie debía contarnos lo que significaba vivir desconectados de la red energética o depender de un "zepelín" de gas para poder calefaccionar las casas cuando el frío congela el aire que respiramos. A diferencia de Macri, nosotros sabíamos que las veredas patagónicas no estaban calefaccionadas. Decidimos desarrollar un enorme plan de obras para ese lugar siempre olvidado de la Argentina, no sólo porque lo habíamos vivido y sufrido, sino también por una cuestión de soberanía territorial. Por eso Néstor empezó a diseñar un plan federal para toda la Argentina. Detectar qué obras se necesitaban en el Norte para poder integrar esa región al resto del país. Llevar adelante los trabajos indispensables para que nuestra Patagonia se conectara definitivamente a la red energética. Agregarle valor a nuestra producción primaria de granos para que la industria alimenticia creciera en la pampa húmeda. Un cúmulo de ideas que queríamos convertir en certezas. En síntesis, aplicó en la Argentina, a partir del año 2003, lo que antes le había dado excelentes resultados como intendente de Río Gallegos primero y como tres veces gobernador de Santa Cruz después.

Muchos sectores del poder fáctico de la Argentina nunca apostaron a ese país integrado. Siempre quisieron un país dedicado a la producción agrícola y ganadera, concentrada en manos de muy pocas familias. Una y otra vez buscaron volver al país de comienzos del siglo XX, con los "bon vivant" de la Belle Époque brindando en Europa, mientras aquí, en nuestro país, millones de compatriotas quedaban postergados en los márgenes de la sociedad. Nuestro pecado, lo que esos sectores nunca toleraron de nosotros, es que nos hayamos animado a pensar una Argentina en la que todos y todas tuvieran la oportunidad de desarrollarse y crecer. No querían darle carreteras, viviendas y energía a los que viven olvidados cerca de las fronteras de nuestra patria. No querían que los pequeños o medianos empresarios pudieran ampliar sus mercados y ver crecer sus empresas. No querían que los comerciantes aumenten sus ventas por la incentivación del consumo interno. No querían trabajadores sindicalizados que fueran respetados por el aporte que hacían al proceso productivo. Pero la terquedad de los poderosos nunca nos frenó. Hicimos lo que creímos necesario hacer y no nos equivocamos.

Tras doce años de gestión, los datos son elocuentes. Los números no tienen ideología. Incorporamos 12.400 megavatios a la red de energía eléctrica —aumentamos más del 50 por ciento de lo que existía al momento de llegar al gobierno— y construimos más de 5.500 kilómetros de líneas de alta tensión para su distribución, que permitieron anillar el sistema eléctrico nacional dándole mayor seguridad a la transmisión e incorporando a once provincias argentinas que al año 2003 se encontraban desconectadas en regiones históricamente olvidadas como el NOA, el NEA y la Patagonia. Cuando llegamos al gobierno, la línea de alta tensión de 500 kilowatts sólo llegaba a Choele Choel, en Río Negro. Cuando terminé mi segundo mandato, las líneas de alta tensión habían llegado hasta Río Turbio en la frontera con Chile, integrando a la Patagonia a toda la Argentina continental. Antes habíamos interconectado el Norte del país, al NOA y NEA. En las tres gestiones de gobierno aumentamos en un 61 por ciento las líneas de alta tensión que tiene la República Argentina desde su nacimiento como tal. De esta manera, llegábamos con energía eléctrica a todo el país, garantizando este elemento vital para el desarrollo de cualquier actividad económica, industrial, comercial, turística, científica, etcétera. Construimos 3.300 kilómetros de gasoductos troncales con el segundo cruce al estrecho de Magallanes. Desarrollamos la energía nuclear como nunca antes se había hecho, terminando la central Atucha II que estaba paralizada desde 1994, recuperando la planta de Pilcaniyeu de enriquecimiento de uranio —somos uno de los únicos ocho países del mundo que enriquecemos uruanio— y construyendo once centros de medicina nuclear y el proyecto Carem, primer reactor nuclear de baja potencia diseñado y construido íntegramente con tecnología argentina, que puede generar 25 MW y abastecer a ciudades de 150.000 habitantes. Se terminó la represa hidroeléctrica de Yacyretá iniciada a principios de la década de los 80. Logramos extender 2.700 kilómetros de nuevas autopistas y autovías demandadas durante décadas, como por ejemplo la autopista Rosario-Córdoba —hoy en mal estado por falta del mantenimiento intensivo imprescindible por las características del tránsito—; la autovía N° 14, conocida como la del Mercosur; la emblemática ruta 40, que recorre de sur a norte la cordillera de los Andes; la ruta del Eje de Capricornio, que une Formosa, Salta, Jujuy y Chile; la avenida General Paz y la emblemática ruta de los siete lagos en Neuquén, una de mis preferidas por su belleza natural, entre otras. 700 puentes nuevos. 188 obras en hospitales y centros de salud como El Cruce de Florencio Varela, Colonia Aborigen y Doctor Piedra en Chaco, Cuenca Alta en Cañuelas, Materno Infantil en La Rioja y Doctor Rawson en San Juan, entre otros. Construimos medio millón de viviendas y mejoramos las condiciones habitacionales de otras 600.000 casas. Fundamos más de 2.000 nuevas escuelas y realizamos 230 obras en universidades. Obras culturales como el Centro Cultural Kirchner (CCK), con más de 115.000 metros cuadrados que lo convierten en el centro cultural más grande de toda Latinoamérica, el Museo del Libro y de la Lengua, la puesta en valor de 54 cines y teatros y la apertura de 134 casas de la cultura y la historia del Bicentenario. Desplegamos casi 17.000 kilómetros de cañerías de agua y 22.000 kilómetros de cañerías de cloacas a lo largo del país, logrando llevar agua potable y desarrollando obras de saneamiento para que más de diez millones de argentinos empezaran a contar con estos servicios tan básicos como esenciales. Realizamos 2.500 obras hídricas en todo el país, recuperando más de dos millones de hectáreas. Creamos AySA, que comprende el servicio de agua potable de toda la región metropolitana. No nos bastó con eso. Tendimos 35.000 kilómetros de fibra óptica en todo el país conectando a diez regiones que estaban excluidas al año 2003 y convirtiendo al

Estado nacional en el mayor desarrollador de este vital instrumento de conectividad. Pusimos en órbita dos satélites y nos sumamos al selecto grupo de los diez países que son capaces de hacerlo. Programas como el Más Cerca, que llevó miles de obras a los municipios de todo el país, y que articulándose con el Fondo Federal Solidario, generaron un círculo virtuoso de obras y empleo en los municipios de todo el país.

Al 10 de diciembre de 2015, luego de tres gestiones de gobierno, la Argentina había alcanzado su tasa de desocupación más baja en décadas: 5,9 por ciento. Estábamos cerca del pleno empleo. Lo que habíamos desplegado primero en Río Gallegos, luego en Santa Cruz y más tarde en la Argentina había dado resultado. ¿Que había problemas? Sin dudas. Sólo los muertos no tienen problemas. Pero el país estaba en funcionamiento y la gente tenía su vida ordenada. Es cierto que por ahí algunos y algunas se enojaban porque otros, que no entendieron o servían a determinados intereses, todavía seguían cortando las calles o alguna ruta. También es cierto que no faltaron quienes, por ejemplo, adoptaban medidas que impedían tomar el subte y demoraban la llegada al trabajo. Algún dirigente emblemático de ese sector ha reconocido: "A Cristina le pido perdón por los paros innecesarios. Con ella peleábamos por boludeces. Acá nos quitaron todo y no hacemos nada. Le hicimos diecisiete paros a Cristina, pero su gobierno jamás intentó tocarnos". Nadie quiere justificar nada, pero aquellas demoras nunca le arruinaron la vida a nadie. En aquel momento, los medios de comunicación presentaban estos inconvenientes como un "desorden generalizado". Lo cierto es que eso nunca fue así. Hoy, frente a la catástrofe que estamos viviendo de despidos, cierres de fábricas y comercios, tarifas de servicios, prepagas y colegios impagables, remedios con precios imposibles que nadie cubre, a los argentinos y las argentinas ¡ahora sí que les han desordenado la vida! Y a las personas, incluso a familias enteras que vemos dormir en las calles, se la han arruinado por completo.

Sin embargo, los mismos medios de comunicación ya no hablan de desorden y te recomiendan "alquilar juguetes" para los niños en lugar de comprarlos o "jugar con cajas de cartón vacías que estimulan la imaginación"; "volver al ventilador para combatir el calor y la crisis energética" en vez de usar el aire acondicionado; "veranear en la terraza" de tu casa en vez de ir a la playa o mejor… "vacaciones en tu cabeza, como tener una escapada mental"; así como vivir en treinta metros cuadrados porque es "tendencia". Podríamos seguir hasta el infinito con ejemplos del cinismo y la manipulación de los medios para ocultar el brutal desorden que el gobierno de Mauricio Macri y de Cambiemos ha provocado en la economía del país y en la vida de los argentinos y las argentinas. Pero no es el caso. Lo cierto y definitivo es que a diciembre de 2015, después de tres gestiones completas de gobierno y por el resultado de las políticas que aplicamos, nos despidió una Plaza de Mayo desbordada por una verdadera marea humana autoconvocada el día 9 de diciembre —algunos seguían discutiendo si iban a movilizarse el 10— que se había volcado a las calles. Algo nunca visto en la historia de la Argentina. Es cierto: no fue magia, fue política.

El plan de destrucción

Mauricio Macri y Cambiemos lo sabían. Sabían que era la política porque, después de todo, siempre es política la idea que cada uno tiene sobre el rol que debe cumplir el Estado en la sociedad... Y nosotros habíamos dejado un modelo de desarrollo y organización social que había que desmantelar. Por eso, para implementar sus políticas diametralmente opuestas, necesitaban destruir a los dirigentes políticos que habían gobernado la Argentina y reconstruido el país luego de la crisis más desastrosa que hemos vivido como Nación. También convencer a la sociedad que no merecía los derechos y el bienestar que había conseguido o, peor aún, que habían sido una fantasía. El 1 de marzo de 2016 Macri dedicó todo su mensaje ante la Asamblea Legislativa a denostarnos e instalar la idea de "la pesada herencia" que, como a todas luces no iba a ser suficiente porque ellos sabían lo que venían a hacer y el resultado que iban a tener, le sumaron el "se robaron todo".

En este marco, el 28 de abril de 2016, el entonces titular de Vialidad Nacional, Javier Iguacel, presentó una denuncia sobre la obra pública. Había asumido el 12 de enero de 2016 y al día siguiente, en su resolución que lleva el número 1, ordenó una auditoría no sobre las obras en todas las provincias de la Argentina, sino en una sola: Santa Cruz. Curioso, ¿no? Antes de ese cargo Iguacel se había desempeñado como vicepresidente de Pluspetrol, una de las más importantes compañías petroleras del país. Luego pasó al Ministerio de Energía donde se dedicó a continuar la tarea depredadora en materia de tarifas de servicios públicos, que había iniciado su antecesor, el inefable Juanjo Aranguren, quien directamente venía de ser presidente de Shell, la petrolera multinacional. Finalmente, Iguacel terminó eyectado del gobierno, en medio del escándalo que significó trasladar a los usuarios el costo que habían tenido las empresas energéticas por la brutal devaluación, ya que sus tarifas habían sido dolarizadas por Mauricio Macri. La denuncia de este personaje del gobierno de Cambiemos no sólo fue curiosamente selectiva al haber elegido auditar la obra vial de un solo lugar: Santa Cruz. Sino que, además, de todas las empresas constructoras que habían hecho obras viales en esa provincia, auditó y denunció sólo a una de ellas: Austral Construcciones de Lázaro Báez. Una digresión sobre Lázaro Báez. Era un empresario que desarrolló su constructora vinculado a la familia de Victorio Gotti. La familia Gotti, de origen italiano, era dueña de la empresa constructora más importante de Santa Cruz, que había crecido ejecutando obra pública en esa y otras provincias sureñas, décadas antes de que Néstor Kirchner llegara a la gobernación, pero que en 2003 soportaba una quiebra de la que no podría escapar por la magnitud de la crisis que el país atravesaba. Las grandes empresas constructoras no suelen llegar a la Patagonia, un lugar donde la vida es hostil por las distancias y las inclemencias de un clima signado por el frío, los fuertes vientos, las lluvias y las nevadas, siendo la veda invernal para la construcción una complicación extra e inevitable por la paralización de obras durante meses. Cualquier emprendimiento que afronten allí les exige cubrir altos costos de traslados y de alquiler de maquinarias. Frente a esa realidad, las empresas locales tienen enormes ventajas, ya que cualquier proyecto que encaran les requiere menores inversiones. Cuentan con la gente, la infraestructura de las instalaciones, las máquinas, y para ellas las distancias se acortan. De hecho, es común que cuando las grandes empresas ganan licitaciones de obras en la Patagonia, se asocien o tercericen su ejecución en empresas locales. Dedicamos recursos para llevar adelante esas obras y los que ganaron las licitaciones y pudieron hacerse cargo de las construcciones fueron en su mayoría los que estaban radicados allí. Así fue que Lázaro Báez, a través de las empresas Gotti y Kank y Costilla primero y Austral Construcciones después, comenzó a participar y a ganar licitaciones para llevar adelante obras que en absolutamente todos los casos fueron aprobadas en las distintas leyes nacionales de presupuesto. Kank y Costilla era una tradicional empresa constructora radicada durante décadas en la provincia de Chubut, cuya mayoría accionaria había sido comprada por Lázaro Báez, que más tarde creó Austral Construcciones. Es más, cualquier habitante de Santa Cruz puede atestiguar la cantidad de instalaciones y maquinarias que Austral tuvo y todavía tiene en la provincia pese al desguace judicial al que fue sometida. Una digresión: vivir en pueblo chico tiene algunas ventajas y es que nos conocemos todos y sabemos cómo han sucedido las cosas. Así como describo la evolución económica de Lázaro Báez, puedo contar la del senador por Santa Cruz de Cambiemos Eduardo Costa —feroz opositor de nuestro gobierno— y de su familia que, desde un simple corralón de materiales de construcción, saltó a una cadena de hipermercados de materiales en toda la Patagonia, concesionarias de auto, campos, etcétera... Pero no es el caso. ¿Por qué los antiperonistas siempre piensan que los únicos que pueden tener plata son ellos? Otras empresas constructoras, por ejemplo Petersen, que ganaron licitaciones viales en la provincia de Santa Cruz, no tienen siquiera una instalación en el lugar. Esto se debe al sistema licitatorio vigente y a la posibilidad de tercerización. Lo cierto es que en materia de obra pública vial, si uno observa el mapa del país, en cada provincia siempre hay dos o tres empresas que concentran el mayor porcentaje de ese tipo de obras y Santa Cruz, en la que se suma el factor patagónico antes descripto, no era la excepción.

Más allá de ello, cada una de esas licitaciones siguió el trámite preestablecido legalmente. Intervinieron todos los organismos que regularmente emiten opinión. En algunos casos, cuando las hubo, las impugnaciones fueron debidamente analizadas por aquellas dependencias que estuvieron y están en manos de funcionarios administrativos de carrera y no de políticos. En Santa Cruz, la obra pública más importante de toda su historia es la construcción de las centrales hidroeléctricas Néstor Kirchner y Jorge Cepernic por un monto cercano a los 5.000 millones de dólares. En dicho trámite licitatorio participaron varias uniones transitorias de empresas (UTE) por la envergadura de la obra. La UTE en la que Austral Construcciones fue una de las empresas participantes perdió la licitación al salir segunda e impugnó el trámite. De más está decir que los presidentes de la Nación no pueden involucrarse en trámites licitatorios, en virtud de lo dispuesto por las diferentes leyes de ministerios que en democracia se han dictado, siguiendo las enseñanzas de la doctrina y del derecho administrativo, que recomienda y legisla un esquema de delegación de funciones tratando de agilizar la burocracia y de evitar la concentración resolutiva en la cima del poder. Así las cosas, Austral Construcciones de Lázaro Báez, al que durante años los medios de comunicación opositores mencionaron como mi "socio", terminó perdiendo la licitación más importante del lugar donde estaba instalada su empresa. Uno de los caballitos de batalla que perseguía nuestra estigmatización era que Báez, supuestamente, había saltado de cadete en el Banco de Santa Cruz a empresario de la construcción. Lo cierto es que nunca fue cadete del banco sino su gerente general, y que de ese importante cargo pasó a desempeñarse en la constructora Gotti, para finalmente tener su propia empresa. Idéntico camino han transitado, pero con indudable mejor suerte, algunos de los que integran la lista de las 50 familias más ricas de la Argentina y que recientemente publicara la revista *Forbes*. Por caso, Enrique Eskenazi, actual presidente del Grupo Petersen, cuya familia ocupa el lugar 14 en esa lista con un patrimonio de 1.300 millones de dólares. Pasó de gerente de producción de una fábrica de envases de Bunge y Born a directivo en el Grupo Petersen, Thiele y Cruz S.A. en 1981, una de las empresas constructoras con mayor trayectoria en Argentina, para terminar adquiriendo la mayoría del paquete accionario de esa firma fundada en 1920. Más emblemático aún, en materia de meteóricos asensos económicos y de poder, es el caso de Héctor Magnetto, hoy convertido en el principal accionista del Grupo Clarín junto con los herederos de Ernestina Herrera de Noble, quien fuera su única propietaria como viuda de Roberto Noble. Magnetto, que ocupa junto a los herederos Noble el lugar número 20 en la lista de las familias más ricas de la Argentina, había ingresado al diario *Clarín* como adscripto en el año 1972. Hoy es el accionista principal del grupo, tiene un patrimonio superior a los 1.000 millones de dólares y reina con un poder que no tiene ningún otro argentino ni argentina. Podríamos seguir analizando ascensos económicos de este tipo, incluso el de la propia familia del presidente —escandaloso como pocos—, pero no es esa la cuestión, porque los ejemplos utilizados no son para criticar a nadie. Al contrario, creo en serio y profundamente que nadie puede ser estigmatizado en su origen por haber crecido económicamente. Las menciones concretas son para ejemplificar la manipulación mediática y la doble vara con que se juzga a las personas.

Así las cosas, la denuncia de Iguacel recayó en el juzgado del indescriptible juez de Comodoro Py Julián Ercolini, que con Cambiemos cambió sus fallos y comenzó a decir, escribir y firmar todo lo contrario a lo que había dicho, escrito y firmado unos pocos años antes. No sólo eso. También empezó a desconocer los más elementales principios constitucionales, las normas procesales y de fondo. Comenzó a actuar como si nunca hubiera pasado por la Facultad de Derecho. Una verdadera e increíble mutación, digna de la mejor película de ciencia ficción.

JULIÁN ERCOLINI, EL MUTANTE

En el año 2008, un conjunto de legisladores de la Coalición Cívica encabezados por la diputada Elisa Carrió presentó una denuncia contra el ex presidente Néstor Kirchner, funcionarios del gobierno y un grupo de empresarios "amigos", acusándolos de conformar una asociación ilícita por la que se los beneficiaba, no sólo con contratos de obra pública, sino con la prórroga de la licencia de un casino, entre otras. Se mencionaba de manera particular a los empresarios Lázaro Báez y Cristóbal López. En el marco del proceso que originó esa denuncia, que con el tiempo se denominó y conoció como "la causa madre", el juez a cargo de la investigación, el doctor Julián Ercolini, formó otra causa que tenía como objeto, entre otras cosas, analizar obras viales que le habían sido otorgadas a empresas de Lázaro Báez y que se llevaron a cabo en las provincias de Chaco y Santa Cruz. Luego de más de dos años y medio de investigación, el 10 de julio de 2011, en base a la prueba reunida, el juez Ercolini se declaró incompetente para continuar investigando tales episodios, porque se trataba de obras que habían sido licitadas, ejecutadas y supervisadas directamente por organismos provinciales. La decisión de incompetencia fue apelada por el fiscal de primera instancia. Sin embargo, esa opinión fue expresamente desautorizada por el fiscal de Cámara Germán Moldes, quien desistió del recurso interpuesto por su inferior jerárquico, citando fallos de la Corte Suprema de Justicia de la Nación que expresamente daban fundamento a la decisión de incompetencia. En consecuencia, la causa fue remitida a la justicia provincial de Santa Cruz, la cual, luego de una investigación, determinó que los hechos denunciados no constituían delito. Tal resolución se encuentra firme.

En el año 2013, Mariana Zuvic, como consecuencia de los dichos de Jorge Lanata en su programa *Periodismo Para Todos*, formuló ante el juzgado federal de Río Gallegos una denuncia en la que solicitaba expresamente que se investigara una supuesta cartelización de la obra pública desarrollada en esa provincia y que tenía como beneficiarias directas a las empresas de Lázaro Báez. De tal manera, se dio inicio a una investigación en la cual se requirió abundante información a todos los organismos públicos relacionados con la obra pública en la provincia. En base a esas pruebas, la entonces jueza federal de Río Gallegos, Andrea Askenazi, evaluó cada una de las obras que habían sido denunciadas y resolvió declararse incompetente respecto de todas aquellas que habían sido licitadas, ejecutadas y supervisadas por autoridades provinciales. Sí, se declaró incompetente tal y como lo había resuelto el juez Ercolini, avalado por el fiscal de Cámara Germán Moldes. No sólo era que pensaban o decidían lo mismo, sino que actuaban de acuerdo a la ley y a la pacífica y profusa jurisprudencia sentada por nuestro más alto tribunal. La declaración de incompetencia fue consentida por el fiscal federal competente, lo que determinó que esta investigación fuera remitida a la justicia provincial, al Juzgado de Instrucción Penal número 3 de la ciudad de Río Gallegos. Allí, y luego de llevarse a cabo las investigaciones de rigor y con el dictamen favorable del fiscal de primera instancia y el fiscal de Cámara, se dictó el sobreseimiento en virtud de que los hechos investigados no constituían delito.

Lo que hoy resulta verdaderamente increíble a la luz de los acontecimientos, del tiempo y sobre todo del derecho, es que entre toda la obra pública vial que fue investigada, analizada y juzgada en aquella oportunidad en el ámbito provincial sin encontrar delito alguno, están las mismas 49 licitaciones que hoy los acusadores de Comodoro Py individualizan como delictivas en la causa que se halla en trámite ante el Tribunal Oral Federal número 2 de Buenos Aires y a la cual públicamente se la denomina y conoce como "la causa de la obra pública". Sin embargo, estamos en la Argentina de Macri y todavía hay cosas peores en materia de hechos y derecho. Con motivo de aquellas investigaciones, se llevó a cabo durante el proceso judicial una radiografía de toda la obra pública desarrollada en la provincia de Santa Cruz en el período 2003-2013, detectándose lo siguiente: el número total de obras ascendió a alrededor de 1.400; las empresas de Lázaro Báez sólo resultaron adjudicatarias de un porcentaje que no superaba el 10 por ciento del total de obras y en el caso de la obra pública vial, se constató la participación de quince adjudicatarios, entre las que estaban empresas constructoras nacionales como ESUCO, CPC y Petersen. Servil al gobierno de Cambiemos y muy atento a las demandas del Grupo Clarín, Ercolini no sólo olvidó que había declarado su propia incompetencia para investigar y juzgar esas obras públicas y remitido el expediente a la jurisdicción de Santa Cruz, sino que, peor aún, ignoró la investigación desarrollada en la justicia provincial y concluida con sobreseimiento, y avanzó con indagatorias y procesamientos con una velocidad y ligereza que espantarían al más lego.

Sí, tal como se lee. El mismo juez que seis años antes se había declarado incompetente para investigar y juzgar la obra pública licitada, ejecutada y certificada por la provincia de Santa Cruz, ahora, por las mismas obras ya juzgadas sin encontrar delito alguno, me hizo parte de una asociación ilícita que, en su opinión, estuvo destinada a apoderarse ilegítimamente de los fondos asignados... ¡a las obras públicas de la provincia de Santa Cruz! Sin embargo, para el mutante juez Ercolini no fue suficiente. Me adjudicó haber participado en semejante delito tan sólo por ser "jefa del gobierno y responsable política de la administración general del país". Estas categorías quizás podrían ser discutidas desde una perspectiva estrictamente política, pero es imposible que involucren responsabilidades de carácter penal. En este ámbito se reclama la voluntad dolosa de consumar el delito y, por lo tanto, la responsabilidad objetiva no es admitida. No conforme con ello, me imputó dos cuestiones absurdas: una, haber mantenido en sus cargos a funcionarios del Ministerio de Planificación Federal que venían trabajando desde el año 2003; la otra, haber promovido las distintas leyes que aprobaron los presupuestos que año a año requerí para poder gobernar y en los que se disponían las obras a realizar. Para que se entienda: Ercolini me imputa como prueba de conducta delictiva haber designado funcionarios y haber cumplido con la obligación constitucional de enviar el proyecto de ley de presupuesto nacional al Congreso de la Nación para su discusión, sanción y promulgación, una vez aprobado. ¿Qué delitos se pueden tipificar en estos actos institucionales y constitucionales? Obviamente ninguno. El juez Ercolini asumió como propio el relato mediático. A su pobre juicio, yo adjudiqué obras a Báez para que él me pagara "coimas" a través del alquiler de un hotel. Habló también, como han hecho mis opositores, de un "plan sistemático de corrupción". Para avalar esa idea, recurrió a los testimonios de Jorge Lanata, Leonardo Fariña y Federico Elaskar, personajes que sabemos hoy —por declaraciones propias y del agente inorgánico de la AFI Hugo "Rolo" Barreiro— se confabularon junto a Luis Barrionuevo y sectores de los servicios de inteligencia para montar una operación mediática que me desprestigiara. Su segunda fuente inspiradora fue un libelo que el gobierno nacional promovió bajo el ampuloso título de "El estado del Estado" y que sólo puede asimilarse en su vulgaridad al tristemente recordado *Libro Negro de la Segunda Tiranía* que redactó la autodenominada Revolución Libertadora cuando derrocó al segundo gobierno peronista. Como si todo ello fuera poco, y al igual que Javier Iguacel al hacer su denuncia, ignoró las conclusiones contundentes a las que arribaron, escribieron y firmaron los técnicos autores de la auditoría realizada por Vialidad Nacional en marzo del 2016, por instrucción de... ¡Javier Iguacel! Ellos afirmaron, por ejemplo, que el noventa por ciento de las obras que se realizaron en la provincia fueron proyectadas, licitadas, adjudicadas y certificadas por la Administración General de Vialidad Provincial de Santa Cruz. Si así fue... ¿qué responsabilidad tuvo el gobierno que presidí si no proyectó, no licitó, no adjudicó y no certificó el noventa por ciento de las obras santacruceñas? La misma auditoría dice algo más sorprendente aún: sostiene que "no se evidencian deficiencias constructivas de relevancia, como así tampoco tareas que hayan sido certificadas sin ejecutarse". ¿Qué significa eso? Que las obras fueron construidas correctamente sin observarse sobreprecios y que nadie cobró dinero por obras cuya ejecución no se hubiera realizado. Párrafo aparte merece lo que Ercolini sostuvo al decir que las presuntas "coimas" que Báez me pagaba se encubrían bajo las formas del alquiler del hotel Alto Calafate, propiedad de la sociedad familiar Hotesur, que sólo alquiló entre los años 2008 y 2013. Resulta absolutamente ridículo a poco que se advierten los montos que se movieron en uno y otro concepto. Así, no se entiende con qué lógica se deducen los montos "retornables" cuando Báez ejecutó contratos de obra pública por más de 46 mil millones de pesos y sólo pagó alquileres por 27 millones de pesos en cinco años, teniendo además la explotación de un hotel cuatro estrellas con más de cien habitaciones. Es obvio que las sumas no sólo no guardan ningún correlato, sino que el argumento se cae por absurdo.

Pero las contradicciones del juez no quedan allí. Es en este tema del alquiler del hotel donde se produce la segunda gran mutación de Ercolini. En el mismo año, 2011, en que se declaró incompetente para investigar la obra pública ejecutada en Santa Cruz, Julián Ercolini dictó mi sobreseimiento y el del empresario Juan Carlos Relats por el alquiler del hotel Los Sauces - Casa Patagónica. El ingeniero Relats era el titular, entre otras, de JCR, una de las empresas constructoras más grandes del país, localizada en la región noreste, además de concesionario de peajes como dueño de la sociedad Autopistas del Litoral. Dicho contrato de alquiler también había sido denunciado, como siempre, por los mismos dirigentes políticos opositores, y fue el más beneficioso en términos económicos y más extenso en el tiempo de todas las locaciones de nuestros inmuebles y se rescindió en septiembre del año 2016. En aquel juicio y tal como lo expliqué en el capítulo tres, "Bien de familia", Ercolini no sólo nos sobreseyó, sino que jamás nos citó a declarar.

Cuando se produjo la denuncia selectiva de Iguacel en materia de obra pública, solicité institucional y judicialmente una auditoría integral sobre toda la obra pública adjudicada entre 2003 y 2015. No lo hice sólo una vez, sino en reiteradas oportunidades. Diputados de nuestro espacio político presentaron en el Congreso proyectos de ley pidiendo la constitución de una comisión bicameral de investigación. Todos los pedidos fueron infructuosos. Siempre se han negado buscando evitar que la falsedad de sus imputaciones quede al descubierto. Llevo ya tres años, junto a mis hijos, probando en cada causa que han armado que nunca "lavamos dinero" porque todos nuestros recursos financieros e inmuebles, así como también todas las operaciones realizadas, están y estuvieron siempre bancarizadas en el país y declaradas ante la AFIP y la Oficina Anticorrupción. Su trazabilidad se puede verificar en más de dos décadas como funcionarios públicos. No hay un solo recurso o un solo inmueble que no figure en nuestras DDJJ; sin embargo, lo más curioso y sorprendente es que todas las denuncias versan sobre lo declarado.

Sabiendo de la debilidad de todas esas imputaciones y temiendo naufragar en su intento persecutorio, construyeron su pieza más macabra: "la causa de las fotocopias de los cuadernos". Repentinamente, la presunta asociación ilícita que habría constituido con Lázaro Báez, y por la que me persiguieron durante años, pasó a un segundo plano y sin más trámite me convirtieron en la jefa de una "superbanda delictiva" de la que también eran parte todos los contratistas de la obra pública en Argentina. Sí, todos los contratistas de toda la obra pública cuya auditoría integral vengo reclamando sin ningún resultado desde el año 2016. Pero no sólo eso, sino que esta vez la asociación ilícita era aún más extraña, ya que la conformaban decenas de personas que en muchos casos no se conocían o jamás se habían visto entre sí.

CLAUDIO BONADIO, EL SICARIO

Una mañana de agosto del año 2018 las primeras planas de los diarios daban cuenta de que se habría "descubierto" el periplo que habrían realizado funcionarios de mi gobierno cobrándoles dinero a constructores de obra pública. Leímos en letra de molde y escuchamos y vimos por radio y televisión que un ignoto chofer de remis fue escribiendo en distintos "cuadernos", con una minuciosa y enjundiosa narrativa digna de un gran literato, cada viaje que realizaba transportando a esos funcionarios que iban, siempre según él, en busca de suculentas coimas. Pese a la ausencia de pruebas básicas y elementales, durante cuarenta y ocho horas se sucedieron detenciones y allanamientos que profusamente difundieron los medios de comunicación a pesar de que el proceso, por orden del peculiar juez actuante, se encontraba en "secreto de sumario". Las personas detenidas no pudieron recuperar la libertad y, precisamente en estas condiciones, fueron "convencidos" de la conveniencia de reconocer los delitos que se le imputaban. Otros empresarios, también mencionados en las fotocopias, tuvieron mejor suerte ya que ingresaron en la categoría de "arrepentidos" sin haber sido previamente privados de la libertad. Dentro de este grupo selecto se destaca la posición del primo del presidente, Ángelo Calcaterra, cuya situación procesal fue negociada directamente en la residencia presidencial de Olivos entre el fiscal de la causa —Carlos Stornelli—, Mauricio Macri y sus operadores judiciales. De esta escandalosa reunión dieron cuenta los propios medios de comunicación afines al gobierno. Con el correr de las horas, supimos que nunca se encontraron los cuadernos en los que la original novela habría sido escrita. Fue así que la tremebunda investigación acabó montándose sobre las fotocopias que de los supuestos cuadernos habría tomado un periodista del diario *La Nación* cuya adhesión al gobierno de Cambiemos es más que explícita. Los cuadernos en sí nunca aparecieron. Es más, según el relato "oficial" fueron "quemados en la parrilla de un patio"… Literal. También supimos que el presunto escriba había sido suboficial del Ejército y dado de baja tras ser declarado inimputable por la Justicia Federal de San Martín a raíz de un episodio en el cual le arrojó una granada a un camarada de armas. Hasta aquí no conocemos que se lo haya sometido a una pericia psiquiátrica que dé cuenta de su actual estado de salud mental. Lo que sí pudimos saber es que entre el inimputable, el "periodista" y un fiscal que recibió la denuncia en su casa manipularon los procedimientos para que la "investigación" quedara en manos del mismo juez cuyo nombre alguna vez alguien escribió en una servilleta de papel: Claudio Bonadio. Ya con la causa en sus manos, despachó a su gusto y placer allanamientos y detenciones.

A esta altura resulta imprescindible señalar una importante y clarificadora observación: en esta causa, que los medios de comunicación hegemónicos pomposamente presentaron como "la gran causa de la corrupción en la obra pública", Lázaro Báez no aparece mencionado ni una sola vez; ni su nombre ni el de sus empresas figuran en las "hojas de los cuadernos". Así, de un plumazo, pasó de ser mi "socio de correrías" a un ignoto desconocido en lo que habría sido, según esos mismos medios de comunicación, el más enorme festival de repartija de obra pública y de coimas que se haya conocido en nuestra historia. Para mayor sorpresa aún, tampoco aparece mencionado en los famosos "cuadernos" Cristóbal López, el otro gran empresario que era presentado, por los mismos medios de siempre, como mi otro "socio de correrías". ¿Extraño?... No. La razón es muy sencilla y más que evidente: cuando inventaron y "escribieron" los "cuadernos" Lázaro Báez y Cristóbal López ya estaban presos y no era necesario incluirlos.

Así las cosas, tratando de no fracasar como otras veces, en esta causa recurrieron a la figura del "arrepentido" para darle fortaleza a la historia. Pero no buscaron arrepentimientos genuinos ni respetaron los procedimientos que la ley impone para aceptar que alguien colabore francamente con la Justicia. Simplemente extorsionaron y cambiaron "confesiones" por libertad. De ese modo convirtieron el proceso en un aquelarre que dejó detenido al "coimeado" que no se "arrepintió" y dejó en libertad el "coimeador" "arrepentido". Una vez más fui procesada y mis casas allanadas. Una vez más se le pidió al Senado mi desafuero para poder apresarme. Y una vez más se montó un espectáculo mediático que ocupó la tapa de los diarios y el tiempo de los "analistas" que dominan espacios de radio y televisión. La causa se colmó de imprecisiones y asomaron un sinfín de contradicciones entre lo que fue "escrito" en los "cuadernos" y lo confesado por los "arrepentidos". Nadie ha podido especificar si los hechos sucedieron en los tiempos y las formas que en las fotocopias de los "cuadernos" se narra y nunca sabremos en qué momento esos textos fueron realmente escritos, porque la ausencia de los originales impide periciarlos y establecer la antigüedad de la tinta plasmada en el papel. Hasta allí ha llegado la organización delictiva que han tenido los canallas que montaron esta fábula. Con el correr de los días, y más allá de tantas desatenciones formales, todo el procedimiento comenzó a enturbiarse. Entonces asomaron públicamente las voces que comenzaron a hablar de presiones para lograr "arrepentimientos". Lo dijo el dueño de la editorial Perfil, Jorge Fontevecchia —uno de mis mayores detractores, como lo he señalado en este mismo libro—, a quien los empresarios involucrados en la causa le confiaron el modo en que el fiscal y el juez intervinientes los presionaron para que admitieran su responsabilidad y me involucraran a mí y a funcionarios de mi gobierno.

Sin embargo, lejos estábamos de suponer el escándalo que iba a estallar más a delante y que reveló un verdadero *modus operandi* de no pocos sectores judiciales en la República Argentina. El 8 de febrero de 2019 en el portal El Cohete a la Luna y más tarde en *Página 12*, se conocieron las primeras grabaciones de audio, fotografías, filmaciones y capturas de chats que daban cuenta del modo en que el fiscal de la causa, Carlos Stornelli, presionaba a empresarios e imputados a través de un curioso tándem: por un lado, alguien llamado Marcelo D'Alessio, presentado hasta ese momento por *Clarín*, *La Nación*, Canal 13, TN y América —entre otros— como un abogado experto en seguridad y narcotráfico; y por otro, Daniel Santoro, el "periodista estrella" en materia de "investigaciones contra la corrupción" del diario *Clarín*. En las pruebas difundidas, D'Alessio aparecía reclamando el pago de trescientos mil dólares a un empresario a cambio de que Stornelli no pidiera su detención en la causa de las "fotocopias de los cuadernos". D'Alessio, un oscuro personaje, comentó muy suelto de cuerpo (sin saber que estaba siendo grabado) los casos en que otros empresarios abonaron cuantiosas sumas de dinero para no quedar detenidos en esa misma causa. Demostraba que una de las patas mediáticas de esta organización era el "periodista" Daniel Santoro, quien garantizaba el escrache o no en un medio como *Clarín* —el diario de mayor circulación de habla hispana después de *El País* de España— de los extorsionados por Stornelli. Para ello, exhibía videos de Santoro entrevistando a "arrepentidos" que luego efectivamente aparecían publicados en *Clarín*. Dijo ser un informante de la DEA y un hombre influyente en la Embajada de los Estados Unidos. Mostró su cercanía con el presidente Macri y con la ministra de Seguridad Patricia Bullrich. Afirmó haber recibido de esa cartera ministerial la suma de 200.000 pesos mensuales para defender a Leonardo Fariña, aquel siniestro personaje mediático que después de saltar a la fama como marido de una modelo, acabó convertido casi en "padre de la Patria" por la acción de los grupos mediáticos opositores a nuestro gobierno al haber afirmado y denunciado barrabasadas contra mi persona y el gobierno que conduje. "Se robaron un PBI", llegó a decir. Esa frase, con toda desvergüenza, terminó convertida en letras de molde y titular de la tapa de *Clarín*. Pero lo más brutal de todo lo que dijo D'Alessio fue que, en representación del fiscal Stornelli, reclamó dinero a cambio de garantizar la libertad de un presunto acusado que habría sido mencionado por otro "arrepentido". Conocimos los textos que por whatsapp cruzó con el fiscal. Se escuchó su voz grabada durante más de veinte horas repitiendo la extorsión. Se lo filmó reclamando el dinero y exigiendo rapidez a quienes debían entregarlo. Se lo fotografió y filmó junto al fiscal Stornelli en el mismo instante en que negociaba el monto de la coima con quien debía abonarla. Fotos, capturas de pantalla, videos y grabaciones que daban cuenta de un mecanismo montado para aliviar el pesar de los perseguidos judicialmente a cambio de importantes sumas de dinero. Ahora está más que claro que la figura del "arrepentido" es utilizada no sólo para operaciones de estigmatización y destrucción política de los opositores, que era lo que veníamos denunciando, sino que además funciona como instrumento de extorsión económica para recaudar dinero coimeando. Más claro, el agua… Son ellos los verdaderos coimeadores y proyectan en la causa sus propios delitos.

Ante la evidencia, los medios oficialistas intentaron vanamente separar al fiscal Stornelli de la maniobra. Fue entonces como D'Alessio pasó de ser el "experto en temas de seguridad y narcotráfico" que deambulaba en esos medios y que colmaba con textos las páginas de los diarios y el espacio de los portales a convertirse, de la noche a la mañana, en un vulgar "vendedor de influencias". La diputada Carrió, devenida en denunciante crónica y cómplice del ajuste más brutal que se recuerde durante las últimas décadas, se animó a afirmar que quienes hoy están presos a disposición de Stornelli organizaron desde la cárcel una "operación" contra él y lo denunció recurriendo a escuchas ilegalmente obtenidas. Ante la magnitud e importancia de las pruebas acumuladas contra Stornelli, hicieron un enorme e inútil esfuerzo por desligarlo del dinero que D'Alessio reclamaba en su nombre en una clarísima maniobra extorsiva. No sirvió de nada. Tan sólo unos días después de que estos graves hechos tomaran estado público y pese al blindaje mediático dispuesto por el gobierno, otro caso de similares características asomó a la luz. Otra vez D'Alessio vendiendo su influencia para evitar que Pablo Barreiro, un ex colaborador mío cuyo padre estaba detenido a la orden de Stornelli y Bonadio, quede detenido en la "causa de las fotocopias de los cuadernos". A los pocos días se conocieron más casos del mismo tipo. Todos con la misma metodología. Todos con los mismos personajes. Todos con las mismas extorsiones. Todo se corroboraba. Me pregunto qué hubiera hecho Stornelli si hubiera tenido que investigarse a sí mismo por las extorsiones que le imputan y con la cantidad de pruebas acopiadas. No tengo dudas que si hubiera actuado como lo hizo en la "causa de las fotocopias de los cuadernos", seguramente ya habría reclamado su propio procesamiento e inmediata detención. Pero como cuenta con la protección oficial y mediática que impúdicamente se exhibe y que se suma a la doble vara judicial ya naturalizada en nuestro país, Stornelli siguió actuando con absoluta impunidad y como si nada hubiera ocurrido.

Es más, si de doble vara hablamos resulta insoslayable desenmascarar una situación en la que este fiscal federal es también uno de los protagonistas. En el año 2017 y en otra causa judicial, Stornelli —el fiscal que más tarde sería acusado de asociación ilícita, espionaje ilegal y extorsión— pidió el desafuero del diputado Julio De Vido. La Cámara de Diputados de la Nación le dio a ese requerimiento un trámite exprés y en sólo una semana, inmediatamente después de las elecciones parlamentarias de medio término de ese año, quien fuera ministro de Planificación Federal de nuestro gobierno fue eyectado de su banca. Sin embargo, no todos los diputados o diputadas nacionales con pedidos de desafuero corren la misma suerte. La diputada nacional del Chaco por Cambiemos, Aída Ayala, quien fuera intendenta de la ciudad de Resistencia durante dos períodos consecutivos, candidata a gobernadora de esa fuerza en las elecciones de 2015 y diputada nacional electa en las del 2017, fue procesada por los presuntos delitos de asociación ilícita y fraude a la administración pública —entre otros— cometidos en el ejercicio de su cargo habiendo sido detenidos ex colaboradores, familiares y hasta el secretario del sindicato municipal de aquella ciudad. Su pedido de desafuero, que ha sido confirmado hasta por la Cámara Federal de Apelaciones, se produjo en abril de 2018. Sin embargo, la hipocresía y la doble vara que pone en jaque la garantía constitucional de igualdad ante la ley determinaron que Julio De Vido fuera desaforado y detenido, y Ayala siga ocupando su banca por el simple hecho de no ser peronista o kirchnerista —como más les guste—. Su desafuero nunca fue tratado por la Cámara. Peor aún, con fecha 7 de marzo de 2019, la misma Cámara de Casación Penal Federal de Comodoro Py que había rechazado los argumentos y fundamentos jurídicos planteados por mi defensa —y la de Carlos Zannini, por ejemplo— en contra de las prisiones preventivas arbitrarias y confirmado nuestra privación ilegal de libertad, en el caso de Aída Ayala, diputada de Cambiemos, desarrolló con altos niveles de profundidad los requisitos para el dictado de la prisión preventiva, las normas procesales, constitucionales e incluso internacionales que indican su carácter restrictivo. Revocaron así la prisión preventiva de Aída Ayala —que había sido confirmada por la Cámara Federal de Apelaciones—, argumentando, haciendo y resolviendo exactamente lo opuesto a lo que habían hecho en mi caso. El fallo fue a cara descubierta y a plena luz del día. Esto es hoy el Partido Judicial en Argentina.

Sólo durante las dictaduras se expuso tan claramente un sistema donde los opositores al régimen no tienen derechos ni garantías constitucionales y los oficialistas toda la impunidad política, judicial y mediática. Retomando las andanzas de Stornelli y asociados, es obvio que Bonadio, el sicario, es una de las cabezas de este entramado judicial. Antes, entre imprecisiones emanadas de fotocopias de "cuadernos" y confesiones mal habidas, había considerado que los hechos investigados debieron ocurrir "más o menos así". De ese modo tan pueril entendió probado lo que los "cuadernos" contaban. Poco después la Cámara Federal, integrada a dedo por el gobierno, avaló el desquicio. Obviamente no escuchó ni respondió ninguna de mis alegaciones. Obviamente no atendió las defensas esgrimidas por ninguno de los detenidos. Pero también obviamente, presurosa, se ocupó de desvincular de la "asociación ilícita" a todos y cada uno de los muchos empresarios involucrados en la causa. Este es también el Poder Judicial de la doble vara que persigue por motivos políticos y "libera" por conveniencia del poder. Ya es poco lo que espero. Los tribunales superiores no son diferentes a Bonadio. He visto cómo la Cámara Federal encarcela gente con argumentos arbitrarios invocando algo que ampulosamente llaman "doctrina Irurzun" y he visto cómo en la casación los fallos se cocinan en miserables hornos que olvidan los pilares en que debería apoyarse la más sana administración de justicia. Tal vez, los jueces de esta Corte Suprema que hoy preside quien fuera el abogado de empresas muy poderosas puedan volver las cosas a su debido lugar. Tal vez... Pero hasta el momento, y a pesar de que está en riesgo el sistema judicial en su conjunto, no lo ha hecho. Nunca, ni aun en épocas de la Corte de la "mayoría automática" —sobre la que corrieron ríos de tinta—, se registraron escándalos semejantes.

Lo cierto es que hoy me enfrento a fiscales y jueces que me acusan sólo para satisfacer las demandas de quienes me quieren fuera del circuito político argentino. Fiscales y jueces sin escrúpulos que dejan cráteres en la meseta patagónica buscando el dinero que jamás tuve. Fiscales y jueces que ajustan sus dictámenes según la temperatura mediática que impera. Fiscales y jueces que me acusan de corrupción mientras ni ellos ni su familia pueden explicar sus viajes y sus altos niveles de vida con los ingresos que perciben. Tengo claro que quienes gobernamos pensando en las necesidades y en las postergaciones que sufren los más humildes y en los intereses nacionales debemos sufrir el calvario de ver mancillado nuestro nombre y el de nuestros hijos. Tengo claro también que es el precio que debo afrontar por ser Cristina.

9

Un memorándum, una muerte y una causa

El 29 de enero de 2019 todavía me encontraba en El Calafate. Tenía que empezar a revisar mis notas para corregir y redactar definitivamente este capítulo. Cuando por la mañana bajé para desayunar, como siempre, abrí mi computadora. Al ingresar al portal del matutino porteño *Página 12* vi la fotografía en colores del ex titular de la Unidad Especial AMIA nombrado por Macri, el radical Mario Cimadevilla, que acusaba al presidente de no estar dispuesto a cumplir el compromiso de buscar la verdad sobre el atentado, de proteger a los amigos del gobierno y de sujetar la investigación a los intereses de los EE.UU. e Israel: "Yo le dije al Gobierno que no iba a encubrir a nadie", declaraba Cimadevilla, y así tituló el diario... ¡Plop! El fondo de tapa son las ruinas en blanco y negro de la AMIA, la verdadera tragedia. En la entrevista, Cimadevilla, quien también fuera senador de la

UCR por la provincia de Chubut, reveló la existencia de un informe de más de cincuenta páginas que había presentado al Poder Ejecutivo hacía casi un año, cuando este decidió disolver la repartición especializada que, entre sus tareas, tenía la de aportar elementos a la causa madre sobre el atentado —que al día de hoy sigue impune y sin avances— y al mismo tiempo ejercer la querella estatal en el juicio que acaba de finalizar por el encubrimiento del atentado. Allí fueron acusados —entre otros— el ex presidente Carlos Saúl Menem, el ex jefe de la SIDE Hugo Anzorreguy, el ex juez de la causa Juan José Galeano, los fiscales Eamon Gabriel Mullen y José Carlos Barbaccia, el ex comisario Jorge "Fino" Palacios, el ex titular de la DAIA Rubén Beraja y Carlos Telleldín. Se les imputó haber armado una historia falsa para explicar el atentado. De hecho fue probado en juicio oral que, entre otros gravísimos delitos, le pagaron con fondos de la ex SIDE a Telleldín para que acusara a un grupo de policías bonaerenses en tiempos de Eduardo Duhalde gobernador y candidato a presidente. En ese informe, al que muy acertadamente tituló "InfAMIA" y que fuera publicado en el diario *Jornada* de Chubut, Cimadevilla sostiene que "la investigación del atentado quedó amarrada a previas determinaciones de hipótesis de verdad", denuncia que se armó la acusación por intereses geopolíticos y exhibe los condicionamientos de la investigación señalando a los servicios de inteligencia argentinos como responsables de esa situación. Habla de "la subordinación a los extranjeros y la subordinación a la geopolítica".

Confieso que después de leer las declaraciones de Cimadevilla tuve sentimientos encontrados. Mi primera reacción fue, naturalmente, de cierto grado de reconocimiento ante la coincidencia de lo que yo ya había dicho en el informe del 2001, como miembro de la Comisión Bicameral de Seguimiento de la Investigación de los atentados de la AMIA y la Embajada de Israel —ocurrido en marzo de 1992—, y que Cimadevilla confirmaba tan contundentemente con la expresión: "la investigación del atentado quedó amarrada a previas determinaciones de hipótesis de verdad". Así fue, tal cual, la investigación del juez Galeano: no se intentaba conocer la verdad del cómo, del quiénes y del porqué del atentado, sino "construir" una verdad a medida y de acuerdo a las necesidades del gobierno y sus alianzas geopolíticas. Confieso que el hecho de que esta coincidencia se diera con un ex senador radical, integrante de la alianza Cambiemos y ex titular de la Unidad Especial de Investigación UFI-AMIA designado por Mauricio Macri, en un informe de más de cincuenta páginas y después de dos años y medio al frente de esa fiscalía especial, excedía con creces todas mis expectativas. Pero al mismo tiempo debo reconocer que me dio mucha rabia que Héctor Timerman no pudiera verlo. Cuando escribo estas líneas, Héctor, canciller de Argentina desde el 2010 hasta el 9 de diciembre del 2015, ya no está más entre nosotros. Sufrió muchísimo por las acusaciones que nos hicieron con motivo de la firma del Memorándum de entendimiento con Irán. Creo que se enfermó de cáncer por los agravios, por las mentiras, por los ataques que recibió por parte de los dirigentes de su propia comunidad y quiero que ellos lo sepan, que carguen toda la vida con eso. Todas las difamaciones que le profirieron a partir de la denuncia del Memorándum convirtieron a Héctor en una sombra. Estaba obsesionado con ese tema. Recuerdo que me decía: "¿Cómo pueden decir esto de nosotros?". Yo le contestaba: "Dejá, Héctor, dejalos". Pero él no podía y volvía una y otra vez sobre el tema: "Pero no, ¿cómo me van a hacer esto a mí?". Él sufría por su doble condición de funcionario y judío. El golpe final se lo dio el sicario —Claudio Bonadio— cuando nos acusó de… "¡traición a la patria!". Increíble. Un disparate jurídico y político, apoyado sin embargo por las instituciones de la comunidad judía. Aquella acusación de traición a la patria fue demasiado para Héctor: lo demolieron, literalmente. Pienso que en su cabeza estaba también la historia de su padre, Jacobo, acusado de traición a la patria por la dictadura genocida de 1976. ¡Qué destino, Dios mío!… Héctor falleció el 30 de diciembre del 2018 y no pudo leer las declaraciones ni el InfAMIA de Cimadevilla. ¡Qué lástima!…

En este año 2019 se van a cumplir 25 años del atentado terrorista a la AMIA y la causa sigue exactamente igual, en el mismo lugar que estaba en 1994, sin culpables y sin justicia. Aunque ahora que lo pienso bien, en realidad está mucho peor. Después de las declaraciones de Cimadevilla, seguramente se iniciará otro proceso por encubrimiento, el tercero, no tengo dudas. El ex titular de la Unidad de Investigación de la UFI-AMIA acaba de decir que el ministro de Justicia del gobierno de Cambiemos, Germán Garavano, le había ordenado no acusar a los fiscales José Barbaccia y Eamon Mullen —partícipes fundamentales junto al ex juez Juan José Galeano del encubrimiento en la causa original— y que además hace un año le informó a Macri la situación, diciéndole que no estaba dispuesto a encubrir... Y pensar que estos eran los que nos acusaban a nosotros de encubrimiento por la firma de un tratado internacional, que además había sido aprobado por el Congreso, para poder tomarle declaración a los acusados iraníes —en nuestro país está prohibido el juicio en ausencia— y así sacar de la parálisis total a la investigación que tiene ya casi 25 años... En fin...

La causa

El lunes 18 de julio de 1994 tuvo lugar el atentado terrorista que voló, literalmente, la sede de la AMIA. Lo recuerdo como si fuera hoy. La noche anterior había llegado a la ciudad de Buenos Aires desde Río Gallegos. El lunes por la tarde debía volar a la ciudad de Santa Fe, donde se estaba llevando a cabo la Convención Nacional Constituyente de 1994. Néstor y yo éramos convencionales electos. Esa noche, había dormido en nuestro departamento de Buenos Aires, ubicado en la calle Juncal casi Uriburu. Sin embargo, no escuché la explosión a las 9:53 am, pese a estar a escasas veinte cuadras del lugar. Recién al subir al auto que me llevaba a Aeroparque me enteré de la tragedia. Al llegar, nos informaron que todos los vuelos habían sido cancelados. Es curioso, pero uno siempre recuerda con mucha precisión todos los detalles de lo que pasó en un determinado momento, marcándose de esta manera la importancia de los hechos ocurridos. Dos días después, estaba en Santa Fe cuando me enteré que, con motivo de atentado, el gobierno de Menem había decidido crear la Secretaría de Seguridad y había nombrado al frente de la misma al brigadier Andrés Antonietti. Al enterarme de esa designación sentí que un frío me corría por la espalda. Recordaba con nitidez a esa persona. En noviembre de 1980, en plena dictadura militar, habían colocado en nuestro estudio jurídico de Río Gallegos un artefacto explosivo y rompieron todos los caños de gas, provocando una pérdida que convertía a nuestra oficina en una bomba gigantesca. De milagro no ocurrió una tragedia y el artefacto explosivo habría fallado por un corte de luz que se había producido en la madrugada. ¡Y después algunos dicen que Dios no existe! En esa época, Antonietti era vicecomodoro y segundo jefe de la Agrupación Aeronáutica que gobernaba Santa Cruz. Durante la dictadura militar del 76, las fuerzas armadas se habían distribuido las provincias argentinas para formar los gobiernos provinciales y Santa Cruz había sido asignada a la Fuerza Aérea. Lo ocurrido en nuestro estudio de Río Gallegos se dio en un momento en que estábamos llevando a cabo juicios contra contratistas de obra pública y concesionarios de servicios de la Aeronáutica. Por ese motivo yo había tenido un fuerte intercambio telefónico con el entonces vicecomodoro Antonietti, que terminó abruptamente cuando decidí no continuar la conversación por el tono que había adquirido. A los pocos días de ese episodio colocaron el dispositivo que debía explotar en nuestro estudio, tal como lo declaré ante el oficial de policía que instruía la causa. Aquella declaración en 1980, más una solicitada que publicamos en esos días, impactó muy fuertemente en la comunidad y Antonietti finalmente terminó siendo trasladado fuera de Santa Cruz. Después de catorce años de aquellos hechos, el atentado a la AMIA me traía de nuevo al brigadier Antonietti, pero ahora en democracia y con el cargo de secretario de Seguridad de la Nación. ¡Dios mío, otra vez la Argentina circular!

Me reencontré con la causa del atentado a la AMIA dos años después, en 1996. El año anterior había sido electa senadora nacional por Santa Cruz y se había conformado en el Parlamento la Comisión Bicameral de Seguimiento de la Investigación de los atentados de la AMIA y la Embajada de Israel. Formé parte de dicha comisión, primero como senadora y luego como diputada, hasta su finalización en el año 2001. Cuando se constituyó estaba integrada por los diputados justicialistas Carlos "el Gringo" Soria —presidente—, Miguel Ángel Pichetto y César Arias y los senadores Augusto Alasino, Bernardo Quinzio y yo por el peronismo; por los radicales Raúl Galván —vicepresidente— y José Genoud; por el Partido Autonomista Correntino José Antonio Romero Feris y como secretario, el diputado Carlos "Chacho" Álvarez por el Frepaso. Desde el principio, mi participación estuvo signada por la voluntad de que se investigara a fondo, por la convicción de conocer la verdad, que era la única forma de llegar a la justicia, y por la relación que entablé con muchos familiares de las víctimas. Sin embargo, al poco tiempo advertí que la causa AMIA era un terreno pantanoso, cruzado por intereses geopolíticos y locales, en la que desfilaron entre luces y sombras miembros de fuerzas de seguridad, servicios de inteligencia, militares y "especialistas" múltiples. Durante los primeros meses investigamos los hechos y las circunstancias de la tragedia a partir, fundamentalmente, de los testimonios de testigos y familiares de las víctimas. Pero al poco tiempo empezaron a transitar por la Comisión todo tipo de personajes: circulaban hipótesis de las más diversas, distintas teorías y todo enroscado —el término es literal— entre contradicciones, falencias, "errores", "pruebas" que resultaron haber sido plantadas y pruebas reales "desaparecidas" misteriosamente. La investigación, en lugar de aclararse, se oscurecía constantemente. Recuerdo cómo crecía en mí la sensación de estar ante un teatro de operaciones de la política nacional e internacional, en el que a pocos les importaban las víctimas y mucho menos la verdad y la justicia. Mi percepción de estar frente a la "fabricación de un juicio" fue creciendo hasta transformarse en una convicción férrea. Veía que no cerraba una cosa con otra, que el caso era como un rompecabezas infinito con piezas que no encajaban entre sí.

Fue entonces cuando ocurrió algo determinante: la memorable reunión en la que declaró el doctor Claudio Lifschitz, que había sido prosecretario del Juzgado Federal número 9, cuando su titular, el juez Galeano, investigaba el atentado a la AMIA. Contó detalles sobre las tremendas irregularidades cometidas por el juez y muchos de sus funcionarios a cargo. Lifschitz declaró en la Comisión Bicameral durante más de ocho horas. Yo no podía dejar de escucharlo, de prestar atención a cada detalle, porque todo se hilvanaba con coherencia.

El Gringo Soria le preguntaba y le repreguntaba... Insistía, como para ver si Lifschitz se confundía y se contradecía. Pero no. Transmitía la sensación que dejan esas personas que, al contar determinados hechos, explicitan todo tipo de detalles y pormenores, que evidencian datos precisos y bien articulados, que otorgan absoluta verosimilitud y certeza al relato y entonces uno se da cuenta que están diciendo la verdad. Lifschitz había vivido todo lo que estaba contando. Se notaba y todos en la Comisión tuvimos la misma impresión. En ese momento sentí que, finalmente, las piezas de aquel rompecabezas que no se podía armar encajaban unas con otras, perfectamente. En un momento, durante su intervención, me di vuelta y le pregunté al Gringo Soria: "Escuchame, ¿Galeano aguanta un careo con este tipo?". "Ni cinco minutos", fue su rápida respuesta, casi sin mirarme. Nunca me voy a olvidar de eso, porque el Gringo era un defensor de Galeano y de la investigación oficial a ultranza; a él, como presidente de la Comisión, le había llegado el anónimo que inculpaba a un grupo de policías bonaerenses, entre ellos Juan José Ribelli, un oficial superior con una foja, hasta ese momento, intachable. En este punto es necesario aclarar que la acusación sobre la policía de la provincia de Buenos Aires como partícipes del atentado contra la AMIA —de amplia repercusión internacional— impactaba de lleno, y muy mal, en la candidatura presidencial de Duhalde, que a esa altura ya estaba abiertamente enfrentado con el gobierno de Menem. Así las cosas, Ribelli y otros policías fueron acusados de ser un eslabón del atentado, junto a Carlos Telleldín, en la entrega de la camioneta Renault Trafic, con la que se habría perpetrado el atentado. Galeano había ordenado su detención en julio de 1996. Los titulares sobre la Policía Bonaerense, a la que Duhalde un tiempo antes había calificado como "la mejor del mundo", hacían las delicias de los que rechazaban la candidatura a presidente del gobernador de la provincia de Buenos Aires. Como lo dije desde un principio: AMIA era una pieza de ajedrez en el tablero de la política nacional e internacional. Sin embargo, años más tarde estallaría el escándalo.

En el año 2004, durante el juicio oral de la causa AMIA, ante el Tribunal Oral Federal se supo que el juez Galeano había ordenado a un sector de la SIDE que pagara 400 mil dólares a Telleldín para que éste acusara por el atentado a los policías de la bonaerense, en un entramado que involucraba al gobierno de Menem, a miembros del Poder Judicial, a la Secretaría de Inteligencia y la Policía Federal. El Tribunal Oral decretó la nulidad de todo lo investigado en la causa AMIA, que de esa manera volvía a fojas cero y ordenó que se abriera una nueva causa por encubrimiento y desvío de la investigación: la causa AMIA II. Dispuso además la libertad inmediata de Ribelli, quien había estado preso durante ocho años en la causa AMIA sin tener nada que ver y que resultó, finalmente, una pieza cobrada en el tablero de ajedrez nacional. La declaración de Lifschitz había demostrado que estábamos ante el fraude material y procesal más importante del que se tenga memoria en nuestro país. De lo que ocurrió durante la investigación de la Comisión Bicameral, hay centenares de hechos y discusiones, idas y vueltas, todo lo cual quedó plasmado en el Tercer Informe de la comisión que firmé en soledad y con disidencia total años antes del fallo del Tribunal Oral. Tal cual lo preveíamos, la instrucción en la causa de la AMIA del juez Galeano no pasaría por la prueba de un juicio oral y público. Lamentablemente, estaba en lo cierto. El mencionado fallo del TOF 3 directamente descartó el expediente entero de Galeano y la causa volvió, como dijimos, a fojas cero. También había ordenado investigar a todos los integrantes de la Comisión Bicameral que firmaron los dictámenes de mayoría por encubrimiento.

La causa de encubrimiento, AMIA II, se inició en el año 2000, luego de la declaración de Lifschitz, y estuvo paralizada durante años, hasta que el juez a cargo, nada menos que el sicario Claudio Bonadio, fue apartado por su inacción manifiesta y denunciado por la propia Cámara Federal que decidió su apartamiento. Bonadio había sido funcionario de Carlos Menem hasta poco antes del atentado a la AMIA. Su nombramiento, junto al de otros jueces federales, es recordado como "el escándalo de la servilleta", por el grado de manipulación y la falta de antecedentes de los nombrados. Apartado Bonadio, la causa de encubrimiento recayó en el Juzgado en lo Criminal y Correccional Federal número 4, a cargo del juez Ariel Lijo. Los imputados eran el ex juez Galeano por delitos de peculado, malversación de caudales públicos, coacción, falsedad ideológica de documento público, privación abusiva de la libertad, encubrimiento, violación de medios de prueba y prevaricato; el ex secretario de Inteligencia Hugo Alfredo Anzorreguy por los delitos de peculado, encubrimiento, abuso de autoridad y falsedad ideológica de documento público;

los ex fiscales Eamon Gabriel Mullen y José Carlos Barbaccia por los delitos de privación abusiva de la libertad agravada, peculado y coacción; Telleldín y su abogado Víctor Stinfale; Ana María Boragni —pareja de Telleldín—; el ex presidente de la DAIA Rubén Beraja y el ex agente de la SIDE Patricio Finnen, todos ellos por el delito de peculado. La lista se completa con el ex presidente Carlos Saúl Menem, por los delitos de encubrimiento, falsedad ideológica, violación de medios de prueba y abuso de autoridad; Jorge Alberto "Fino" Palacios, ex miembro de la Policía Federal —primer jefe de la Policía de la Ciudad de Mauricio Macri que tuvo que renunciar por el escándalo de las escuchas ilegales—, por los delitos de encubrimiento, abuso de autoridad y violación de medios de prueba; el ex subsecretario de Inteligencia Juan Carlos Anchézar, por los delitos de encubrimiento, abuso de autoridad y falsedad ideológica; y el ex policía Federal Carlos Antonio Castañeda, por los delitos de encubrimiento, abuso de autoridad, violación de medios de prueba y falsedad ideológica.

En el año 2004, cuando el Tribunal Federal decreta la nulidad de todo lo actuado en la causa AMIA, la Procuración General de la Nación, organismo independiente de todos los poderes del Estado, crea una Unidad Fiscal para investigar el atentado terrorista a la AMIA —la UFI-AMIA, fiscalía temática que se ocuparía únicamente de investigar ese hecho— y designa al frente de la misma a los fiscales Alberto Natalio Nisman y a Marcelo Martínez Burgos.

Un fiscal y un agente

La llegada de Nisman a la investigación de la causa AMIA fue anterior a su designación como fiscal de la UFI-AMIA. En el año 1997, el fiscal comenzó a trabajar junto a sus pares, los fiscales Eamon Mullen y José Barbaccia, en esa causa. Luego, estos dos últimos resultarían acusados como encubridores del atentado por el Tribunal Oral de la causa, en el año 2004. En un principio, Nisman se encargó de buscar pruebas contra los miembros de la Policía Bonaerense acusados de haber participado en el atentado. Pero a partir de septiembre de 2003, cuando ya se encontraba avanzado el juicio oral, el fiscal se acercó a Antonio "Jaime" Stiuso —un histórico y poderoso agente de inteligencia que revistaba desde 1972 y llegó a ser jefe de Operaciones de la ex SIDE—, que seguía exclusivamente la acusación contra los iraníes. Para ello recibía informes de inteligencia de la CIA y del servicio secreto israelí, Mossad. Al ver que el juicio se volvía cada vez más brumoso, Nisman se fue acercando más y más a Stiuso, dado que era la única forma de despegarse de lo que estaba ocurriendo con la investigación. A Stiuso lo vi una sola vez en mi vida, cuando un grupo de miembros de la Comisión Bicameral de Seguimiento de la AMIA fuimos a la ex SIDE para escuchar y hacer preguntas a los funcionarios y las funcionarias que estaban a cargo de la investigación. Sin embargo, resulta esclarecedor, para comprender la estrecha relación entre Stiuso y Nisman, conocer algunos hechos como por ejemplo la reunión que ambos mantuvieron con Aníbal Fernández cuando este era ministro del Interior durante el gobierno de Néstor. Fue en el año 2003, cuando el juez Galeano había pedido la extradición de Hadi Soleimanpour, quien fuera el embajador iraní en Argentina entre 1991 y 1994. Soleimanpour había sido detenido en agosto de ese año en Inglaterra. Galeano lo acusaba de haber colaborado con la red de inteligencia iraní que realizó el atentado a la AMIA. El juez londinense que había ordenado la detención solicitó a Galeano que enviara las pruebas pertinentes. Sin embargo, el material enviado fue tan inconsistente que el juez inglés tuvo que disponer la libertad del iraní por falta de pruebas en su contra. Era sabido que el exhorto de Galeano se basaba en gran parte en un informe elaborado por la ex SIDE. Esta situación provocó que perdiéramos el incidente de detención, de modo que Soleimanpour fue liberado por falta de pruebas y cayeron las "alertas rojas" que habíamos logrado desde nuestro gobierno. Argentina, además, debió pagar unos 25 mil dólares de costas judiciales. Como consecuencia de aquel papelón internacional, hubo que volver a tramitar las alertas rojas y, para eso, era necesario presentarse ante la asamblea de Interpol. En ese momento Nisman estaba muy asustado, no quería viajar a sostener el pedido de alertas rojas y fue a verlo a Aníbal, acompañado de Stiuso. Aníbal les exigió, no demasiado protocolarmente, que viajaran a fundamentar ante Interpol. Finalmente fueron. Este episodio demuestra, entre otras cosas, que Nisman siempre se movía con Stiuso y que estaba directamente vinculado con la ex SIDE.

En septiembre de 2004, quedó oficializado lo que siempre sospechamos quienes conocíamos a fondo la causa: el desvío de la investigación y el encubrimiento. El TOF 3 anuló la instrucción del juez Galeano y sostuvo que este había armado una acusación falsa en complicidad con diversos funcionarios públicos. El fallo indicaba que los policías habían sido acusados "falsamente y a propósito" por el juez y los fiscales —entre ellos Nisman— en complicidad con la ex SIDE. En ese escenario, Nisman no apeló la decisión del Tribunal de absolver a los policías, aunque él había sido quien comandaba la investigación que los incriminaba y quien también los había acusado. Este comportamiento revela que lo que buscaba el fiscal era seguir estando en la causa, objetivo que logró con creces cuando el 13 de septiembre de 2004 la Procuración General creó la UFI-AMIA y lo designó como uno de los fiscales, junto a Marcelo Martínez Burgos —como ya lo mencioné—. A partir de allí, Nisman quedó definitivamente atado a Stiuso, quien se convirtió en su alter ego, con la hipótesis de que el atentado a la AMIA había sido obra de un grupo de iraníes con apoyo directo del Estado de Irán. Para él, la causa ya estaba resuelta... solamente faltaban las pruebas. Stiuso, por su parte, volvía a posicionarse en el centro de la causa.

La primera tarea de Nisman y Burgos fue revisar las cerca de cinco mil páginas que tenía el fallo del TOF 3, para ver qué pista podía quedar en pie. Pero en el listado de personas que debían ser investigadas por encubrimiento se encontraban los fiscales Mullen y Barbaccia, que habían trabajado con Nisman entre 1997 y 2004. Investigarlos a ellos era investigarse a sí mismo. Nisman siguió entonces avanzando detrás de su único norte: la culpabilidad de Irán. Mientras tanto, la causa por encubrimiento seguía paralizada. ¿Esa era su otra tarea? ¿Que la causa de encubrimiento no avanzara? Para armar la causa contra Irán, Nisman, bajo la influencia y el comando absoluto de Antonio Stiuso, contaba con la información que le "brindaban" la CIA, el FBI y el Mossad. Antes de tomar cualquier decisión, el fiscal solía adelantarle las resoluciones judiciales a la Embajada de los Estados Unidos. Los libros *Argenleaks* y *Politileaks*, del periodista Santiago O'Donnell, dan cuenta de cómo Nisman llevaba los borradores a la embajada, en donde eran corregidos hasta que estuvieran listos para ser presentados. Un ejemplo claro es un mail que mandó el embajador de Estados Unidos en Argentina entre 2007 y 2009, Earl Anthony Wayne, a sus superiores del Departamento de Estado en mayo de 2008: "Funcionarios del Departamento de Legales de la embajada le han recomendado a Nisman que se enfoque en los perpetradores del ataque y no en el posible desmanejo de la primera investigación. Semejante acción sólo confundiría a los familiares de las víctimas y distraería la atención de la caza de los verdaderos culpables"... Más claro, sólo el agua.

La dinámica de trabajo entre Nisman y Martínez Burgos parecía consistir en que el primero buscaba avanzar con la causa de manera más agresiva, mientras que el segundo emprolijaba y le daba coherencia al material de la investigación. En octubre de 2006 emitieron un dictamen de 801 páginas en el que acusaban por el atentado al gobierno de Irán de entonces y a la organización terrorista libanesa proiraní Hezbollah. Le solicitaron al juez Canicoba Corral la captura internacional de quien era en ese momento el presidente iraní, Akbar

Hashemí Rafsanyaní, del canciller de su gobierno, del ministro de Inteligencia, de Mohsen Rabbani —un clérigo musulmán acusado de tener vínculos con los servicios secretos del régimen de los Ayatollah—, otros tres funcionarios y el jefe operativo de Hezbollah, Imad Moughneh. Ese dictamen había sido redactado totalmente bajo la batuta de Antonio Stiuso, a quienes los fiscales le tributaban su "reconocimiento" en un párrafo más que elocuente: "La Secretaría de Inteligencia contaba desde 1995 con información que señalaba en idéntica dirección. Ello fue puesto de manifiesto por el ingeniero Antonio Stiuso". Poco tiempo después de presentada esta denuncia, a principios de 2007, Martínez Burgos quedó envuelto en un escándalo por haber mantenido, supuestamente, reuniones secretas con abogados cercanos a la Embajada de Irán en Argentina, con el objetivo de derribar las acusaciones a los ex funcionarios iraníes. El fiscal Martínez Burgos finalmente renunció en silencio. Al poco tiempo también dejó la fiscalía el tercero de la investigación, Hernán Longo, de modo que Nisman y Stiuso concentraron todo el poder, la información y los recursos de la UFI-AMIA.

Yo le había pedido a Néstor, desde que asumió como presidente, que no dejara el tema AMIA de lado. Él no conocía bien la causa —no era un tema de él—, pero siempre destinó todos los recursos económicos que se le solicitaron y desclasificó toda la información que le requirieron. La verdad es que a partir del 2004 nuestros gobiernos abrieron absolutamente todos los archivos de los organismos de inteligencia y también se desclasificó toda la información requerida respecto de la AMIA. Relevamos a todos los agentes de inteligencia de su obligación de guardar secreto para que pudieran ir a declarar a Tribunales. En el año 2005, Néstor firmó el Decreto 812, mediante el cual, en el marco de solución amistosa que un grupo de familiares de las víctimas había iniciado ante la Comisión Interamericana de Derechos Humanos, se reconoció la responsabilidad del Estado argentino por la falta de prevención del atentado y el encubrimiento de los hechos. De esta forma, entre otros compromisos, nuestro país asumió el de fortalecer la unidad fiscal y la unidad de investigación del Ministerio de Justicia, adoptar medidas para garantizar la investigación, y reformar la Ley de Inteligencia Nacional. Esto último lo lograría recién en 2015, sobre lo que volveré más adelante. Pero vale aquí recordar que una de las reformas legales más difíciles y que muchos creían imposible, como reformar el servicio de inteligencia y transparentar el uso de los fondos reservados, fue derogada por Mauricio Macri mediante un decreto, semanas después de asumir la presidencia.

En el año 2006, se instruyó a la Subsecretaría de Política Criminal del Ministerio de Justicia para que se presente como querellante en representación del Estado nacional en la causa que investigaba el encubrimiento. Fruto de la querella de algunos familiares y la oficial encabezada por el Ministerio de Justicia en 2006, se lograron los primeros procesamientos. Nadie puede dudar con honestidad intelectual de lo que pusimos y lo que hicimos para que la causa AMIA avanzara. El mismo empeño, la misma convicción que pusimos también contra el terrorismo de Estado. Desde el primer momento estuvimos convencidos de que una sociedad no puede vivir sitiada por el miedo y mucho menos por la extorsión. Pero lo cierto es que después de todo lo que habíamos hecho; después de lo que habíamos puesto en lo económico y en lo institucional; después de todas nuestras conferencias internacionales, especialmente las de la Asamblea General de la ONU, en las que a partir del 2007 —año a año— Néstor primero y después yo desde el 2008, reclamamos a la República Islámica de Irán su colaboración para poder tomar las declaraciones necesarias a los ciudadanos iraníes que habían sido acusados por el nuevo juez de la causa AMIA; pese a todo ello —reitero—, la causa continuaba totalmente paralizada porque el juicio en ausencia está prohibido en la Argentina e Irán —cuya Constitución prohíbe la extradición de sus ciudadanos— no respondía a nuestros reclamos. Ya habían transcurrido casi veinte años del atentado y ocho presidentes —crisis 2001 incluida—; había pasado el mandato completo de Néstor —que ya no estaba—; se había cumplido mi primer mandato como presidenta y estaba promediando el segundo.

Un Memorándum

La firma del Memorándum de entendimiento con Irán, el 27 de enero del 2013, fue algo que me entusiasmó como pocas cosas después de lo de Néstor. Era la posibilidad histórica de destrabar una causa con la que yo estaba muy comprometida afectiva y políticamente. Había construido vínculos muy fuertes con muchos de los familiares de las víctimas y conocía el proceso judicial en profundidad; lo había seguido durante años como legisladora y ahora como presidenta podía lograr sacarlo de la parálisis total ¡diecinueve años después del atentado! Me parecía un sueño. Sí, al momento de la firma del Memorándum habían transcurrido casi diecinueve años del atentado a la AMIA y la causa judicial estaba exactamente en el mismo lugar que el primer día. Sin embargo, la ilusión de firmar el Memorándum e imaginar la fotografía del juez argentino a cargo de la causa sentado en Teherán tomándole declaración a los acusados iraníes fue, hoy lo puedo confirmar, una verdadera ingenuidad de nuestra parte, que nos hizo olvidar los intereses geopolíticos en pugna. Veníamos trabajando el tema con Héctor Timerman y considerando la posibilidad de que las autoridades del Poder Judicial de nuestro país pudieran tomarle declaración a los acusados en Teherán. Finalmente, Irán había respondido a nuestras demandas en Naciones Unidas diciendo que estaban dispuestos a sentarse y entablar conversaciones sobre la cuestión. Eso ya era un avance porque Irán no aceptaba que la cuestión AMIA formara parte de la agenda entre ambos países. El 25 de septiembre del 2012, anuncié ante la Asamblea General de la ONU que le había dado la instrucción a nuestro canciller de reunirse con su par iraní, Alí Akbar Salehi. Subrayé, ya en ese discurso, la decisión de que en caso de llegarse a un acuerdo, el mismo debería ser aprobado por los parlamentos de ambos países y también aclaré que tomaría en cuenta las opiniones de los familiares de las víctimas del atentado. En aquel momento,

Sergio Burstein había viajado a Nueva York acompañándome como representante de Familiares de las Víctimas del Atentado contra la AMIA y manifestó estar de acuerdo con abrir el dialogo con Irán. El discurso fue bien recibido por las dos instituciones centrales de la comunidad judía en Argentina, la DAIA y la AMIA. El presidente de esta última, Guillermo Borger, había dicho que "sería una nueva luz de esperanza si se avanza para que los iraníes se presenten a la Justicia", y el titular de la DAIA, Aldo Donzis, había afirmado que estaba "satisfecho con el discurso", y que le parecía bien "que lo haya planteado con tanta energía, para resolver los atentados cometidos en Argentina", según publicó el periodista Raúl Kollmann en el matutino porteño *Página 12* al día siguiente del discurso en Naciones Unidas.

El Memorándum, o sea el acuerdo con Irán, era necesario por partida doble para poder avanzar con la investigación: todo estaba empantanado porque no había manera de que el juez de la causa en Argentina pudiera tomarles declaración indagatoria a los iraníes acusados de ser los autores intelectuales del atentado, ya que por un lado la Constitución iraní —al igual que la de Brasil, por ejemplo— no permite la extradición de sus ciudadanos y los iraníes habían demostrado que no se presentarían voluntariamente ante la justicia argentina —llevaban más de seis años con captura internacional— y por el otro, nuestro sistema penal no admite el juicio en ausencia. Había que destrabar la situación. Creo que esa voluntad mía y la omnipotencia de pensar que podíamos arreglarlo todo terminaron jugándonos en contra. Fueron esos los componentes que se condensaron en el Memorándum: una mezcla de ingenuidad, omnipotencia y creo, mirándolo en retrospectiva, mucho voluntarismo. Siempre tuve muy claro que esa era una causa que formaba parte del tablero geopolítico internacional, aunque también debo decir a nuestro favor que en ese momento otros vientos corrían en el mundo: en septiembre de ese mismo año, el entonces presidente de los EE.UU., Barack Obama, había decidido intentar un acuerdo nuclear con Irán, iniciando conversaciones y negociaciones con el presidente Hasan Rohani, que finalmente se materializaron en el acuerdo entre Irán y los países miembros del Consejo de Seguridad Permanente —el llamado 5 + 1— del que forman parte Estados Unidos, Francia, Reino Unido, China, Rusia y Alemania, firmado el 14 de julio de 2015. La firma de ese documento, que puso fin a treinta y cinco años de conflicto entre Washington y Teherán, implicaba por un lado el desarme nuclear de Irán y por el otro el beneficio que este país obtenía como contrapartida, con la cancelación de las severas sanciones económicas que pesaban sobre él.

En definitiva, mi gran error, mi gran pecado, fue no darme cuenta que a pocos les importa modificar el statu quo y que muchos otros se conforman con los actos litúrgicos de la memoria. Si yo hubiera tenido familiares muertos en el atentado, hubiera querido justicia. Fue por ese motivo que muchos familiares nos apoyaron enseguida cuando iniciamos el diálogo con Irán. Fue por eso que Memoria Activa, la legendaria batalladora de la causa AMIA también nos apoyó: ellos necesitaban y necesitan, más que un acto una vez al año, verdad y justicia. Siempre tuve vocación por las cosas históricas, y creo que eso se notó en mis dos presidencias. En este caso esa vocación se juntó con mi cercanía a la causa AMIA y a los familiares de las víctimas, con quienes yo sentía y tenía mucho compromiso. No sé qué habrán pensado los iraníes con el tema del Memorándum. Tal vez imaginaban que les iban a levantar las alertas rojas… ¿Qué sé yo? Lo cierto es que eso era imposible porque sólo el juez de la causa puede levantarlas. Lo pienso y se me ocurre que, en realidad, tanto Irán como Israel juegan su propio partido y a ninguno le interesa realmente las víctimas y los familiares. Creo que con lo que no contábamos al momento de comenzar el diálogo con Irán era con la mediocridad y la mezquindad que nos rodeaban. En Estados Unidos, por ejemplo, Donald Trump no quiere meter preso a Obama, ni lo acusa de traidor a la patria por haber firmado con los iraníes nada más ni nada menos que… ¡un acuerdo nuclear! En todo caso, lo que hizo fue dejar sin efecto el acuerdo cuando ganó las elecciones; pero no inventó nada para difamar y atacar a Obama. Finalmente, el Memorándum de entendimiento con la República Islámica de Irán fue debatido y aprobado por el Parlamento argentino el 27 de febrero de 2013, luego de una discusión que duró más de catorce horas. Sin embargo, el Memorándum nunca entró en vigencia: el parlamento iraní ni siquiera lo trató.

Los buitres también sobrevuelan la AMIA

Un mes y medio después de la firma del Memorándum, el 11 de marzo de 2013, se realizó una reunión en Washington, en

la que miembros del Grupo de Tareas Estadounidenses sobre
Argentina (ATFA) decidieron tomar al Memorándum como
un argumento más para avanzar en la extorsión a nuestro país
en el litigio con los fondos buitre. Ese Grupo de Tareas estaba
financiado, principalmente, por Paul Singer, dueño del fondo
buitre NML Elliot que había comprado bonos argentinos en
default por 40 millones de dólares, y su socio Sheldon Adelson, propietario del diario *Israel Hayom* de distribución gratuita
que se identifica con las posiciones de la derecha israelí y res-
palda activamente las políticas del primer ministro Benjamin
Netanyahu. Estos personajes, además, figuraban entre los principales aportantes de los candidatos del Partido Republicano de
los EE.UU., en particular de los legisladores que se opusieron
fervientemente al acuerdo de los 5 + 1 con Irán impulsado por
Obama y que convocaron a Netanyahu para ir al Parlamento
estadounidense a boicotear ese acuerdo. A Adelson, en Israel,
se lo denomina como "el jefe de Netanyahu", por la influencia
que tienen sus opiniones en el derrotero político del actual primer ministro. Para llevar adelante aquella estrategia de extorsión sobre la Argentina, ATFA decidió comenzar una campaña contra el Memorándum mediante solicitadas aparecidas en
diferentes diarios y contactando a dirigentes y políticos locales
para pedirles que se expidan rápidamente en forma crítica sobre
el tratado en ciernes, ofreciendo todo tipo de "colaboración"
para "defenestrar al gobierno argentino".

Por si esto fuera poco, Singer y Adelson figuran como
los máximos donantes de la Fundación para la Defensa de
la Democracia (FDD), dirigida por Mark Dubowitz, amigo

de Nisman. Singer aportó 3,5 millones de dólares durante los últimos siete años, mientras que Adelson unos 1,5 millones, según el informe impositivo realizado por International Press Service. La FDD difundió seis "estudios" destinados a denunciar la política argentina en relación con los fondos buitre y el Memorándum. Años más tarde crearía el premio homenaje "Alberto Nisman" luego de la muerte del fiscal. El 19 de abril de ese año, los fondos buitre rechazaron la oferta argentina de reabrir el canje para los que no adhirieron a las reestructuraciones de deuda en 2005 y 2010. El 2 de junio, el ATFA publicó una solicitada titulada "Aliados vergonzosos", con una fotografía mía junto al entonces presidente iraní Mahmud Ahmadinejad. En la solicitada decía: "Ha llegado el momento de impedir que Argentina siga transgrediendo la ley estadounidense y la ley internacional". Un mes más tarde, el 9 de julio de 2013, el republicano Jeff Duncan, responsable de la Comisión de Seguridad Interior de la Cámara de Representantes y también receptor de dinero de Paul Singer, me mandó una carta a propósito de la decisión de la procuradora Alejandra Gils Carbó de no autorizar a que Nisman expusiera en el Capitolio sobre la supuesta expansión de las actividades de inteligencia de Irán en América Latina. Dos días después, Duncan advirtió por medio de una carta al secretario de Estado, John Kerry, que "Argentina puede estar intentando apoyar el programa ilícito de armas nucleares iraní" y le reclamó que considerara los vínculos de nuestro gobierno con "el principal auspiciante mundial del terrorismo". Esos días recibí también una carta del senador republicano Mark Kirk que cuestionaba el acuerdo. Los gastos de Kirk eran solventados también por Paul Singer, de quien recibió unos 95 mil dólares, según informó la International Press Service el 7 de agosto de 2013, citando al Center for Responsive Politics, organización dedicada a monitorear las donaciones políticas dentro de Estados Unidos. Estos datos fueron publicados también por Jorge Elbaum, ex director de la DAIA y titular de Llamamiento Judío Argentino. A las cartas, siguieron una serie de reuniones entre Nisman y dirigentes de la DAIA y de la AMIA en las que se acordó cómo seguir adelante para que no se aplicara el Memorándum. Según relató Elbaum, "en dichas reuniones, realizadas en un bar ubicado en la calle Juana Manso 1601 de Puerto Madero, el fiscal Alberto Nisman repitió enfervorizadamente que estaba dispuesto a aportar 'de sus propios recursos' para colaborar con la DAIA a destrozar el Memorándum. 'Si es necesario, Paul Singer nos va a ayudar', afirmó frente a dos sorprendidos contertulios".

En junio de 2014 Mauricio Macri viajó a Israel y se reunió con Netanyahu. En esa reunión ambos estuvieron en sintonía en cuanto a la crítica del Memorándum con Irán y en la política de soberanía que impulsábamos en el litigio contra los fondos buitre. Un mes antes del viaje, el actual secretario de Derechos Humanos y Pluralismo Cultural del gobierno de Cambiemos, Claudio Avruj, quien era el encargado de organizar la gira, se contactó con Nisman para armar la agenda de reuniones en Tel Aviv y en Jerusalén. Avruj y Guillermo Yanco, pareja de Patricia Bullrich —entonces diputada nacional y actual ministra de Seguridad del gobierno de Cambiemos—, son dueños de la cadena de información sionista VisaVis, que a partir de 2015 recibe pauta publicitaria del gobierno de Cambiemos. Gracias a los contactos de Nisman, Macri pudo reunirse con referentes de la derecha israelí y con el propio primer ministro.

La postura de Netanyahu respecto a los fondos buitre fue ratificada a los pocos meses cuando el 9 de septiembre de ese año, en la 107 Asamblea General de las Naciones Unidas, Israel votó en contra de nuestra propuesta de elaborar una convención que otorgue un marco jurídico para la reestructuración de deudas soberanas. En la votación obtuvimos 124 votos positivos, 11 en contra —entre ellos el de Israel— y 41 abstenciones. Muchos periodistas críticos al gobierno israelí explicaron entonces que el voto de Netanyahu era previsible por el estrecho vínculo que tenía con Adelson. Veinte días más tarde, el 29 de septiembre, el juez Griesa declaró a Argentina en desacato. En nuestro país, ese año 2014 terminó con el recambio de autoridades en la ex SIDE y el anuncio de una nueva ley de inteligencia. Así, el año electoral comenzó con un escenario político y judicial muy complejo. Pensando en retrospectiva sobre lo acontecido a partir de la firma del Memorándum, ya estaba todo planificado para la persecución judicial que luego se inició cuando asumió Cambiemos.

Cronología de una muerte

El 16 de diciembre del 2014, yo había tomado la decisión de producir grandes cambios en la ex SIDE aceptando la renuncia de su entonces titular, Héctor Icazuriaga, y de su segundo, Francisco Larcher. Designé al frente de la misma a Oscar Parrilli, quien inmediatamente después de asumir mantuvo una reunión con Antonio "Jaime" Stiuso, director de Operaciones de la central de inteligencia —el número tres en importancia e ingeniero experto en informática—, para pedirle su renuncia. En un primer momento, Stiuso no sólo se negó a presentarla, sino que además le dijo: "A mí no me van a poder echar; yo cuido que los presidentes no terminen con un traje a rayas". Finalmente, unos días después y ante la posiblidad de ser trasladado fuera del país, accedió a presentar su renuncia. Sin embargo, en esa no tan velada amenaza aludía a un mecanismo que consistía en usar información obtenida por su trabajo en la central de inteligencia —las famosas "carpetas"— para operar sobre los funcionarios de diferentes gobiernos. No sólo era un agente de inmejorables relaciones con los Estados Unidos, la CIA y el Mossad —la agencia de inteligencia de Israel—, sino que había algo más: un mecanismo que le aseguraba al próximo presidente poder activar "operaciones" contra el gobierno anterior y a él, mantenerse en su lugar durante décadas cada vez con más poder —había ingresado a la SIDE en 1972, atravesando dos dictaduras y todos los gobiernos democráticos—. Al respecto, resultan más que ilustrativas las declaraciones de Marta Narcellas —abogada de la DAIA cuando yo integraba la Comisión Bicameral y después defensora de Rubén Beraja, acusado por encubrimiento del atentado—, quien dijo en un reportaje que no entendía por qué Nisman había presentado la denuncia contra mi persona en ese momento, dado que él le había dicho, meses atrás, que la presentaría cuando... ¡yo dejara de ser presidenta! Sí, Stiuso y su alter ego Alberto Nisman tenían preparada esa denuncia para "tirármela" después de que yo dejara el gobierno.

El 30 de diciembre, Nisman se fue de vacaciones a Europa. Ese mismo día, antes de partir, llamó a su secretaria y le pidió que le consiguiera pasajes para volver el 12 de enero a la Argentina. Su colaboradora le preguntó si adelantaba el regreso pero él le dijo que no, que venía unos días a Buenos Aires y que el 19 se volvía a Europa, manteniendo el retorno original de sus vacaciones a fines del mes de enero. Efectivamente, ese 12 de enero Nisman regresó al país interrumpiendo el viaje que había programado para festejar el cumpleaños de 15 de su hija mayor en Europa, dejándola sola en el aeropuerto de Barajas. ¿Por qué Nisman había decidido interrumpir sus vacaciones de forma tan ilógica? ¿Por qué no programó dejar a su hija adolescente acompañada y en un lugar seguro, si ya tenía previsto su regreso para el 12 de enero? Justo ese día, el 12 de enero, la entonces procuradora general de la Nación, Alejandra Gils Carbó, volvía de sus vacaciones. Previamente, el 30 de diciembre de 2014, el día en que Nisman llamó a su secretaria para que le consiguiera un pasaje de regreso para el día 12, Gils Carbó había publicado una serie de resoluciones con movimientos y desplazamientos de algunos fiscales dentro del Ministerio Público. ¿Aprovechó Stiuso esa situación para meterle en la cabeza a Nisman que lo iban a echar? Se decía que Stiuso había comenzado a enloquecer a Nisman, diciéndole que a él lo habían echado hacía pocos días y que ahora era su turno... que Gils Carbó iba a desplazarlo. Fue por eso que Nisman volvió el 12 y a los dos días, el miércoles 14 de enero de 2015, presentó una denuncia contra la presidenta de la Nación —o sea contra mí— y contra el entonces canciller de la Argentina, Héctor Timerman, en la que nos acusaba de intentar encubrir el atentado terrorista de la AMIA a través de la firma del Memorándum de entendimiento con la República Islámica de Irán. ¿Stiuso lo había convencido de presentar esa denuncia diciéndole que de esa manera no lo iban a poder echar? ¿Le había prometido las pruebas que nunca aparecieron? Nisman decía que nuestro gobierno había pedido que se levantaran las alertas rojas de captura internacional emitidas por Interpol que pesaban sobre los acusados iraníes. Sostenía, además, que eso se debía a cuestiones de intercambio y conveniencia comercial, ya que Irán compraba granos a la Argentina y nosotros petróleo a los iraníes. También involucraba en la denuncia a otras personas: al secretario general de La Cámpora, diputado Andrés Larroque, al dirigente social Luis D'Elía y al militante de la agrupación Quebracho, Fernando Esteche.

El 19 de enero del 2015, en su departamento, en el edificio Le Parc de Puerto Madero, apareció muerto el fiscal Alberto Nisman, titular de la UFI-AMIA. Ese día, volví a sentir el peso del atentado terrorista más grande que se produjo en la Argentina y el rol que jugó y juega esa tragedia en el ajedrez de la política internacional y obviamente, también, en el de la política nacional. Repasemos: una persona que desde el año 1972 estaba en una oficina central del aparato de inteligencia argentino, como es el control operacional de la SIDE, es removida de su cargo contra su voluntad por orden de la presidenta a mediados de diciembre de 2014 y, 34 días más tarde, el único fiscal de la UFI-AMIA que era su alter ego en esa causa aparece muerto en su departamento, inmediatamente después de denunciar a esa misma presidenta por encubrimiento del atentado a la AMIA.

Cuando el miércoles 21 de enero de 2015 el Centro de Información Judicial (CIJ) publicó la denuncia completa del fiscal Nisman, confirmé mis peores sospechas: todo lo que había presentado Nisman en la denuncia era falso. Los agentes no eran agentes; el ex jefe de la Interpol Roland Noble había desmentido la acusación sobre las alertas rojas al negar lo que decía el fiscal; el intercambio comercial con Irán había caído estrepitosamente luego de la firma del Memorándum y nuestro gobierno nunca había comprado petróleo a Irán. La acusación no sólo se derrumbaba, sino que era un verdadero escándalo jurídico y político que no podía ni debía pasarse por alto. El fiscal Nisman no sabía, nunca lo supo, que los agentes de inteligencia que él denunciaba como tales en su escrito no lo eran, y por supuesto mucho menos sabía que uno de ellos había sido "convenientemente denunciado", con anterioridad a la presentación de su denuncia, por el propio Stiuso. ¿Quién le había hecho cometer tales errores? ¿Quién le había pasado tan mala información? Ese día, comentando la denuncia ya publicada, la tapa del diario porteño *Buenos Aires Herald* publicó: "Nothing New", es decir, "Nada nuevo". El subtítulo del diario agregaba que el reporte de Nisman "fracasa en avivar las llamas de la conspiración". Las palabras "fracaso" y "conspiración" fueron muy contundentes. El diario *Página 12* publicó ese día una serie de notas que desmoronaron el castillo de naipes que habían montado como "la denuncia del siglo".

Recuerdo que los días siguientes a que se hiciera pública la denuncia, no hubo un solo doctrinario o magistrado que sostuviera o defendiera lo que decía el escrito presentado por Nisman. Es más, no pocos afirmaban que no se podía creer que eso estuviera escrito por un abogado y mucho menos por un fiscal. El prestigioso procesalista y penalista Julio Maier dijo en esos días que la denuncia era tan absurda que aun cuando hubieran tenido lugar las conductas o los hechos descriptos, tampoco habría delito. Es tan básico como que nadie puede cometer un delito al firmar un tratado internacional aprobado por el Congreso. Lo más llamativo es que los datos del intercambio comercial estaban al alcance de todos, eran públicos y hubiera bastado verlos para no incurrir en tan groseros errores. En cuanto a la cuestión de haber mencionado como agentes de inteligencia vinculados directamente a la presidencia, a personas que habían sido "denunciadas" por el propio Stiuso —que era quien precisamente proveía de información al fiscal Nisman—, era directamente incomprensible. ¿O fue a propósito?... Huelgan los comentarios. Nunca se vio una inteligencia tan perversa.

Pero tal como yo lo sospechaba, cuando se conoció la denuncia completa… esa ya no era la noticia. Toda la prensa nacional e internacional sólo hablaba de la muerte del fiscal Nisman después de haber denunciado a la presidenta de la Argentina por encubrimiento del atentado terrorista a la AMIA.

El objetivo estaba cumplido: la verdadera operación contra la presidenta no había sido la denuncia del fiscal Nisman.

Después de la muerte: la otra vida del fiscal, la oposición de campaña y los republicanos también

Después de la muerte de Nisman, se comienzan a develar hechos muy importantes que por un lado confirman una vez más a la causa AMIA como una pieza del tablero de ajedrez de la geopolítica y también de la política nacional y por el otro demuestran un estilo de vida del fiscal —ignorado públicamente hasta ese entonces— junto a la aparición de bienes y dinero de su propiedad no declarados. El primero de esos hechos fue cuando se abrió la caja fuerte de la UFI-AMIA, el 1 de febrero de 2015, y se dejó constancia de la existencia de dos copias de un documento que se titulaba: "Solicita al Poder Ejecutivo Nacional se arbitren los medios para dar inmediata intervención al Consejo de Seguridad de Naciones Unidas". Una de las versiones estaba elaborada sobre la hipótesis de que Irán ratificara el Memorándum y la otra sobre el supuesto de que no lo hiciera. Las dos versiones fueron concluidas en diciembre de 2014, según declaró Soledad Castro, secretaria letrada de la UFI-AMIA, quien inclusive confirmó que, antes de irse a Europa, Nisman había dejado hojas en blanco firmadas con fecha posdatada a enero de 2015. En los dos documentos —idénticos— Nisman no sólo no hacía ningún tipo de alusión a la inminente o consumada presentación de la denuncia en contra de las máximas autoridades del Poder Ejecutivo argentino, sino que a lo largo de sus páginas demostraba una postura diametralmente opuesta a esa denuncia. Realizaba consideraciones sumamente positivas de la política de Estado del gobierno nacional sobre la cuestión AMIA llevada adelante desde el año 2004 hasta ese momento, destacaba todos mis discursos y los de Néstor ante la ONU sobre este tema y consideraba, además, que tanto el ofrecimiento de juzgamiento en un tercer país —propuesta realizada ante la ONU en el año 2010— como la firma del Memorándum en el 2013 —ambas iniciativas del Poder Ejecutivo— eran una consecuencia entendible debido al desgaste de la relación entre Argentina e Irán por la negativa de los iraníes a colaborar con nuestro país en el esclarecimiento del atentado. ¿De qué dependía que se presentara una u otra versión? Aparecía en el escenario otra vez la geopolítica.

Cuando se redactaron esas dos versiones, el presidente de los Estados Unidos, Barack Obama, estaba negociando —hacía tiempo ya— un acuerdo nuclear con la República Islámica de Irán junto a los otros miembros permanentes del Consejo de Seguridad de la ONU más Alemania, lo que se conoció como el grupo de los 5 + 1. Esas negociaciones fueron permanentemente bombardeadas por el primer ministro de Israel, Netanyahu, y los sectores republicanos en el Congreso de los Estados Unidos vinculados a él. Evidentemente había un eje internacional que estaba en contra de cualquier tipo de acuerdo con Irán, cualquiera fuera su naturaleza. Un mes más tarde del hallazgo de aquellos documentos, la geopolítica volvió a confirmar a la causa AMIA como pieza de su tablero. El 3 de marzo del 2015, tuvo lugar un hecho inédito: el Partido Republicano, para boicotear las negociaciones que en materia nuclear llevaba adelante el presidente demócrata Barack Obama, invitó, para hablar en el Congreso norteamericano, al primer ministro de Israel, Benjamín Netanyahu, quien criticó abiertamente durante una sesión al gobierno de los Estados Unidos por su política de acercamiento con Irán. Era la primera vez en la historia de EE.UU. que el jefe de un Estado extranjero hablaba en el Parlamento estadounidense en contra del presidente de ese país. ¿Qué mencionó Netanyahu entre sus argumentos para oponerse a cualquier acuerdo con Irán?... ¡Bingo!... El atentado a la AMIA. Israel y sus aliados del Partido Republicano no concebían que Obama y las potencias más importantes del mundo pactaran con su enemigo declarado: Irán.

En nuestro país, este tema le sirvió a Mauricio Macri para vincular a nuestro gobierno con la muerte de Nisman y con la República Islámica de Irán. Pese a ello, Obama siguió adelante con su política y, como ya señalé, el 14 de julio del 2015 tuvo lugar el acuerdo nuclear con la República Islámica de Irán, que siguió siendo atacado por los sectores más conservadores de Estados Unidos, en conjunto con Israel. De hecho fue uno de los caballitos de batalla que el actual presidente de los Estados Unidos, Donald Trump, utilizó durante toda su campaña electoral y que dejó sin efecto en mayo del 2018. Aunque bueno es señalar —como ya lo dije— que nunca se le ocurrió acusar de traición a la patria a Barack Obama, ni tampoco ponerlo preso por la firma de ese acuerdo, como sí hizo conmigo Mauricio Macri al llegar a la presidencia.

Desde la muerte del fiscal Nisman, se desató contra nuestro gobierno una campaña llevada adelante por Cambiemos y los sectores más recalcitrantes del Poder Judicial y mediático, anticipando lo que iba a ser el dispositivo de persecución contra mi persona. El 18 de febrero de 2015 se convocó a la "marcha del silencio" para pedir "justicia" por la muerte de Nisman. La organización estuvo a cargo de los fiscales Guillermo Marijuan, Carlos Stornelli, Gerardo Moldes, Ricardo Sáenz, José María Campagnoli y el titular del gremio de judiciales, Julio Piumato. No vale la pena repasar los antecedentes de estos fiscales, por demás conocidos. No dejaba de ser curioso que dos de ellos fueron acusados por familiares de las víctimas del atentado terrorista a la AMIA de obstaculizar la causa judicial, acusación que se extendía al propio Nisman. Por caso, la organización Memoria Activa había pedido ya tres veces la remoción del fiscal titular de la UFI-AMIA con notas enviadas a la Procuración General. Ese pedido había sido denegado debido a que Nisman tenía un gran apoyo de las instituciones de la comunidad judía. Pienso ahora, a varios años de estos episodios, si la causa de las fotocopias de los "cuadernos" que estalló en agosto de 2018 no tendría ya asignados a todos los personajes, con Stornelli como fiscal, por ejemplo. Aquella fue una marcha realmente muy numerosa, bajo la lluvia, que terminó en Plaza de Mayo con un acto muy breve en el que Piumato fue único orador. Así, el "silencio" con el que se presentaba la marcha fue sonoramente quebrado por un orador sindical

integrante de una central obrera ferozmente opositora al gobierno. En la marcha estuvo presente casi todo el arco político
que entonces era oposición, salvo las agrupaciones de izquierda. Participaron Julio Cobos, Mauricio Macri, Sergio Massa,
Hermes Binner, Elisa Carrió, Patricia Bullrich y Ernesto Sanz,
entre otros y otras. Lo dije entonces y lo repito ahora: no fue
para nada un acto de homenaje a una persona trágicamente
fallecida, con la obvia excepción de sus familiares directos que
formaron parte de la manifestación. Se trató de una inédita
convocatoria de fiscales con el apoyo de no pocos jueces a una
marcha a la que decían se convocaba para reclamar "justicia"
por la muerte de un fiscal, algo realmente tan insólito como
sería una convocatoria de ministros del Poder Ejecutivo reclamando una mejor "gestión de gobierno". Al igual que otras
convocatorias opositoras a nuestro gobierno, la marcha dejó
una serie de imágenes de manifestantes llevando carteles di-
famatorios hacia mi persona y hacia el gobierno: "CFK basta
de terrorismo de Estado", "Cristina, nos vas a tener que matar
a todos porque todos somos Nisman", "Ejekutado", por mencionar sólo algunos agravios. En definitiva, todos los rasgos
visibles de la marcha se pueden sintetizar en una conclusión
clara: el 18F fue decididamente una marcha opositora, convo-
cada por fiscales y apoyada por jueces y todo el arco político
opositor; una marcha de varios integrantes de un Poder del
Estado, el Judicial, contra otro Poder de la Constitución, el
Ejecutivo. Podría haber sido una marcha en homenaje a un
fiscal que apareció sin vida en circunstancias dudosas, tal cual
lo expresa la carátula del expediente judicial, o podría haber

sido lo que realmente fue: simple y sencillamente, una marcha opositora cuyo único mérito fue demostrar que se podía manifestar, disentir e insultar al gobierno y a la presidenta con absoluta libertad —al igual que en todas las marchas opositoras a nuestro gobierno—. No había, como durante estos últimos y tristes años, policías de civil o servicios de inteligencia infiltrados entre manifestantes para generar disturbios, ni se les dio la orden a las fuerzas represivas de perseguir, golpear y detener manifestantes, como en las razzias que vimos en diciembre de 2017 cuando se votó en el Congreso la Reforma Previsional o en octubre de 2018 cuando la Cámara de Diputados dio media sanción al presupuesto del FMI.

Se me reprochó, después de la manifestación, haber hecho "silencio", al no hablar de la misma. Esto era por demás curioso, dado que lo que siempre me criticaban era que teóricamente "hablaba demasiado". Es decir, cuando hablaba querían que me callara, y cuando no decía nada me reclamaban palabras. Esto tiene que ver, no tengo ninguna duda, con la forma en que los poderosos ven a la Argentina y cómo actúan en función de eso. Para muchos, para muchas, la palabra y el silencio tienen dueños en la Argentina y ellos determinan cuándo hay que callarse y cuándo se puede hablar. El problema que tuvieron es que conmigo nunca pudieron.

En relación con esto, hubo otra dimensión de la marcha que en su momento destaqué —y que a la luz de los actuales acontecimientos fue un análisis más que acertado—, que tiene que ver con cómo los medios de comunicación concentrados exageraron la magnitud de la convocatoria. Las marchas opositoras más grandes que se realizaron en los doce años y medio de nuestros gobiernos fueron la encabezada por Juan Carlos Blumberg a la Plaza del Congreso el 1 de abril de 2004 y la organizada en el Monumento a los Españoles, sobre avenida Del Libertador, por las patronales rurales el 15 de julio de 2008 —después de 127 días de *lock out*, cortes de ruta y desabastecimiento— en reclamo por la resolución 125 de retenciones móviles. En ambos casos los diarios *Clarín* y *La Nación* coincidieron en la cantidad de manifestantes. *Clarín* puso en tapa el 2 de abril de 2004: "Hubo 150.000 personas frente al Congreso y actos en todo el país. Fue una de las mayores concentraciones desde la vuelta de la democracia"; *La Nación*: "En la más impresionante manifestación popular en muchos años, unas 150.000 personas…". El 19 de febrero de 2015, los dos diarios coincidieron en que en la "marcha del silencio" habían participado 400 mil personas, una cifra absurda, casi ridícula pero no inocente. La supuesta masividad tuvo un objetivo político claro, que no era otro que el fin oculto de aquella manifestación: el 18F no fue un homenaje al fiscal Nisman, ni siquiera un insólito reclamo de justicia, sino el bautismo de fuego del Partido Judicial. Y ese Partido Judicial necesitaba de un "respaldo masivo" que no puede ser calificado como "popular" —concepto antagónico con los participantes de aquel evento— sino más bien de "gentista". Se necesitaba el respaldo de un tipo de masividad no popular, en general cautiva de las pantallas de televisión, para que avalara y diera legitimidad a cualquier avance judicial sobre la democracia, independientemente de lo que digan las leyes, los códigos de fondo y de forma y hasta la mismísima Constitución.

Se puede leer con mayor claridad, después de varios años del gobierno de Cambiemos, cómo este dispositivo político, mediático y judicial, que entonces se empezaba a anunciar, sería la herramienta para intentar destruir la oposición política real a través de la persecución judicial y la forma también de desviar la atención e intentar legitimar el ajuste brutal, el endeudamiento más acelerado de la historia de nuestro país para alimentar la fuga de capitales, el desmantelamiento del Estado y las conquistas sociales que tanto esfuerzo nos costó construir durante doce años y medio, no sólo a nosotros como gobernantes, sino a la sociedad toda. En síntesis: tanto Donald Trump como Mauricio Macri utilizaron la causa AMIA e Irán como recurso electoral.

Mientras tanto se había comenzado a conocer en Argentina que la UFI-AMIA era la única fiscalía del país que tenía presupuesto propio, y que Nisman se había encargado, como se supo después, de despilfarrar los 43 millones de pesos anuales que le correspondían al organismo. Por investigaciones posteriores, fotografías y testimonios se reveló la verdadera vida del fiscal Nisman: acompañantes pagas, fiestas, modelos y viajes al exterior. Supimos que iba todos los jueves a un club nocturno llamado Rosebar —allí se ejercería la prostitución VIP—, donde tenía una mesa en la que gastaba miles de pesos por noche. Era tan habitué que se la identificaba como la "mesa Nisman". Durante los meses de febrero y marzo de 2015 Juan Martín Mena —que había sido designado como

subdirector de la AFI y que conocía la causa AMIA al dedi-
llo por haberse desempeñado como subsecretario de Política
Criminal del Ministerio de Justicia y Derechos Humanos a
cargo de la Unidad AMIA— se presentó en las oficinas de
la central de inteligencia ubicadas en el Pasaje Barolo, donde
funcionaba la unidad antiterrorista, y encontró, en el primer y
segundo subsuelo, todo el archivo de la causa AMIA. El estado
del lugar era deplorable: mugre, papeles mezclados, humedad
y hasta roedores. Cuando Mena le consultó a la directora a
cargo si Nisman había visitado ese lugar, ella respondió: "No.
Cuando el doctor Nisman venía, me visitaba en mi despacho
del quinto piso". Es decir: Nisman nunca había revisado esa
documentación integralmente, ni controlaba su estado, seguridad y archivo. Inmediatamente convocamos a los familiares
de las víctimas para informarles de la situación y mostrarles el
estado de la documentación. Frente a este deplorable panora-
ma, teniendo en cuenta que se trataba ni más ni menos que
de toda la información del atentado obrante en la Secretaría
de Inteligencia, y que no se podía siquiera distinguir qué material había en esos archivos, ordené de inmediato una nueva
desclasificación por decreto de la totalidad de la información y
se puso a disposición de la UFI-AMIA para su digitalización a
través de un convenio con la Procuración General.

A partir de ese cambio y con la llegada de nuevos fiscales, después de la muerte de Nisman se descubrieron cosas
que el fiscal fallecido no había descubierto en más de diez
años, como por ejemplo el ADN de una persona entre los
escombros de la AMIA que no se correspondía con los per-

files genéticos de las víctimas registradas. Este hallazgo ocurrió en julio de 2017. También lograron la identificación de la víctima 85 del atentado. No sólo eso ponía a la luz a un Nisman muy diferente al que nos mostraban los medios de comunicación hegemónicos, sino también lo que pasó con la causa judicial sobre los bienes no declarados en Punta del Este y el dinero en negro de Nisman, que estaba a cargo del juez Canicoba Corral. En agosto de 2015 llegó a manos del magistrado un informe del FinCen, el organismo estadounidense análogo a lo que en la Argentina es la Unidad de Información Financiera (UIF), que reveló en detalle los movimientos de fondos en una cuenta del banco Merrill Lynch de Nueva York que había sido abierta por el fiscal a nombre de su madre, Sara Garfunkel, de su hermana, Sandra Nisman, y de Diego Lagomarsino, su asistente informático empleado en la UFI-AMIA, que además le entregó el arma de su propiedad que provocó la muerte de Alberto Nisman. Sí, Nisman tenía una cuenta en dólares en el exterior que no había declarado y en la que se había registrado como apoderado sin aclarar que era fiscal, es decir, sin denunciar que era una persona políticamente expuesta por ser miembro del Poder Judicial.

El informe del FinCen señalaba que entre 2012 y 2014 la cuenta registró movimientos por unos 666.000 dólares ingresados desde diferentes cuentas de terceros. Luego de analizar el documento, Canicoba Corral llamó a indagatoria a los titulares de la cuenta. Cuatro días después de haber tomado esa medida, el 4 de noviembre de 2015, la Sala Primera de la Cámara Federal lo apartó de la causa y puso como titular al sicario Claudio Bonadio, que obviamente suspendió las indagatorias y la causa quedó paralizada. Sí, tan sólo cuatro días tardó el Partido Judicial en tapar una investigación tan importante. Son muchas las incógnitas y las irregularidades que existen en torno a ese proceso judicial a cargo de Bonadio. Algunas de ellas, incluso, muy sombrías. En la mencionada cuenta del banco Merrill Lynch de Nueva York figura un depósito en negro por 150 mil dólares a nombre de Damián Stefanini, un financista argentino que desapareció el 17 de octubre de 2014 y de quien nunca más se supo nada... Sin embargo, lo más significativo y verdaderamente extraño —¿o no?— de esa desaparición es el fuero en el que quedó radicada la causa judicial que la "investiga". A pesar de que la causa comenzó en el ámbito de la justicia provincial, para sorpresa de todos y seguramente conveniencia de alguien, la causa se "federalizó" y quedó radicada en el juzgado federal de San Isidro. Cualquiera de nosotros se puede preguntar válidamente: ¿por qué habrá sucedido eso? ¿Quién estará a cargo de ese juzgado federal? Sí, acertaste... Está a cargo de la ex esposa de Nisman, Sandra Arroyo Salgado. Días después de la desaparición del financista, el auto "apareció" convenientemente estacionado en el partido de Vicente López, jurisdicción de Arroyo Salgado... La verdad... Si ladra, mueve la cola y tiene cuatro patas... Y sí, es perro. La "investigación" de la desaparición de Stefanini está tan trabada como la causa de la plata negra de Nisman. ¡Mi madre!

El Partido Judicial y su mejor sicario

¿Qué ocurrió con aquella denuncia del 14 de enero de 2015 realizada por el fiscal Nisman? Luego de no ser admitida durante la feria judicial por falta de presentación de pruebas y de transitar el despacho de tres jueces federales de Comodoro Py, quedó radicada en el juzgado de Daniel Rafecas, quien la rechazó con un sólido y contundente fallo. Resulta ilustrativo repasar los principales fundamentos de esa decisión judicial: 1) El Memorándum fue aprobado por las dos cámaras del Congreso; 2) La facultad de firmar un tratado correspondía —y corresponde— al Poder Ejecutivo; 3) Se dijo que favorecía a los sospechosos iraníes pero al final Irán no lo aprobó; 4) Nunca entró en vigencia, de manera que no podía tener efecto jurídico; 5) Se alegó que el pacto derivaría en el levantamiento de las órdenes de captura internacional que pesaban sobre los iraníes acusados y que se operativizaban a través de las alertas rojas emitidas por Interpol. No sólo nada de eso ocurrió sino que, además, el secretario general de ese organismo, el norteamericano Ronald Noble, desmintió enfáticamente que se hubiera hecho gestión alguna por parte del gobierno argentino para levantar esas alertas; 6) Se argumentó que el Memorándum daría paso a un intercambio de petróleo iraní por granos argentinos. Nunca ocurrió. El petróleo iraní, además, no se puede procesar en la Argentina por exceso de azufre; 7) Algunos de los más reconocidos juristas del derecho penal del país, como Eugenio Raúl Zaffaroni, León Arslanián, Julio Maier y Ricardo Gil Lavedra, sostuvieron que se trataba de una causa política, no judicial. Dicho fallo fue confirmado por la Cámara de Apelaciones, pasando en autoridad de cosa juzgada. Sin embargo, en la Argentina circular, los principios del derecho y las garantías constitucionales son sólo una anécdota.

En las elecciones presidenciales de ese año, Mauricio Macri fue electo presidente en el balotaje, por una diferencia de apenas 1,5 puntos, y un año más tarde la causa por el Memorándum, que estaba fenecida, resucitó... Un "milagro" judicial argentino. En realidad, el desmantelamiento del estado de derecho ya había comenzado con el cambio de gobierno a partir de la eliminación de las garantías y derechos constitucionales. Una de las primeras decisiones de Mauricio Macri como presidente había sido designar por decreto a dos integrantes de la Corte Suprema de Justicia de la Nación, violando brutalmente la Constitución Nacional. El resto vino por añadidura. El 29 de diciembre del 2016, casi dos años después de la sentencia del juez Rafecas, la Sala I de la Cámara Federal de Casación Penal, en un escandaloso fallo, ordenó que se vuelva a investigar lo que ya había sido no sólo investigado sino juzgado y confirmado por una Cámara de Apelaciones, que había dejado firme el fallo del juez de primera instancia. Los jueces Mariano Borinsky, Gustavo Hornos y Ana María Figueroa ordenaron reabrir la denuncia de Nisman, y tanto el juez Rafecas como los camaristas Eduardo Freiler y Jorge Ballestero fueron apartados del caso.

El 31 de mayo de 2017 la Cámara Federal, presidida por Martín Irurzun, pasó la causa de la denuncia de Nisman al juez... ¡Claudio Bonadio! Sí, aunque no se crea, Claudio

Bonadio, ex funcionario del gobierno de Menem, quien junto a otros funcionarios de ese gobierno estuvo acusado de haber encubierto el atentado de la AMIA. Claudio Bonadio, el que había sido separado, con durísimos términos, de la causa de encubrimiento conocida como AMIA II por manifiesta inacción durante años. Claudio Bonadio, quien a esa altura del gobierno de Cambiemos ya estaba convertido en un auténtico sicario judicial, a quien le habían encargado ir por mi cabeza. El 11 de septiembre de ese mismo año, Bonadio unificó por "economía procesal" la causa del Memorándum y la de... traición a la patria. Sí, así tal cual se lee: Bonadio tenía una causa contra mi persona y la del canciller Héctor Timerman, donde se nos denunciaba a ambos de "traición a la patria" por haber firmado el Memorándum de entendimiento con la República Islámica de Irán. Esa causa se había iniciado por una denuncia, que una vez más —y no por casualidad— había "caído" en el juzgado de Bonadio, presentada por denunciantes seriales —tan comunes en Argentina— que siempre cuentan con sponsors económicos y/o políticos. Bueno es aclarar que el delito de traición a la patria sólo puede producirse en el caso de que el país estuviera en guerra y el acusado se hubiera unido al enemigo. Solamente Juan Domingo Perón y quien escribe estas líneas fuimos acusados de traición a la patria. No es casualidad... En la Argentina todo hace juego con todo.

El jueves 7 de diciembre de 2017 y por el delito de traición a la patria, fui procesada por Bonadio, quien pidió mi desafuero al Senado y ordenó la detención de Héctor Timerman, Carlos Zannini —ex secretario Legal y Técnico de la

Presidencia— y los dirigentes sociales Luis D'Elía y Fernando Esteche. Así de simple y así de brutal la paradoja de esta Argentina circular: después de veintitrés años del atentado a la AMIA, Claudio Bonadio, el ex funcionario de Carlos Menem, el juez de la servilleta, el juez que había sido separado de la causa por encubrimiento del atentado terrorista conocida como AMIA II por haber paralizado la investigación durante años... Ese mismo "juez", ahora convertido en sicario, me acusaba de traición a la patria por la firma de un acuerdo internacional aprobado por el Parlamento argentino, que además nunca se aplicó porque no fue aprobado por la otra parte. He soportado y sigo soportando ataques, agravios, difamaciones y descalificaciones, que luego de dejar el gobierno se profundizaron en una violenta persecución judicial. Pero utilizar un tema tan delicado y doloroso como el de AMIA y tener que ver y escuchar que me pidieran "justicia" a mí... A nuestro gobierno... Que asumió nueve años después del atentado, que fue el único que hizo todo lo que podía hacer —y más también— y puso todo lo que tenía que poner en la cuestión AMIA... Sinceramente... En realidad, todo ese montaje no hacía más que dejar al desnudo el pasado bochornoso del Poder Judicial en las causas del atentado y del encubrimiento. Y, por otro lado, no era otra cosa que el preludio del papel violento que empezaría a jugar el Partido Judicial con el cambio de gobierno como anticipo del llamado *lawfare* o guerra jurídica contra los opositores políticos.

Más noticias sobre una muerte y una causa

En los últimos meses varias noticias influyeron para develar
lo ocurrido con la denuncia de Nisman contra mi gobierno
en enero de 2015 y, en especial, sobre las circunstancias de su
muerte. En septiembre de 2018, el abogado y periodista Pablo
Duggan —de inexistentes vínculos con nuestro espacio político y en más que reiteradas oportunidades muy crítico con el
mismo— publicó una investigación que llamó *¿Quién mató a
Nisman?* y que rápidamente se viralizó en las redes y en notas
periodísticas, ya que la primera edición de ese trabajo se difundió por Internet, y unos meses más tarde fue lanzado como
libro por editorial Planeta. Lo cierto es que en sus más de 400
páginas Duggan sentó su posición sobre cómo y por qué murió el fiscal. Su fuente: una cita paso a paso de los cientos de
páginas de la causa judicial sobre la muerte de Nisman, inicialmente instruida por la fiscal Viviana Fein. En el libro, revela el
nulo sustento de su denuncia sobre que mi gobierno buscaba
con el Memorándum de entendimiento con Irán la impunidad
del atentado a la AMIA, y refuta con las pericias asentadas en
la causa la idea de que Nisman habría sido asesinado. Duggan repasa las últimas horas de la vida del fiscal; las complicaciones para presentar su denuncia y su desesperación final por
haber sido abandonado por su principal sostén en la ex SIDE,
Stiuso. Entre otras cosas, el periodista señala que la denuncia de
Nisman fue cuestionada por el juez de la causa AMIA, Rodolfo Canicoba Corral, por haberle ocultado la investigación en
mi contra ¡durante dos años! Y recuerda también que los jueces

María Romilda Servini de Cubría y Ariel Lijo se negaron ese mes de enero de 2015 a habilitar la feria judicial para investigar la denuncia "por ausencia de pruebas". Duggan continúa marcando las complicaciones que enfrentó Nisman, entre ellas, el hecho de que Timerman haya mostrado en una conferencia de prensa la carta de febrero de 2013 que le enviáramos al director de Interpol, Ronald Noble, aclarando que la firma del Memorándum en nada modificaba el estatus de las alertas rojas contra los iraníes acusados. Señala que horas después de la denuncia de Nisman el propio Noble confirmó ese dato públicamente, en un reportaje realizado en el matutino *Página 12*. Que Nisman sentía que su denuncia no contaba con el respaldo que esperaba porque Stiuso, su mano derecha en la ex SIDE, había dejado de responder sus llamadas.

Según el libro, Nisman no sólo se quedaba en soledad, sin apoyos y sin pruebas, sino que enfrentaba una dura disputa familiar por haber abandonado a una de sus hijas en un aeropuerto de Europa para regresar urgente a Buenos Aires y presentar su denuncia. "El intercambio de mensajes de whatsapp entre Nisman y su ex mujer, la jueza de San Isidro Sandra Arroyo Salgado, es demoledor", señala Duggan para demostrar los graves problemas que afectaban a Nisman en su vida privada, ya que la jueza parecía conocer la vida non sancta de su ex marido cuando le escribe que le está enseñando a sus hijas a ser felices "con poco o con mucho, sí, con mucho, pero con mucho amor, atención, dedicación, estudio y trabajo. Para que sean mujeres de bien y que se valgan por ellas mismas, y no esperen o especulen con nada de nadie. Para que a los 20 años no tengan que regalarse a un papá de 50 para tener un viaje, un auto, ropa, celular o carteras…". De esa manera, le tiraba por la cabeza al fiscal la rumbosa vida de acompañantes pagas, viajes al exterior y algunas cosas más, como se evidencia en los chats. El final epistolar de aquel chateo borrascoso, señala Duggan, anticipa aun más la soledad del fiscal: "Te lo digo porque como vos y yo sabemos nada es gratis en la vida. Todo se paga, todo pasa y todo llega. Suerte y éxitos, sinceramente. Y para molestar, agredir, exponerlas o destratar olvidate de mis hijas. Gracias".

Con respecto a la muerte del fiscal, Duggan toma partido sobre la teoría del suicidio. Así lo fundamenta a lo largo de la investigación: "Empezando por lo médico forense, la autopsia de Alberto Nisman, corroborada en sus aspectos más importantes por la Junta Médica, es categórica: en la muerte del fiscal no participaron terceras personas. Es falso que el cuerpo presentaba 'sumisión química', no estaba drogado ni borracho (…) Su cuerpo no presentaba golpes más allá de los que causó su caída en la cabeza (…) El disparo, su trayectoria, el lugar en donde entra la bala, donde queda el arma y el casquillo, todo indica compatibilidad con autodisparo. Nada en el cuerpo de Nisman habla de otra cosa que de un suicidio. La data de muerte o IPM es coincidente en todos los métodos que se pueden utilizar para fijarla, todos hablan de un mismo horario aproximado entre las 9 de la mañana y las 2 de la tarde del domingo 18 de enero de 2015 (…) El cálculo de Gendarmería, que indica que la muerte ocurrió a las 02.46 de la madrugada, es inaceptable, poco serio y no académico (…) En este caso, el elemento principal de análisis son las muestras de sangre en el baño del fiscal. Esas manchas indican que el cuerpo nunca fue movido, que cayó naturalmente, que Nisman estaba solo en el baño al momento del disparo, (...) y que la puerta del baño estaba cerrada. La ausencia de rastros completos de disparo de arma de fuego en las manos de Nisman no indica que no disparó, hay rastros no completos (...) El complot asesino es una fantasía (...) No se sabe cómo entraron al departamento con las dos puertas cerradas por dentro (...) No se sabe para qué se quedaron en la casa para navegar por internet desde la laptop del fiscal a las siete de la mañana (...) No se sabe por qué un miembro de su custodia declara que el fiscal le pidió un arma".

No puedo dejar de preguntarme, con la publicación de esta investigación basada en la lectura minuciosa de la causa judicial, si la hipótesis del homicidio quedó debilitada. Pero lo cierto es que un par de meses más tarde de su aparición —en diciembre de 2018— Sandra Arroyo Salgado desistió de ser querellante en la causa por la muerte de su ex marido. El periodista Raúl Kollmann señaló en el matutino *Página 12* que la jueza "alegó amenazas a su familia" para tomar esa decisión, aunque, dice el periodista, no existían registros previos de esa situación.

El 29 de enero de 2019 se produce un hecho muy importante, casi disruptivo: toma estado público que la AMIA, presidida por Agustín Zbar, pidió a la DAIA, como representación política de la comunidad judía, que renuncie a la querella contra mi persona en la causa del Memorándum. En la nota enviada se sostiene textualmente: "Consideramos que mantener esa querella es perjudicial para la comunidad en general y afecta en particular a la AMIA en su gestión específica. Cabe recordar que fue la fuerte oposición de la AMIA la que logró que el pacto de nuestro país con el enemigo de Israel nunca entrara en vigencia", leo atenta en el comunicado. "Al desistir de esta querella contra la senadora y ex presidenta Cristina Fernández de Kirchner, además de reparar un grave error de la gestión anterior, la DAIA empezará a tomar distancia de una causa que está en el centro de la famosa grieta que divide a la mayoría de los argentinos, división que por cierto no nos representa", concluye. Lo manifestado por el entonces titular de la AMIA constituyó un verdadero testimonio de lo sucedido. Jorge Knoblovits, flamante presidente de la DAIA, respondió: "Habría que preguntarle a Zbar cuáles son las razones para meterse en una causa de la que no son parte. Cualquier debate fuera de la comunidad judía es un despropósito y una desmesura". A los pocos días, la comisión directiva de la AMIA aceptó el pedido de "licencia" de Zbar. "AMIA lamenta profundamente que dicha carta haya generado un malestar tan importante, y comprende la indignación de expresiones que, sin dudas, fueron desafortunadas".

Finalmente Zbar terminó renunciando y un día después de esa renuncia, Ronald Noble, el ex director de Interpol, escribió una serie de tuits expresando que quería dar su testimonio en el juicio por el Memorándum con Irán para dejar en claro que ni Timerman ni ningún funcionario le pidió dar de baja las alertas rojas o aliviar de alguna manera la situación de los iraníes imputados. En una nota de *Página 12*, se advierte que dos integrantes de la DAIA, aceptados como

querellantes, acusaron a Noble de encubrimiento en una maniobra para evitar que éste pueda declarar. Sí, así como se lee,
la DAIA no quiere que Ronald Noble declare en la causa.
El esclarecimiento del atentado a la AMIA es lo que menos
les interesa. El ex jefe de Interpol insistió —no sin molestia
por esa maniobra y porque no comprende cómo aún no fue
citado por la justicia argentina— que esperaba ser convocado
para aportar, dijo, verdad y justicia sobre quienes actuaron de
acuerdo a la ley.

Escribo el final de este capítulo también en El Calafate
durante los primeros días de marzo de 2019. El jueves 28
de febrero se conoció el veredicto en la causa del encubrimiento del atentado. Tanto en el gobierno de Néstor como
en los míos habíamos puesto mucho esfuerzo en esa causa.
Cumpliendo instrucciones del presidente, el Ministerio de
Justicia fue querellante en representación del Estado y junto a
los familiares de las víctimas fueron fundamentales para que
—con serios retrocesos y demoras— los acusados de encubrir
el atentado sean investigados. La sentencia, de la que no se
conocerán los fundamentos antes de que se publiquen estas
páginas, deja sensaciones contradictorias. Por un lado, la condena al ex juez Galeano, a los fiscales Mullen y Barbaccia, al
ex secretario de inteligencia Hugo Anzorreguy y a su subsecretario confirma que existió un feroz e inescrupuloso encubrimiento del atentado. Aquello que sostuve en soledad desde
la Comisión Bicameral del Congreso y aquello que algunos
sectores de familiares sostenían con tanta fuerza e indignación fue confirmado por un fallo judicial luego de un juicio

oral y público. Ya no son acusaciones ni reproches; diversos funcionarios judiciales y políticos encubrieron el atentado, desviaron la investigación y son los responsables de que quizás, luego de veinticinco años, nunca se sepa la verdad sobre lo ocurrido. Por otro lado, las bajas penas que se aplicaron dejan una sensación encontrada de cierta complacencia de la administración de justicia cuando debe juzgarse a sí misma, ni más ni menos que por la responsabilidad de encubrir el atentado más grande de la historia argentina. Galeano, como principal responsable, fue condenado a 6 años de prisión por los delitos de peculado, prevaricato, privación ilegal de la libertad y encubrimiento; Anzorreguy fue condenado a 4 años y 6 meses de prisión por peculado y encubrimiento; Telleldín, a 3 años y seis meses de prisión como partícipe del peculado; Anchezar (ex subsecretario de inteligencia de Menem), a 3 años como partícipe del peculado y autor del encubrimiento; Mullen y Barbaccia (los fiscales protegidos por Macri y Garavano, denunciados por el propio Cimadevilla) fueron condenados a 2 años de prisión de ejecución condicional, por incumplimiento de los deberes de funcionario público. Carlos Menem, Jorge "Fino" Palacios y Raúl Beraja fueron absueltos. No puedo dejar de sentir el estremecimiento de que ya han pasado casi veinticinco años —¡un cuarto de siglo!— y el atentado contra la AMIA permanece en el mayor de los misterios. Y de pensar que ello se debe, fundamentalmente, a que su investigación fue obstaculizada por el gobierno de aquel entonces, como se comprobó en el juicio oral de 2004 y se ratificó en el de encubrimiento.

Sin embargo, las condenas penan las conductas delictivas sin saber todavía el porqué. Estoy convencida de que si se pudiera esclarecer el motivo de ese encubrimiento, se estaría mucho más cerca de saber quiénes fueron los responsables y qué fue lo que realmente pasó.

10

El odio y la mentira.
Los nuevos medios y los mismos fines

Empiezo a escribir este capítulo en El Calafate después del último mensaje como presidente que Mauricio Macri pronunció ante la Asamblea Legislativa del 1 de marzo del 2019. Era la primera vez que lo miraba y escuchaba "en vivo y directo", así que cuando me subí a la cinta de caminar encendí el televisor. Confieso que quería saber qué iba a hacer y decir en esta oportunidad, cuando el desastre económico y social, producto de las políticas que aplicó a partir del 10 de diciembre del 2015, se ha abatido sobre el conjunto de la sociedad argentina. Quería saber qué había imaginado el ecuatoriano Jaime Durán Barba para esta ocasión en donde el fracaso económico del gobierno de Cambiemos es completo y estrepitoso. Recuerdo que a las 11:30 de ese 1 de marzo —en pleno discurso presidencial— me entró un mensaje al celular. Era

Máximo, que me preguntaba: "¿Vos estás escuchando?". Conociéndolo pude advertir que estaba perplejo por lo que estaba viendo y escuchando. Cuando bajé de la cinta, le contesté: "Absolutamente. Desencajado y a los gritos. Muy bien para la Bombonera… de la que nunca debió haber salido". Porque sinceramente… pinchados los globos amarillos y sepultada por la realidad "la revolución de la alegría", aparecía el verdadero Mauricio Macri. Había convertido el estrado del recinto de la Cámara de Diputados de la Nación en tribuna y desde allí arengaba a la hinchada. Sin embargo, ni eso le salió bien; el fútbol es pasión y ese 1 de marzo Mauricio Macri lo único que transmitió fue odio e impotencia y al escuchar algunas de sus mentiras, creo que también cierto grado de locura… o apenas de cinismo.

El odio y la mentira. Podríamos recurrir a numerosos filósofos que han elaborado teorías acerca de este sentimiento humano, su rol en la evolución de las especies o en el ejercicio intelectual o también participar en el debate político, tan actual, sobre la posverdad —eufemismo de la mentira planificada con prensa paga— pero no es el propósito de este capítulo. Creo que es suficiente recurrir a las definiciones más simples, comprensibles y accesibles para todos y todas. *Odio*: 1. sentimiento profundo e intenso de repulsa hacia alguien, que provoca el deseo de producirle un daño o de que le ocurra alguna desgracia; 2. aversión o repugnancia violenta hacia una cosa que provoca su rechazo; 3. sentimiento de profunda antipatía, disgusto, aversión, enemistad o repulsión hacia una persona, cosa, o fenómeno, así como el deseo de evitar, limitar o destruir a su objetivo. *Mentira*: afirmación que una persona hace consciente de que no es verdad.

Ese 1 de marzo, no solamente apareció el verdadero Mauricio Macri, sino también la única propuesta de Cambiemos, ahora desprovista del marketing electoral: un sistema de creencias basadas en el odio al gobierno anterior —a su base social en particular— y al peronismo en general a través de la apelación constante a "la herencia recibida" y a "los últimos setenta años", sumado a discursos explicativos de procesos que no comprenden muy bien y con prescindencia total de los fundamentos reales (objetivos, científicos, mensurables, observables) de estos discursos. Este fenómeno no es nuevo, sino que refleja algo que es propio de la especie humana. Los pensadores del Iluminismo —hace tres siglos— creían que la razón, en su evolución, desterraría definitivamente estos sistemas de creencias que no cuentan con ningún fundamento científico ni observable en la realidad, que por entonces parecían ser patrimonio exclusivo de las religiones, al menos eso creían los iluministas. Pero la adhesión a creencias irracionales no abreva en la religión, sino que es inherente a la naturaleza humana y siempre habrá hombres y mujeres dispuestos a creer las cosas más irracionales.

Para comprobarlo, podemos referirnos al surgimiento de lo que se conoce como el "terraplanismo": un movimiento de carácter internacional que intenta refutar la idea de que la Tierra es redonda. Sí... ¡Tal cual se lee! Sostienen que la Tierra es plana y que hay una conspiración mundial para ocultar "la verdad". Lo más increíble de esta secta es que no la conmueven ni las demostraciones científicas, ni las fotos satelitales, ni los mapas de navegación, ni los testimonios de los astronautas, ni toda la ciencia astronómica junta. Ignoran completamente las pruebas y la realidad. Después de todo, siempre hay gente así... Ahora bien, los problemas empiezan cuando personas con estas características llegan a puestos de mando de la sociedad... Y peor aún cuando es por voto popular. En el caso de los terraplanistas es relativamente fácil para la sociedad darse cuenta del delirio que plantean, ya que en ella está bastante incorporado —desde la escuela primaria— el conocimiento acerca de cómo funcionan el universo y las estrellas, qué lugar ocupa la Tierra en el sistema solar, etcétera.

Sin embargo, en materia económica ocurre algo muy distinto y podemos afirmar, sin temor a equivocarnos, que allí las creencias más disparatadas pueden pasar por ciertas, al aprovechar la escasa formación e información con la que cuenta la inmensa mayoría de la sociedad. Justo a través de ese lugar, en el que las creencias guiadas por las "apariencias" se imponen al conocimiento científico riguroso, es por donde se filtran los "terraplanistas económicos", cosa que sólo es posible por el rol que cumplen los medios de comunicación masivos y hegemónicos como los grandes impostores del "sentido común". Ya nadie discute el rol de los medios de comunicación como aparato de legitimación de ese sistema de creencias que en realidad esconde un sistema de dominación económica, política, social y cultural cuyos intereses deben ser ocultados, invisibilizados o directamente negados, porque son contrarios a los intereses reales y concretos de la gran mayoría de esos mismos adherentes —en realidad víctimas— de ese sistema de creencias. Así de loco, así de complejo, pero así de real. Así funcionan hoy —con excepciones, claro— el mundo y las comunicaciones en relación con la política.

De *Crítica* a *Clarín*

En la tarde del 23 junio de 1935 el ex comisario Ramón Valdéz Cora, un matón al servicio de los conservadores, ingresa en el recinto del Senado de la Nación en plena sesión y dispara un arma de fuego contra el senador Lisandro de la Torre, con la clara intención de asesinarlo. Sin embargo, es su colega de bancada, el senador también demócrata progresista Enzo Bordabehere, quien finalmente cae muerto al intentar cubrir con su cuerpo a De la Torre. Transcurría lo que se conoció como la Década Infame, así denominada por el grado de entrega del patrimonio nacional, corrupción, pobreza y miseria generalizadas, que algunos dan como iniciada con el derrocamiento del segundo gobierno de Yrigoyen y concluida el 4 de junio del 43, cuando los militares deponen al presidente Ramón Castillo. Ese martes 23 de junio, Lisandro de la Torre había acorralado en el debate parlamentario a Federico Pinedo, ministro de Hacienda del general Agustín P. Justo, y a su ministro de Agricultura Luis Duhau, con una investigación dirigida a demostrar la connivencia de intereses entre el pool frigorífico extranjero y un sector muy reducido de los productores ganaderos. El hallazgo en el puerto de Buenos Aires de unas cajas rotuladas como *corned beef* —un producto cárnico—, cuando en realidad llevaban en su interior la contabilidad negra de los frigoríficos ingleses rumbo a Londres, había desatado un verdadero escándalo. El atentado en el Senado de la Nación y el asesinato de un legislador en plena sesión hicieron el resto. El volumen de lo acontecido se agigantó exponencialmente y puso contra las cuerdas al gobierno de Justo. Sin embargo, al día siguiente de aquel episodio muere en Medellín el gran cantor popular Carlos Gardel. Asesorado por Natalio Botana, director del diario *Crítica* que en ese momento tenía una tirada de un millón de ejemplares diarios, el presidente Justo arma una difusión sobredimensionada de lo ocurrido en Colombia aprovechando el dolor popular, y así el retorno de los restos mortales de Carlos Gardel, su velatorio y su sepelio ocupan durante días las tapas de los diarios, reduciendo a un plano muy inferior el asesinato de un senador de la Nación por la investigación de los hechos de corrupción del gobierno de los conservadores. El senador De la Torre y Federico Pinedo, abuelo del actual presidente provisional del Senado por Cambiemos, se habían insultado en el recinto y retado a duelo, pero la investigación del "asunto de las carnes" se posterga indefinidamente. El objetivo había sido ampliamente logrado. La gente se volcó a las calles durante el entierro de Carlos Gardel, olvidando por completo el asesinato del senador Bordabehere.

La historia demuestra que el rol de la prensa operando en contra de los verdaderos intereses nacionales y populares no es nuevo. En aquel momento el diario *Crítica* funcionaba como el principal órgano de difusión y, sobre todo, como un formador de opinión. Como se verá, no hay nada nuevo bajo el sol. La temprana muerte de Natalio Botana en un accidente automovilístico en el año 1941 significó el ocaso de *Crítica*.

Cuando se habla de la relación de los medios con la política argentina es necesario hablar del Grupo Clarín, que tiene más de setenta años de historia y cuya nave insignia, el diario *Clarín*, se funda en agosto de 1945. Ahora que lo escribo me doy cuenta que *Clarín* tiene la edad del peronismo. Qué cosa, ¿no? Por ahí Macri tiene razón de que el problema que tenemos los argentinos data de hace setenta años... En las elecciones del 24 de febrero de 1946 *Clarín* tardó un mes en reconocer el triunfo de Perón y para eso utilizaba la lentitud del escrutinio —a pesar de que se había reconocido ya el triunfo del peronismo— y difundió durante todo ese mes distintas noticias que ponían en duda el verdadero resultado electoral.

Mi relación con ese grupo tuvo distintas etapas y pasó por diferentes momentos. En 1997 fui expulsada del bloque de senadores del PJ durante la presidencia de Carlos Menem. *Clarín* me trató muy bien en esa época, pero no por mi oposición a las políticas menemistas, sino porque durante el año anterior hubo una pelea personal encarnizada entre el diario y el entonces ministro de Defensa, Oscar Camilión, y sin saberlo quedé del lado de *Clarín*. En ese momento hubo un conflicto muy importante en el gobierno por una triangulación ilegal de armas a Ecuador y *Clarín* criticaba constantemente a Camilión, que además había sido ministro de Relaciones Exteriores durante la dictadura. La pelea entre Camilión-Noble-Magnetto venía de lejos.

Después de la muerte del fundador de *Clarín*, Roberto Noble, su viuda Ernestina Herrera le había entregado la gestión del diario al desarrollismo, el partido político que habían fundado Arturo Frondizi y Rogelio Frigerio —abuelo de su homónimo, ministro del Interior del gobierno de Macri—. Este último encabezó la dirección real del diario, y entre 1969 y 1976 Camilión fue su delegado y el encargado de la línea editorial, mientras Héctor Magnetto —que había ingresado con ellos— organizaba el poder económico. El alineamiento de Camilión con Frigerio y sus aventuras amorosas estallaron por alcobas y por negocios, y Magnetto y Noble desplazaron a los desarrollistas. La sangre no llegó al río entonces, pero los rencores y las desavenencias políticas, como escribió el periodista Martín Sivak en su libro *Clarín. La era Magnetto*, permanecieron larvados.

A mediados del mes de mayo de 1996, Camilión fue al Senado argentino convocado por el bloque justicialista, del cual yo formaba parte desde el 10 de diciembre del 95. Había estallado el escándalo del tráfico ilegal de armas a Ecuador, y el 14 de mayo *Clarín* había publicado mi famosa frase en referencia al funcionamiento del bloque parlamentario: "Esto no es un cuartel y yo no soy la recluta Fernández", ampliamente festejada, debo reconocerlo, por "el gran diario argentino". Recuerdo aquella reunión con la presencia de Camilión. Yo estaba sentada al fondo de la sala de reuniones del bloque y al lado mío estaba Jorge Yoma, el ex diputado, senador y luego también embajador en México entre 2007 y 2010. Yo criticaba a Camilión pero en ese momento Yoma me dijo que no le hiciera el juego a *Clarín*. No comprendía de qué me hablaba y le pedí explicaciones, y ahí nomás me largó el culebrón: Camilión había tenido un romance con Ernestina Herrera de Noble, quien había conseguido que el genocida Videla lo nombrara embajador en Brasil porque el plan era irse a vivir juntos allí, pero resulta que cuando nombraron a Camilión él habría tomado la decisión de irse con su esposa oficial. Según me contó Yoma —siempre en modo machista del asunto—, cuando Herrera de Noble se enteró la decisión que había tomado Camilión, "le tiró un jarrón de la dinastía Ming por la cabeza". Sí, según Yoma, ¡lo sacudió con un jarrón de la dinastía Ming! Eso era un clásico dato de color que siempre solía tener el senador riojano. Mientras me reía sin parar le dije: "Más allá de *Clarín*, ¡qué me importa la vida privada de la Herrera de Noble!". Porque además no estoy para nada de acuerdo en pensar que esa mujer o cualquier otra se movía sólo por inquinas personales. En resumidas cuentas, cuando Camilión fue al Senado le dije: "Ministro, con todo el escándalo que hay, con el desgaste y el costo político que le está provocando al gobierno, ¿usted no ha pensado seriamente en la posibilidad de renunciar?". Se lo pregunté muy, pero muy respetuosamente, pero Camilión lo tomó muy mal y contestó: "Usted no tiene la edad ni los antecedentes para hacerme esa pregunta". Recién llegaba al bloque como senadora de la provincia de Santa Cruz y no sé qué cara habré puesto al recibir ese comentario, pero agarré la cartera, me levanté de la silla, pegué un portazo y me fui. Cuando salí del bloque —como era de público conocimiento que Camilión estaba allí dentro había una cantidad enorme de cámaras y periodistas— me asaltaron los noteros y allí comenzó todo. *Clarín* estaba feliz con mi oposición al ministro. Lo cierto es que por el costo que le produje a Menem y a Camilión *Clarín* me catapultó como: "La genia de Cristina". Que me llamaran Cristina no me parecía curioso porque en *Clarín* a todas las mujeres las llaman por el nombre. A Carrió a veces le dicen Lilita, a María Julia Alsogaray le decían María Julia, pero sin embargo a Vidal le dicen Vidal, no María Eugenia. ¿Será porque la eligieron como su candidata? La anécdota —no tan anécdota— sirve para graficar el poder de *Clarín* y su relación con la dirigencia política para su promoción o su hundimiento. Lo cierto y a mi favor es que tampoco nunca me la creí.

Disparen contra Cristina

La primera diferencia —explícita y asumida por ambos— que tuve con Héctor Magnetto fue durante el año 2006 en la presidencia de Néstor. Yo era senadora y decidí impulsar la reforma de la Ley del Consejo de la Magistratura. Recuerdo que *Clarín* estaba totalmente en contra de esa reforma y lo hacía saber con duras críticas en el diario y en toda su estructura informativa que se extendían obviamente a mi persona. Yo, a esa altura, tenía muy claro que el diario funcionaba como el libreto cotidiano que después era replicado en las radios, los canales de televisión y todo el aparato de comunicación privado en Argentina, en gran parte controlado por el mismo grupo. El proyecto de reforma que impulsábamos tenía por objeto reducir el poder de las corporaciones y darle mayor poder a la política; consistía en reducir la cantidad de miembros del Consejo de 20 a 13 y sacar al presidente de la Corte Suprema de su doble función, ya que era también el presidente del Consejo. La ley que hoy en día está vigente tiene incorporada esa modificación impulsada por mí. Mi planteo era el siguiente: ¿cómo puede ser que si hay algún litigio con cualquier decisión del Consejo de la Magistratura, va a estar el presidente de la Corte —que es la última instancia judicial del país— lidiando simultáneamente como presidente de ese cuerpo? Estaba claro que era totalmente incompatible presidir el Consejo y al mismo tiempo la Corte. En ese momento presidía Corte y Consejo el doctor Enrique Petracchi y antes de presentar el proyecto lo llamé por teléfono. "Doctor, usted sabe que estoy trabajando en un proyecto de reforma del Consejo de la Magistratura y considero que el presidente de la Corte no tiene que ser también el presidente del Consejo. Usted, ¿qué opina?". Me contestó: "Estoy totalmente de acuerdo con lo que usted dice". Ahí nomás le pregunté: "Doctor, cuando vaya a la Comisión de Asuntos Constitucionales, ¿puedo mencionar que me comuniqué con usted personalmente y que me dijo que piensa lo mismo que yo?". "Sí, por supuesto", contestó y agregó: "La Corte debe ser independiente porque es el último control de legalidad. Si el último control no funciona bien, la única opción es ir a una corte internacional. Como la Corte tiene la última palabra en el control de legalidad de todos los actos de las instituciones argentinas, no puede participar en la vida de ninguna de las instituciones argentinas, es tan simple como eso. Además, realmente es un despropósito". Más claro, el agua. Fui al Senado y dije: "Acabo de hablar con el presidente de la Corte y está de acuerdo con mi planteo".

Después de eso, se aprobó la reforma. Pero lo interesante es que durante la discusión, antes de que fuera aprobada, Jorge Rendo —encargado de las relaciones institucionales del Grupo Clarín— y Magnetto se reunieron a almorzar con nosotros en la Quinta de Olivos. Solían hacerlo con frecuencia durante la presidencia de Néstor. Recuerdo un día que, ya finalizada la sobremesa, íbamos caminando hacia la salida del comedor y Magnetto me dijo: "No pueden sacar la reforma, la gente no está de acuerdo, la calle no está de acuerdo, hay mucha crítica y opinión negativa". Entonces le contesté: "Ay, Héctor —no le decía Magnetto, le decía Héctor—. ¿La calle? ¿Me lo dice en serio? ¿Usted cree que 'la calle' sabe qué estamos discutiendo en el Senado? 'La calle' ni siquiera sabe lo que es el Consejo de la Magistratura, son ustedes los que no están de acuerdo, no la calle. Mire, pueden seguir sacando veinte mil editoriales y artículos en mi contra que voy a seguir opinando lo mismo y votando lo mismo". Creo que Magnetto, ese día, se dio cuenta que no podía amedrentarme con los títulos de *Clarín*. Sinceramente no me afectaban. Creo que ahí advirtió que, al no tenerles miedo, no podrían manejarme. En fin, por el debate que inicié para reformar la Ley del Consejo de la Magistratura, Magnetto me hizo la cruz. Él tiene un fuerte interés por la política y no se trata solamente de un tema de lobby para resguardar o mejorar sus intereses económicos, eso sería minimizarlo. Le interesa el poder de la política, el poder del sistema de decisiones, es decir el poder en sentido estricto y completo. Siempre quiere decidir. ¿Cuál era si no el sentido de oponerse a la reforma del Consejo de la Magistratura? Él quiere controlar todos los sistemas de decisión argentinos. Nuestro país tiene un sistema de decisiones en la Casa Rosada, otro en el Poder Judicial y otro en el empresariado. Él, durante todos estos años, formó dispositivos de poder y decisión en cada uno de esos sistemas para controlarlos a todos. La Asociación Empresaria Argentina (AEA), por ejemplo, es una organización que fundó Magnetto con los grandes empresarios de la Unión Industrial Argentina como Sebastián Bagó, Paolo Rocca, entre otros, que en su mayoría lo que tienen es miedo a Magnetto. Él utiliza ese tipo de organizaciones para disciplinarlos y los demás le temen porque, por ejemplo, si *Clarín* publica: "Se habría determinado que el material de una de las cápsulas de Laboratorios Bagó tendría elementos cancerígenos", a Bagó nunca más le comprarán un medicamento. O, cuanto menos, le producirá pérdidas extraordinarias. Ese es el poder que tiene sobre la mayoría de los empresarios. Si *Clarín* dice: "Me parece que el Banco Macro tal cosa", al otro día se desata una corrida especulativa contra el Banco Macro. Es el empresario más poderoso de la Argentina, no tengo dudas. En ese sentido, el único que no le tiene miedo a Magnetto —y que hasta incluso le disputa poder, por eso él era medio crítico y medio amigo— es Paolo Rocca. Él no siente que Rocca le tenga miedo y por lo tanto lo mira con respeto. Si pudiera arruinarlo el día de mañana para que le tenga miedo, lo arruinaría. ¿Habrá llegado el momento, pregunto ahora, con la ofensiva de Comodoro Py y sus fotocopias? Magnetto sabe que muchos le tienen miedo porque una campaña del Grupo Clarín en contra de cualquiera de ellos los pulveriza y pulveriza sus intereses. Es natural que teman, no estoy diciendo que sean cobardes. Magnetto tiene y utiliza ese poder, pero no sólo para lograr beneficios económicos, sino también para tener poder en la política. Le gusta influir en los sistemas políticos, y por eso controla el sistema de decisiones en el Poder Judicial, al que tiene absolutamente colonizado salvo honrosas excepciones. La reforma que propuse no le gustaba porque en ella la política disputaba el poder de las corporaciones. Con el Poder Judicial sucede algo similar a lo que sucede con los empresarios, también le tienen miedo a *Clarín*. Si difaman a un juez en la primera página del diario, ese juez está terminado. Lo mismo pasa en el sistema económico, en la Casa Rosada y en el Parlamento.

Durante mi candidatura en 2007, *Clarín* no sólo no me apoyó, sino que Magnetto no quería que fuera presidenta y se lo dijo a Néstor. Magnetto ya me conocía; todas las veces que iba a comer a Olivos con Jorge Rendo sentía que me miraba y al mismo tiempo me medía. El único funcionario del gabinete de Néstor que siempre asistía a esos almuerzos era Alberto Fernández. En algunos —muy pocos— llegó a estar Máximo. Cuando Magnetto y Rendo me conocieron, Alberto me contó que luego del almuerzo le dijeron que yo les había parecido muy inteligente. Recuerdo específicamente una reunión a la que vinieron a Olivos antes de las elecciones de 2007. En ese momento nosotros ya sabíamos que iba a ser la candidata, pero Magnetto no. Comimos con Néstor, Alberto y ellos dos. Magnetto no sabía que la candidata iba a ser yo y estuvo durante todo el almuerzo elogiando a Néstor, aunque debo reconocer que los elogios me parecieron absolutamente sinceros, reflejaban cierto grado de admiración y hasta de simpatía hacia Néstor. Recuerdo que cuando terminó la comida, les dije a Néstor y Alberto: "Es obvio que este tipo no me quiere ni en cajita pintada". Alberto me dijo que no me preocupara, que Magnetto no sabía lo que habíamos resuelto, que intuiría que Néstor iba por la reelección y que por eso lo había elogiado tanto a él. "Es un empresario argentino, quiere quedar bien con el que cree que va a ser presidente", me dijo. La verdad es que nunca confié en esa interpretación.

El día de la elección, el 28 de octubre de 2007, estaba en Río Gallegos. Era domingo y recuerdo que *Clarín* tituló: "Hay posibilidades de balotaje" —está el registro, no es un invento mío—, saqué 46 puntos y en segundo lugar estaba Carrió con 23, pero sin embargo decían que había posibilidad de balotaje. Era imposible. Se trataba de una expresión de deseo. Era clarísimo que no me querían. A la distancia, puedo afirmar que la embestida de *Clarín* hacia mi persona fue incluso antes de 2008 —año del conflicto con las patronales agropecuarias—, cuando todavía era senadora. Decían, por ejemplo, que me había hecho cirugías en la cara, criticaban mi gusto por las carteras y por los tacos, entre tantas otras cosas. Pero lo cierto es que nunca tuve nada que ocultar, es una marca de las mujeres de mi familia: me encantan las carteras y los tacos. ¿Cuál era el problema? Los artículos sobre cuestiones estéticas, de ropa y todas las otras cosas más misóginas que se puedan imaginar estuvieron a partir de allí a la orden del día. Se trataba, sin dudas, de una construcción específica que querían crear en torno de mi imagen.

Cuando fui a Italia a la reunión de la FAO, en el marco de la Conferencia de Alto Nivel sobre la Seguridad Alimentaria Mundial, denominada Cumbre Alimentaria realizada entre el 3 y el 5 de junio de 2008, armaron una operación en mi contra los medios de comunicación italianos, que luego reprodujeron los medios locales —con *Clarín* a la cabeza— en la que denunciaban que en plena conferencia sobre el hambre fui a Pratessi —no sé ni qué es y menos dónde queda— a comprar unas sábanas de seda de no sé cuántos hilos que valdrían miles de euros. El diario *Corriere della Sera* de Roma tituló la nota: "Hambre y Dolce Vita". Sí, tal cual se lee: Dolce Vita, como la célebre y emblemática película de Fellini. En la nota decían que después de eso me fui a Bulgari —que sí sé qué es, pero adonde tampoco nunca fui— y que me había gastado alrededor de 100 mil euros en una tarde. Cuando leí eso pensé: ¡No, señor! Esto no tengo por qué soportarlo. Intimamos al diario *Corriere della Sera*, que había publicado la noticia falsa —o *fake news*, como le dicen ahora— el 4 de junio de 2008, para que se rectificara y como se negó, le hicimos un juicio y lo ganamos. La indemnización de 41.000 euros que tuvieron que pagarme la doné en su totalidad al hospital de niños Sor María Ludovica de la ciudad de La Plata.

Lo cierto es que pude denunciar en Italia a un medio de comunicación tan importante, demostrar que estaban mintiendo y que me difamaban, porque no era un problema de información equivocada, sino de información maliciosa. Pensé que en otro país, que no fuera la Argentina, la justicia podía darme la razón. Sabía que en mi país eso no hubiera sido posible si *Clarín* publicaba algo similar. Nadie firmaría una sentencia contra *Clarín* y por si fuera poco... favorable a mí. En Roma el Poder Judicial comprobó que el *Corriere della Sera* había mentido y lo condenó a indemnizarme. Acá ese hecho tan escandaloso y al mismo tiempo tan demostrativo de la utilización de la prensa para difamar políticamente fue ocultado por... ¡la prensa! Más claro, el agua. Inclusive en una de las audiencias dispuestas por el Poder Judicial italiano, en donde me interrogaron y que se hizo vía Skype —con Roma—, me tomé el trabajo de invitar a varios periodistas para que la presenciaran. Por supuesto sólo algunos publicaron cosas mínimas y en las últimas páginas, porque si se tomaba en cuenta que lo publicado por el diario italiano había sido todo mentira, también se ponía en tela de juicio todas las cosas que habían dicho sobre mí en los medios locales. Los medios argentinos que habían publicado en lugares destacados la nota del *Corriere della Sera* —*Clarín*, *La Nación* y otros— no mencionaron una sola línea sobre la condena de la justicia italiana.

La presidenta de la Argentina le había ganado un juicio al diario más importante de Italia porque la había difamado y cuestionado en su rol de presidenta —porque, además, no estaba de vacaciones, había ido como jefa de Estado a hablar a la FAO— y nadie publicó nada. Notable.

Quiero recordarles que el título de este capítulo es "El odio y la mentira. Los nuevos medios y los mismos fines" y lo que voy a contarles ahora refleja como pocas cosas tal vez el sentido de esas palabras. Hace pocos días un investigador de historia se puso a revisar el mítico viaje de Eva Perón a Europa durante el año 1947 y halló dos artículos periodísticos publicados también por el *Corriere della Sera* que paso a transcribir textualmente: el primero, "Roma, 5 de julio. La señora de Perón compra joyas para los amigos. Alrededor de las 20,30 de ayer la señora de Perón llegó a una distinguida joyería, donde ha elegido entre varias de las joyas más artísticas y modernas. Se entendería que con la intención de hacerles presentes a algunas de sus amistades italianas antes de partir y a otras amistades argentinas cuando haya regresado allá"; el segundo artículo viene acompañado de la fotografía de un fantástico auto descapotable blanco de aquella época y dice —también textualmente—: "Lo compró Eva Perón. Un auto idéntico a este —que se presentó en el Parque del Palazzo Real de Torino en la Tarde de la Moda y del Automóvil— fue comprado en Milán por Eva Perón. Cuesta tres millones setecientas mil liras (precio en el mercado negro, de 6 a 7 millones)". Eva Perón todavía no era Evita, pero el odio y la mentira ya la tenían como objetivo. Como podemos ver, nada nuevo bajo el sol, aunque en este caso histórico —idéntico como pocos al que motorizó mi denuncia contra el *Corriere della Sera*— correspondería decir: los mismos medios y los mismos fines. De todos modos, como dije, creo que el Grupo Clarín decidió comenzar la campaña de difamación e injurias contra mí antes de la polémica sobre la resolución 125 sobre retenciones móviles; y en parte creo que también tuvo que ver con que advirtieron una posible alternancia entre Néstor y yo, y que de esa manera podíamos seguir gobernando...

Ahora que escribo esa palabra —gobernando—, me doy cuenta lo que realmente les molestaba de nosotros: que se gobernara desde la calle Balcarce y no desde la calle Tacuarí. Las corporaciones, por definición y por intereses, no lo aceptan. Retomando la cuestión: está claro que los medios argentinos pueden publicar lo que quieren porque han colonizado el Poder Judicial. Un ejemplo del manejo que tienen de la justicia es lo que le hicieron a Víctor Hugo Morales cuando, el 4 de mayo de 2018, allanaron su casa cuatro días después de volver a la conducción del noticiero de C5N —canal de noticias crítico del gobierno de Mauricio Macri— en el marco del juicio que Cablevisión le había iniciado por poner al aire un tramo de la final de la Copa Intercontinental del 2000 entre Real Madrid y Boca Juniors. Incluso durante el allanamiento secuestraron cuadros y objetos personales de su casa. Ahora, ¿alguien se imagina qué hubiera pasado si en mi gobierno hubieran hecho un allanamiento similar en la casa de Jorge Lanata, de Marcelo Longobardi o de Luis Majul? Hubiera sido tomado como una declaración de guerra contra "el periodismo independiente", como les gusta definirse, y me hubieran condenado. Ellos decidieron hacerme la guerra, no lo digo yo, lo dijo el fallecido periodista Julio Blanck, importante editorialista del diario *Clarín* cuando reconoció: "Hicimos periodismo de guerra" (sic), como ya recordé en otro capítulo. Al *Corriere della Sera*, que es el equivalente de *Clarín* en Italia, le hice juicio porque podían condenarlos; ¿acá quién ha obtenido una condena firme contra *Clarín*? Nadie. Eso demuestra que estamos frente a una democracia absolutamente colonizada y que a través del Poder Judicial coloniza al resto, porque saben que nadie los puede denunciar y que siempre se pierde. Esas escenas patéticas que vimos por la televisión de cómo le descolgaban los cuadros a Víctor Hugo Morales demuestran hasta qué punto hemos llegado. Se parecen también, sugestivamente, al secuestro de mis cuadros y elementos personales ordenado por Bonadio en mi casa. ¡Qué cosa ser objeto del odio de *Clarín*!…

Como dije, creo que antes del conflicto con las patronales agropecuarias Magnetto ya había decidido hacernos la guerra. Cada palabra o discurso mío era dado vuelta si se podía y si no, era ignorado. Durante el verano del año 2008 un reconocimiento del número de cortes de luz por parte mía fue al otro día tapa de *Clarín* en modo catástrofe. Lo mismo que cuando dije que sería bueno tener un tren de alta velocidad y me tiraron con todo. No me perdonaban una —exactamente al revés de lo que sucede con Mauricio Macri— y con el tema de las patronales agropecuarias tuvieron la excusa perfecta para desatar el ataque y al mismo tiempo defender intereses económicos. *Clarín*, al igual que *La Nación*, participa de los negocios de Expoagro en el que confluyen todas las patronales rurales. Durante nuestro gobierno la forma de operar que tuvo el Grupo Clarín con respecto a nuestras políticas era siempre la misma: o daban vuelta el sentido de lo que hacíamos o cuando no podían dar vuelta las políticas, las invisibilizaban. De esa forma, lo único que aparecía en los medios de comunicación hegemónicos acerca de mí y de mi gestión era malo. Por ejemplo, durante la crisis global del 2008, ¿qué tendrían que haber publicado y difundido? Que en el medio de una crisis tremenda donde se estaba cayendo el mundo, acá no había coletazos. Sin embargo, no dijeron nada. Incluso trataron de invisibilizar la crisis mundial hasta donde pudieron. Parecía que la culpa de todo la tenía yo por el conflicto con las patronales agropecuarias. Esto se nota aun más ahora, cuando durante el gobierno de Cambiemos es exactamente al revés: esta vez la crisis es verdaderamente por culpa del gobierno y sus políticas, y sin embargo, no sólo lo ocultan sino que dicen que es por culpa de factores externos.

Después del conflicto que se desató por las retenciones móviles a la soja, Néstor intentó recomponer la relación con Magnetto. Quería que habláramos con ellos acerca de cómo habían tratado el tema desde el Grupo Clarín y de todo lo que habían dicho en nuestra contra. Entonces lo invitó a comer a Olivos y vino otra vez con Rendo. Después de la comida, Magnetto y yo nos fuimos al salón blanco del chalet a hablar a solas. Recuerdo que fui con mi perrita, Cleo. Nos sentamos en uno de los sillones de cuero blanco que había en ese salón. Él se sentó en un extremo y yo en el otro. Lo cierto es que empezamos a hablar e inmediatamente le reproché el ataque fenomenal que nos habían hecho durante el conflicto con las patronales rurales. Recuerdo que tenía puesto un aparato en la garganta porque tenía dificultades para hablar después de su operación en EE.UU. Algunas cosas le entendía, pero en los últimos tiempos era muy difícil comprenderlo cuando hablaba; ese era otro de los problemas que teníamos. Además de no compartir las cosas que decía, tampoco lo entendía. Luego de mi reproche, Magnetto me dijo: "Cristina, fueron verdaderas puebladas en todos lados", refiriéndose a las manifestaciones y los cortes de ruta, llevados a cabo durante aquel conflicto. "Sí —le dije—, incentivadas por ustedes y por todos sus canales de televisión, principalmente por TN". Seguimos hablando y me respondió: "No, Cristina, así es el neoliberalismo". ¡Eso me dijo!... Que la ideología triunfante era el neoliberalismo y había que aceptarlo. Me llamó la atención porque nunca lo había escuchado hablar del neoliberalismo. Al contrario, las veces que charlamos de economía con él teníamos coincidencias, siempre me pareció que tenía una posición más bien desarrollista. Eso del triunfo del neoliberalismo y lo que pasó con Cleo, mi caniche mini toy después, fue lo que más recuerdo de ese día. Cleo, que durante la charla estaba sentada en mi regazo, no le sacaba los ojos de encima a Magnetto. De repente empezó a gruñir y gruñir cada vez más fuerte, él trató de sonreírle y me dijo: "Qué simpática la perrita". Aunque la reté, no hubo caso. Le mostraba los dientes cada vez más, hasta que tiró un tarascón al aire, él se sorprendió y la tuve que sacar de la sala. Si bien no era muy sociable, nunca la había visto así con nadie. Creo que los animales pueden detectar cosas que nosotros no. Cleo era el diminutivo de Cleopatra, su verdadero nombre —creo que ya mencioné mi admiración por la reina egipcia—, era mi amor y después de un tiempo también supo ser el amor de Néstor. Al principio él no la aguantaba, decía: "Qué hace esta perra, no me la pongas arriba de la cama"… Tiempo después, cuando me iba de viaje, Cleo dormía con él, que me decía en broma: "Se va una perra y me ponen otra en la cama". Ya la amaba. Cuando yo no estaba, Cleo era amorosa con Néstor, lo conquistaba, se iba con él a mirar televisión, pero cuando yo volvía ella literalmente lo ignoraba, no le prestaba más atención y él se indignaba y decía: "Perra desagradecida, no estabas vos y andaba todo el día atrás mío, y ahora venís y no me presta atención".

Retomando la reunión con Magnetto en Olivos y después de sacar a Cleo, no pudimos hablar mucho más de política. Él me contó que había estado en Alemania con la hija y que habían visitado el museo de Pérgamo en Berlín y que le había encantado. Yo también le comenté que me había parecido un lugar increíble y hermoso. Integra un complejo llamado Isla de los Museos y tiene maravillas arquitectónicas, antigüedades clásicas como la puerta del mercado romano de Mileto o el altar de Zeus, aunque lo que más recuerdo es la Puerta asiria de Ishtar. La conversación siguió sobre diversas cuestiones, algunas personales. Magnetto me contó que lo único que extrañaba mucho, por culpa de su enfermedad, era el asado y no poder comer lo que quisiera y, casi yéndose, me dijo: "No podré comer, pero me salvé de dos cánceres". Me lo repitió dos veces, con mucho énfasis, "¡dos cánceres!"… Me di cuenta que su enfermedad lo había afectado mucho, pero que también lo había fortalecido. Luego volvimos al comedor donde estaban Rendo y Néstor y los despedimos. Quedé impresionada y cuando se fueron le conté lo de Cleo. Néstor no podía parar de reírse e hizo las bromas que solía hacer. Yo, enganchada con lo que había pasado, le seguía diciendo: "Te juro que fue terrible... me impresionó mucho lo de Cleo". Mi caniche mini toy finalmente murió unos años después porque tenía una malformación genética. Me acuerdo de ese día, fue muy duro. Estábamos comiendo en Olivos, ya sin Néstor, y uno de mis secretarios sin entrar al comedor donde estábamos gritó: "¡Máximo!". Me sorprendió porque lo llamó muy fuerte, casi imperativamente, y después de unos minutos cuando él regresó con cara rara, me dijo: "Mirá, mamá..." —él nunca me llama mamá— y ahí, no sé por qué, me di cuenta que Cleo había muerto. Me puse a llorar desconsoladamente. Cleo había entrado en mi vida cuando era senadora y Néstor presidente, la única mascota que teníamos hasta ese entonces era nuestro bóxer, Alex. La muerte de Cleo fue horrible porque sentía que todo lo que me había rodeado se iba. Como ya conté, Néstor se había encariñado con ella y había pasado de no aguantarla a adorarla; se preocupaba de que tuviera agua, que comiera. Ese día lloré mucho por lo de Cleo, pero en realidad lloraba por Néstor y por mí. Me sentía muy sola. Reviví la pérdida. Cleo era algo que nos unía, algo que teníamos él y yo. Máximo me vio tan mal que organizó que me fueran a buscar una perrita igual. Encontraron un criadero en San Fernando que tenía caniches mini toy parecidas a Cleo, hasta del mismo color. En síntesis: esa misma noche Lolita llegó a Olivos y todavía me acompaña.

Años más tarde, cuando volví a hablar con Alberto Fernández luego del distanciamiento que tuviéramos durante diez años, pude enterarme —a través suyo— que antes de aquella reunión con Magnetto a solas en el salón blanco de Olivos, lo había llamado Jorge Rendo para invitarlo a almorzar. Comieron en el hotel Faena de Puerto Madero y allí le dijo: "Acordamos con Néstor armar una reunión con Cristina y Héctor, necesito que me ayudes a entender por qué Cristina está enojada". Alberto le contestó que, más allá de todo lo que pasó con TN durante el conflicto por la resolución 125 de las retenciones móviles —terrible por cierto—, había un punto de origen en las diferencias entre ellos: "Cristina siempre creyó que Magnetto no estaba de acuerdo con su candidatura". Según me contó Alberto, Rendo le preguntó qué debía hacer Magnetto para que el ruido en la relación se apagara. "Me parece que primero tendría que explicarle el porqué de muchas cosas", le dijo, además de recordarle que le había parecido tremenda la cobertura de TN sobre el conflicto con las patronales rurales. En diciembre de 2008, nuestra relación con *Clarín* estaba muy mal y, según Alberto, Rendo le había dicho —en aquel primer almuerzo en el Faena— que existía la posibilidad de mejorarla. Le contó que Néstor lo había llamado y le había dicho que estaba organizando una reunión. A fines de diciembre de 2008, Rendo volvió a invitar a Alberto Fernández a comer al Faena. Le contó que se había llevado adelante la reunión y que Magnetto y yo hablamos en privado aproximadamente dos horas —la verdad es que la charla a solas no había sido más de 45 minutos— y le agregó que "Kirchner estaba insoportable" porque nos habíamos ido los dos solos al salón blanco y los habíamos dejado esperando. "Hablaron de todo", le dijo Rendo a Alberto. "¿Qué vio Héctor?", le preguntó Alberto. "Héctor le ratificó que no había un problema personal con ella", contestó Rendo. Pero lo cierto es que era mentira, aquel día Magnetto me dijo: "Nosotros no tuvimos nada que ver con lo del campo" y que solamente "reflejaron una pueblada". ¿Una pueblada? La cobertura mediática del grupo sobre el conflicto de la 125, de la que obviamente hay registros públicos, me exime de mayores comentarios. El ataque más feroz se realizó —como siempre— a través de TN, el canal de noticias del grupo. Pero además, si hay algo que se repite en el libro de Sivak que cité, es la obsesión de Héctor Magnetto de negar que él no estuviera de acuerdo con mi reelección o que yo fuera presidenta. ¡Mi Dios!...

LEY DE MEDIOS: ¿UNA BATALLA PERDIDA?

Frente a la Asamblea Legislativa del 1 de marzo de 2009, dije que enviaríamos al Congreso todos aquellos instrumentos que las épocas y los tiempos nos exigieran, y que principalmente trataríamos de resolver algunas viejas deudas de la democracia argentina, como la derogación de la Ley de Radiodifusión. Así que el 18 de marzo de 2009 presentamos el anteproyecto de la Ley de Servicios de Comunicación Audiovisual en el Teatro Argentino de La Plata. Estaba Néstor, que en ese momento era titular del PJ, y en el acto hablaron dos secretarios del área y el jefe de Gabinete en ese entonces, Sergio Massa. Recordé cuando un año antes habíamos comenzado a reunirnos con las organizaciones integrantes de la Coalición por una Comunicación Democrática (CCD) y con las distintas entidades que nucleaban a las empresas periodísticas porque hicimos reuniones absolutamente con todos los sectores. Tal vez algunos creyeron que se trataba simplemente de un ejercicio que nunca iba a poder concluir pero lo cierto es que, finalmente, ese día estábamos presentando el anteproyecto de ley. No era algo coyuntural, al contrario; era un instrumento jurídico trabajado con una seriedad y una profundidad enormes, que iba a ser sometido a discusión en foros regionales que se desarrollarían a lo largo y ancho de todo el país, y que fundamentalmente abogaba por el derecho de los argentinos a expresarse libremente sin que ello sea impedido por empresas que monopolizaban la palabra. Después de todo nadie puede creerse dueño del pensamiento ni de la expresión de todo un pueblo y por otra parte, desde 1983, la derogación de la vieja Ley de Radiodifusión de la dictadura era un reclamo de los partidos políticos y especialmente de diversos sectores de la cultura, las artes y el periodismo. Es más, el primer presidente de la etapa democrática iniciada en el 83, Raúl Alfonsín, a través de un proyecto del entonces diputado nacional Osvaldo Álvarez Guerrero, intentó impulsar una nueva ley sobre la materia. La única virtud que tenía la vieja ley era la prohibición expresa de la integración vertical en materia de medios de comunicación —similar a la que rige en EE.UU.—, esto es que no se puede ser propietario de un medio escrito, radial y televisivo simultáneamente, pero había sido modificada vía decreto al inicio del gobierno de Carlos Menem. Ese decreto nunca fue objeto de ninguna medida cautelar por parte de ningún juez y *Clarín* empezó entonces su safari de caza de medios: Radio Mitre, Canal 13, etcétera.

En el anteproyecto que presentamos, se podían ver los 21 puntos de la CCD. No era una propuesta mía, ni de un gobierno, ni de un partido, era algo que poníamos a consideración de los argentinos y las argentinas, para que ellos y ellas la mejoraran a partir de convocar a ONG, sindicatos y universidades. Precisamente, creíamos que las universidades y sus estudiantes iban a ser uno de los núcleos y puntos centrales en la discusión y formación de ese proyecto, y no nos equivocamos. La antigua Ley de Radiodifusión, cuya derogación proponíamos, no solamente estaba invalidada por su origen dictatorial, sino también por su atraso con respecto a los cambios tecnológicos operados. Necesitábamos un soporte jurídico para que la incorporación de las nuevas tecnologías no ahondara la brecha digital y dejara a la mayoría de la sociedad fuera de un sistema de comunicación que precisamente tenía que ser una garantía de que todos pudieran expresarse y acceder a toda la información, en un mundo que había dado un salto fenomenal en materia tecnológica.

Si me preguntaban qué era lo que esperaba de esa ley, hubiese dicho que deseaba que como resultado de ella cada uno aprendiera a pensar por sí mismo y no como le marcasen desde una radio o desde un canal de televisión. Que cada persona pudiera acceder a toda la información, a todas las voces y a todas las creencias religiosas y políticas para poder decidir a qué Dios rezarle, a qué partido ingresar, quién es el que no le gusta y quién sí; en definitiva, creía que solamente podíamos formar ciudadanos libres si ellos tenían la posibilidad de formar su propio pensamiento... Ahora que leo lo que escribo, me doy cuenta que tal vez puse demasiadas expectativas en una ley.

Sin embargo, ese día tuve la fuerte sensación de que éramos un gobierno que pagaba no sólo las viejas deudas del país, sino las de la democracia también. Lo habíamos hecho con el desendeudamiento que había decidido Néstor cuando canceló la deuda con el FMI, pero también habíamos pagado la deuda con la democracia y con los organismos de derechos humanos al juzgar a quienes habían torturado, asesinado y desaparecido durante los años de la dictadura a miles de personas y, sin embargo, estaban libres. También habíamos pagado la deuda del país con sus jubilados, primero reconociéndoles aumentos y luego culminando con las dos leyes que tuve el honor de enviar al Parlamento: la de consagrar la movilidad de los haberes y pensiones de los jubilados y la de devolver al Estado la administración del ahorro público de los argentinos, hasta ese momento en manos de las AFJP. Sentía que estábamos pagando, que éramos eso: un gobierno pagador y sobre todo... pagador de deudas que contrajeron otros; mientras que muchos de ellos —los mismos que, por ejemplo, habían estatizado la deuda privada, entre ellos la familia del presidente Macri— nos decían que éramos un gobierno al que le gustaba manejar y administrar "la caja". Lo cierto es que nosotros estábamos pagando las deudas de gobiernos que manejaron muy mal "la caja" de los argentinos y de las argentinas, pero que habían manejado muy bien "otras cajas" —las de ellos— difíciles de ver y siempre prolijamente ocultadas y disimuladas por quienes resultaron beneficiarios tanto dentro del país como offshore. Tenía la esperanza de poder discutir y debatir la ley de medios en la sociedad y luego en el Parlamento, pero al mismo tiempo tenía la certeza de que, como en todas las cosas que afectaban los intereses de poderosos, habría piedras —y muy grandes— en el camino. Creía sinceramente que teníamos una gran oportunidad de seguir construyendo democracia, participación y autonomía nacional.

En el primer proyecto de ley que presenté estaba incluida la posibilidad de que las empresas telefónicas brindaran servicio de televisión por cable, pero como muchos estuvieron en contra de ese punto, dije: "Perfecto, si les molesta retiro lo de las telefónicas". Mientras reflexiono sobre ese debate, más me convenzo de que el lobby de *Clarín* contra la participación de las empresas telefónicas —llevado adelante por múltiples voceros— era por supuesto para sacar del medio a su principal competidor de escala: Telefónica de España... Y pensar que después dicen que nuestro gobierno no era amigable con el mercado... ¡Mi Dios! Finalmente, el 27 de agosto de 2009 presentamos el proyecto de Ley de Servicios de Comunicación Audiovisual para que se empezara a tratar en Diputados. Dije que esa ley nacía también en nombre de los 118 periodistas detenidos y desaparecidos durante la dictadura, que con su vida habían dado testimonio de lo que era el verdadero ejercicio de la libertad de prensa. Y luego me tomé unos minutos para explicar la metodología de esa ley de medios que había sido no sólo sumamente novedosa, sino inédita en la historia legislativa argentina. Como anteproyecto —ya lo señalé—, la habíamos presentado el 18 de marzo en la ciudad de La Plata para que fuera discutida en foros en todas las provincias y en todas las regiones argentinas. Y así fue, hubo más de 23 foros, más de 80 conferencias y participación de todos los sectores, se trató de la ley más colectiva de la que se tenga memoria en la República Argentina. Algunas de las cuestiones fundamentales de sus contenidos eran el establecimiento de tres segmentos de la información. Hasta ese momento el campo de los medios audiovisuales era mayoritariamente de carácter comercial y solamente había un pequeño espacio para el sector cooperativo y de ONG. Esto cambiaría de forma estructural porque se establecía que un tercio sería para el espacio comercial, otro tercio para el espacio público y el tercio restante para las organizaciones no gubernamentales: universidades, iglesias, sindicatos, asociaciones de profesionales que podrían acceder también a frecuencias para dar a conocer su voz.

De eso se trataba el proyecto... Articular al Estado con la sociedad y el mercado en el campo de la comunicación audiovisual. Se sustituía el viejo directorio militar por un organismo amplio, plural, en el que participarían el Poder Ejecutivo y la oposición parlamentaria, creándose también organismos como el Consejo Federal donde iban a intervenir todas las provincias y todos los actores: los privados, los públicos, los cooperativistas, las organizaciones no gubernamentales y hasta los pueblos originarios, para asegurar de ese modo el derecho del acceso a la información pública como la única y verdadera garantía de una auténtica libertad de prensa. También me pregunté ese día por qué durante veintiséis años nadie había enviado un proyecto similar y lo cierto es que mientras algunos decían que en nuestro gobierno había "superpoderes", en realidad lo que existía, y existe aún en Argentina, era y es un suprapoder que se impone sobre los tres poderes instituidos por la Constitución para arrancarles decisiones a partir de la presión mediática. Por eso conceptos como libertad de expresión, libertad de prensa, derecho a la información, debían ser nuevamente interpretados, pero esta vez en su correcta dimensión para poder ser debidamente garantizados. Porque libertad de expresión no podía convertirse en libertad de extorsión; libertad de prensa no podía ser confundida con la libertad de los propietarios de los medios de prensa y porque el derecho a la información significaba el derecho a toda la información, no al ocultamiento de una parte de ella y a la distorsión y manipulación de otra. Esa ley lo que pretendía era consagrar la pluralidad y el principio de que todos puedan ser escuchados, quería elevar la voz de los que nos gustaban y la de los que no nos gustaban. Estaba segura de que aquella ley lo que iba a hacer era poner a prueba el Parlamento; nos iba a poner a prueba como democracia y lo hizo.

La ley 26.552 de Servicios de Comunicación Audiovisual obtuvo la sanción definitiva en el Senado el 10 de octubre de 2009 y el día 21 de ese mismo mes anuncié su implementación en el Teatro Argentino de La Plata, el mismo lugar donde había presentado el anteproyecto el 18 de marzo. Expliqué una vez más que la ley implementaba una novedosa forma de participación popular en materia de construcción legislativa y que era una ley del pueblo, una ley de la coalición democrática, de las organizaciones libres, de los hombres y mujeres, de los actores, periodistas, trabajadores de la ciencia de la comunicación y también de las universidades, que incansablemente habían luchado durante muchos años para eso. Le agradecí a los periodistas críticos y a los partidos políticos de la oposición. Aquella era más que una ley, implicaba dar una profunda batalla cultural, y dando aquella batalla también se habían caído algunos mitos, como por ejemplo el de la libertad de prensa independiente. Se trató de una ley de construcción colectiva y federal en la que se reflejaron muchísimos sectores: pueblos originarios, actores, directores de cine, periodistas, intelectuales, organizaciones de derechos humanos, movimientos de cooperativas, todos aquellos que integraron la Coalición por una Comunicación Democrática, que allá por abril de 2008 me habían ido a ver, a la Casa de Gobierno, no sin cierto escepticismo porque era un año complicado en lo político y en lo económico. Pero la ley se llevó adelante y se le hicieron más de doscientas modificaciones en los foros y en la Cámara de Diputados. Era un día de festejo porque quedaba clausurada otra etapa de la dictadura.

Ahora, mientras escribo estas líneas, pienso que quizás fue una ley tan complicada y compleja que tendríamos que haber hecho algo más corto y concreto. Pero sacrifiqué una ley precisa y mejor por tener la mayor cantidad de voces representadas. Alguna vez los sectores autodenominados progresistas deberán plantearse, frente a futuros debates y discusiones, si la exigencia permanente de lo ideológicamente perfecto no es directamente proporcional al fracaso o cuanto menos a la imposibilidad de poder cambiar en serio las cosas y, objetivamente, más allá de las buenas intenciones, terminar siendo funcional a la derecha y el statu quo.

Pero lo cierto es que fue sumamente discutido y debatido; un modelo importante de Ley de Medios de Comunicación en el mundo, que chocó con un problema hasta ahora insoluble de la democracia, la situación del Poder Judicial tal cual está en Argentina donde hasta lo perfecto termina siendo insuficiente. Podíamos sacar la ley más precisa y perfecta del mundo, pero si después los jueces no la quieren aplicar no hay mucho para hacer, así de sencillo. En este punto es bueno recordar el proyecto de reforma judicial que no pudimos llevar adelante y que expliqué en el capítulo seis, en lo que hace a las medidas cautelares. La ley de medios pese a ser una ley única en su legalidad parlamentaria y su legitimidad social, por el nivel de participación en el proceso de su sanción, no pudo ser aplicada durante años por una medida cautelar.

Con una mirada retrospectiva debo concluir que, para terminar con la concentración de los medios de comunicación en pocas manos, hacía falta tal vez algo más. Junto a la Ley de Servicios de Comunicación Audiovisual habría que haber aplicado una ley antitrust, antimonopolio. ¿Será por eso que en la Ley de Defensa de la Competencia, sancionada en el 2018 bajo el impulso del gobierno de Cambiemos, eliminaron el artículo que establecía que tener el 40 por ciento del mercado es posición dominante y por lo tanto monopólica? Está más que claro que también hay que ir por ese lado. En ningún país del mundo los dueños de los medios de comunicación pueden hacer lo que hacen en nuestro país: ni en Inglaterra, ni en Alemania, ni en España. En EE.UU., por ejemplo, además de normas antimonopólicas muy severas en materia de porcentaje de participación en el mercado, los propietarios de medios de comunicación escritos no pueden tener medios de comunicación radiales ni televisivos y viceversa. En este campo, la situación de Argentina nos ha terminado colocando en un lugar vergonzoso en materia de libre competencia en el mercado comunicacional, todas las empresas de comunicación saben lo que está pasando en Argentina y por eso es muy difícil que alguien hoy confíe en el país. Es una cosa rara, es un fenómeno muy impresionante lo de *Clarín*. No hay ningún país en el mundo en donde un empresario tenga el poder que tiene Magnetto. En EE.UU., por ejemplo, le pusieron una multa de alrededor de 9 mil millones al Banco HSBC y algo similar sucedió con Bill Gates; estamos hablando de uno de los empresarios más ricos, poderosos y emblemáticos del mundo.

Sinceramente, es muy preocupante el factor *Clarín* en Argentina, que nos transforma en un país anómalo por completo. Su centralidad en el escenario de la política nacional quedó claro, una vez más, cuando a pocos días de haber asumido el gobierno de Cambiemos, Macri firmó el DNU 267/2015, a través del cual se derogaron los artículos de la Ley de Medios que a *Clarín* le molestaban y que nunca se habían podido aplicar por haber sido objeto de las medidas cautelares del Partido Judicial. Pero el círculo de favores cerró en diciembre de 2017 cuando el Ente Nacional de Comunicaciones (Enacom) aprobó la fusión entre Telecom y Cablevisión, dándole a *Clarín* la posibilidad de proveer el servicio de cuádruple play: la combinación de telefonía fija y móvil, Internet a través de banda ancha —donde ya controlan más del 60 por ciento del mercado— y televisión por cable, todo por el mismo prestador.

A esta altura resulta insoslayable señalar que el apoyo de *Clarín* a todas y cada una de las políticas del gobierno de Cambiemos a través de sus metodologías —la mentira o el ocultamiento o la invisibilización o la tergiversación o todas al mismo tiempo— han sido claves para la sustentabilidad política y social del gobierno de Mauricio Macri. Para decirlo de una manera más clara: sólo el blindaje mediático garantizado por el Grupo Clarín ha permitido esta verdadera catástrofe económica y social que se abate sobre todos los argentinos y las argentinas.

¿Fue una batalla perdida la Ley de Medios? No, de ningún modo. Hoy sabemos mucho más qué estamos leyendo cuando leemos *Clarín*, *La Nación*, *Página 12* o *Tiempo Argentino*. Después de todo, el precursor, como en tantas otras cosas y sin necesidad de ley, se llamó Néstor Kirchner cuando con dos palabras sintetizó lo que hoy gran parte de los argentinos y argentinas ya saben: "*Clarín* miente". La Ley de Medios devino en una batalla cultural a secas pero no logró avanzar sobre el tema del monopolio. Es cierto que el Partido Judicial lo impidió, pero creo que también deberíamos haber ido a fondo con la defensa de la competencia, aplicando una ley antimonopolios como tienen todos los países del mundo. Esa ley hubiese servido, además, no solamente para los medios de comunicación, sino también para abordar otra cuestión central de los argentinos: la formación de los precios de la economía y su impacto —es uno de los dos componentes estructurales— en el problema de la inflación en la Argentina.

El mecanismo del odio y la mentira

Cada vez con más frecuencia pienso: ¿cómo hacen dirigentes, hombres y mujeres, que luchan por una sociedad más justa —con equivocaciones, con aciertos, con errores, en definitiva, con su humanidad a cuestas—; personas que batallan por un mundo diferente, con ideas diferentes, para que haya igualdad de oportunidades —no para ser todos iguales, porque no lo somos, sino para que este mundo sea un lugar más habitable y más justo— y que de repente —como me pasó a mí— son atacados, vilipendiados, difamados e injuriados con mentiras que se difunden a mansalva y verdades que se ocultan todo el tiempo? No puedo dejar de pensar en las dificultades de una sociedad que no cuida o no se toma el tiempo de ver cómo son las cosas verdaderamente. Es una preocupación que no puedo sacar de mi cabeza. ¿Cómo se hace cuando a través de la mentira se genera un sistema de creencias en amplios sectores de la población que va en contra de sus propios intereses? Aunque, en realidad, a esta altura ya nada debería asombrarme porque hasta me atacaron por ser abogada y mintieron diciendo que no lo era. Sí... me discutieron el título de abogada dos veces en dos juicios diferentes en Comodoro Py. ¿Cómo no iba a pasar lo que pasó cuando le llenaron la cabeza a la gente diciendo, por ejemplo, que el impuesto a las ganancias que les descontaban de su sueldo era para sostener "planeros" o "vagos"... si hasta les hicieron creer que no era abogada?

Mientras escribo estas líneas y mirando en retrospectiva se ve con más claridad la ofensiva que el Grupo Clarín había desplegado contra el impuesto a las ganancias en los sueldos más altos. Se lo dije a los trabajadores y a los dirigentes sindicales, porque me dolió mucho que en nuestra gestión, con todo lo que habían logrado, a veces hicieran las cosas tan complicadas, hubieran sido tan intransigentes y que sin embargo, con este gobierno que los ha perjudicado absolutamente en todo, algunos de ellos arreglen cerrar paritarias a la baja. Los dirigentes sindicales que estuvieron durante nuestra gestión son los mismos que estuvieron antes de que llegáramos al gobierno y, en su gran mayoría, son los mismos que aún permanecen. Están hace décadas en sus gremios y, sin embargo, al repasar la historia de sus sindicatos, de sus trabajadores, de los derechos conquistados y de sus convenios colectivos de trabajo, no hubo período más fructífero para ellos que los doce años y medio del kirchnerismo. En realidad, a esta altura creo que más que buenos dirigentes sindicales los trabajadores deberían votar buenos gobiernos. Es un tema que me desvela: ¿cómo el ser humano puede cometer esos errores y no darse cuenta que está atentando contra sus propios intereses?

El otro día lo charlaba con Axel Kicillof, quien fuera nuestro ministro de Economía durante mi segundo mandato, y me decía que él también había estado reflexionando mucho sobre el procedimiento que utilizaron en varios planos para poner en contra de nuestro gobierno a distintos sectores, por ejemplo: con la resolución 125 de las retenciones móviles a los pequeños productores para los que habíamos creado las retenciones segmentadas y que terminaron defendiendo los intereses de las cerealeras, hoy muchos están fundidos por las tasas de interés del Banco Nación y el precio dolarizado de los insumos y el combustible; o cómo manipularon la regulación cambiaria que bautizaron como "cepo" para que la clase media defendiera los intereses de la "timba financiera" y los grandes fugadores de divisas y hoy no sólo ya no pueden ahorrar en dólares, sino que tampoco lo pueden hacer en pesos; o con las DJAI —declaraciones juradas para importar— para que la falta de algunas boludeces (sic), como los tampones importados o los vasos de café de Starbucks, sirviera para defender los intereses de las multinacionales y de los importadores y hoy no pueden comprar ni los productos nacionales; o peor aún, los jubilados corriendo tras la zanahoria del 82 por ciento móvil que les prometieron y ahora no tienen ni para comprar los remedios, porque ni siquiera les quedó el PAMI. Me decía Axel: "Y pensar que todos estos sectores revivieron con el kirchnerismo, especialmente los jubilados, y se nos pusieron en contra por falsos problemas que se magnificaron mediáticamente".

Tiene razón, aunque debo decir que de todos los ejemplos el que se lleva las palmas es el tema de los subsidios a las tarifas de los servicios públicos, donde usuarios, comerciantes, empresarios y productores repetían todos como un mantra "pagamos muy poco", sin advertir el impacto de ese precio de la economía en el crecimiento y desarrollo, y el subsidio que antes pagaba el Estado ahora lo pagan ellos de sus bolsillos a los amigos y testaferros de Mauricio Macri... ¡Madre de Dios! Sí, creo que debemos prestar especial atención —porque cruza transversalmente a la sociedad— la cuestión que se plantea en torno a los beneficiarios de los programas sociales, ya que no es difícil, por ejemplo, encontrar a la empleada de una casa de familia que dice que no está de acuerdo con la AUH porque "no trabajan y les pagan" y que ella se levanta "muy temprano en la mañana para ir a trabajar"... Es todo un tema y hay que abordarlo desde lo sociológico, psicológico y económico, en toda su complejidad. ¿Qué es lo que está pasando en Argentina? Creo que un factor determinante para explicar lo que sucede es el profundo odio que siente una parte de este país contra el peronismo y también las mentiras en un círculo que se retroalimenta y del que a muchos les resulta imposible salir. Se trata de un odio que empezó hace setenta años cuando el peronismo le dio derechos a la gente; derecho a tener vacaciones pagas, al aguinaldo, a ser indemnizados si los despedían, entre muchísimos otros. Allí radica una parte importante del odio, es un profundo desprecio y temor a la insolencia de las clases populares. Es notorio cuando uno los escucha y los lee. Incluso no pocos trabajadores sienten ese odio al peronismo y uno piensa: ¿Vos por qué creés que tenés vacaciones? ¿Evita y Perón fueron "la pesada herencia", como dice el gobierno de Macri? ¿O la difamación y el ataque

que sufrieron los dirigentes populares que por ejemplo también sufrió Hipólito Yrigoyen, que cuando lo derrocaron una turba invadió su departamento en la calle Brasil para abrirle los colchones porque el diario *Crítica* había dicho que adentro de ellos había plata? No tan curiosamente, lo mismo que dijeron y dicen de nosotros. *Clarín* llegó a publicar en letra de molde que yo dormía sobre un colchón de dólares... ¡Dormir sobre un colchón de dólares!... Hubiera sido un poco incómodo, ¿no? Pero, además, ¿por qué razón voy a dormir arriba de un colchón de dólares? ¿Alguien de verdad puede pensar eso? En la misma nota decían que yo obligaba a los empleados de Olivos a caminar con la cabeza gacha... ¡Para que no me mirasen!... ¿Cómo se dará ese tipo de orden, de caminar mirando para abajo? Mentiras absurdas pero, como alguien me dijo, "dirigidas a los que te odian, a los que necesitan creer eso para seguir alimentando el odio".

Siempre me pregunto hasta dónde han logrado penetrar en el imaginario de la sociedad y si esto será algo circunstancial hasta que la gente lo advierta o será más a largo plazo. Me pregunto si así como ha mejorado la ciencia en el tratamiento de las enfermedades, no ha mejorado también la mecánica de penetración de los medios, si no se trata de un sistema más sofisticado. Si es así, se va a tornar mucho más difícil para los movimientos populares y democráticos la defensa de la sociedad y de la inclusión. ¿Estaremos en una etapa civilizatoria en donde a la sociedad la manejan de tal manera que va a ser imposible reaccionar sobre lo que le está pasando y entonces vamos a estar condenados a repetir la sumisión? Son cosas que me pregunto mientras escribo. Tengo una tendencia a conocer la historia y creo que en algún momento todo vuelve. Pero dudo acerca de si el grado de sistematización de la dominación actual no terminará obturando definitivamente las posibilidades emancipadoras. Umberto Eco decía que la gente no lee nada, escucha poco y mira todo, de modo que una imagen, un sketch de televisión o algo armado puede influir más que la obtención de un derecho. ¿Será así? Considero que la dominación —la de carácter cultural es la más fuerte de todas— siempre es un problema de instrumentos. En los años 60 y 70, cuando ocurrieron hechos históricos como el Mayo Francés, la Revolución Cubana, los movimientos de derechos civiles en EE.UU., cuando el peligro del "oso comunista" dividió el mundo entre Este y Oeste, con la Guerra Fría en curso, para el poder era necesario suprimir los cuerpos. Por eso los instrumentos eran las fuerzas armadas, la cárcel, la tortura y la muerte. No había tecnología suficiente para convencer cabezas... Ojo, de ninguno de los dos lados de la cortina de hierro. Ahora piensan que con las nuevas tecnologías pueden resolverlo, y a los dirigentes que molestan no se los disciplina igual que antes; ahora se los intenta apresar "por corruptos", porque fundamentalmente la matriz que utiliza la derecha en Latinoamérica para perseguir a los opositores es el discurso en contra de la corrupción. Perón se tuvo que ir del país porque si no lo mataban y todos los dirigentes y funcionarios que lo acompañaron en sus gobiernos terminaron presos con acusaciones de corrupción.

Lo novedoso es que actualmente no es el Poder Judicial el que condena, el Poder Judicial valida a través de una sentencia un proceso que se inicia e incentiva en los medios de comunicación. Los medios instalan e inventan denuncias y luego la justicia valida ese relato mediático. Ya no hay que convencer a los jueces, hay que convencer a los que votan. Reflexionando, llego a la conclusión de que la narrativa que construyen los medios de comunicación sobre el mal llamado "populismo" se apoya en prejuicios que existen tanto en la clase media como en la clase alta. Se trata de prejuicios muy poco elaborados y muy básicos, con un fuerte contenido de irracionalidad. Tuve la oportunidad, en diciembre del 2018, de realizar un ejercicio sociológico muy interesante durante una cena con uno de los empresarios industriales más importantes del país. Dirige una de las pocas empresas multinacionales argentinas que constituye un verdadero ejemplo en su rubro. Durante nuestras gestiones de gobierno le pasó lo mismo que a todos los empresarios argentinos, ganaron mucha plata; en este caso, las ganancias más importantes se habían obtenido durante mi segundo gobierno, el período 2011-2015. Él, obviamente, como la inmensa mayoría de los empresarios argentinos, había votado a Macri; sin embargo, al igual que todos, sus balances a partir del año 2016 comenzaron a dar negativo. Casi al final de aquel encuentro —que la verdad fue muy bueno por el nivel de la charla— no pude con mi genio y le dije: "¿Le puedo preguntar algo?" y enseguida le aclaré: "¡Pero ojo!, no es ni chicana, ni estoy enojada, ni es ningún reproche… al contrario, quiero preguntarle algo que me interesa casi sociológicamente y también un poco en lo personal. ¿Qué fue lo que hicimos o dijimos los peronistas o kirchneristas, como más le guste, o yo en términos generales o particulares? ¿Qué es lo que les molesta de lo que decimos o hacemos que los hace votar en contra nuestro, después de haber ganado tanta plata durante nuestros gobiernos?". Me acuerdo que se hizo un silencio y me miró sin responderme nada... Me di cuenta y enseguida cambié de conversación. Arturo Jauretche, uno de los fundadores de FORJA y gran intelectual argentino, lo explicó tan bien... cada vez que uno lo vuelve a leer, parece que las cosas las hubiera escrito ayer. Qué cosa, ¿no?

La aversión hacia el peronismo ha calado muy hondo en estos sectores por su reivindicación de todo lo vinculado con los de abajo, con las clases populares, con el "repartir", con "los negros"; reivindicó históricamente que "el negro" —el cabecita negra— vaya al mismo lugar que ellos y creo que eso es, en el fondo, una de las cosas que más les molesta. Tiene que ver también —cuando se trata de las clases medias argentinas— con una profunda necesidad de imitar a las clases altas y de querer parecerse o sentirse integrantes de esa clase al adherir a sus convicciones o prejuicios. Hace unos días vi en la televisión un reportaje que le hacían a un hombre de barrio, bien moreno, que decía: "Yo lo voté a Macri". Cuando lo escuché, me pregunté: ¿qué pensaba ese hombre? ¿Que lo iban a invitar al Jockey Club o a Punta del Este por votarlos? Porque también existe esta variable: lo aspiracional, el deseo de pertenecer. Otro aspecto que funciona es el componente individualista que proviene de la inmigración y que portan no pocos argentinos. Es algo que yo veía mucho en mis abuelos inmigrantes españoles, que progresaron —es cierto que trabajando de sol a sol— pero en los que había arraigado muy fuerte el discurso de "A mí nadie me dio nada"; "a los argentinos no les gusta trabajar"; "los empleados públicos son todos vagos y parásitos", entre otras frases que circulan y forman parte del sentido común. Lo cierto es que mis abuelos, que vinieron sin nada, después de años de trabajo terminaron comprando terrenos y casas. Pero también no es menos cierto que lo hicieron producto de un momento económico del país que les permitió hacer eso. Hoy claramente no lo podrían hacer. Es lo de siempre: creer que lo que lograron fue única y exclusivamente producto del esfuerzo y el sacrificio personal, ignorando el contexto político, social y económico que se los permitió. ¡Las veces que se los intenté explicar cuando los escuchaba!... Sobre todo a mi abuela Amparo... ¡No había caso!

Es más, dentro de ese contexto favorable, e incluso para muchos que son beneficiados por las políticas públicas, ese Estado molesta porque cuando empiezan a tener un poco más de dinero tienen que empezar a pagar más impuestos (la cuestión del impuesto a las ganancias en los altos ingresos, que se aplica en todas partes del mundo, forma parte de eso también). En la Argentina, aun en los períodos dictatoriales, pude ir a la universidad siendo hija de trabajadores. Tuve la posibilidad de ir a una escuela y una universidad públicas de calidad y hay que ser conscientes de que eso no es algo que suceda en otros países de la región. ¿Vos no sos peronista? ¿Sos antiperonista?, pero ¿y tus vacaciones?, ¿tus aguinaldos?, ¿tus derechos al sindicato, a la obra social, a que no te echen sin indemnización? Todo eso, ¿quién te lo dio? Porque la mayoría de esos derechos no existen en ninguna parte de

América Latina, sólo se encuentran en la Argentina y, esencialmente, se deben al fenómeno peronista. Los medios de comunicación hegemónicos y su expresión política, el macrismo, lo llaman "La ficción populista". Es lo que enunciaron literalmente Javier González Fraga, presidente del Banco Nación, y Gabriela Michetti, vicepresidenta de Mauricio Macri, hace un tiempo: "Televisor plasma, celular, viajes al exterior, aire acondicionado: ¿de verdad creyeron que podían tener todo eso?". Es como si nadie se diera cuenta que es parte de ese sujeto al que quieren desapropiar. Todos ven al Estado en el otro; ven al Estado en el piquetero o en el que tiene un plan, pero creen que ellos están fuera de peligro y ahora se dan cuenta que no eran tan ajenos y tan distintos, se dan cuenta que estaban muy adentro del Estado también, por ejemplo, que eran subsidiados en sus boletas de agua, de luz, en la compra de combustible, en la educación, en sus salarios. El Estado es el que les cuidó el salario durante doce años y medio durante la negociación tripartita entre Estado, empresarios y sindicatos, que comenzó a aplicarse todos los años a partir del 2003. Pero no lo pudieron comprender, en gran medida, por los medios de comunicación. Fueron doce años y medio en que todos los canales de televisión, las radios, los diarios y los trolls en las redes, con honrosas excepciones, no dejaban de machacar en sentido contrario. Sin dudas que alguna responsabilidad tendremos, aunque nosotros esto lo explicamos muchas veces; me cansé de explicar la importancia del impuesto a las ganancias, me cansé de decir lo de las tarifas —entre muchas otras cosas— pero fue una gran operación de machaque mediático que finalmente impuso esa idea del Estado. En la máquina de odio que han construido y de las mentiras que han instalado, le han hecho creer a las personas que bajándole los impuestos a los ricos se solucionaban todos los problemas económicos. Esto no es algo que suceda sólo en Argentina, es un fenómeno global. A veces me pregunto: ¿qué es el macrismo en definitiva? Considero que es un grupo de tareas del capital financiero que han provocado un endeudamiento vertiginoso en el país, superior inclusive al operado durante la última dictadura militar. Esa es la definición correcta porque vinieron con ese objetivo y lo pudieron hacer, porque al igual que la última dictadura militar tuvieron la cobertura incondicional de los medios de comunicación hegemónicos.

La dictadura perfecta: noticias falsas y guerra jurídica

Al comienzo de este capítulo, el primer subtítulo fue "De *Crítica* a *Clarín*" para graficar la historia de la influencia mediática en Argentina de la primera mitad de siglo. Han transcurrido setenta años desde la fundación del diario *Clarín* y en el mundo han surgido nuevos instrumentos para la dominación y el control de la opinión pública... y sobre todo el pensamiento, a partir de instalar un sentido común. Incentivar odios históricos —a la política, al peronismo— o raciales —"a los negros"— o a los "extranjeros", por ejemplo... curiosamente en un país de inmigrantes como la Argentina. Para inducir estos prejuicios cuentan con una batería de nuevos medios expresados en las redes sociales y en el control de bases de datos. En 2015, el trabajo monumental de las redes sociales manejadas por Cambiemos intentó convencer a miles de argentinos que la muerte del fiscal Nisman era responsabilidad de mi gobierno. Mi responsabilidad. Así comenzaron la campaña electoral. Luego, para llegar al poder —como se vio en el debate para la elección presidencial—, prometieron el oro y el moro, a sabiendas de que no cumplirían ya que su plan no era sino el que está en marcha: endeudamiento, privatización, disolución del Estado, anulación de mejoras laborales y jubilatorias, saqueo de recursos naturales y del patrimonio social de los argentinos. Sería imposible detallar cada una de las mentiras —como la construcción de tres mil jardines de infantes con la plata del Fútbol Para Todos—, pero sí es posible identificar el mecanismo de repetir una mentira hasta que ella quede, tal como aconsejaba el verdadero *community manager* de Hitler, Joseph Goebbels. A comienzos de 2018, los argentinos conocimos el nombre de una empresa: Cambridge Analytica. Una investigación de los diarios *New York Times* de los Estados Unidos y *The Observer* y *The Guardian* de Inglaterra reveló cómo ex empleados de la compañía confesaron los métodos usados para conseguir datos de 50 millones de perfiles o usuarios de la red social Facebook y, por medio de un programa, inferir las conductas y los gustos de esa gente para tratar de anticipar cómo sería su voto y en todo caso cómo modificarlo de ser necesario. Además, usaron esos datos para inducir conductas electorales en campañas importantes como la presidencial de Estados Unidos, donde ganó Donald Trump, y el Brexit del Reino Unido. En la mayoría de las notas se menciona como el gran culpable a Facebook y su creador, Mark Zuckerberg, que fue llamado al Congreso estadounidense para dar explicaciones sobre esa masiva filtración y también ante el parlamento inglés. Sin embargo, más tarde se supo que la empresa Cambridge Analytica —cuyo nombre legal era SCL Group— había participado en la campaña presidencial nuestra en 2015. Un informe público del Parlamento británico realizado en base a la declaración de Alexander Nix, ex CEO de SCL Group, y documentos de la propia firma a la que accedieron los legisladores ingleses revelan que hubo una reunión del área de management el 27 de mayo de 2015, en la cual se habló de realizar una "campaña antikirchnerista" —es textual— que incluía la recopilación de información "de proximidad", guerra informativa y hasta el uso de "agentes de inteligencia retirados de Estados Unidos, España, Reino Unido, Israel y Rusia". Una versión corregida y aumentada del "plan Gutiérrez" de los fondos buitre que ya mencioné en el capítulo seis. La campaña, agregaba el informe, incluyó el uso de cuentas falsas de Facebook y Twitter (los famosos trolls) para respaldar esa campaña. El Grupo Clarín y *La Nación* ocultaron esta información. Por supuesto, Cambiemos negó que hubiera contratado a esa empresa. Sin embargo, Mark Tumbull, ejecutivo de Cambridge Analytica, admitió en una cámara oculta que hizo una campaña sucia en Argentina. ¿Acaso Tumbull no estuvo en Buenos Aires, en marzo de 2017, en vísperas de las elecciones de medio término? Insisto con estos nuevos medios porque parecen vitales para considerar como campo de batalla la cabeza de los argentinos, para inducirlos a votar no sólo conociendo sus gustos sino también para montar las llamadas *fake news* o noticias falsas con las que difamar a los opositores. Ante el escándalo que estalló en los parlamentos norteamericano e inglés, *Clarín* y *La Nación* se apuraron a impulsar un comité para "limitar" las noticias falsas... Me pregunto si es posible que las limiten quienes las producen... ¡Cuánto cinismo! Impulsar a través de Twitter o Facebook con un ejército de trolls —soldados virtuales— la guerra no convencional o "periodismo de guerra" con el que me difamaron a mí, a mi familia y a nuestro gobierno ha sido la práctica corriente de Cambiemos... Así funcionan. ¿Qué otra cosa es entonces lanzar la idea descabellada de que nos robamos un PBI —unos 600 mil millones de dólares— y que los teníamos en una bóveda —que por supuesto nunca encontraron porque no existe—? ¿O las cuentas en el exterior —según el operador periodístico de *Clarín* Daniel Santoro, ahora sabemos también extorsionador— de Máximo Kirchner y de la ex ministra Nilda Garré? Casi tres años tardó EE.UU. en confirmar que esas cuentas no existían. ¡Tres años! En tanto, la mentira golpea la cabeza de los argentinos. La penetración de las redes es enorme. Sabemos que el 78 por ciento de los argentinos tiene acceso a Internet a través de computadoras y un número mayor por los teléfonos celulares y que las principales redes sociales que integran son, en este orden, Google, YouTube y Facebook. Un flujo enorme de millones de personas con sus creencias y sus gustos que transitan en la virtualidad de las redes. El tema es muy grave. Por eso, diferentes gobiernos de todas las latitudes piden auditar las redes sociales para asegurar que las empresas protejan los datos de los usuarios. Sin embargo, el gobierno argentino —a contramano del mundo— no quiere hacer esto... Aunque, claro, ¡Facebook y Google son los lugares donde más invierte con publicidad oficial! También se conoció un informe de Amnistía Internacional sobre nuestro país y el uso político de las redes, detectándose una enorme cantidad de trolls y bots, perfiles falsos y replicadores vinculados a referentes de Cambiemos.

Ya en junio de 2016, Cambiemos tenía la decisión de utilizar las redes sociales y una base de datos casi tan grande como la usada por Cambridge Analytica de Facebook (50 millones de perfiles de usuarios). Marcos Peña, el jefe de Gabinete de Mauricio Macri, firmó la escandalosa resolución 166/E, según la cual se le permitía al gobierno usar la base de datos de ANSES —la friolera de 45 millones de datos de los argentinos— para dar... ¿buenas noticias, quizá? En plena campaña electoral de 2017, la diputada Graciela Camaño del Frente Renovador acusó a Peña por la existencia de un llamado Troll-center —sus soldados virtuales— dedicado a perseguir y escrachar opositores en las redes sociales, pagados con fondos del Estado, es decir de todos los argentinos. En este mismo orden de cosas, pero fuera de las redes sociales, Netflix es el mayor exponente global de la televisión que se distribuye por Internet. A propósito de la promoción de contenidos originales como *Narcos* o *El mecanismo* —una serie inspirada en el famoso Lava Jato contra Lula Da Silva en Brasil y que promocionó el ascenso de Jair Bolsonaro—, se generaron suspicacias en relación a la línea editorial de esa empresa, ya que más de un tercio de su producción para América Latina trata de temas vinculados con el crimen organizado, el narcotráfico, la corrupción política y la violencia social. O sea que esta gran plataforma, tan usada y consumida por todos nosotros —hice referencia a mi afición durante el año 2016 a algunas de sus series—, es también una empresa de medios audiovisuales que toma decisiones editoriales, que tiene influencia en la formación de la opinión pública.

Tal vez por eso hubo una reacción de autodefensa para miles de usuarios al difundirse la posibilidad de la producción de una serie llamada *Codicia* (del estilo de *El mecanismo*) del operador de *Clarín*, Jorge Lanata, especialista en noticias falsas y armado de operaciones como la que se lanzó en 2015 contra el candidato a gobernador del peronismo en la provincia de Buenos Aires —el mayor distrito electoral del país—, Aníbal Fernández, involucrándolo en un triple asesinato de narcotraficantes. No puedo dejar de preguntarme, entonces, qué ocurrirá si no nos preparamos para protegernos de las noticias falsas o de los ejércitos de la noche, como llamo a los trolls de Cambiemos. O de la desinformación premeditada de los medios hegemónicos. ¿Podremos vencer la mentira, la difamación? Y aquello que no consigan con engaño —un fraude indirecto— ¿lo conseguirán con fraude directo? El caso de los llamados "aportantes truchos" de Cambiemos en la campaña electoral bonaerense en 2017... ¿cómo debería llamarse? Nada de esto se podría haber hecho sin el concurso de la principal corporación mediática y su asociado, *La Nación*. Tampoco sin la impunidad judicial.

El silencio de los medios y la manipulación del Poder Judicial contribuyen a un estado de cosas de suma gravedad institucional. Si algo distinguió al fascismo fue que supo naturalizar el odio como alimento o armamento de combate contra el otro a someter y exterminar. Y yo siento que en nuestro país no sólo la sociedad sino también la dirigencia política, social, sindical, empresarial... han terminado naturalizando las metodologías del odio y las mentiras permanentes. La filósofa alemana Hannah Arendt lo explicó muy bien durante el juicio en Jerusalén a Adolf Eichmann —criminal nazi capturado en Argentina— en "la banalidad del mal", cuando analizó el régimen hitleriano del cual Joseph Goebbels era su principal ministro de propaganda. Si algo se sabe del marketing del capitalismo es que esa técnica sirvió para vender productos, competir por la supremacía del mercado, fundir competidores y someter clientes, y en plena revolución digital y de redes se usa para vender otro producto virtual o subjetivo: creencias... Creencias; allí donde residen todas las pasiones, pero también lo irracional, lo pulsional. Como antes la naturalización del odio racial o político fue el combustible del exterminio de los diferentes. ¿Qué corresponde para naturalizar el exterminio de millones de pobres, encima con derechos económico-sociales, es decir humanos, adquiridos en el siglo XX y, en América Latina, a principios del XXI? La aceptación lisa y llana de su anulación, de la reducción inducida a servidumbre voluntaria. Pasar de ciudadanos a esclavos. La carga de odio del fascismo que inducía a la eliminación física de los opositores o estigmatizados del régimen se trastocaría así en el intento de persuasión de las bondades de someterse a costumbres, creencias, que cosifiquen sin posibilidades de reacción el estado de las cosas: es decir, ser pobres y vivir como pobres y morir como pobres es más que un acto de violencia, es un acto de piedad. De redención. O peor aún: de moda. Popularmente se lo conoce como "militando el ajuste": si vas a ser reducido a la servidumbre, que sea voluntaria, que sea aceptada como un honor, como una moda, como una virtud, parece decir cada uno de los artículos, de los programas, de los tuits y de las plataformas en donde, por ejemplo, acaban de decirnos que es moda vivir en 16 metros cuadrados. No tener aire acondicionado con 45 grados. No desayunar. Comer tierra para hacer dieta. O, la última, que comer de la basura es catalogado en *Clarín* como "una pasión argentina". Y todo definido como un acto de decencia —y no de crueldad— elogiado por los comunicadores de una economía depredadora. El papa Francisco habla de la sociedad del descarte. No tengo dudas que el Grupo Clarín es parte del conglomerado que gobierna. Cuando en muchos años se analice la historia argentina, la historia económica, el rol que la historia le asignará a Clarín no será nada bueno. Pero también en su fortaleza como sostén de un modelo neoliberal a ultranza está parte de su debilidad y vulnerabilidad. Cuando uno analiza los números actuales de posición o de participación en el mercado de la telefonía móvil, de la telefonía fija, de banda ancha, de Internet y demás, puede observarse la presencia monumental que tiene Clarín. No puede ser legal que en una provincia como Córdoba, por ejemplo, controlen cerca del 90 por ciento del servicio de Internet. Cualquier juez dictaminaría "posición dominante", y teniendo en cuenta la jurisprudencia —que ni siquiera hace falta que sea argentina— lo impediría y los condenaría. Se puede, como ya lo mencioné, tomar el caso estadounidense, observando lo que le pasó a Bill Gates con Microsoft, obligado a la desmonopolización. La hiperconcentración monopólica, más temprano que tarde, configura un talón de Aquiles. Mi gobierno no perjudicó económicamente a empresarios como Paolo Rocca, de Techint. Sus enconos se debieron a que no lo dejamos participar y opinar en la toma de decisiones del Estado. Es más, es público y notorio que lo ayudé a resolver con el presidente Hugo Chávez el pago de la indemnización por la expropiación de Sidor en Venezuela. Más allá de las mentiras y de falsos arrepentidos, en las aun más falsas fotocopias de los cuadernos, están los cables oficiales de la embajada norteamericana, revelados por WikiLeaks, su testimonio y veracidad son inapelables. Pero Rocca vende caños y Magnetto vende creencias. Entró a *Clarín* como contador, pero en realidad es un hombre de la política. Fue secretario de Arturo Frondizi y luego asistente de la dirección en *Clarín*, de la mano de Rogelio Frigerio. De todos los empresarios que conocí y de todos los empresarios con los que hablé —no solamente empresarios nacionales—, desde el mexicano Carlos Slim, dueño de

Telmex y el séptimo hombre más rico del mundo, pasando por Christophe de Margerie, presidente de la petrolera francesa Total, que en 2014 se mató en un accidente de avión en Moscú, Magnetto me pareció el más político de todos. Él no hablaba de negocios, hablaba de política. Durante una sesión parlamentaria, el senador Miguel Ángel Pichetto criticó al politólogo ecuatoriano Jaime Durán Barba, el consultor de imagen del gobierno Mauricio Macri. Dijo que era "el tipo que estigmatiza la política", entre otras cosas. Pero el problema en la Argentina no es Durán Barba. Si *Clarín* decidiera una campaña en contra del ecuatoriano... en una semana lo deportarían y lo expulsarían de la Argentina... ¡Por favor! El genio constructor del poder de Macri, de las corporaciones, es Magnetto, no Durán Barba. Porque lo que no pueden explicar, lo ocultan. Privan a los ciudadanos de saber la verdad y de tener información veraz. Incluso más: al haber tomado estado público el colmo de que el periodista estrella del diario *Clarín* Daniel Santoro —premio Rey de España por la investigación de la venta ilegal de armas a Ecuador y Croacia y premio Maria Moors Cabot de la Universidad de Columbia a la "trayectoria"— participó en conjunto con otros personajes —apañados y fomentados mediáticamente— de actividades de espionaje ilegal, extorsión y otros delitos de suma gravedad, se produce la escenificación en carne y hueso y en vivo y en directo de lo que se conoce como *lawfare*: el ataque sistematizado, coordinado y direccionado contra dirigentes políticos opositores desde los medios de comunicación, los servicios de inteligencia y diversos sectores del Poder Judicial.

Este verdadero escándalo desatado a fines de enero de 2019 y que inicialmente parecía una extorsión protagonizada por Marcelo D'Alessio, un personaje que sólo conocíamos a través de los medios de comunicación —Grupo Clarín, *La Nación*, portal de noticias Infobae y grupo América— como experto en seguridad y lucha contra el narcotráfico, se transformó en un verdadero *leading case* del *lawfare*, agravado por lo que el propio D'Alessio identificó como el factor argentino: junto al *lawfare*, un sistema de cobro de coimas armado por jueces y fiscales para enriquecimiento personal, en articulación y complicidad de servicios de inteligencia y periodistas estratégicamente colocados en medios de comunicación hegemónicos y masivos. Todo ello realizado en el marco de causas judiciales previamente armadas por todos ellos contra dirigentes políticos opositores y de gran impacto mediático. A través de la prueba recabada por el juez actuante, Alejo Ramos Padilla, que va desde las armas, los informes y carpetas de inteligencia, las credenciales de organismos de seguridad estadounidenses, los autos, los teléfonos, los dispositivos electrónicos encontrados en los allanamientos, hasta cámaras de paradores en la playa, restaurantes, confiterías, hoteles y otros lugares de reunión, así como también los testimonios de los empresarios, abogados y periodistas que fueron víctimas de esas operaciones, se pudo corroborar que —junto a otros— D'Alessio, que se reconoce como un hombre de la DEA y de la embajada estadounidense —aunque la embajada y la DEA desmintieron oficialmente su relación con ellas, y el periodista Horacio Verbitsky acaba de revelar en su portal El cohete a la Luna, el domingo 17 de marzo de 2019, que su pertenencia sería "a la CIA que tiene oficinas en Maine para personal reclutado como inorgánico"—, extorsionaba a empresarios y desplegaba tareas de inteligencia ilegales contra empresarios, abogados y periodistas bajo el amparo y la supervisión del fiscal federal Carlos Stornelli.

A raíz de esos hechos corroborados por las pruebas recabadas, Stornelli fue citado a prestar declaración indagatoria ante el juez Ramos Padilla el día 7 de marzo de 2019. Sin embargo, el fiscal que me había citado a indagatoria en diez oportunidades —a las que concurrí sin demora y sin excusas pese a contar con fueros—, que había allanado mis domicilios, pedido mi desafuero y la prisión preventiva de tantos otros en la causa de las "fotocopias de los cuadernos", no fue a declarar utilizando sus fueros como fiscal… Delicias de los "republicanos". *Clarín* omitió en su tapa, en sus páginas y en todo su aparato de difusión —radios, canales y otros diarios— dar cuenta de toda esa información. Directamente la ocultó. Y luego, cuando finalmente y sin más remedio por el peso público y la gravedad de la información que se iba conociendo, se vio obligado a "informar" sobre el tema… ¿qué hizo?… Invirtió la carga de la prueba: definió todo como una "conspiración" realizada por supuestos abogados y operadores K contra el fiscal, y la bautizó como "Operación K"… Increíble pero absolutamente verificable. Eso sí, de las grabaciones, filmaciones, fotografías, whatsapps, testimonios y toda la documentación hallada durante el allanamiento al domicilio del autodefinido agente de la DEA… bien, gracias.

Omitir o tergiversar o dar noticias falsas es la condición esencial de la nueva forma de dominación y persecución de la oposición conocida como *lawfare*, o guerra judicial basada en pruebas falsas y noticias falsas. La manipulación de la información, así como la privación de la información veraz, deberá ser considerado alguna vez una violación flagrante a los derechos humanos porque es una puerta abierta a una nueva esclavitud como señaló en 1932 el escritor Aldous Huxley en su libro *Un mundo feliz*: "Una dictadura perfecta tendría la apariencia de una democracia, pero sería básicamente una prisión sin muros en la que los presos ni siquiera soñarían con escapar. Sería esencialmente un sistema de esclavitud, en el que, gracias al consumo y al entretenimiento, los esclavos amarían su servidumbre". Es en este sentido y por todo esto que no tengo ni tuve un problema personal alguno con *Clarín*. Sí creo que los argentinos —por la construcción de su futuro, de su libertad y de su bienestar— tienen un grave problema con *Clarín* y con el sistema concentrado y monopólico de medios que comanda.

Epílogo

Hoy, martes 25 de marzo de 2019, comienzo a escribir el epílogo de este libro. El viernes, bien entrada la madrugada, regresé de Cuba. Antes de subirme al avión, y por pedido de Florencia, había dado a conocer a través de mis redes sociales el resumen de su historia clínica emitido por el Centro de Investigaciones Médicas Quirúrgicas (CIMEQ) de La Habana. Es el centro de referencia de salud más importante de Cuba. Había estado allí por primera vez en el año 2009, durante mi primer mandato como presidenta de la Argentina, para visitar a Fidel, que se estaba reponiendo de problemas de salud, en una larga convalecencia. Me acuerdo que en esa visita oficial de Estado le había pedido a Raúl, ya en funciones como presidente de Cuba, que quería ver a su hermano. En el mundo arreciaban las versiones de que Fidel estaba muerto porque hacía meses no se obtenía ningún registro fotográfico de él, y sin dudar le dije: "No me voy de acá si no lo veo a Fidel". Me acuerdo que Raúl se rió y me contestó: "Es lo que todos quieren. Después de ti viene Michelle y también me va a pedir lo mismo". Se refería, por supuesto, a Bachelet, la presidenta de Chile. "Ah, no sé —le respondí—... En todo caso, es un problema tuyo y de Michelle... Pero yo lo quiero ver a Fidel". Se volvió a reír y me cambió de tema. Ese día, mientras me maquillaba para ir a la reunión con Raúl, vi en vivo y en directo por televisión la asunción de Barack Obama, el primer presidente afro-americano de los Estados Unidos. El mismo que años más tarde daría comienzo a un proceso de revisión y reversión del trágico e injusto bloqueo a la isla de Cuba. Así las cosas... Cada uno de mis recuerdos personales, de un modo u otro, siempre termina entrelazándose con la historia. Qué cosa, ¿no? Bueno, la cuestión fue que al otro día, mientras me preparaba para volver a la Argentina, el protocolo del gobierno cubano me avisa que Raúl Castro iba a verme en... ¡cuarenta minutos! Yo estaba alojada en una de las casas del Laguito, un hermosísimo lugar que debe su nombre, precisamente, a un lago de manantial natural, en medio de un gran parque y rodeado de casas, en el que las familias más ricas de Cuba —el hijo del dictador Fulgencio Batista incluido— habían construido sus residencias. En 1959, con la llegada de la Revolución, el lugar fue expropiado y luego destinado como lugar de recepción y hospedaje para mandatarios y personalidades extranjeras que visitan la isla. Así que allí estaba yo en ese enero de 2009 cuando me avisaron que venía Raúl. Inmediatamente intuí que iba a ver a Fidel. Lo que nunca pensé es que estaba yendo a buscarme para llevarme personalmente a verlo. En el trayecto me dijo que íbamos al lugar donde él estaba, sin aclararme nada más. Cuando llegué, la apariencia del acceso por el que tuve que entrar no denotaba que fuera un hospital o un centro de salud.

La última vez que había visto a Fidel había sido con su traje de Comandante. Ahora tenía un lindo buzo deportivo azul oscuro con detalles colorados. Junto a él y sin separarse ni un solo instante, lo acompañaba Dalia, su mujer, a quien conocí en ese encuentro. Se notaba que estaba reponiéndose de una fuerte dolencia, pero se lo veía bien y, sobre todo, ultra lúcido. Conversamos un buen rato. Me explicó minuciosamente su estado de salud y su tratamiento. Parecía médico de sí mismo. Me causó mucha gracia. Confieso que si hubiera sido médica, no me hubiera gustado tenerlo como paciente… Creo que me hubiera vuelto loca, literalmente. Fidel era una persona que le pedía a cada uno de sus interlocutores que le explicara todo detalladamente, además de ser un apasionado por lo científico. Cuando estábamos terminando la reunión y empezábamos a despedirnos, lo miré y, con mi mejor sonrisa, le dije: "Yo quiero una foto". En ese instante me di cuenta que pese a mi carita sonriente, mi voz —siempre mi voz— había sonado un tanto imperativa... Fidel y Dalia se rieron y llamaron a quien yo creía que era sólo un fotógrafo pero resultó ser Alex, uno de sus hijos, que además de tomar fotografías es ingeniero. Nos despedimos muy afectuosamente y yo me volví a la Argentina con una foto que dio la vuelta al mundo, porque demostraba que Fidel estaba vivo, y sobre la que no pocos medios de comunicación —¡cuándo no!— decían que estaba trucada porque sostenían que en realidad estaba muerto y yo, supuestamente, me habría prestado a una operación política... del "régimen", por supuesto. ¡Mi madre! Siempre confunden sus deseos con la realidad. Son una verdadera plaga internacional. A Fidel volví a verlo dos veces más, pero ya en su casa. Una de ellas, en 2014, cuando almorzamos junto a Florencia, que lo vio personalmente por primera vez. Me acuerdo que estaba tiesa y un tanto cohibida, pero Fidel le preguntaba cosas y ella respondía. Flor todavía recuerda cuando nos recomendó el pez perro que comimos durante ese almuerzo.

Así que, diez años después, volvía a entrar al CIMEQ, pero esta vez por la puerta principal y acompañando a mi hija por su estado de salud. Nos esperaba su director, el doctor Roberto Castellanos Gutiérrez, junto al doctor Charles Hall Smith. Allí Florencia comenzaría con estudios integrales y una serie de análisis muy exhaustivos para poder alcanzar un diagnóstico preciso e identificar el origen de sus patologías. A la semana siguiente nos entregaron un resumen de su historia clínica, en una entrevista en la que no hice más que confirmar lo que ya sabía sin ser médica: que el estrés al que fue sometida Florencia, en una persecución judicial y mediática por ser mi hija y la de Néstor, había devastado su cuerpo, que no estaba funcionando bien. El diagnóstico principal definitivo fue trastorno de estrés postraumático. De los otros no quiero ni volver a repetirlos, porque después de todo son en su mayoría consecuencia del primero. En aquella entrevista, Castellanos Gutiérrez me explicó qué era el trastorno de estrés postraumático. Recuerdo sus palabras como si las estuviera escuchando. Me dijo: "Mire, para que usted entienda qué es el trastorno de estrés postraumático... Es, por ejemplo, lo que sufren muchos soldados después de una guerra, cuando han sido obligados a vivir situaciones por fuera de la normalidad". Mientras lo escuchaba, pensaba: "Qué buen y exacto ejemplo". Es que sus palabras graficaban con precisión lo que Florencia había vivido: la habían metido en una guerra en la que no había tenido nada que ver. Y lo de guerra no lo inventé yo. Al contrario, lo definió así uno de los principales editorialistas del Grupo Clarín, ya fallecido. La persecución y el ensañamiento mediático y judicial que sufrió y sufre Florencia fueron y son sistemáticos y permanentes. Desde las guardias de periodistas, cámaras de televisión y fotógrafos en la puerta de su casa —en el barrio de Monserrat en Buenos Aires— que le impedían salir con su hija y que nunca cesaron, hasta la difusión de noticias falsas y brutales cuando se iba a hacer exámenes por su salud y los medios hegemónicos, por radio, televisión y hasta en programas de "entretenimiento", decían que Florencia estaba embarazada y que como no sabía quién era el padre se iba a hacer un aborto... Sí, así tal cual se lee. Pasando, además, por "informes" en horario central sobre ella y su "situación judicial" amenazándola —literalmente— con ir a la cárcel, mientras se ignora mediática y judicialmente que los mismos fiscales federales que nos persiguen, cada vez que fueron citados a declaración indagatoria por asociación ilícita, espionaje ilegal y extorsión, se niegan a ir amparándose en "fueros" de dudosa constitucionalidad.

Sobre el trato que recibieron y reciben mis hijos por parte de los medios hegemónicos de comunicación, siempre hago un ejercicio sencillo, gráfico, que nunca me falló. Le pregunto a cualquiera, incluso a periodistas y dirigentes, si me pueden decir el nombre de los tres hijos mayores de edad de Mauricio Macri, que son sus herederos y que además integran algunas de las sociedades de su grupo empresario. Nunca nadie pudo decirme cuáles son sus nombres. Es más, ni siquiera los conocen. Sin embargo, Máximo y Florencia siempre fueron presas de caza de los medios de comunicación que se cansaron de difamarlos, mentir sobre ellos, repetir sus nombres y exhibir sus fotografías hasta el hartazgo, como dimos cuenta en el capítulo tres de este libro. Y aquí, claramente, está el resultado del ejercicio del que hablaba y que no es otro que la exacta y precisa diferencia entre ser hijo o hija de presidentes que endeudaron el país y hambrearon al pueblo o ser hijo e hija de presidentes que desendeudaron el país y garantizaron la comida en la mesa de todos los argentinos y todas las argentinas. Es más, ese ejercicio admite otro giro más: podés ser hijo de un presidente que no sólo endeudó el país y hambreó al pueblo, sino que decretó el estado de sitio, reprimió y provocó la muerte de decenas de argentinos, y sólo ser conocido por haber sido el novio de una cantante internacional. Como decía el *Martín Fierro*: hay hijos y entenados. En fin...

Y ya que hablamos del hambre y de los argentinos... Estando en Cuba me llegó la noticia de que en Argentina, en las góndolas de los principales supermercados, faltaba la leche de segunda marca más vendida. El tema de la sustitución de primeras marcas de productos por segundas marcas más baratas surgió nuevamente durante el gobierno de Cambiemos. Es que a los pocos meses de haber asumido como presidente Mauricio Macri, los argentinos y las argentinas empezaron a sufrir en carne propia el descontrolado ascenso de los precios, con los alimentos y las tarifas a la cabeza. Rápidamente todos y todas comenzaron a cambiar sus conductas de consumo, buscando alternativas más económicas o, directamente, dejando de comprar algunos productos. Así fue que, luego de más de diez años, reapareció en las góndolas la leche de segunda marca a la que se volcaron no sólo los sectores populares, sino la clase media también. Esa misma marca era precisamente la que estaba faltando. Cuando llegué a Buenos Aires, encontré la respuesta. Me la dio el encargado de mi edificio. Julio estaba francamente indignado con este tema y lo que habían empezado a hacer: habían puesto un cepo a la venta de leche —sólo se vendía un sachet por persona— y aparecieron productos con aspecto de leche que no lo eran. Este episodio no hizo más que confirmar mi diagnóstico de lo que estaba pasando. Siempre la distancia da un lugar de perspectiva para mirar al país y la sociedad en su conjunto.

En diciembre de 2015, por primera vez desde la generación del Centenario, los argentinos y las argentinas decidieron libremente y con su voto que los grandes grupos empresarios argentinos tomaran el poder estatal. Este hecho sin precedentes en la historia desde la sanción de la Ley del Sufragio Universal, Secreto y Obligatorio —más conocida como ley Sáenz Peña— merece un análisis. Y aquí me permito distraer al lector con un excelente artículo periodístico que ayuda a comprender por qué razones una sociedad puede llegar a creer que es mejor ser gobernada por empresarios multimillonarios. La nota está firmada por el periodista y escritor Jorge Halperin y apareció publicada el 29 de marzo de 2019 en el matutino porteño *Página 12*, bajo el sugestivo título "Los ricos no necesitan coimear...". El título hace referencia al escándalo que estalló en Estados Unidos cuando trascendió que padres millonarios pagaron coimas para que sus hijos ingresaran a las universidades de elite y a partir de ello hace un incisivo análisis y crítica a la idea de "meritocracia", la nueva creación del neoliberalismo para justificar la pobreza y para que los pobres sientan culpa de serlo y sigan creyendo que los ricos sólo son ricos porque se lo merecen. La verdad... una genialidad. Pero abordemos la nota periodística en cuestión. Según Halperin, la alianza Cambiemos y Mauricio Macri junto a los medios de comunicación hegemónicos y sectores del Poder Judicial "construyeron consensos entre las mayorías", con una operación política "que trabajó por lo menos sobre tres ejes: las denuncias de corrupción K; la idea del "sinceramiento" de las tarifas y la economía, y la creencia meritocrática". Y sobre este último concepto me quiero detener porque, como dice el periodista en su nota, "la meritocracia es probablemente la más profunda de las distorsiones de la derecha, (...) se trata de un rasgo arraigado hace mucho tiempo en nuestra cultura política". Para aquellos que creen en la meritocracia, en la cima de la sociedad están los que más mérito tienen. Pero eso es falso, porque "en el tope sólo están instalados los millonarios y los hijos de los millonarios" —pareciera alusión directa al caso del presidente Macri—. La realidad es que "la riqueza y la pobreza no se distribuyen según méritos" y, por eso, el ascenso social requiere generalmente el paso de generaciones enteras y "los casos de millonarios llegados de abajo son sólo eso, historias individuales". Entonces, ¿qué función cumple la idea de la meritocracia? Halperin, citando a Nathan Robinson —columnista del diario inglés *The Guardian*—, indica que su "verdadero propósito (...) es para asegurar a las elites que merecen su posición privilegiada en la vida". Justifica los privilegios y su contracara, la desigualdad social. El "espíritu" de esa idea meritocrática se puede resumir en el siguiente relato: "Todos hemos escuchado en un taxi, en el trabajo, en la calle, en una sobremesa aquello de 'Todo lo que tengo lo conseguí sin ayuda de nadie. ¿Por qué tengo que pagar impuestos para mantener vagos?'. Por supuesto que el correlato de esa idea es 'No me molesta la desigualdad; los ricos están ahí arriba porque se lo merecen'". Alcanzando la siguiente conclusión: "Seguro que ellos saben cómo triunfar, vamos a darle la oportunidad a que nos gobierne un millonario". Ahí es donde aparece Macri y llega a ser presidente. Sin embargo, la idea meritocrática es absolutamente falsa en sus dos facetas. En la primera, cuando se la utiliza para justificar el ascenso social individual, porque es muy claro que "nadie llegó a donde llegó solo, exclusivamente por sus méritos, por muy grandes que sean. Todos vivimos en sociedad y nuestro esfuerzo puede mejorarnos la vida según el ambiente en que nos movemos y según ciertas políticas públicas nos lo faciliten o no". Para explicarlo mejor, voy a dar un ejemplo en carne propia. Yo me pude recibir de abogada no sólo porque en nuestro país la universidad es pública y gratuita, sino porque, además, vivía a menos de treinta cuadras de la Facultad de Derecho de la Universidad Nacional de La Plata. Su hubiera vivido en un pueblo del país profundo, no sé si mi familia hubiera podido enviarme a estudiar a una gran ciudad. Lo más probable es que no. ¿Puede considerarse entonces un mérito para ser abogada vivir a treinta cuadras de la facultad? Claramente, no. Y esto no quita que fui muy estudiosa, que al mismo tiempo que estudiaba trabajaba y todo lo que vos quieras... Pero no hubiera podido estudiar derecho si no hubiese vivido a treinta cuadras de la facultad. Y si querés, le damos una vuelta de rosca más y te digo que no basta solamente con que la universidad sea pública y gratuita para que mucha gente pueda estudiar... Pero esa es una discusión para otro momento. En su segunda faceta, la meritocracia también es falsa cuando pretende explicar los fracasos personales, y en este caso los argentinos y las argentinas podrán identificar mejor que nadie —por nuestras características sociales y culturales— los verdaderos problemas de la idea de mérito. ¿Qué debería pensar de sí misma una persona —un argentino o una argentina— que razona meritocráticamente y que pierde su trabajo a raíz de la catástrofe económica que vive el país o que tuvo que vender el auto o los dólares que había ahorrado? Si creían que el trabajo, el auto o los dólares los habían obtenido sólo por su propio mérito y no por el contexto político, económico y social asegurado por un gobierno... ¿A qué atribuyen hoy haberlos perdido? ¿A su fracaso personal? Lo dudo mucho. La meritocracia es el gran invento del neoliberalismo y puede sintetizarse en la siguiente frase: lo que tenés es lo que te merecés, y lo que te falta o no podés obtener es porque no te lo merecés. Fantástica idea que de un plumazo borra no ya "la lucha de clases" —hoy una auténtica herejía que no me atrevería siquiera a mencionar— que iluminó el surgimiento del marxismo a fines del siglo XIX, sino que directamente destierra la idea de equidad, justicia y redistribución de la riqueza que el Estado debe garantizar, y pulveriza el concepto de Estado como instrumento nivelador y equilibrador en la vida de las sociedades para obtener un desarrollo justo y armónico que garantice la convivencia en paz.

Lo cierto es que el 22 de noviembre de 2015 poco más del 51% de los argentinos eligió como presidente de nuestro país a uno de esos empresarios multimillonarios de los que nos habla Jorge Halperin. Mauricio Macri, que junto a la Unión Cívica Radical conformó una nueva alianza política electoral a la que denominaron Cambiemos y realmente hizo honor al nombre elegido. Argentina cambió y por primera vez en la historia iba a ser gobernada por un empresario multimillonario encargado de llevar adelante todas y cada una de las políticas que los diversos integrantes de su sector —con sus distintos intereses, algunos contradictorios entre sí— demandaban: el pago a los fondos buitre de lo que pedían, la entrada y salida de capitales sin restricciones, la venta de dólares sin límite, la liberación de la obligación de ingresar al país los dólares obtenidos fruto de las exportaciones, importaciones indiscriminadas, tarifas de luz, gas, agua y peajes dolarizadas, combustible a precio internacional, eliminación y baja de impuestos para los más ricos, reducción de las contribuciones a la seguridad social, etc. Todo ello junto y a la par de un endeudamiento vertiginoso en dólares —mayor aún que el realizado por la última dictadura militar— del que ya hemos dado cuenta en los capítulos precedentes y que finalmente culminó con la vuelta al FMI como prestamista de última instancia, pese a haber pagado a los fondos buitre más de lo que demandaban con la excusa que de esa forma Argentina regresaría al mundo porque tendría financiamiento internacional... "Peor imposible", sería el título de esta película argentina dirigida por Mauricio Macri. Es que el resultado no podía ser otro que este que estoy viendo a mi regreso de Cuba: cepo a la leche en medio de una catástrofe social y económica que parece agudizarse minuto a minuto y no tener fondo. El deterioro que noté al regresar a la Argentina luego de haber estado sólo una semana en Cuba fue notable y me llamó poderosamente la atención. Siento que el país se acerca peligrosamente a una suerte de caos en el que nadie sabe cuál es el verdadero valor de las cosas, si va a conservar su trabajo al día siguiente o cuánto valdrá el dólar, que en una economía bimonetaria como la de nuestro país adquiere una importancia desmedida y casi incontrolable... Y no era que había estado ausente meses, ni siquiera semanas.

Cierro este epílogo pensando en esta Argentina a la que una vez más han vuelto a endeudar para fugar capitales, y van... Pienso también, y mucho, en los argentinos y argentinas a los que les han desorganizado y complicado la vida: a unos hasta la exasperación, porque pese a todo todavía pueden seguir comiendo y viviendo, y a otros hasta la desesperación, porque ya ni siquiera pueden llevar un plato de comida a su casa. Si alguien me pidiera que definiera a Mauricio Macri en una sola palabra, la única que se me ocurre es: caos. Sí… Mauricio Macri es el caos y por eso creo firmemente que hay que volver a ordenar la Argentina. Como se dice por ahí: que cada cosa esté en su lugar; la heladera en la cocina y el inodoro en el baño. Esto exige a cada uno de los argentinos y las argentinas, cualquiera sea su lugar en la sociedad, una primera decisión casi actitudinal que permita encarar los problemas que el gobierno de Mauricio Macri nos está dejando y que no existían en el 2015, como endeudamiento, desindustrialización, desocupación, más los problemas estructurales históricos de la Argentina, como la economía bimonetaria y el desarrollo productivo desequilibrado de nuestro aparato industrial, que hoy están peor que nunca. Es que el carácter bimonetario de nuestra economía se ha agravado ante la decisión de Cambiemos de dolarizar los precios de las tarifas, los servicios, los combustibles y los alimentos, y mantener el precio relativo de salarios en pesos. En criollo: los precios que pagás por la luz, el gas, el agua, el combustible y los alimentos están en dólares, mientras vos seguís cobrando en pesos —siempre que sigas conservando el trabajo, claro—. Las sucesivas devaluaciones hicieron el resto. Esta experiencia neoliberal es peor aún que la sufrida durante los 90, ya que con la convertibilidad —que constituyó una ficción que pagamos muy caro, es cierto— no se habían desacoplado los precios relativos con esta magnitud. Tengo registro personal de muchas crisis... El rodrigazo, la híper, Plan Bonex, el corralito... En ninguna de ellas vi que en una góndola de supermercado me quisieran vender como leche algo que no lo era y que, además, esto fuera autorizado por el Estado.

Al finalizar el primer capítulo de este libro, hablé sobre la necesidad de pensar y discutir los problemas de nuestro país desde otro lugar, con una lógica diferente, lejos del odio y, sobre todo, de las mentiras. Agregaría algo más a ese despojarnos cada uno de nosotros del odio y la mentira; porque para abordar los problemas que tiene nuestro país se requiere, además, saber de qué estamos hablando. Y aquí me detengo un instante y recurro al diccionario. Saber: conjunto de conocimientos amplios y profundos que se adquieren mediante el estudio o la experiencia. Sí, compatriotas... Para solucionar los problemas que tenemos, hay que saber. Pero para que se entienda un poco más lo que quiero decir, vaya este ejemplo: Cambiemos y Mauricio Macri, apoyados por los medios de comunicación hegemónicos, crearon e impusieron como "sentido común" que nuestros gobiernos mantenían "vagos y planeros"; y, además, instalaron la idea de que ellos iban a terminar con eso. La realidad fue y es completamente distinta. Los planes sociales en el Ministerio de Desarrollo Social, al año 2015, eran sólo 207.117, discriminados en dos programas: Argentina Trabaja y Ellas Hacen. Sin embargo, y a pesar de aquel "sentido común" sobre el que han depositado todos sus prejuicios, los planes sociales al año 2018 ya eran más del doble que en el 2015 y alcanzaban los 467.979 beneficiarios —casi medio millón de planes—. Sí, tal cual se lee... El gobierno que vino en nombre de la base social que nos acusaba a nosotros de ser "choriplaneros" más que duplicó el número de beneficiarios sociales. Cuando Néstor Kirchner asumió como presidente de la Argentina, se encontró con millones de beneficiarios de planes sociales. El día 3 de junio de 2003 Carlos Tomada, ministro de Trabajo hasta 2015, firmaba el pago de 2.300.000 planes de Jefes y Jefas de Hogar, que era el nombre del programa social implementado durante la presidencia de Eduardo Duhalde, con Roberto Lavagna como ministro de Economía. Después de tres períodos de gobierno completos, a los que algunos alegre y livianamente califican de "populistas", habíamos generado millones de puestos de trabajo formales que absorbieron aquella mano de obra, reduciendo a menos del 10% a los beneficiarios y beneficiarias de planes sociales. Sí, compatriotas... Cuando Néstor Kirchner asumió como presidente, recibió la friolera de más de dos millones de argentinos y argentinas con planes sociales —o "planeros", como dicen algunos despectivamente— y cuando "la yegua" —o "la chorra", como prefieran— terminó su gobierno en diciembre de 2015 apenas sobrepasaban los 200.000... Sí, los "populistas" habíamos reducido en millones los beneficiarios sociales con política económica desde el Estado... Y el gobierno de los empresarios, que de acuerdo a la teoría neoliberal son los únicos que pueden generar puestos de trabajo formal, más que duplicó los planes sociales, además de hacer crecer la desocupación... Y pensar que hoy, desde mi banca de senadora, tengo que escuchar que un senador de nuestro propio partido diga que tuvimos una mirada para los más humildes pero no para los trabajadores... ¡Por Dios! ¿Será malicia o simplemente ignorancia? Así nos va también… En síntesis, tenemos —todos y todas— que dejar de lado el odio y la mentira e incorporar el conocimiento de la verdadera situación de la Argentina. De otra manera es imposible no solamente debatir sino lo que es más importante: encarar la solución de los problemas argentinos... De los verdaderos problemas argentinos y no de los que nos inventan.

Y también de los problemas estructurales que nos quieren hacer creer que solucionaron. Mientras termino de escribir este epílogo, en la noche del 29 de marzo de 2019, tuvo lugar en Avellaneda, provincia de Buenos Aires, un hecho inédito y conmocionante: oficiales de la Policía Federal, a cargo del gobierno nacional, interceptaron a los tiros a una banda de delincuentes conformada por los principales jefes de la departamental Avellaneda-Lanús, de la Bonaerense, que estaban extorsionando a una ciudadana argentina amenazándola con "armarle una causa" porque su esposo dominicano era "narco". El jefe de la departamental y de la banda de policías resultó muerto en el tiroteo; el resto —un subcomisario y otros altos oficiales de la misma fuerza— fueron detenidos y algunos de ellos heridos. Sí, así tal cual se lee. Por una cuestión "narco", se enfrentaron las dos principales fuerzas con las que cuenta la Argentina: la Policía Federal, que según la información oficial estaba cumpliendo su función específica, y la Bonaerense, que integraba la banda de delincuentes. En este punto, ya resulta insoslayable señalar que María Eugenia Vidal ganó su elección a gobernadora en 2015 y basó su gestión de gobierno en la "lucha contra las mafias de la policía bonaerense y el narcotráfico". Sin embargo, y a la luz de lo que se vive en la provincia, los niveles de corrupción de la Bonaerense y el narcotráfico son iguales o superiores a los que heredó. La seguridad, el narcotráfico y las mafias de las policías son problemas estructurales históricos que no pueden ser abordados como marketing electoral. En nuestro país no se puede seguir agitando u ocultando mediáticamente estos temas según quién esté en el gobierno, porque cuando esto sucede, más allá de todo blindaje mediático, la realidad en algún momento se manifiesta violenta y brutalmente. El comisario jefe de la banda había sido ascendido por las autoridades máximas de la provincia de Buenos Aires en enero de 2019, en el marco de un relato propagandístico y mediático de la gobernación, que se torna insostenible por mentiroso y cínico.

Estoy escribiendo las últimas líneas de este libro, y ante la caótica situación que vivimos hoy como país y como sociedad, escucho hablar de la necesidad de un gobierno de Unidad Nacional, o de un acuerdo social y económico. Nadie puede estar en contra de semejantes enunciados y propósitos, pero me da la impresión que sólo refieren a acuerdos dirigenciales, superestructurales, de partidos políticos, sindicatos, asociaciones empresarias, iglesias y movimientos sociales… Y está muy bien, pero después de gobernar la Argentina durante dos períodos consecutivos y de haber sido testigo, parte y protagonista de la vida política de nuestro país —como doy cuenta a lo largo de este libro—, creo que con eso no alcanza. Se requiere algo más profundo y rotundo: un nuevo y verdadero contrato social con derechos pero también con obligaciones, cuantificables, verificables y sobre todo exigibles y cumplibles. Un contrato que abarque no sólo lo económico y social, sino también lo político e institucional. Hay que volver a ordenar todo, pero no en el viejo orden, sino en algo nuevo, distinto y mejor que lo que tuvimos. La Argentina industrial, que después de la Segunda Guerra Mundial sustituyó a la Argentina pastoril y agroexportadora del primer Centenario, debe ser reformulada y ampliada a la luz de sus evidentes fallas, imperfecciones y carencias, en el marco de las nuevas realidades y tecnologías. El deterioro provocado por las políticas de Mauricio Macri y Cambiemos ha sido demasiado grande, vertiginoso y profundo como para pensar que sólo unos pocos pueden solucionar esto. Ese nuevo contrato social exigirá también la participación y el compromiso de la sociedad, no sólo en los grandes temas, sino en la vida cotidiana. Sí, compatriotas… Tendremos que acordar cómo vamos a convivir y en qué condiciones, antes de que sea demasiado tarde; porque así no va más.

Cristina

Cristina Fernández de Kirchner

(La Plata, 1953) fue presidenta de la Nación Argentina por dos períodos consecutivos (2007-2015). Actualmente es senadora nacional con mandato 2017-2023, cargo que ya había desempeñado de 1995 a 1997 y de 2001 a 2005. Antes había sido diputada de la provincia de Santa Cruz (1989-1995), Convencional Constituyente (1994) y diputada de la Nación (1997-2001).

Realizó sus estudios de abogacía en la Universidad Nacional de La Plata, donde conoció a Néstor Kirchner en 1974, quien fue su esposo desde 1975 hasta el día de su muerte, el 27 de octubre de 2010. El matrimonio tuvo dos hijos: Máximo (1977) y Florencia (1990).